Pedro F. Bendassolli & Lis Andrea P. Soboll
Organizadores

CLÍNICAS DO TRABALHO

2ª Edição revista e ampliada

Artesã

Clínicas do trabalho

1ª edição - 1ª Reimpressão, junho 2023

DIRETOR

Alcebino Santana

REVISÃO E TRADUÇÃO

Débora Andreza Zacharias

Helena C.V.Trylinski e Pedro F. Bendassolli

CAPA

Karol Oliveira

DIAGRAMAÇÃO

Luís Otávio Ferreira

C641 Clínicas do trabalho / Pedro F. Bendassolli , Lis Andrea P. Sobol, organizadores. – 2. ed., rev. e ampl. – Belo Horizonte : Artesã, 2021.
332 p. ; 23 cm.
ISBN: 978-65-86140-56-9

1. Psicologia organizacional. 2. Psicologia clínica. 3. Organização. I. Bendassolli, Pedro Fernando, 1976-. II. Sobol, Lis Andréa Pereira.

CDU 159.98

Catalogação: Aline M. Sima CRB-6/2645

IMPRESSO NO BRASIL

Printed in Brazil

(31)2511-2040 (31)99403-2227

www.artesaeditora.com.br

Rua Rio Pomba 455, Carlos Prates - Cep: 30720-290 | Belo Horizonte - MG

/artesaeditora

PARTE 4 TEMÁTICAS

NOTA SOBRE A SEGUNDA EDIÇÃO

Clínicas do trabalho foi lançado no Brasil, pela primeira vez, em outubro de 2010. A reunião, em uma mesma obra, de perspectivas capazes de serem abrigadas sob um mesmo "teto" lançava, e pensamos que ainda o faz, o desafio de encontrar pontos de convergência entre abordagens que têm, ao fim e ao cabo, objetivos relativamente comuns, sendo um deles a crítica ao modo como trabalho, atividade e subjetividade têm sido articulados nas atuais condições de trabalho no mundo contemporâneo. Sem perder suas características intrínsecas, a reunião, neste caso, intensifica a potência e o alcance dessas perspectivas, com distintas histórias de disseminação e desenvolvimento em nosso país.

Esta segunda edição foi revista por seus autores, especificamente pelos autores brasileiros, e também há a inserção de um novo capítulo. Por mais que estejamos próximos dos 10 anos de seu lançamento, julgamos que a presente obra ainda segue atual, embora a realidade do mundo do trabalho em nosso país tenha passado por imensas mudanças nesse período, assim como o próprio estágio de desenvolvimento de cada perspectiva clínica do trabalho.

Agradecemos, como organizadores, aos autores, que não mediram esforços em aprimorar seus capítulos, contribuindo com a materialização desta segunda edição. Agradecemos, igualmente, à Artesã Editora, por todo o trabalho editorial dispendido na publicação da obra.

ORGANIZADORES

Setembro de 2020

PREFÁCIO – O INÍCIO DE UMA HISTÓRIA?[1]

Yves Clot

A iniciativa que conduziu à proposta deste livro não poderia deixar de me trazer grande satisfação. Na França, o que se denomina "a clínica do trabalho" é uma construção institucional recente, para a qual o colóquio organizado em Paris, em 2008, pela Cadeira de Psicologia do trabalho do CNAM representou um momento importante[2]. Este livro, por sua vez, é um sinal de que também no Brasil o conhecimento e a ação nesse domínio mostram-se presentes e conduzidos por uma comunidade de pesquisa em plena estruturação. Tanto na França quanto no Brasil, naturalmente, a história desses trabalhos vem de longe, e essa história não se inicia sob o rótulo "clínica do trabalho". É fácil se convencer disso a partir da leitura das páginas que se seguem.

Mas é sem dúvida a exacerbação da crise do trabalho contemporâneo, em sua diversidade mundial, que explica o fato de uma nova demanda social se exprimir e questionar a pesquisa acadêmica, a ponto de ensejar novas iniciativas. Este livro é uma delas. Ele mostra que, para além das fronteiras e continentes, graças a nossos dois países, alguma coisa tem avançado, algo que confere às instituições de pesquisa uma função social renovada: a função de se tornarem instrumentos da transformação de que o trabalho necessita, tanto na indústria quanto no setor de serviços. A clínica do trabalho não se restringe a traçar um "quadro" do mundo. Ao ler este livro será possível avaliar o engajamento profissional de uns e outros nas análises destinadas a dar suporte aos esforços de todos aqueles que querem mudar, na prática, as situações de trabalho.

1 Tradução de Jorge T. da Rocha Falcão.

2 Os trabalhos apresentados neste colóquio estão disponíveis em dois livros publicados simultaneamente : Y. Clot & D. Lhuilier (2010). *Travail et santé, ouvertures cliniques* et *Agir en clinique du travail*, Erès.

Estes esforços têm justamente a necessidade, para conseguirem seu intento, de uma atividade científica sustentada, que perdure no tempo de forma a capitalizar a experiência, elaborá-la e transmiti-la. É por essa razão que se torna necessário instituir e dinamizar uma comunidade de pesquisa compromissada em prolongar temporalmente seu trabalho, em avaliar sua contribuição a tais esforços para se tornar e permanecer útil. Os promotores desta obra contribuem nesse sentido e observando-se tal iniciativa a partir da França, esta contribuição nos conforta: efetivamente nós não estamos sós em abordar o trabalho apaixonadamente, de forma a vislumbrar um outro futuro para ele. Nós não estamos sós em tomar decididamente partido a favor do trabalho contra a desconstrução e descaracterização[3] que parecem atingi-lo em muitas organizações.

Mas esta opção pelo real contra as verdades do momento e contra os discursos de conveniência diz respeito à própria clínica do trabalho. Tal escolha deveria nos conduzir a considerá-la menos como uma "bandeira" e mais como uma atividade coletiva; como um trabalho científico comum e "deliberado", cuja permanência dever-se-ia também zelar. É por esta razão que a clínica do trabalho não pode ser considerada como uma escola ou academia, ou mesmo um programa teórico. Trata-se antes de uma história a traçar, e que justamente põe as teorias à prova. Sem nenhuma dúvida esta história não seria possível sem as contribuições da psicodinâmica do trabalho ou da clínica da atividade ou, ainda mais remotamente da psicopatologia do trabalho ou da ergonomia francófona. Ela é, de fato, uma história aberta. A psicossociologia pode nela se encontrar no contexto da clínica médica do trabalho. Ninguém tem o monopólio de uma história em cuja construção a sociologia tem contribuições legítimas, a filosofia idem, e no bojo da qual os profissionais da intervenção se encarregam da preservação dos aspectos de ordem prática.

Mas se essa história não pertence a ninguém especificamente, cabe a nós zelar por ela sem trapacear com o real. Para defender a clínica do trabalho não se pode, em nenhum momento, relaxar nesse sentido, não se pode deixar de ressubmetê-la continuadamente ao crivo crítico, de fazer e refazer o inventário de seus limites sem temer as controvérsias científicas entre nós. Tais controvérsias são a alma do diálogo autêntico. Nada é pior do que diferenças de perspectiva cada vez mais indiferentes umas em relação às outras. Nada é pior, também, que a ilusão do "justo meio"[4], da

3 N.T.: optamos aqui pelos termos « desconstrução e descaracterização » para a tradução da expressão utilizada no original, « déréalisation ».

4 N.T.: *juste milieu*, no original.

solução de compromisso no contexto no qual tudo se torna compatível com tudo. Não é este o caso, e ainda bem. Para a vitalidade de um domínio como este nosso, aquilo que nós já compartilhamos é menos interessante do que aquilo que nós ainda não compartilhamos. É neste espaço de não-compartilhamento que reside a fonte de desenvolvimento. Somente o debate de escolas teóricas que as ultrapasse abre o debate de cada uma delas consigo própria e lhes assegura a preservação do contato com o real.

A clínica do trabalho como atividade coletiva deve nos permitir fazer esta experiência, procedendo ao inventário das questões não-resolvidas, para as quais cabe dirigir esforços. É esta, de certa maneira, nossa responsabilidade para os próximos anos, pois tais questões não desaparecem sob o pretexto de terem sido "reprimidas". Elas continuam a agir apesar de nós, pelas nossas costas. Eu gostaria aqui de mencionar um exemplo nessa direção[5]. Em 1951, na França, teve lugar em Bonneval, por iniciativa de H. Ey, um simpósio em psicoterapia coletiva voltado para o trabalho nos hospitais psiquiátricos, como meio terapêutico. No simpósio, ocorreu uma troca inconclusa de idéias entre L. Le Guillant e F. Tosquelles. Le Guillant, cuja contribuição em psicopatologia do trabalho é conhecida, fez críticas a certas práticas de ergoterapia e de trabalho de grupo em contexto hospitalar, defendendo que tais iniciativas desviavam o foco da ação sobre as condições reais de alienação: "Estas transformações, de certa forma *internas* ao dispositivo material do asilo e ao espírito que o inspira, nos afastam dos verdadeiros problemas psiquiátricos que são, em minha avaliação, o estudo das situações patógenas que alienam os homens, de seu modo de ação e de sua transformação". Tosquelles, cuja contribuição indireta, mas forte, em relação às nossas disciplinas é reconhecida, respondeu sem meias-palavras que tal perspectiva tinha por consequência infeliz "escotomizar"[6] a questão : "Os grupos no hospital são mistificações, não importando se os doentes vão trabalhar na fábrica e se encontrem com seus familiares!" É verdade, mas Le Guillant é bastante inteligente para não perceber que é precisamente da fábrica ou da família que os doentes são levados, voluntariamente ou à força, ao hospital. Convenhamos que esse debate inconcluso ultrapassa as ques-

---

5 Sinto-me ainda mais motivado a citar esse exemplo em virtude dele ter chegado a meu conhecimento graças a uma colega brasileira, M. E. Antunes Lima, que me forneceu, durante uma estadia em Paris, o texto deste simpósio publicado pela revista *L'évolution Psychiatrique.*

6 N.T.: *scotomiser*, no original.

tões da prática psiquiátrica. Ele levanta a questão mesma das concepções concretas da ação.

Eu evitarei engajar aqui uma discussão que demandaria outras circunstâncias e outros meios para reconstruir as condições dessa controvérsia não resolvida. Mas uma coisa é certa: esse gênero de problema não desapareceu e, sob outras formas, diz respeito à concepção da crítica em clínica do trabalho, bem como ao espírito da nossa ação em contexto de intervenção, notadamente em meio profissional. Seria o caso então de ressuscitar Le Guillant e Tosquelles para retomar, com eles, uma "disputa" profissional em suspenso que poderia grandemente nos ajudar, à luz de quase 60 anos, a compreender o que podemos fazer daquilo que eles fizeram ou deixaram de fazer, daquilo que eles disseram ou deixaram de dizer. Mas não sonhemos com o retorno dos antigos. Tentemos simplesmente provocar todas as ocasiões de perceber e de instruir os debates profissionais que nos dizem respeito, hoje, em clínica do trabalho.

Esta obra, por seu espírito de abertura e sua concepção, por suas escolhas, reunindo tantas contribuições diversificadas, estribadas em dois países – contribuições compatíveis ou incompatíveis, mas que têm todas seu lugar aqui – é um encorajamento ao debate. Este fato, por si só, já a transforma em um evento. É preciso agradecer àqueles que o tornaram possível.

PARTE 1

FUNDAMENTOS

CAPÍTULO 1

INTRODUÇÃO ÀS CLÍNICAS DO TRABALHO: APORTES TEÓRICOS, PRESSUPOSTOS E APLICAÇÕES

Pedro F. Bendassolli
Lis Andrea P. Soboll

Compreendem-se por clínicas do trabalho um conjunto de perspectivas que têm como foco de estudo a relação entre trabalho e subjetividade. Apresentando uma diversidade epistemológica, teórica e metodológica, voltam-se, não obstante, para a *situação* do trabalho, que, em síntese, compreende a relação entre o *sujeito*, de um lado, e o *trabalho* e o *meio*, de outro (Clot & Leplat, 2005).

À primeira vista, o uso da palavra "clínica" pode, equivocadamente, remeter à uma representação social, talvez ainda dominante, segundo a qual clínica refere-se ao cuidado das problemáticas singulares, dos segredos que traz o paciente no leito do terapeuta. Por sua vez, "trabalho", mesmo no campo da Psicologia, e com todas as grandes mudanças históricas e epistemológicas de que foi testemunha nas últimas décadas (com a emergência de novas abordens "psi" em relação ao trabalho), ainda é pensando como um conjunto de atividades, cujo fim principal é a geração de valor econômico, combustível do modo de produção capitalista. Trabalho, em certa tradição de pensamento psicológico, é de domínio externo à subjetividade, quando muito, algo que a interpela (na forma de sofrimento e fracassos), moldado pelo pensamento técnico e instrumental. Então, em uma primeira aproximação ao tema, seria o caso aqui de aplicar os saberes da clínica às questões trazidas pelo trabalho, especialmente em termos de problemáticas de desempenho ou de sofrimento que minam um desempenho "excelente"?

Ora, a proposta das clínicas do trabalho, em que pese suas diferenças e especificidades internas, parece ir num sentido diferente: o de problematizar justamente a articulação do mundo psíquico com mundo o social, operando sobre a premissa da indissociabilidade de ambos (em vez de reduzir um ao outro), com o trabalho contendo elementos que, embora sejam permeados pela cultura, pela história, pelo modo como nos organizamos como sociedade e sistemas produtivos, também mergulha no processo mesmo de constituição psíquica do sujeito e na construção dos coletivos. É de um reposicionamento, ao mesmo tempo, do que significa trabalhar, e de qual seria a função psicológica do trabalho, que podemos deduzir, ao menos em parte, do *approach* das clínicas do trabalho.

Não é sem efeito, pois, que podemos diferenciar a clínica NO trabalho e a clínida DO trabalho. No primeiro caso, tratar-se-ia de aplicar os instrumentais da clínica, oriundas das mais variadas perspectivas e abordagens, nas problemáticas trazidas pelos sujeitos trabalhadores. É como se estes sofressem e fossem interpelados pelas vicissitudes dos contextos de trabalho mas que, por falta de oportunidade para a palavra, o debate, o jogo de controvérsias junto de outros diante do real, só restasse a eles recorrer a medidas de "cura" individual, no leito do psicólogo/terapeuta. Além de ser, pensando na realidade brasileira, algo socialmente pouco acessível, essa saída para o mal-estar gerado pelo trabalho não considera as ramificações coletivas e institucionais deste último, tendendo, assim, a "privatizar" um sofrimento que, de outra forma, não é apenas gerado pelo próprio sujeito em sua relação dinâmica entre mundo interno – mundo externo.

Seguindo no jogo de palavras, clínicas DO trabalho, como se poderá verificar neste livro, implicam na tomada da atividade como objetivo de análise, e o acompanhamento dos modos como os trabalhadores entram nessa atividade, ainda com a particularidade de que não se trata de aplicar um conhecimento prévio, já pronto, em uma data situação (como no caso anterior, clínica NO trabalho), mas de construir esse conhecimento na premissa de que ele "está" nos coletivos. Porém, o que haveria de propriamente clínico em uma tal perspectiva que reconhece o lugar central da atividade real de trabalho e do saber do próprio trabalhador? A atenção pelo singular no geral; a escuta, no sentido de que o analista se coloca em posição de capturar vestígios do real na fala e no fazer dos trabalhadores, tentando agir como um articulador de sentidos ou facilitador da produ çao de tais sentidos (explicitação ou construção simultânea de saberes); a atenção nas tessituras das sutis relações entre o real, o prescrito, e os lances do sujeito em seu drama de enfrentar as situações concretas presentes no ato de trabalhar; entre outras características que o leitor poderá apreciar em detalhes em cada *approach* clínico apresentado neste livro. A seguir, antes de entrarmos em uma apreciação das convergências entre as clínicas do trabalho (não vamos, por razões práticas, adentrar nas divergências entre elas, que não são poucas), vejamos como as clínicas do trabalho poderiam ser pensadas no campo mais amplo da psicologia do trabalho e das organizações.

CLÍNICAS DO TRABALHO E O CAMPO DA PSICOLOGIA ORGANIZACIONAL E DO TRABALHO

Considerando-se as configurações do mundo do trabalho e dos avanços teóricos nas diversas áreas de conhecimento, a psicologia voltada ao estudo do trabalho reflete grande diversidade de posicionamentos, abordagens e filiações epistemológicas. Numa rápida avaliação, é possível perceber diversas vertentes de análise psicológica das questões engendradas pelo trabalho, das quais podemos citar, esquematicamente, a cognitiva-comportamental, a social e a clínica (Bendassolli, Borges-Andrade, & Malvezzi, 2010).

A análise do trabalho pode ser realizada tendo em vista, por exemplo, representações sociais, identidade pessoal e social, efeitos do desemprego, entre outros. Já para a psicologia organizacional e do trabalho de inspiração cognitiva-comportamental, o interesse está centrado no comportamento humano, que deve ser gerenciado, e nos modelos mentais que definem o modo como os indivíduos processam as informações que recebem do ambiente de trabalho e da própria atividade em que estão envolvidos, e que aparecem na forma de pressupostos, histórias, imagens e abstrações. Por sua vez, as abordagens clínicas buscam evidenciar a relação entre o trabalho e os processos de subjetivação, de forma que os conhecimentos produzidos nesta perspectiva oportunizam conscientização relativa às vivências nas relações de trabalho, visando a transformação da realidade. Sendo assim, estes conhecimentos podem subsidiar ações de mobilizações e resistências dos sujeitos individuais e coletivos diante dos diversos dilemas de trabalho, sejam eles manifestados na forma de sofrimento, adoecimento ou de submissão, como também na forma de demandas, de provas do real do trabalho contra as quais o sujeito é chamado a se afirmar.

No campo da Psicologia Organizacional e do Trabalho (POT), o posicionamento das clínicas do trabalho diferencia-se em relação ao de outras abordagens, o que implica desenhos específicos na atuação do psicólogo. Para entendermos tais diferenciações, precisamos colocar a própria POT em perspectiva: trata-se de uma área historicamente ligada à psicologia aplicada, a qual possui uma forte vocação interventiva e que surgiu com a proposta de oferta de soluções cientificamente embasadas, via quantificação, destinadas à previsão e ao controle do comportamento.

Denominada inicialmente de Psicologia Industrial e, posteriormente, de Psicologia Organizacional, tem fundamento na psicologia cognitivo-comportamental, com interesse primário no *comportamento*. Colada aos objetivos de gerenciamento e administração organizacional, importa à Psicologia Organizacional o *comportamento* enquanto categoria chave para a explicação e o manejo das questões relacionadas ao desempenho, unidade temática fundamental nesta perspectiva. Espera-se de um psicólogo organizacional, em *organizações de economia capitalista*, que este ofereça instrumentos de suporte à gestão. Neste ponto podemos localizar um importante aspecto de diferenciação das clínicas do trabalho e da psicologia cognitiva-comportamental aplicada às questões do trabalho e das organizações, a saber, o papel que cada uma delas exerce, especialmente em torno da demanda e da intervenção, em relação aos interesses das organizações capitalistas e os interesses dos trabalhadores.

Se as teorias cognitivas-comportamentais apresentam-se como capazes de intrumentalizar o gerenciamento dos fatores humanos no trabalho e promover a adaptação do sujeito aos imperativos do desempenho e da eficiência, por sua vez a psicologia do trabalho de ênfase clínica não pretende ser aplicada, *primariamente*, como instrumental na gestão organizacional. Ao contrário, quando ocupa-se das práticas de gerenciamento, o faz evidenciando os mecanismos que interferem nos processos de subjetivação. As análises inspiradas nessa perspectiva focam nos processos emancipatórios dos trabalhadores, e não apenas (ou prioritariamente) no desempenho produtivo destes. É evidente, contudo, que as clínicas do trabalho visam potencializar a atividade de trabalho, no sentido de compreender seus impedimentos e as possibilidades de seu desenvolvimento. Ocorre, porém, que as demandas dos trabalhadores, ou do trabalho propriamente dito (desenvolvimento do ofício), não necessariamente coincidem com as demandas das organizações em que as atividades têm lugar, quando têm (basta, neste sentido, pensar na imensa maioria de trabalhos ou atividades ocorrendo em setores informais da economia brasileira).

Nesse sentido, a pesquisa-ação é uma prática importante nas clínicas do trabalho, que pressupõe um tipo de envolvimento do psicólogo ou profissional de POT no qual ele atua como um coagente na transformação dos processos organizacionais, especialmente os micro-organizacionais. Para Lhuilier (2006a, 2006c), a contribuição do modelo da pesquisa-ação ajusta-se à proposta das clínicas do trabalho por permitir ao pesquisador o desenvolvimento de dois papéis, simultaneamente: (i) o papel de clínico social, interessado na transformação efetiva do trabalho, voltado para a redução dos fatores de sofrimento e adoecimento dos trabalhadores, assim como dos elementos que bloqueiam ou reduzem o poder de agir dos sujeitos; (ii) a postura de pesquisador-clínico, quando se espera dele um questionamento do próprio conhecimento produzido e as apropriações deste pelos coletivos de trabalho, tratando a pesquisa como *práxis* social. Sendo assim, a pesquisa-ação, além do desenvolvimento do conhecimento, permite que o psicólogo do trabalho cumpra com os propósitos de conscientização e desenvolvimento dos sujeitos e coletivos nas situações de trabalho.

Da mesma forma, em busca do aumento do poder de agir, as clínicas do trabalho privilegiam metodologias qualitativas, especialmente os métodos nos quais os próprios trabalhadores e os coletivos são convocados a refletir sobre suas práticas. Inovações importantes foram desenvolvidas para atender à necessidade de técnicas mais sensíveis às problemáticas investigadas, tais como a técnica da autoconfrontação cruzada (Clot, 2005), ou dos grupos de análise das práticas (Dejours, 1996, 1998). Nessas técnicas, são destacados, em primeiro plano, dispositivos interpretativos que permitam o aumento da reflexividade dos sujeitos sobre suas atividades, a compreensão das defesas (psicodinâmica do trabalho) utilizadas para fazer face às dificuldades, às angústias e ao sofrimento, bem como a apropriação de estratégias bem-sucedidas e criativas de enfrentamento do real do trabalho. Permitem também um distanciamento, por assim dizer (ou uma espécie de "duplicação de si" na linguagem), entre o trabalhador diante da atividade realizada e o real da atividade, abrindo espaço para se pensarem outras possibilidades de realizar a atividade.

A adoção dos propósitos emancipatórios são claramente assumidos pelas clínicas do trabalho. Além disso, elas não elegem como seu "ambiente" exclusivo de atuação as organizações capitalistas (como, em geral, tende a ocorrer nas psicologias cognitivas-comportamentais aplicadas ao trabalho e às organizações). Elas entendem que há mais no trabalho do que simplesmente a relação contratual e instituída do emprego. O trabalho é atividade pela qual o sujeito se afirma na sua relação consigo mesmo, com os outros com quem ele trabalha, e pela qual colabora para a perpetuação de um gênero coletivo. Não é à toa que encontramos a utilização das clínicas do trabalho em contextos não tradicionais, como em hospitais, presídios, instituições da polícia e escolas. Sua extensão a esses ambientes nos permite captar outra premissa assumida e compartilhada pelas clínicas do trabalho: a necessidade de lutar contra a vulnerabilização social, contra a ocultação do real trabalho e as formas de alienação e invisibilidade social.

Isso não quer dizer, porém, que as clínicas do trabalho não possam ser empreendidas em "organizações tradicionais".

Um olhar para as fontes que inspiraram o nascimento das clínicas do trabalho pode ser instrutivo neste contexto, pois, contrariamente a outras abordagens da POT (notadamente as que se baseiam no modelo cognitivo-comportamental), as das clínicas do trabalho receberam influências importantes da tradição da psicopatologia do trabalho, especialmente francesa, além de campos como a filosofia. Não vamos nos aprofundar aqui porque o capítulo seguinte, de Dominique Lhuilier, dedica-se, com maestria, precisamente a essa investigação.

ORIGENS E FILIAÇÕES

De fato, a clínica voltada para as questões do trabalho teve seu marco inicial no âmbito dos estudos sobre saúde mental, especialmente em duas grandes abordagens atreladas à psicopatologia do trabalho, campo originalmente vinculado à psiquiatria. No contexto francês, por exemplo, Sivadon (1957), Veil (1964) e Le Guillant (1984) são os principais precursores.

Sivadon (1957) abordou os problemas de adaptação individual no trabalho, centrando sua análise nas fragilidades do trabalhador nas mais variadas situações laborais. Considerava que as "neuroses de trabalho", provocadas por situações de insegurança e de conflitos, desencadeavam desequilíbrios nos processos adaptativos. Veil (1964) propõe uma ampliação da perspectiva de análise de Sivadon (1957), ao abordar não somente os aspectos singulares e psicológicos do sujeito, mas também a organização do trabalho. Assim, destaca a dupla polaridade do trabalho: se por um lado o trabalho é fonte de desgaste e sofrimento, ele é também atividade criativa e meio de sublimação. Ocupa-se da análise situacional das experiências do sujeito no trabalho e das diversas formas de desadaptação provocadas pela saturação dos mecanismos de defesa.

Le Guillant (1984), contudo, é quem mais parece ter contribuído para a fundação de uma abordagem especificamente clínica do trabalho, insistindo na indivisível união entre o indivíduo e seu meio. Inspirado em tradições do materialismo histórico-dialético, Le Guillant propõe que o analista (clínico) do trabalho tome como ponto de partida as situações concretas vivenciadas pelo trabalhador, pois são nestas que ele encontrará as diversas manifestações patológicas. Algumas de suas investigações tornaram-se bem conhecidas, como a hipótese da "neurose das telefonistas". O autor propõe uma análise da fadiga em três planos: no biofisiológico, no psicoafetivo e no psicossocial, tendo, como pano de fundo, o próprio trabalho e as relações objetivas criadas entre o trabalhador e seu mundo laboral.

Em síntese, Sivadon (1957) e Veil (1964) inauguram uma clínica do *sujeito* em suas relações com o trabalho, enfatizando as questões de natureza intrapsíquica, ao passo que Le Guillant (1984) abre as vias para uma clínica (social) das *situações* de trabalho (Lhuilier, 2006a). Nessas duas grandes abordagens, podemos localizar os primórdios de uma clínica social do trabalho, que entende ser o seu objeto de estudo os processos de subjetivação relacionados ao trabalho, e seu papel, a transformações das situações de trabalho.

ALGUNS PONTOS DE DIÁLOGO (OU CONTROVÉRSIAS)

Conforme observa Lhuilier (2006b), as clínicas do trabalho não constituem uma escola de pensamento, tampouco as abordagens nelas agregadas podem ser ditas homogêneas – quer em termos epistemológicos, teóricos e metodológicos. Mesmo assim, alguns pontos em comuns são aí observados, e é com eles que aqui nos ocuparemos, haja vista a proposta deste livro.

O primeiro ponto é o interesse pela *ação* no trabalho. Mais especificamente, como encontramos na clínica da atividade proposta por Clot (1999; 2008), o interesse pela extensão do poder de agir dos sujeitos no trabalho. Busca-se criar condições psicossociais para que os sujeitos se apropriem de sua atividade, seja na forma de um retorno reflexivo sobre ela (pensar sobre), como também na forma de ações conjuntas elaboradas pelos coletivos de trabalho, as quais buscam enfrentar as questões ou dificuldades colocadas pelas atividades comuns.

Ao dizermos que um dos focos das clínicas do trabalho é o poder de agir dos sujeitos e dos coletivos de trabalho, precisamos entender o que está implicado na idéia de "poder" neste caso. Na verdade, muitas são as representações sobre o poder, podendo elas se referirem a classes sociais, à posse sobre recursos escassos, à capacidade de influência, à autoridade. Mas o poder de que se trata aqui se refere ao poder encontrado no nível do *ato*, no sentido mendeliano. Clot (2008) acrescenta que o poder, nesse registro, possui alguns endereçamentos: há o poder sobre si mesmo, no sentido do poder do uso de si (Schwartz, 1992); o poder sobre a atividade (a maestria sobre meios-fins); e o poder sobre a atividade dos outros. Há ainda o poder sobre as resistências do real (Lhuilier, 2006a), quando o sujeito consegue enfrentar, criativamente, as restrições, as frustrações e a indeterminação da realidade material implicada em toda forma de atividade.

Um segundo ponto de compartilhamento é o entendimento sobre o *trabalho*. Nas clínicas do trabalho, este último, como já aludimos anteriormente, não é restrito à sua institucionalização econômica, isto é, ao emprego. Ele é apreendido como *atividade* sustentada por um projeto de transformação do real e de construção de significados pessoais e sociais (Clot, 1999, 2001; Lhuilier, 2006a, 2006b, 2006c). Trata-se de atividade "desinteressada", pois, mediante o trabalho, o sujeito enreda-se em uma narrativa coletiva, sai de si mesmo (Clot, 1999; Clot & Litim, 2006), tomando parte de uma rede, inclusive de natureza transpessoal (gênero), na qual é reconhecido e para a qual contribui. Na perspectiva de Clot (1999, 2008), o trabalho-atividade envolve uma atenção a si mesmo, à atividade dos outros (no contexto de um gênero profissional coletivo, com suas normas, histórias, regras) e à atividade propriamente dita, isto é, àquilo que está sendo feito, o que levanta a questão da eficiência, do propósito, até mesmo da estética e do gosto. Adicionalmente, na concepção das clínicas do trabalho, este é considerado como uma *prova* inscrita numa *práxis*, isto é, numa demanda pela transformação da realidade (Lhuilier, 2006a). Dizer que o trabalho é uma *prova* implica no tratamento da dimensão do real.

Conforme observa Lhuilier (2006a), o ato mendeliano expõe o sujeito ao contato com o *real*, situação que inevitavelmente compreende o risco de fracasso de seu projeto de ação. E é precisamente neste ponto, com a introdução da dimensão do *real* na discussão sobre o ato, que a mesma Lhuilier, uma das principais autoras a delinear a noção de clínicas do trabalho, propõe situarmos este último, já que o trabalho igualmente envolve um confronto do sujeito com o real – entendido como o que resiste à simbolização, o que "ultrapassa" o pensamento que dele se pode ter ou fazer previamente.

O delineamento do conceito de real no âmbito das clínicas do trabalho deve-se também às contribuição da ergonomia. Embora não possamos fazer aqui senão uma apreciação esquemática, o real da ergonomia é apreendido em seu contraste com a tarefa ou o trabalho prescrito. O trabalho real é a atividade efetivamente realizada pelo trabalhador ou pelos coletivos de trabalho, ao passo que o primeiro diz respeito àquilo que foi prévia e normativamente concebido pela administração, que então age como uma instância prescritora (Leplat & Hoc, 1983). No hiato entre ambos, prescrito e real, vemos a ação do imprevisto, daquilo que resiste e questiona a tentativa de captura total do trabalho em normas e procedimentos instrumentais ou operatórios; da mesma forma, é nesse hiato que vemos emergir a função do sujeito como agente de seu próprio ato no trabalho, e a função psicológica do trabalho.

A noção de real será também encontrada na psicodinâmica do trabalho de Dejours (1990, 1993, 1995) e, com ligeiras diferenciações, na clínica da atividade de Clot (1995, 1999; Bendassolli & Gondim, 2016) – sem deixar de mencionar ainda seus reflexos na abordagem ergológica de Schwartz (1992, 2000). O trabalho não se reduz a um conjunto de representações mentais, sejam individuais ou sociais. O conhecimento que se tem do trabalho é também de natureza prática, uma *métis* (Detienne & Vernant, 1993), ou, como observa Dejours (1993), uma inteligência prática. O corpo do trabalhador está engendrado no confronto com o real e com suas resistências. Nas clínicas do trabalho o saber construído sobre o trabalho é inseparável da experiência donde ele emerge, bem como dos efeitos que ele produz (Lhuilier, 2006c). Os discursos ou o significado do trabalho não podem ser apartados do ato, portanto, não devem ser produções extemporâneas em relação às atividades dos coletivos de trabalho ou de um sujeito implicado em sua atividade. As clínicas do trabalho questionam as tentativas de racionalização do trabalho, as quais, segundo Lhuilier (2006a, 2006b), têm como efeito a ocultação do trabalho, no sentido de um apagamento da dimensão real nele envolvida, à parte de suas dimensões simbólicas (cultura) e imaginárias (representações). Quer dizer, busca-se, nas clínicas do trabalho, restituir a este último sua dimensão ontológica-chave: a de confronto do homem com a natureza, consigo mesmo e com os outros.

O terceiro ponto de convergência é a defesa de uma teoria do *sujeito*. Há uma crítica explícita à concepção de sujeito encontrada em diversas abordagens das psicologias cognitivas (e experimentais) do trabalho, para as quais o sujeito é equiparado muitas vezes a uma máquina que capta informações de seu ambiente, as processa e as devolve a esse mesmo ambiente na forma de *ações comportamentais*. Nas clínicas do trabalho, o sujeito é alvo de teorizações mais matizadas. Por exemplo, na psicodinâmica do trabalho, trata-se de um sujeito dividido por conflitos intrapsíquicos, mas que também não pode se constituir fora da relação ao outro, em jogos de reconhecimento pelo qual o sofrimento nas atividades de trabalho é transformado em prazer e também contra os quais o sujeito afirma seus desejos (Dejours & Molinier, 1989). Já na clínica da atividade o sujeito é atravessado por forças sócio-históricas, por gêneros discursivos, no contexto dos quais ele faz uma apropriação subjetivizante (singularizante e personalizante). Por meio da atividade, no seu confronto com o real, o sujeito se desenvolve e se afirma (Clot, 1998).

Um quarto ponto de convergência pode ser expresso pela pergunta: quais os propósitos de uma clínica do trabalho? Com o que exatamente ela busca contribuir? Para responder a estas perguntas é importante a discussão sobre o lugar reservado pela perspectiva clínica ao *sofrimento* no trabalho. Pode-se dizer que um primeiro foco de preocupação das clínicas do trabalho é a vulnerabilização do sujeito e dos coletivos profissionais. Um sinal importante desta vulnerabilidade é o processo de individualização e o desmantelamento dos coletivos de trabalho e a consequente perda de referenciais compartilhados. Outro sinal são as diversas modalidades de manifestação do mal-estar no trabalho, incluindo doenças físicas, transtornos e alterações mentais e psicossociais.

A emergência do sofrimento no trabalho é um forte motivo de convocação das clínicas do trabalho (Lhuilier, 2006c). Busca-se questionar o sofrimento numa dupla perspectiva: de suas inscrições ou produções sociais, como nos modos de organização e divisão do trabalho, e também na perspectiva dos processos psíquicos que operam nos indivíduos como resposta ao sofrimento, seja em termos da falência ou falhas nas defesas psíquicas (Dejours, 1990), como de bloqueios ou impedimentos do poder de agir (Clot, 2008). Como se vê, há uma tentativa de não reduzir o sofrimento à dimensão exclusivamente individual. Em vez disso, o olhar do investigador se volta, simultaneamente, para o sofrimento socialmente produzido e para sua ressonância com as questões envolvendo a subjetividade ou a vida psíquica. Essa forma de abordar o sofrimento está associada a uma concepção sobre o próprio trabalho como terreno privilegiado de mediação entre economia psíquica e campo social, entre ordem singular e ordem coletiva. Qualquer redução a um ou outro desses polos caracterizaria, do ponto de vista das clínicas do trabalho, uma limitação à análise e à intervenção.

Há mais no trabalho do que simplesmente sofrimento, da mesma forma que o sujeito não se define apenas pelo *pathos*, mas também por sua capacidade de criação, reinvenção, emancipação e superação das dificuldades colocadas pelo real. Nesse sentido, as teorias clínicas do trabalho não restrinjem seus domínios aos aspectos deletérios ou alienantes, nem somente à psicopatologia, tampouco à psicanálise (no sentido de uma clínica do sujeito psíquico "apartado" do sujeito social). Abrem-se aqui algumas vias interessantes para se pensar a relação sujeito-trabalho. Por exemplo, como dispositivo pelo qual o sujeito institui novas normas, não se fixando àquilo que já está dado (Canguilhem, 1966); como um dispositivo pelo qual o sujeito pode exercitar sua capacidade criadora (Winnicott, 1979/1983); ou ainda como meio de construção da identidade e da vivência de prazer decorrentes do reconhecimento e da mobilização subjetiva (Dejours, 2000).

Na clínica da atividade (Clot, 1999, 2008) há outra ilustração interessante dessa dimensão constitutiva, positiva, do trabalho. Nela, este é entendido como um conjunto de provas, e não como algo a propiciar restrições e fatores inexoravelmente patogênicos. Tais provas são originárias do real da atividade e das relações com outras pessoas que nela intervêm, para não mencionar sua origem no interior do próprio sujeito, marcado por seus projetos e aspirações (e pré-ocupações). Essas três fontes geram demandas muitas vezes contraditórias, cabendo aos sujeitos torná-las compatíveis para e entre si. Ao fazê-lo, sobretudo quando para isso intervém a ação dos coletivos de trabalho (denominados por Clot de "gêneros profissionais"), os sujeitos conseguem afirmar seu poder de ação. O sofrimento surge da atividade impedida, do desenvolvimento bloqueado (Clot, 2001).

ALGUNS TEMAS DE INTERVENÇÃO

Como observado anteriormente, embora as questões envolvendo o sofrimento no trabalho não representem todo o domínio de temas das clínicas do trabalho, não há dúvida de que é nesse terreno que elas deixam uma contribuição destacada. Formas de "desmontagem" do trabalho (Boltanski & Chiapello, 1999) seguidas, em geral, de fraturas nos processos subjetivadores a ele associados, são ocasiões de sua intervenção. O mesmo pode ser dito com respeito às diversas formas de dessimbolização do trabalho, quando este deixa de ser um objeto investido de significado leva ao desengajamento afetivo dos sujeitos. Clot (1998, 1999) denomina esse processo de "des-obramento" na situação de trabalho – isto é, o sujeito busca reconhecer e ser reconhecido em gêneros coletivos, nos quais ele contribui com a inscrição de suas obras; quando essa possibilidade é impedida, o trabalho deixa de ser associado à produção de obras e significados e se torna puro domínio de regras exteriormente estabelecidas (trabalho prescrito).

Portanto, um importante tema de pesquisa e intervenção das clínicas do trabalho são as diversas formas de mal-estar relacionadas ao trabalho. Especificamente, três grupos são identificados na literatura da área

(Lhuilier, 2006a, 2006c), os quais têm, em sua gênese, o crescente nível de exigências e demandas colocadas pelas organizações de trabalho aos indivíduos e a redução (ou manutenção em níveis baixos) dos recursos pessoais e coletivos para seu enfrentamento. Diante dessa discrepância fundamental os sujeitos são expostos a situações que enfraquecem seu poder de agir, sua capacidade de enfrentamento e de significação de sua própria experiência. Vejamos cada um dos grupos.

O primeiro grupo de patologias envolve as patologias da atividade (Lhuilier, 2006a, 2006c) ou patologias da sobrecarga (Dejours, 2007). Especificamente, encontramos aqui as diversas famílias de transtornos músculos-esqueléticos, como também o *stress*, o burnout, o karoshi, a fadiga e as formas brandas ou graves de dissociações psicológicas. O aspecto mais preocupante, nesse grupo, diz respeito ao bloqueio da atividade e, portanto, dos processos de subjetivação/personalização a ela associados. Um exemplo nesse sentido é a divisão taylorista entre concepção e execução – ainda presente em diversas formas de trabalho na atualidade. Nessa situação, o sujeito é impedido de exercer o controle sobre sua atividade. Como dizia Wallon (1976), ao amputar o homem de sua iniciativa no trabalho amputa-se, ao mesmo tempo, grande parte de suas possibilidades como agente. O sujeito é dissociado de seu próprio gesto/ato no trabalho. Distantes mais de cem anos da origem da Administração Científica, ainda continuamos a presenciar formas de dissociação no trabalho, como no exemplo recente dos "infoproletários" (Antunes, 2009).

O segundo grupo reúne as patologias da solidão e da indeterminação no trabalho. A solidão ocorre devido à fragilização dos ofícios como coletividades articuladas em torno de regras, normas, atividades e identidades comuns. Evidência nesse sentido são as diversas modalidades de gestão dos recursos humanos, centradas na segmentação do coletivo e na individualização, como a remuneração variável por desempenho individual, o *coaching* e a gestão personalizada das carreiras. Já a indeterminação no trabalho tem a ver com uma dificuldade de os trabalhadores em compreender os meios e os fins de suas atividades, o que dificulta o processo de apropriação subjetiva da atividade. Um exemplo pode ser encontrado no setor de serviços, quando a essência do trabalho se reduz a relações interpessoais com clientes, cujas demandas e exigências de valor nem sempre são claramente compreendidas. Nesses contextos, há uma rarefação dos critérios de como realizar e conduzir o trabalho, fato a intensificar as exigências endereçadas aos trabalhadores.

O terceiro grande grupo de patologias associa-se aos maus-tratos e à violência no trabalho. Pensa-se aqui nas diversas formas de assédio moral (que também é uma patologia da solidão – conforme Dejours, 2007) como também na exposição dos indivíduos a formas de poder contra os quais nem sempre eles têm uma resposta coletiva articulada. O sofrimento psíquico surge quando, nessas circunstâncias, os indivíduos são entregues a si próprios e a seus (únicos) recursos pessoais, pois a falta de mediação coletiva permite com que o trabalho se transforme num campo de afrontamento no qual, serializados, os indivíduos lutam em situação de grande assimetria de poder com a organização. Da mesma forma, encontramos focos de sofrimento nos diversos processos de rupturas das trajetórias profissionais, como em situações desemprego, mas também nas transições patrocinadas por uma dinâmica organizacional acelerada e aparentemente indiferente ao impacto das mudanças sobre as biografias profissionais. Havemos ainda de citar as depressões, suicídios e tentativas de suicídio (Dejours, 2007), assim como outras descompensações mentais, originárias em situações pós-traumáticas ou não.

SÍNTESE

No campo da Psicologia Organizacional e do Trabalho as clínicas do trabalho contrapõem o modelo dominante da psicologia organizacional de ênfase cognitivo-comportamental, tendo em vista que apresentam finalidades diferenciadas em relação aos objetivos organizacionais e aos objetivos dos trabalhadores, ou pelo menos tomam essas finalidades como uma questão a ser reconhecida e refletida. De igual forma, a psicologia social do trabalho, embora com mais zonas de proximidade que a psicologia cognitivo-comportamental, diferencia-se da clínica do trabalho pela ênfase dada aos processos psíquicos em suas imbricações sociais (e reciprocidades). Embora a Psicologia Organizacional e a Psicologia do Trabalho sejam articuladas dentro de um único campo denominado Psicologia Organizacional e do Trabalho, há importantes diferenças entre elas, definidas por questões de ordem epistemológica, teórica, metodologócia e social. Ainda assim, a articulação num único campo evidencia as controvérsias, coexitindo a instrumentalização de práticas e a crítica sobre elas.

As clínicas do trabalho apresentam-se no campo da POT não como conjunto de teorias homogêneas. Exatamente pela diversidade e pelas confrontações que encerram na sua delimitação, as clínicas do trabalho contribuem valiosamente para a análise do trabalho na contemporaneidade. A psicodinâmica do trabalho, a clínica da atividade, a psicossociologia e a ergologia, como clínicas do trabalho, distanciam-se do modelo clínico individualista, que tem como objeto os processos intrapsíquicos, que minimizam ou simplesmente ignora as ramificações sociais do sujeito da clínica. Também buscam se distanciar de certo pensamento científico social que vê a precedência do social sobre o psíquico, restando ao sujeito um lugar já produzido ou dado. Em contrapartida, buscam se posicionar como clínicas "sociais" do trabalho, pois se equilibram no fino e tênue limite entre psíquico e social, vendo entre eles jogos complexos de reciprocidade e tensão.

Entre seus traços fundamentais, as clínicas do trabalho defendem a centralidade psíquica e social do trabalho, entendido como uma atividade material e simbólica constitutiva do laço social e da vida subjetiva. Elas atribuem grande importância às situações concretas de trabalho, valorizando um questionamento sobre as demandas colocadas pelo mundo do trabalho aos psicólogos e também sobre o uso dos dispositivos propostos quando da análise, pesquisa e intervenção naquelas situações. Partilham a convicção de que as práticas de pesquisa devem ser engajadas, e não simples expedientes de coleta de dados, muitas vezes sem a devida ressonância com o trabalho realizado pelas pessoas. Atentas ao "dramático" no trabalho, suas investigações se destinam a compreender as origens e as manifestações do sofrimento, como também a compreender e subsidiar os processos de resistência e de superação por parte dos coletivos de trabalho.

Apesar de sua promissora contribuição, Lhuilier (2006a) observa que as clínicas do trabalho são frequentemente pouco lembradas nos manuais da área, na França. No Brasil, a situação parece se repetir, embora seja necessária uma análise cautelosa neste ponto. De um lado, há, sob a produção local, uma grande influência da literatura e dos modismos estrangeiros, especialmente norte-americanos. De fato, os EUA são os grandes produtores e exportadores de tecnologias gerenciais voltadas ao incremento da *performance* e da eficiência no trabalho, além de terem sido o berço das versões "organizacionais" da psicologia do trabalho. Sob a influência dessas fontes, o sofrimento no trabalho é às vezes reduzido à versão do *stress*. De outro lado, as clínicas do trabalho têm já suas ramificações em produções nacionais muito anteriores a este livro, na trajetória de diversos pesquisadores, muitos dos quais aqui representados. Este livro apenas congrega esses autores em um mesmo espaço de encontro.

Para finalizar, vemos que há grandes expectativas para a ampliação e afirmação das perspectivas abertas pelas clínicas do trabalho no contexto brasileiro. Entre as tendências, podemos destacar a ampliação ainda maior de grupos de pesquisas em clínicas do trabalho e a crescente diversificação de públicos investigados, os quais não se limitam, como vimos, ao enquadre das organizações formais de trabalho, mas envolvem setores marginalizados ou "ocultados". Já como desafios, coloca-se, a nosso ver, o manejo das tensões apontadas neste capítulo, referentes ao confronto observado entre os distintos posicionamentos epistemológicos no campo da POT. Somando-se a este, há uma necessidade de formulação de políticas públicas, tanto voltadas ao trabalho como à saúde, que contemplem uma visão não individualizante e que considerem os processos de subjetivação e de sofrimento relacionados ao trabalho no contexto das configurações atuais do trabalho, no modo capitalista de produção.

REFERÊNCIAS

Amado, G., & Enriquez, E. (1997). Psychodynamique du travail et psychosociologie. *Revue Internationale de Psychosociologie,* III (6-7), 157-167.

Antunes, R. (2009). (Org.). *Infoproletários*. São Paulo: Boitempo.

Barus-Michel, J. (1987). *Le sujet social*. Paris: Dunod.

Bendassolli, P. F., & Borges-Andrade, J. E., & Malvezzi, S. (2010). Paradigmas, eixos temáticos e tensões na PTO no Brasil. *Estudos de Psicologia (UFRN),* 15, 281-289.

Bendassolli, P. F., & Gondim, S. M. (2016). Cliniques du travail et réalisme critique : dialogues et implications. *Nouvelle revue de psychosociologie,* 21(1), 131-142.

Bion, W. R. (1975). *Experience in groups*. Londres: Ballantine Books.

Boltanski, L., & Chiapello, E. (1999). *Le nouvel esprit du capitalisme*. Paris: Gallimard.

Canguilhem, G. (1966). *Le normal et le pathologique*. Paris: PUF.

Clot, Y., & Litim, M. (2006). Sens du travail. In J. Allouche (Org.), *Encyclopédie des ressources humaines*. Paris: Vuibert.

Clot, Y. (1995). *Le travail sans l'homme?* Paris: La Découverte.

Clot, Y. (1998). Le sujet au travail. In J. Kergoat (Org.). *Le monde do travail*. Paris: La Découverte.

Clot, Y. (1999). *La fonction psychologique du travail*. Paris: PUF.

Clot, Y. (2001). Clinique du travail, clinique du réel. *Journal des psychologues*, 185, 48-51.

Clot, Y. (2005). L'autoconfrotation croisée en analyse du travail. In L. Filliettaz & J. -P. Bronckart (Orgs.). *L'analyse des actions et des discours en situation de travail*. Louvain-la-Neuve: Peeters.

Clot, Y. (2008). *Travail et pouvoir d'agir*. Paris: PUF.

Clot, Y., & Leplat, J. (2005). La méthode clinique en ergonomie et en psychologie du travail. *Le travail humain*, 68(4), 289-316.

Dejours, C. (1990). *Travail et usure mentale*. Paris: Bayard.

Dejours, C. (1993). Intelligence pratique et sagesse pratique: deux dimensions méconnues du travail réel. Éducation Permanente, 116, 47-70.

Dejours, C. (1995). *Le facteur humain*. Paris: PUF.

Dejours, C. (1996). Psychologie clinique et tradition comprehensive. In Y. Clot (Org.), *Les histories de la psychologie du travail*. Toulouse: Octarès.

Dejours, C. (1998). *Soufrance en France*. Paris: Le Seuil.

Dejours, C. (2003). *L'évaluation du travail à l'épreuve du reel*. Paris: INRA.

Dejours, C. (2007). Psicodinâmica do trabalho na pós-modernidade. In A. M. Mendes, S. C. L. Lima, & Facas, E. P. (Orgs.). Brasília: Paralelo 15.

Dejours, C., & Abdoucheli, E. (1990). Itinéraire théorique en psychopathologie du travail. *Prévenir*, 20, 127-150.

Dejours, C., & Molinier, P. (1989). De la peine au travail. *Autrement. Série mutations*, 142, 138-151.

Detienne, M., & Vernant, J.-P. (1993). *Les ruses de l'intelligence: la mètis des grecs*. Paris: Flammarion.

Dilthey, W. (1992). *Teorias das concepções do mundo*. Lisboa: Edições 70. (Original publicado em 1911).

Enriquez, E. (1972). Imaginaire social, refoulement et répression dans les organisations. *Connexions*, *3*, 65-93.

Gaulejac, V. de, Hanique, F., & Roche, P. (2007). *La sociologie clinique*. Toulouse: Érès.

Giust-Desprairies, F. (2009). (Org.). *Entre social et psychique*. Paris: L'Harmattan

Guba, E. G. (1990). *The paradigm dialog*. Londres: Sage.

Jaques, E. (1951). *The changing culture of a factory*. Londres: Tavistock.

Klein, K. J., & Kozlowski, S. W. J. (Eds.).(2000). *Multilevel theory, research, and methods in organizations*. San Francisco: Jossey-Bass.

Le Guillant, L. (1984). *Quelle psychiatrie pour notre temps*. Toulouse: Érès.

Leplat, J., & Hoc, J.-M. (1983). Tâche et activité dans l'analyse psychologique des situations. *Cahiers de psychologie cognitive*, 3 (1), 49-63.

Lévy, A., Nicolai, A., Enriquez, E., & Dubost, J. (Orgs.). (2001). *Psicossociologia: análise social e intervenção*. Belo Horizonte: Autêntica, 2001.

Lhuilier, D. (2006a). *Cliniques du travail*. Toulouse: Érès.

Lhuilier, D. (2006b). Cliniques du travail. *Nouvelle revue de psychosociologie*, 1, 179-193.

Lhuilier, D. (2006c). Cliniques du travail: enjeux et pratiques. *Pratiques psychologiques*, 12, 205-219.

Lhuilier, D. (2009). Travail, management et santé psychique. *Connexions*, 91, 85-101.

Lima, M. E. A. (Org.). (2006). *Escritos de Louis Le Guillant*. Petrópolis: Vozes.

Mendel, G. (1998). *L'acte est une aventure*. Paris: La Découverte.

Mendes, A. M. (Org.). (2007). *Psicodinâmica do trabalho: teoria, método e pesquisas*. São Paulo: Casa do Psicólogo.

Pagès, M., Gaulejac, V. de, Descendre, D., & Bonetti, M. (1979). *L'emprise de l'organisation*. Paris: Desclée de Brouwer.

Roger, J.-C. (2007). *Refaire son métier*. Toulouse: Érès.

Rorty, R. (1982). *Consequences of pragmatism*. Minnesota: University of Minnesota Press

Schwartz, Y. (1992). *Travail et philosophie*. Toulouse: Octarès.

Schwartz, Y. (2000). *Le paradigme ergologique ou un métier de philosophe*. Toulouse: Octarès.

Sivadon, P. (1957). Psychiatrie du travail. In H. Desaille (Org.), *Cours de médicine du travail*. Paris: Le François.

Veil, C. (1964). *Hygiène mentale du travail*. Paris: Le François.

Wallon, H. (1976). *Lecture d'H. Wallon: choix de textes*. Paris: Éditions Sociales.

Weber, M. (2001). *Ensayos sobre metodologia sociológica*. Bueno Aires: Amorrortu. (Original publicado em 1922).

Winnicott, D. W. (1983). *O ambiente e os processos de maturação*. Tradução de I. C. Schuch Ortiz. Porto Alegre: Artmed (Original publicado em 1979).

CAPÍTULO 2

FILIAÇÕES TEÓRICAS DAS CLÍNICAS DO TRABALHO[7]

Dominique Lhuilier

PSICOLOGIA CLÍNICA

Nosso *approach* da clínica do trabalho se reporta às duas correntes teóricas constituídas pela psicologia social clínica e pela psicopatologia do trabalho, e seus desdobramentos elaborados pela psicodinâmica do trabalho, de um lado, e pela clínica da atividade, do outro.

As controvérsias suscitadas pela pesquisa em psicologia clínica (pela especificação de seu objeto, pela relação entre prática e pesquisa, pelo *status* concedido à singularidade do caso na conceitualização do geral, pelo *status* da intersubjetividade na relação do pesquisador com seu objeto, pelos critérios adotados de cientificidade...) requerem que se volte aos fundamentos da psicologia clínica e a seu projeto de constituição de uma verdadeira ciência, e ao mesmo tempo se elabore sua práxis.

A noção de clínica esteve durante muito tempo associada unicamente à prática médica. Sua origem etimológica (*kliné* – o leito, *klinicos* – o médico, *klinike* – cuidados do médico com o doente acamado) remete à situação em que o médico, junto ao leito do doente e contando apenas com seus próprios recursos, se inclina sobre um paciente. Por mais que a clínica seja um componente da prática médica desde suas origens, foi no fim do século XVIII que o *approach* da singularidade de um sujeito foi aceito como muito mais do que uma generalidade nosológica, que ele foi reconhecido como compatível com a exigência do rigor científico e de seus critérios de generalização e de objetividade. Para Foucault (1972), "A qualidade singular, a impalpável cor, a forma única e transitória, ao adquirirem o *status* de objeto assumiram seu peso e sua solidez (...) O olhar

---

7 Título original *Filiations théoriques*. Capítulo do livro *Cliniques du travail*, de Dominique Lhuilier (2007). Toulouse: Éditions Érès, 21-57. Tradução de Maria Helena C.V. Trylinski e revisão técnica de Pedro F. Bendassolli.

não é mais redutor, mas fundador do indivíduo em sua condição inelutável. E com isso se torna possível organizar em torno dele uma linguagem racional. O objeto do discurso pode ser um sujeito sem que os aspectos da objetividade sejam por isso alterados. Foi esta reorganização formal e em profundidade (...) que abriu a possibilidade de uma experiência clínica; ela levantou o velho interdito aristotélico. É possível finalmente manter um discurso com estrutura científica sobre o indivíduo". Foucault (1972) assenta o surgimento da clínica como um *approach* científico que tenta evidenciar mecanismos, processos e, portanto, como uma tentativa de alcançar o geral além das singularidades individuais, *porém a partir delas*.

O sujeito que emerge disto continua sendo, todavia, um sujeito sem subjetividade e, então, é para a "psicologia das profundezas", para a junção entre a filosofia e a medicina que precisamos nos voltar para acompanhar a emergência da psicologia clínica. Não voltaremos aqui ao desenvolvimento da psiquiatria clínica e ao papel fundamental que ela desempenhou na constituição da individualidade como objeto científico na comprovação dos grandes sistemas teóricos por intermédio das realidades clínicas.

Assinalamos apenas que a noção de "psicologia clínica" surgiu nos anos 1890 simultaneamente na França, na Alemanha e nos Estados Unidos (Prévost, 1988). Na França, P. Janet lhe conferiu um sentido próximo ao da psicologia médica: ele procura promover uma reflexão psicológica que se apoia no interesse nutrido pelo particular, nos dados obtidos por meio da observação, na crítica das pesquisas que, em laboratório, isolam variáveis artificialmente.

S. Freud evoca o termo "psicologia clínica" em uma carta a Fless (30 de janeiro de 1899): "atualmente, a conexão com a Psicologia, tal como ela se apresenta nos *Études* (sobre a histeria), sai do caos onde se encontrava: percebo as relações com o conflito, com a vida, com tudo isso que eu gostaria de chamar 'psicologia clínica'". A obra freudiana constitui um modelo da clínica pelo lugar que reserva à análise dos casos individuais na produção da teoria, por seu método e por seu procedimento.

Prévost (1988) chama a atenção, embora este episódio histórico da gestão da Psicologia tenha permanecido ignorado durante muito tempo, para a existência (entre 1897 e 1901) de uma revista de psicologia clínica e terapêutica publicada por dois médicos do hospital Sainte-Anne. Esses textos prenunciam o que será a psicologia clínica francesa. Neles, encontramos as principais críticas endereçadas à psicologia experimental ("a matemática da psicologia") e às metas posteriormente aprimoradas: "A psicologia clínica, pelo contrário, embora extraia preciosas informações das pesquisas de laboratório, observa a própria vida psicológica, considerada como um todo concreto e real. Ao reunir em uma visão de conjunto as reações naturais e espontâneas do sujeito, na presença de excitações de todo gênero, ela compõe um quadro sintético, com dominância variável, que exprime o temperamento e traz a marca do caráter desse sujeito. Por meio das influências combinadas da hereditariedade e do meio, ela persegue o desenvolvimento, normal e patológico, da personalidade, a tarefa não sendo esquematizar, mas individualizar" (*Revue de psychologie clinique et* thérapeutique, 1897, citado por C. Prévost, 1988). Encontram-se aqui os traços distintivos da psicologia clínica (singularidade, totalidade, percepções em situações concretas e reais) tal como serão enfatizados pelas concepções fundadoras de D. Lagache e de J. Favez-Boutonnier. O primeiro descreveu a psicologia clínica, em 1949, e a criou como disciplina universitária: o objeto dela é "o estudo da conduta humana individual e de suas condições (hereditariedade, amadurecimento, condições fisiológicas e patológicas, história de vida), em uma palavra, a psicologia clínica é o estudo da pessoa inteira em situação" (Lagache, 1949a). Ela almeja "ver a conduta de sua própria perspectiva, reconstruir tão fielmente quanto possível as maneiras de ser e de reagir de um ser humano concreto e completo, às voltas com uma situação; ela busca precisar o sentido dessa conduta, sua estrutura e gênese, procura revelar os conflitos que a motivam e as *démarches* que tem por fim resolver esses conflitos. Em resumo, este é o programa da psicologia clínica" (Lagache, 1949b).

Não retomaremos a questão da ambição desta definição, a questão da fluidez de algumas noções (como a conduta, a pessoa), da visão algo ecumênica de Lagache, que tenta aliar as *démarches* das diversas subdisciplinas da psicologia para promover sua unidade. Tudo isto já foi amplamente comentado (Prévost, 1988; Plaza, 1989; Pédinielli, 1994; Ciccone, 1998).

A obra de J. Favez-Boutonnier (1956) amplia e completa as posições de D. Lagache ao reformular sua definição da psicologia clínica ("estudo de uma personalidade singular na totalidade de sua situação e de sua evolução"), ao acentuar as relações estreitas desta última com a fenomenologia, em razão de sua descrição rigorosa da subjetividade e de suas referências à dimensão vivida da experiência, ao distanciar-se do modelo médico, ao fixar-se na questão da intersubjetividade, e ao estender a investigação para outros domínios, menos marcados pela patologia. Os objetos de estudo da psicologia clínica se diversificam e não se limitam mais apenas à pessoa, eles abrangem a família, o grupo, a instituição, talvez mesmo o social. Voltaremos a esta questão.

Notemos, de qualquer modo, que além dessa referência constante (à qual nos juntamos) a uma psicologia do sujeito em situação real, a investigação clínica não se limita a uma investigação dos transtornos, das condutas patológicas. Ela não os exclui, evidentemente, porém concede um lugar privilegiado ao sofrimento psíquico e o faz de uma perspectiva ontológica, mais do que patológica.

O inacabado e a dependência, a falta e a perda, o obstáculo da realidade e as pressões da vida em sociedade fazem do homem um ser continuamente colocado à prova. "A prova é o cotidiano" (Barus-Michel, Giust-Desprairies, & Ridel, 1996): ela requer a elaboração, a superação e não apenas a disfunção, a perturbação. Da mesma forma, os mecanismos de defesa não devem ser abordados apenas no que é qualificado como organização psicopatológica: eles estão voltados para o interior psíquico, para as exigências pulsionais e, ao mesmo tempo, para o exterior, lá onde se encontra a realidade material e social. Eles permitem manter uma integridade narcísica suficiente, uma composição com as pressões externas, e permitem que o indivíduo se inscreva no campo social (para o melhor e para o pior).

Da perspectiva que esposamos de uma clínica do trabalho, este último essencialmente compreendido como prova, nos importamos não apenas com as manifestações de sofrimento, mas também com o esforço de vida nessa prova, com os processos de desimpedimento, de resistência e de resposta. Esta questão será retomada quando fizermos referência à psicopatologia do trabalho.

Se o domínio da psicologia clínica não é apenas o da psicopatologia, ele não é tampouco exclusivamente domínio da psicanálise. Esta continua sendo uma referência importante, na medida em que visa o psiquismo humano, área onde criou um método de pesquisa sobre os processos psíquicos, um método de tratamento que se baseia nessa pesquisa, um corpo conceitual que permite modelar e tornar inteligível a vida psíquica. O referencial teórico da psicologia clínica leva em conta a hipótese do inconsciente e os modelos de representação do funcionamento dos processos psíquicos propostos pela(s) psicanálise(s). Porém, os fenômenos inconscientes não bastam para explicar "a pessoa inteira em situação" e a psicologia clínica é necessariamente levada à interdisciplinaridade. É isto, aliás, o que faz, ao mesmo tempo, a riqueza e o desconforto dessa orientação, orientação que criou um quadro teórico necessariamente móbil para responder às exigências das práticas clínicas. Essas não se confundem com a prática analítica, que se apoia sobre um dispositivo particular, notadamente no trabalho sobre a transferência e a suspensão da realidade externa para criar condições para a emergência da vida fantasmática. Quanto às práticas clínicas, elas são diferentes, mas sempre inscritas no contexto social. O que faz com que Huguet (1995) diga que, para o clínico, "o leito do doente" é o contexto social. Os trabalhos em clínica do trabalho não podem prender-se às dimensões inconscientes, às suas dependências sexuais e infantis. Eles devem se dedicar a explicar a dinâmica social consubstancial às atividades produtivas. Dinâmica social que está ligada também à realidade das situações de trabalho, às representações das quais ela é o objeto. Realidade encontrada, mas também produzida por estas relações e pelas *práxis* que elas permitem.

PSICOLOGIA SOCIAL CLÍNICA

Percebemos aqui a referência à psicologia social clínica. Esta última não pode se dissolver em uma psicologia clínica que seria forçosamente social. Na verdade, não há sujeito fora do social, porém a psicologia social clínica, oriunda da psicologia e da sociologia, está menos centrada no indivíduo (nas determinações dele, nas condutas dele) do que nas interações nas quais ele se inscreve e para as quais contribui. Ela "estuda o indivíduo" (é uma psicologia) em situações sociais reais (ela é social), situações que existem fora dele e pelas quais ele é influenciado, situações que ele pode compreender e influenciar (Revault d'Allonnes & Barus-Michel, 1981).

Esta orientação tem relação com a psicologia social, com seus os conceitos e objetos. Mas se diferencia dela tanto no plano da pesquisa quanto no da prática, pois leva em conta o registro do libidinal que atua nas relações sociais, nas unidades e nas situações sociais. Ela se interessa pelo vínculo social e por suas variações (do intersubjetivo ao societal), quer ele tome a forma de conflito, de dominação, de exclusão ou de solidariedade cooperativa, de aliança e de troca. Nesta orientação, o vínculo social é examinado de uma dupla perspectiva, a perspectiva das transformações sociais e a dos rearranjos psíquicos operados pelos indivíduos. Aqui o social não é somente um conjunto mais ou menos estático de determinações e de constrangimentos. Ele não é dado, mas construído em dinâmicas coletivas. A psicologia social clínica visa, portanto, a investigação das reciprocidades do individual e do coletivo, do psíquico e do social. Barus-Michel e seus colaboradores (1996) precisaram essa problemática:

"Na qualidade de pesquisadores e praticantes de psicologia social clínica, nós nos interessamos particularmente pela tensão que se manifesta entre sistemas sociais e estruturas psíquicas, o que coloca a irredutibilidade de cada uma dessas duas lógicas na trama de seu arranjo comum (...). Este arranjo está no centro de nossa *démarche*". Trata-se de explorar os processos de geração recíproca do psíquico e do social. Por isso, esta perspectiva é inescapavelmente aberta a pluridisciplinaridade: a psicanálise ocupa aí um lugar importante, mas o mesmo acontece com as ciências sociais (sociologia, antropologia, história).

Os objetos da psicologia social clínica (assim como os da psicologia social, mas provavelmente ainda mais) são, de forma privilegiada, as relações interpessoais, o grupo, a instituição, a organização.

O "pequeno grupo", abordado no início por Lewin (1959) de uma perspectiva dinâmica e com conceitos emprestados da física, foi estudado em seguida por Bion (1965), que renovou os conceitos e abriu o tema para desdobramentos posteriores, que focaram a vida afetiva dos grupos e suas dimensões inconscientes.

A contribuição de Lewin contribuiu para o estudo dos papéis, das normas, das tomadas de decisão, das resistências à mudança, da liderança e da autoridade nos grupos. E foi o recurso para um outro registro teórico, a psicanálise, que lançou uma luz nova sobre a vida fantasmática e simbólica nos grupos. É nessa perspectiva que podemos situar os trabalhos de D. Anzieu, de R. Kaës e da equipe do CEFRAP (Centre d' étude formation-recherche), e também dos psicossociólogos do ARIP (Association pour la recherche et l'intervention psychosociologique); posteriormente, a eles se juntaram os trabalhos do CIRFIP (Centre international de recherche formation intervention psychosociologique), embora a contribuição destes últimos esteja mais aberta à sociologia, notadamente nas referências a Escola de Chicago, a Mauss e seus discípulos do Collège de Sociologie, a. Schutz e E. Goffman, referências essas que vão além do campo da problemática grupal e enriquecem a reflexão teórica da psicossociologia e da sociologia clínica.

O "grupo", enquanto objeto de conhecimento e lócus de uma prática, foi objeto de muitas experimentações e experiências, das quais uma clínica do trabalho pode beneficiar-se em sua investigação sobre as dinâmicas coletivas mobilizadas em torno do trabalho, quando a ocasião se oferecer. No entanto, estas contribuições, além de incontestáveis, também têm seus limites. Na verdade, os trabalhos desenvolvidos sobre os processos inconscientes nos grupos foram realizados, principalmente, com grupos terapêuticos e grupos de formação, e não com coletivos de trabalho ou grupos operativos. Por isso, falta a referência à tarefa, à organização produtiva, à realidade que se trata de transformar nesses contextos. A história da dinâmica dos grupos, completamente absorvida pelas interações e, em seguida, pela investigação sobre a vida fantasmática, deixou na obscuridade a questão da ação. Principalmente porque os dispositivos instaurados pela investigação do funcionamento dos grupos encorajam processos regressivos que favorecem a interpretação "psicofamilialista" (Mendel, 1992), afastam a realidade social e a ação e são fundamentalmente reflexivos ("o grupo centrado no grupo"). G. Amado enfatiza bastante as diferenças entre grupos operativos e grupos terapêuticos; ele mostra como o estudo psicanalítico dos primeiros foi abandonado e resgata a tensão nos grupos de trabalho entre "o superinvestimento do objeto-tarefa, de um lado, e o superinvestimento do objeto-grupo", do outro: trata-se nesse caso de "duas respostas extremadas à inevitável tensão entre o desejo de ação, de realização, de eficácia, de um lado, e a preservação da integridade psiquica, do respeito pelo outro, do prazer de formar um grupo, de outro" (Amado, 1999). Ele retraça os fundamentos de um novo dispositivo, dito "transicional", introduzindo de novo a referência a situações reais ligadas à ação, fundamentos efetivados por H. Bridger no começo dos anos 1960 no quadro do Tavistock Institute of Human Relations.

A ação requer processos psíquicos específicos que não se pode descobrir nos grupos puramente reflexivos, sem tarefa. O *approach* transicional da mudança proposto mais recentemente por Amado (2004) integra, nos dispositivos de regulação que ele propõe, a dimensão técnica do trabalho e outras dimensões mais tradicionalmente psicossociológicas.

As críticas que envolveram os fundamentos ideológicos e epistemológicos de um *approach* do grupo voltado para a vida fantasmática contribuíram para um deslocamento progressivo da investigação clínica para outros objetos, em particular para a instituição e para a organização. Com efeito, como salienta Lévy (1994), não se pode "sem operar uma redução considerável, considerar, como fizeram os promotores do T-grupo e de outras formações 'centradas no grupo', que todos os grupos humanos se reportam a um mesmo modelo genérico histórico, possuidor de atributos e propriedades comuns, grupos que encontram o mesmo tipo de dificuldade e, portanto, capazes de assentar os alicerces de uma teoria geral e uma prática que se relaciona com ele". Porém, e mais uma vez nos unimos a A. Lévy, estes outros objetos que são a organização e a instituição, apesar da tendência recorrente a os coisificar e mesmo personalizar (a organização fala, proíbe, afirma, promete, tem medo), são "ambíguos, atravessados por contradições paradoxais: eles não podem "ser encontrados", por assim dizer.

A noção de organização designa um conjunto estruturado de papéis, de relações de poder, de normas, estabelecido para responder a objetivos de produção de bens e de serviços. Ela abrange uma série de constrangimentos e de obrigações com os quais os membros da organização se acertam para aí construir um lugar para si e, eventualmente, obter alguma vantagem. Mas uma organização pode também ser retratada como a colocação conjunta de recursos individuais, tendo em vista a realização de uma ação coletiva. Essas duas perspectivas se opõem em suas concepções, ao mesmo tempo estática e dinâmica, da organização – concepções que não fazem outra coisa senão revelar as contradições internas de qualquer formação social. A organização comporta, ao mesmo tempo, uma estrutura estabelecida que pretende definir as posições e os papéis, as funções e as relações, a distribuição do trabalho e do poder, e formas emergentes de ação coletiva no seio das quais outras regras, estas informais, são elaboradas, outros sistemas de representação e de significação emergem quando da ação e conforme a dimensão das discordâncias entre o "aparelho pensante" proposto pela estrutura e a realidade encontrada na ação. As evoluções do mundo do trabalho impõem aos praticantes e aos pesquisadores do trabalho uma vigilância intensa para não se deixarem capturar por organizações cada vez mais abstratas e afastadas do real, que fazem com que a imagem coincida com a conceitualização. A ocultação do real, revelada pela ocultação do trabalho como transformação da realidade, é uma tendência forte nas organizações produtivas. Os clínicos do social poderiam contribuir para o conhecimento do fenômeno se estivessem focados nas produções imaginárias nas unidades sociais, grupais e/ou organizacionais.

A noção de instituição – que não se confunde com o uso corrente da palavra, isto é, com estabelecimento (logo, uma organização) – aplica-se, de acordo com a tradição sociológica clássica, a um fato social específico que se reconhece por seu caráter constrangedor e visa o controle social por meio da interiorização de normas. Conjunto de imposições, a instituição governa a sociedade e contribui para a estabilidade da ordem existente. Não obstante, a instituição pode também ser definida como um conjunto de sinais e de símbolos, de representações e de regras, conjunto produzido pela prática das relações e das atividades humanas - conforme podemos encontrar em trabalhos de M. Mauss e C. Lévi-Strauss, por exemplo.

Esta outra concepção lança luz sobre um societal que não é jamais estabelecido de forma definitiva, atravessado que é pela conflituosidade entre permanência e mudança, entre presente e futuro.

De nossa parte, juntamo-nos à definição de instituição proposta por Barus-Michel e seus colaboradores (1996) como um sistema simbólico, como "codificação das trocas e das práticas (...) como sistema de representação que sustenta e legitima estas atividades sociais que são cuidar, produzir, educar, formar, governar, vigiar".

Esta definição restitui às atividades sociais um lugar que elas não têm, ou têm de forma secundária, nos trabalhos de psicologia social clínica. Ou mais exatamente, é este terceiro – a realidade – que parece esquecido e faz com que Latour (1988, citado por Sigaut, 1990) diga que "a ideia bizarra de que a sociedade seria feita apenas de relações humanas é o reflexo inverso de outra ideia não menos bizarra, a de que as técnicas seriam feitas apenas de relações não-humanas".

Convém realçar a análise e reconhecer que algumas orientações reservam ao trabalho uma atenção que permite não focar a análise unicamente na conjunção da história das formações sociais com a história dos sujeitos individuais. Essas orientações reconhecem que a problemática do social não pode se limitar ao imaginário social, nem mesmo ao sistema simbólico como relação de troca. O social é também um conjunto dinâmico de relações de transformação da realidade. "Toda sociedade, toda comunidade de homens, sempre se solidarizou, nem que fosse de maneira conflituosa, para levar a cabo esta transformação que não poderia ser realizada sem cooperação. Os conflitos recaíram sobre os modos de fazer, de decidir, de prever; eles deram margem e sempre dão margem às divisões, à concorrência, à diversidade nas modalidades de organização. Eles geram solidariedade e concorrem mais para a dinâmica do vínculo social do que para prejudicar a cooperação" (Barus-Michel, Giust-Desprairies, & Ridel, 1996).

Em todo o caso, não deixa de ser verdade que o *approach* da organização como sistema simbólico e imaginário, dominante na clínica do social, é ao mesmo tempo uma orientação conceitual estimulante e uma evitação da questão do real.

Neste ponto, alguns elementos de história ou de flexão dos conceitos precisam ser retomados a fim de apoiar nossa posição a respeito da clínica do social e da sombra que recaiu sobre o trabalho.

A pesquisa-ação realizada por Elton Mayo (1880-1950) nas oficinas Hawthorne da Western Electric Company (1924-1932) é uma referência central para a sociologia do trabalho, enquanto momento fundador. Ela também o é, por razões diferentes, para a psicologia social clínica, já que é uma referência em termos de pesquisa-ação, em termos de análise das dinâmicas coletivas no ambiente industrial. Ela também foi uma referência para o movimento dito "das relações humanas" na medida em que abrange uma diversidade de práticas de intervenção em empresa e de aconselhamento gerencial.

Não voltaremos ao desenrolar da experiência, mas a seus objetivos e à utilização de seus resultados.

O objetivo visado era a obtenção de uma melhoria nos sistemas sociais para torná-los compatíveis com as metas impostas pelo sistema técnico e criar condições para uma cooperação sinônimo de produtividade graças às relações melhores entre os homens. As conclusões de E. Mayo enfatizam a necessidade de reconhecimento, de segurança, de pertencer a um coletivo de trabalho (mais importantes para a satisfação e a produtividade do trabalhador que as condições físicas nas quais ele trabalha), a importância do controle social exercido pelos grupos informais sobre os comportamentos e atitudes dos trabalhadores, a cooperação não espontânea que conviria favorecer (sem que a distinção entre cooperação e coesão seja colocada) no intuito de se assegurar um moral elevado nas equipes.

"O resultado mais importante da pesquisa, para a psicologia social, é a demonstração de que o indivíduo reage às condições concretas do meio não como elas são, mas tal como ele as experimenta, e que a maneira como ele as experimenta depende em grande parte das normas e do clima do grupo no qual ele trabalha ou vive, e de seu grau de pertencimento a este grupo" (Anzieu & Martin, 1979).

A corrente puxada pela psicologia social, bem como pela nova profissão nascida da pesquisa de Hawthorne – os *experts* em relações humanas – é a da subjetividade, da contribuição das dinâmicas coletivas que seguem a direção desta. A questão do sistema técnico e do trabalho é deixada em segundo plano. Isto fica patente no relatório final de Roethlisberger e Dickson (1939) sobre as pesquisas realizadas na Western Electric, relatório em que é descrito o conflito entre "a lógica do sentimento", própria do operário, e "a lógica da eficiência", própria da direção.

A sociologia do trabalho não extraiu os mesmos ensinamentos dessas experiências: a influência recíproca entre sistema social e sistema técnico é reconhecida (Friedman, 1956) e a noção de situação de trabalho (Touraine, 1966) inaugura um *approach* mais abrangente que integra a técnica, os modos de remuneração, os métodos de organização e de gestão das empresas. Situação de trabalho que permite analisar as atitudes e a ação operárias, ainda orientadas pelas características da sociedade e pelo lugar que ocupa a classe operária (apresentada nos dias de hoje como uma espécie em via de extinção).

A situação de trabalho produziria um tipo de consciência que se relacionaria com um traço essencial do homem no trabalho, homem "que se reconhece e busca ser reconhecido por suas obras" (Touraine, 1966). Além disso, a consciência operária seria a expressão da vontade de cada trabalhador de participar desse ato criativo. A dupla valorização da criatividade e do controle do trabalhador sobre suas obras é destacada, bem como a autonomia operária, inclusive nas situações mais forçadas pelo dispositivo técnico (como no trabalho em linha de produção).

O impacto dos trabalhos de E. Mayo pode ainda ser avaliado através de outros desdobramentos, e aqui nos interessamos pela criação do Tavistock Institute of Human Relations (em 1946) e pelo surgimento da corrente sociotécnica.

O Tavistock, criado por pesquisadores em ciências sociais, psiquiatras, psicólogos já reunidos em torno de problemas ligados ao período de guerra (a seleção de oficiais para o exército, a repatriação e readaptação de prisioneiros de guerra) foi, desde seus primeiros trabalhos, muito influenciado pelas pesquisas de Bion (1965) sobre os processos inconscientes dos grupos. Além dos dispositivos de formação no grupo (de que já lembramos as características), uma outra orientação se interessa pelas intervenções em empresa e pelas relações entre estruturas sociais e defesas psíquicas. Quanto a esta problemática pensamos, evidentemente, na intervenção de Jaques (1951) na Glacier Metal Company. Não voltaremos aqui às características do *approach* colaborativo por oposição à orientação tecnocrática de intervenção (que pretende agir por, ou sobre, os atores ao invés de com eles). É mais a elucidação teórica trazida pelos trabalhos de E. Jaques que nos interessa aqui. Ele distingue as instituições sociais, no sentido de estruturas sociais (sistemas de posição, de papéis), dos mecanismos culturais que regulam as relações internas (convenções, costumes, regras, tabus). Tendo como referência a concepção freudiana de identificação na constituição dos grupos (Freud, 1921), ele introduz em sua análise as concepções kleinianas dos processos de identificação por introjeção e por projeção para colocar em evidência as funções defensivas das relações sociais (contra as ansiedades paranoicas e depressivas). E. Jaques acentua o fato de que os indivíduos utilizam as instituições às quais pertencem para reforçar os mecanismos de defesa individuais: os vínculos e a coesão repousam nesta defesa coletiva contra as angústias primárias. Estes processos defensivos garantem então uma dupla função: a continuidade do grupo e a proteção de cada indivíduo contra a ansiedade. Dessa perspectiva, que será consideravelmente desenvolvida pelas pesquisas-ação de orientação psicossociológica ou psicanalítica, a forma e o conteúdo devem ser considerados em dois níveis distintos: não apenas o formal e o informal, mas também o manifesto (consciente) e o fantasmático (não identificado). A teoria de Jaques acaba por acentuar as funções defensivas da organização e ajuda a explicitar "a resistência à mudança" como resistência ao questionamento, à fragilização dos sistemas defensivos.

Embora a contribuição de Jaques à abordagem clínica do vínculo com a organização seja essencial, nela não se encontra o rastro do trabalho. Ele é incapaz de ser encontrado. A realidade psíquica é mobilizada pelo fato institucional, ela pode ser estimulada (por via do imaginário e dos ideais), paralisada (o recalque e a repressão organizacionais, (Enriquez, 1972), apoiada (Kaës, 1984), fortalecida em suas defesas (Jaques, 1951), dominada (Pagès, Bonetti, De Gaulejac, & Descendre, 1979).

Mas a quantas anda a relação entre realidade psíquica e ação coletiva? Nessas diversas abordagens, que seguem essenciais para a análise clínica das relações sociais na organização, falta um aspecto central da função do fato organizacional e do vínculo social: as relações de reciprocidade ordenadas pela práxis, pelo imperativo de transformação da realidade. O trabalho e a reorganização do trabalho não são objetos privilegiados da teorização e da intervenção psicossociológica.

Este não é o caso da corrente sociotécnica, mas a julgar pela ausência de trabalhos nessa perspectiva, parece que ela se encontra atualmente em vias de desaparição. Corrente também oriunda do Tavistock Institute, ela é principalmente portada por Trist (1993) e seus colaboradores.

O estudo das consequências psicossociológicas da introdução da mecanização nas minas de carvão inglesas mostra como esse novo sistema técnico, conjugado a novas formas de organização do trabalho prescrito (taylorismo), levou à novas formas de adaptação das antigas maneiras de executar o trabalho das equipes de mineradores. Reencontra-se a ideia de que não há subordinação do social ao técnico, mas codeterminação mútua. Ao conceber a organização como um sistema sociotécnico aberto, esta abordagem dá um destaque especial à relação empresa-ambiente e à relação entre seus subsistemas: os quadros se encontram nos dispositivos de intervenção e não se confia aos subsistemas a tarefa de estabelecer relações. Ainda que os empregados, os operários, assumam a responsabilidade pelo ajuste do funcionamento cotidiano de suas unidades de trabalho, são as pessoas implicadas, diretamente ou indiretamente, nos processos de análise e de mudança que desenham os postos de trabalho enriquecidos, nos quais há frequentemente rodízio dos operários e cujos ajustes mútuos tornam-se responsabilidade coletiva da unidade de trabalho (Trist, 1993; Ortsman, 1978).

Comparando as duas orientações que se desenvolveram a partir de um mesmo polo (o Tavistock Institute), e aqui resumidamente apresentadas, não se pode deixar de pensar em uma contradança entre vida psíquica e realidade. Quando uma é levada em conta, a outra se retrai, alternadamente. No entanto, o objeto mesmo do trabalho e sua execução mobilizam também uma subjetividade que não é unicamente orientada pela organização enquanto estrutura social.

O conceito de representação, por exemplo, permite juntar estes dois polos que são o imaginário e a realidade externa, desde que não se reduza a análise à polaridade fantasmática, mas se leve em consideração o novo arranjo dos sistemas de representação por meio da experiência da realidade, ou se considere que estes sistemas orientam as ações que, elas mesmas, transformam a realidade que se torna então objeto de novas representações. Dado que as representações são da alçada do imaginário e do simbólico, elas não podem ser analisadas fora da referência a essa realidade social, e também material, à qual dão forma e sentido.

A clínica do social não pode prescindir de uma clínica do real. Mendel (1999) desponta aqui como um dos raros autores em psicologia social clínica a conceder um lugar central ao real na conceitualização proposta e isto pela mediação do ato: "Com o ato entramos em contato com o enigma do real".

A definição de ato de Mendel seguramente mereceria ser exposta em detalhe e debatida junto com outros conceitos como a atividade, a práxis, o trabalho, a ação, a prática, discussão necessariamente multidisciplinar e essencial no tocante à clínica do trabalho.

Partimos, portanto, dessa definição do ato como processo de interatividade entre um sujeito levado por um projeto de ação e a realidade envolvida nessa ação, realidade material e social. Uma volta à história do pensamento filosófico levou G. Mendel a destacar o poder da ocultação do ato e do real na metafísica do ser. A filosofia do sujeito foi construída em cima de uma desvalorização da realidade material, da prática, da experiência desta prática. Essa concepção metafísica do sujeito, que continua preponderando, ensina que "o ato continua sendo um impensável importante de nossa cultura" (Mendel, 1998) e que há uma insistência em uma "redução egolátrica do ato" (Mendel, 1998).

Ocultação, redução explicadas pela função essencial do ato, a de colocar o sujeito em relação com a realidade externa. Encontro que é sinônimo de "submeter à prova": "é no ato e unicamente no ato que o ser humano é levado a "tomar nota" da dimensão de uma realidade estranha a seu "eu", realidade que resiste tão desagradavelmente a seus desejos, a seus conceitos, a seus projetos" (Mendel, 1998). Donde a atenção dada à ação em detrimento do ato.

A distinção operada por Mendel entre estes dois conceitos sustenta-se na presença-ausência desta comprovação da realidade. A ação corresponde ao projeto de transformação da realidade: é o tempo do anteato, que se desenrola antes da interação sujeito-realidade externa. O projeto de ação guia o ato, mas não se restringe a ele, pois "ao entrar no ato nós entreabrimos a porta do desconhecido. Nós corremos o risco de tomar consciência de nossos recursos limitados e da resistência do real" (Mendel, 2002).

Uma vez que o ato expõe o sujeito ao contato direto com o real, ele contém em si o risco do fracasso do projeto de ação. Nesse ponto, G. Mendel frisa que toda atividade comporta uma parcela de risco: este último não se encontra reservado às atividades ou profissões ditas "de risco". Que risco é este? O risco do fracasso, do erro, do acidente, da desaprovação e também, do lado oposto, o risco da inventividade, da criação.

Duas concepções do homem no trabalho e do risco se contrapõem. Elas são frequentemente destacadas nos trabalhos de pesquisa sobre a segurança e a prevenção. A concepção dos prescritores-organizadores ou teóricos do trabalho aborda o risco como patologia do ato, que atesta ignorância ou erro. Quanto ao ato real, ele deve ser a realização do projeto de ação, isto é, da norma do ato. A concepção dos práticos é totalmente diferente: nela o risco participa regularmente do próprio ato. A experiência prática ensina que o real supera sempre o pensamento que podemos ter a respeito de determinada coisa, ele supera as representações contidas no projeto de ação. Logo, o pensamento racional-teórico e o pensamento do fazer, o pensamento do sujeito às voltas com o real, contrapõem-se. Então, é o indeterminismo parcial do ato que permite o imprevisto, oportunidade fundamental para o desenvolvimento da subjetivação.

G. Mendel (1996) faz do ato a via de acesso privilegiada da liberdade capaz de nos arrancar da repetição. O modelo de funcionamento psíquico proposto concede um lugar central ao ato, permitindo dessa forma que o "vivo do sujeito" se desprenda do "sujeito maquinaria". Este último abarca, simultaneamente, a soma das inscrições (da hereditariedade, a memória do adquirido, inclusive as identificações infantis), dos investimentos atuais e das representações simbólicas da cultura: "aqui o homem aparece essencialmente determinado" (Mendel, 1996). Quanto ao "vivo do sujeito, é ele que nos permite escapar da repetição, e é no ato que ele se manifesta". É graças à ocasião do ato que o sujeito pode escapar, em parte, de suas próprias determinações.

Aqui surge o "desejo de criação", ou "a parte vivente do sujeito", definido na obra de Winnicott (1971) como capacidade humana de inventar: "O objeto do mundo sobre o qual o sujeito age no ato torna-se nessa situação o sucessor muito distante do objeto transicional de outrora. Ele é, ao mesmo tempo, ele mesmo e não ele mesmo. Ele é, ao mesmo tempo, encontrado e criado". E isto devido à mesma necessidade do passado: tornar-se o criador do mundo.

As perspectivas do jogo winnicotiano e dos processos transicionais no tocante à atividade, baseados nos recursos disponíveis e na invenção do sujeito, constituem um ângulo de reflexão e de análise essencial para a clínica do trabalho. Voltaremos a este assunto. Trata-se, em todo o caso, de uma perspectiva capaz de desenferrujar o impasse ao qual nos levou o conceito mendeliano de clivagem do sujeito no ato. Podemos concordar com este autor quando ele afirma que "somente a atividade criadora pertence à categoria do ato, uma atividade puramente repetitiva representando apenas uma ação, que não introduz na realidade senão o já determinado, o que já está lá" (1971) (distinção que ajuda a esclarecer as relações entre ato-tarefa-atividade). Porém, ficamos muito mais embaraçados diante da ideia de um sujeito clivado quando do ato, uma parte dele estando engajada no ato enquanto a outra consegue permanecer fora do ato. Ou quando se trata de um funcionamento simultâneo, mas separado, de dois modos de pensar, um concernindo o interior, o outro o exterior do ato. A distinção entre o *cogito* (inteligência racional-teórica que alimenta o projeto de ação) e o fazer (inteligência racional prática) não nos diz nada a respeito da necessária articulação entre eles no processo de simbolização.

O ato mobiliza a inteligência prática, fundamentalmente "não consciente, analógica, próxima do corpo e do sensorial, em parte encarnada na memória dos gestos da prática profissional". A referência a *métis* dos gregos, ou pensamento sagaz, merece ser aprofundada para que se possa diferenciar as diversas formas de pensamento da inteligência do fazer. G. Mendel (1996) diferencia o pensamento teleológico, isto é, racional-prático, consciente e verbalizado, que remete ao projeto de ação, do pensamento do saber-fazer e da experiência, resultante de processos de interiorização-incorporação-aquisição prévios, e ainda do pensamento inventivo, criativo, que se situa além do que já está presente. Apenas esta última forma de pensamento se encontra associada ao "desejo de criação", pois ela se defronta com a força da compulsão de repetição. Que condições, então, seriam necessárias para o desabrochar deste pensamento inventivo? O "viver criativamente" se liga à experiência da primeira infância do sujeito, quando do jogo transicional, ao longo do qual ele domina a ausência-presença de sua mãe. Ele pressupõe uma confiança em si, na relação com o mundo, que está ligada à criação de um espaço transicional. Porém, esta criação depende também das condições psicossociológicas atuais – e não apenas passadas – do ato.

É neste ponto que G. Mendel introduz a organização do trabalho e o conceito de ato-poder que testemunha o poder do sujeito no e pelo ato. Este conceito é essencial na medida em que introduz de novo uma dimensão sempre subestimada, talvez mesmo descartada pela psicologia social ou pela sociologia: a concepção tradicional do poder se encontra reduzida, nestas últimas orientações, à noção de poder de uns sobre outros, às relações de poder e de dominação-subordinação. No entanto, a questão do poder do sujeito sobre seus atos é igualmente essencial e não pode ser reduzida à concepção precedente.

G. Mendel (1998) enumera as três características do ato-poder: ele admite que a realidade é efetivamente transformada; que o sujeito possui uma quantidade variável de poder sobre seu ato, tanto sobre o processo dele quanto sobre seus efeitos; e, finalmente, conforme o grau de poder que o sujeito possui ou não sobre seu ato, o impacto psicológico em termos de realização desse último será diferente.

Aqui reencontramos uma problemática fundamental em clínica do trabalho: a do prazer ou do sofrimento, a do impedimento ou do convite para o desenvolvimento, a da alienação ou da subjetivação no trabalho.

"Se considerarmos que a relação com a realidade exterior ao indivíduo se dá a partir da atividade dele, de sua relação ativa com o mundo, que é sua principal fonte de informação, o que acontece no caso de um sujeito cujo ato é héteroprogramado, fragmentado, que faz com que o movimento de apropriação do ato reste natimorto? (...) É então de desumanização que convém falar, já que tal movimento antropológico de apropriação é o fundamento da relação com o mundo exterior e, por isso, um constituinte fundamental do sentimento de identidade" (Mendel, 1996).

Sem comentar neste espaço a pretensão do projeto de G. Mendel (1992, 1996, 1997, 1998, 1999) de construir "uma antropologia com seis universais empíricos", que deixa patente a complexidade, talvez mesmo a ambivalência de sua relação com a psicanálise, nós nos limitaremos aqui à sua contribuição, essencial e singular, no campo da psicologia social clínica, e à sua teorização do ato na construção do sujeito.

DA PSICOPATOLOGIA DO TRABALHO A CLÍNICA DO TRABALHO

Não voltaremos aqui para a pré-história da psicopatologia do trabalho e para as condições sócio-históricas de seu desenvolvimento. Podemos apenas fazer referência aos trabalhos extremamente completos e precisos de I. Billiard (2001), trabalhos particularmente importantes na medida em que permitem localizar os eixos teórico-clínicos já explorados e que parecem, atualmente, ter sido redescobertos.

TRABALHO E SAÚDE MENTAL

A fundação da psicopatologia do trabalho como clínica dos distúrbios individuais do sujeito frente a sua tarefa, se apoia na obra de alguns fundadores, como P. Sivadon, C. Veil e L. Le Guillant.

As noções de "capacidade de adaptação" ao meio e de "equilibração da personalidade", no pensamento de P. Sivadon, comprovam a importância concedida aos dados de ordem individual, relativamente às características do trabalho. É também dessa perspectiva que podemos abordar "as neuroses do trabalho", entendidas como má adaptação: "as neuroses têm como nascedouro principal dois tipos de situação: as situações de insegurança e as situações de conflito" (Sivadon, 1957). Estas últimas remetem, quase sempre, aos conflitos com o ambiente; quanto às primeiras, elas resultam de um fracasso do hábito. As neuroses do trabalho se distinguem por um mesmo quadro clínico evolutivo (fenômenos de inibição, de intolerância, alcoolismo de defesa, sentimento de estranhamento, crise de angústia). O enfoque de P. Sivadon, ao mesmo tempo adaptativo e humanista, mantém-se centrado no trabalhador e suas fragilidades, deixando na sombra a análise do trabalho.

C. Veil (1964), pelo contrário, leva em conta em sua reflexão os dois filões representados pelo sujeito: sua margem de liberdade, de um lado, e a organização e as normas de trabalho, do outro lado. Além disso, sua orientação, ao mesmo tempo fenomenológica e psicanalítica, o inscreve mais na psicologia clínica do que na psiquiatria. Sua investigação não tem por objeto a patologia, mas suas fronteiras.

Seus trabalhos, insuficientemente conhecidos e reconhecidos, merecem ser lembrados para que se evite crer que se descobriu o que já foi descoberto. Se toda construção histórica é uma reconstrução, o desconhecimento do passado não pode prejudicar o conhecimento do presente, como frisou Y. Clot (1996) em sua introdução a *Histoire de la psychologie du travail*.

Desde 1957, C. Veil destaca as duas polaridades da relação com o trabalho, ora punição ou sofrimento, ora atividade criadora e forma de sublimação. "É esta dialética que faz a unidade da experiência do trabalho, e é a dinâmica dessa experiência o limiar que separa a satisfação do sofrimento, que constitui a base da psicopatologia do trabalho" (Billiard, 2001). Em suma, prazer e sofrimento no trabalho. Claude Veil (1996) refuta todo diagnóstico nosográfico psiquiátrico, ele não admite a noção de neurose do trabalho, porém, se interessa pela experiência do sujeito, pelo trabalho de elucidação desse sujeito desadaptado dos processos de desadaptação, que sempre concerne uma situação e a saturação dos mecanismos de defesa do sujeito.

C. Veil (1964, 1996), apoiando-se nos trabalhos de G. Friedmann e de A Touraine sobre a fragmentação das tarefas, torna a dar à questão da organização do trabalho um lugar que Sivadon subestimou. Ele interpela as normas de trabalho, a imperfeição delas revelada pelas desadaptações observadas.

São muitos os trabalhos de C. Veil e não podemos apresentar aqui uma síntese exaustiva deles. Assim, nós nos valeremos nesta apresentação apenas de alguns elementos muito presentes na clínica do trabalho.

A propósito da experiência do desemprego, C. Veil (1964, 1996) insiste na importância das atitudes sociais, e sua análise junta-se à de antropólogos como M. Augé sobre o sentido do mal. "A doença, a adversidade, são praticamente consideradas como erros". Além disso, o retorno ao trabalho é ainda dificultado por um sentimento de culpa que vem se somar às dificuldades encontradas, às experiências de ruptura e de perda associadas ao desemprego. Um desemprego vivido de maneira especialmente dolorosa na medida em que ele efetua "uma espécie de regressão social, o desempregado passando da posição de trabalhador a posição de assistido social: quase sempre ele está sujeito a uma série de fracassos, de recusas, de frustrações e corre o risco de, tendo experimentado o desemprego, não poder mais sair dele". (Veil, 1964)

No tocante a segurança no trabalho, C. Veil (1964) frisa a necessidade de não reduzir a análise do acidente aos acontecimentos que o provocaram e às suas causas aparentes, mas concentrar-se no contexto mais global da situação de trabalho e seu ambiente. Fadiga, conflitos latentes ou abertos, diminuição da vigilância relacionada à antecipação do fim da jornada etc. são todos fatores capazes de contribuir para o aumento dos riscos.

C. Veil (1964) detém-se, nesse ponto, na questão do medo no trabalho. Ele descreve "comportamentos de bravata e de atração pelo risco que faz com que o medo se pareça com certos comportamentos ansiosos". O medo raramente tem relação direta com o risco incorrido. Ele pode ser minimizado pelo hábito, pela prática, ele pode ser exacerbado pela insatisfação no trabalho e com as relações de trabalho.

Para finalizar, C. Veil (1964) destaca que "o risco provoca a emergência de um pensamento mágico". Ele se interessa ainda pela psicopatologia do alcoolismo no trabalho como recurso que permite "anestesiar a inibição ligada ao medo". Muitas pesquisas, algumas apresentadas mais adiante, têm por objeto situações de trabalho que comportam risco e suas consequências sobre a saúde, não apenas consequências somáticas, mas também psíquicas.

O medo e a alienação não são apenas as "duas principais figuras semiológicas da psicopatologia dos homens no trabalho" (Doppler & Dejours, 1985). Eles também estão ligados um ao outro e uma investigação sobre o que é recoberto pelo medo, sobre seus objetos e sobre a angústia no trabalho, faz-se necessária. Voltaremos a este assunto a propósito do estudo do sofrimento no trabalho.

Precisamos ainda abordar a obra de L. Le Guillant (1963-1984)., ela resume sua posição impregnada de materialismo dialético nos termos seguintes: "A união indissolúvel do indivíduo e do meio, unidade histórica sem dúvida dialética, é a lei fundamental, lei à qual o psiquismo normal ou doente não pode escapar. Além disso, nesta acepção o psiquismo é o reflexo da realidade, reflexo sem dúvida imperfeito, porém constituído apenas por elementos da realidade" (Le Guillant, 1984). Então, a unidade dialética e a problemática são rapidamente despachadas para uma relação unívoca: o psiquismo se encontra sob a dominação do condicionamento social e das condições de trabalho.

Não obstante, a contribuição de L. Le Guillant (1957) não pode ser desprezada: ela assenta os alicerces de uma clínica nova que parte de situações concretas contextualizadas e com diversas manifestações patológicas identificadas. Assim, a pesquisa "Trabalho e fadiga: a neurose das telefonistas e dos mecanógrafos" (1955) identifica em um primeiro momento "uma síndrome subjetiva comum da fadiga nervosa" e em seguida tenta uma interpretação dessas observações através de "uma análise estrutural do trabalho". Na verdade, é conveniente "proceder a uma análise da fadiga em três planos: biofisiológico, psicoafetivo e psicossocial, partindo-se sempre da base material que constitui sua infraestrutura, ou seja, do próprio trabalho e das relações objetivas que ele cria entre o trabalhador e o mundo concreto de seu trabalho" (Billiard, 2001).

A magnitude das taxas de morbidade entre os trabalhadores da indústria relaciona-se com uma nova organização do trabalho, que reduz a fadiga muscular, mas intensifica o ritmo do trabalho. É esta nova patologia da produtividade que é ressaltada na pesquisa citada, mesmo que o enfoque conceda um lugar pouco importante para a relação subjetiva no trabalho. Entretanto, em situações de trabalho que comportam fortes pressões e concedem margens reduzidas de liberdade, a ênfase colocada na adaptação em termos de alienação (baseada na repressão do funcionamento psíquico) é pertinente.

Outra pesquisa, entre as mais conhecidas de L. Le Guillant, tem por objeto "as incidências psicopatológicas da condição de empregada doméstica" (Le Guillant, 1963/2006. Nesta pesquisa, é menor a incidência da materialidade das condições de trabalho que a condição social caracterizada pelo serviçalismo e pela dominação que está no centro da análise. Esta condição pesa sobre todos os aspectos da existência e é impossível escapar dela, "como é impossível escapar do fato de ser argelino, muçulmano em Paris, pupilo da Assistência Pública ou, como mostra Albert Memmi, ser judeu". Aqui, é o peso da condição social que dá conta, ao mesmo tempo, das condições concretas de vida e dos aspectos psicológicos, inseparáveis um do outro.

A análise de Le Guillant (2006) sobre o ressentimento, sobre a raiva da doméstica de seu patrão, sobre a culpa que deriva disto, a respeito das humilhações sofridas, da negação da individualidade, da solidão existencial deve menos à teoria pavloviana (como é o caso na pesquisa sobre a "fadiga nervosa") que à fenomenologia. A síntese da análise é consistente, não apenas em razão do exame detalhado das informações, mas porque ela pode constituir um referencial eminentemente atual no tocante a inúmeras situações de trabalho, notadamente para as atividades ditas "de serviço em domicílio", na qual a relação empregador-assalariado não é regulamentada por nenhuma instância externa, ou o é apenas teoricamente: "A dialética do senhor e do escravo enlaça em um drama pessoal, mais obscuro e mais profundo, uma contradição geral. Não somente o ressentimento é uma reação à humilhação e à injustiça, como a admiração e a atração provocam inveja e ciúme, aos sentimentos naturais desiludidos segue-se a frustração: uma identificação impossível gera a raiva e a angústia da raiva". (Le Guillant, 2006).

A problemática do reconhecimento, no desdobramento da obra de Hegel, é aqui central assim como é central de uma maneira mais geral na clínica do trabalho.

O pensamento de Le Guillant enseja, mais uma vez, discussões posteriormente entabuladas, porque são eminentemente contemporâneas, sobre a evolução das relações psicossociais de trabalho.

Para concluir esta apresentação sucinta da psicopatologia do trabalho e de sua história, salientamos a importância das duas perspectivas abertas: a de P. Sivadon e C. Veil – uma clínica do sujeito em suas relações no trabalho – e a de L. Le Guillant – uma clínica das situações de trabalho. A articulação dessas duas perspectivas nos parece heuristicamente fecunda, desde que não reduza a relação dialética entre elas e contanto que leve também em consideração as contradições e conflitos internos inerentes ao sujeito e ao social.

PSICODINÂMICA DO TRABALHO

Os trabalhos de C. Dejours se inscrevem nessa herança da psicopatologia do trabalho, no seio do qual ele os situa num primeiro momento. A referência à teoria psicanalítica desloca o campo da análise, mantendo, no entanto, a centralidade do conflito entre a organização da personalidade e a organização do trabalho. O conceito de sublimação permite, "em posição contrária à patologia mental reconhecida", frisar que "a psicopatologia do trabalho se interessa também pelas saídas bem sucedidas desse conflito fundamental entre organização do trabalho e sujeito do desejo" (Dejours, 1987). A multiplicação dos dados empíricos e a contribuição de outras disciplinas, especialmente da ergonomia, da sociologia do trabalho, levaram a rearranjos que romperam com o modelo causal de algumas pesquisas dos primórdios da psicopatologia do trabalho. "À falta de tornar bem visíveis doenças mentais específicas, voltamos nossa atenção para os comportamentos estranhos, insólitos, ou paradoxais (...) A problemática foi então submetida a uma reviravolta epistemológica "que levou a uma redefinição do objeto da pesquisa em psicopatologia do trabalho: ao estudo do sofrimento no trabalho. Sofrimento compatível com a normalidade e com a salvaguarda do equilíbrio psíquico, mas implicando toda uma série de procedimentos de regulação" (1990).

A ambivalência do sofrimento, criador e patogênico, os conceitos de estratégias defensivas (além dos mecanismos de defesa individuais), de inteligência prática, de ressonância simbólica, a referência à fenomenologia social, o enfoque compreensivo e, consequentemente a construção do sentido do trabalho pelo sujeito, assim como a atenção dada ao reconhecimento e à dinâmica da construção da identidade, balizam a elaboração teórico-clínica dessa corrente. "O trabalho aparece decididamente como um operador fundamental na construção do sujeito. O trabalho se revela, de fato, um mediador privilegiado, senão único, entre inconsciente e campo social, de um lado, e entre ordem singular e ordem coletiva, do outro lado. A teoria em psicopatologia do trabalho é potencialmente portadora de conceitos que poderiam, em troca, ter efeitos sobre a teoria do sujeito e, por meio da sublimação, sobre a própria teoria psicanalítica" (Dejours, 1990).

Foi em 1993 que a psicopatologia do trabalho (estreita demais para abarcar novas problemáticas) foi substituída por uma nova denominação para as pesquisas desenvolvidas na área: psicodinâmica do trabalho. Esta, dando-se como objeto a normalidade, continua certamente se interessando sempre pelo sofrimento no trabalho, mas também pelo prazer no trabalho. Ela persevera a primazia dada ao terreno da conceitualização oriunda da práxis. Ela persegue as trocas com a ergonomia e a sociologia, diferenciando o prescrito e o real da ergonomia com o formal e o informal da sociologia (a contradição presente em virtude do distanciamento entre tarefa/atividade não recobre as contradições ligadas às relações de poder que motivam as discrepâncias entre o formal e o informal). Ela propõe uma nova definição do trabalho – "atividade desenvolvida pelos homens e mulheres para enfrentar o que não é dado pela organização prescrita do trabalho" (Davezies, 1991) – e reafirma sua centralidade em virtude da construção do sujeito e do vínculo social (De Bandt, Dejours, & Dubar, 1995).

A articulação entre a psicodinâmica do trabalho e a sociologia compreensiva se alicerça na visão comum de um sujeito no trabalho que age e se constrói nessa interação. Ela se estende, de um lado, em direção à fenomenologia e à hermenêutica, do outro lado em direção à sociologia da ética. Estas filiações levam a psicodinâmica do trabalho a abordar questões centrais como as determinações sociais/psíquicas (a saída do dilema no qual se esgotariam inúmeras disciplinas – entre elas a psicossociologia – é possibilitada pela referência ao trabalho, ao real, este terceiro termo essencial, sempre presente no conflito entre sujeito e sociedade, já que a relação "se dá em torno de alguma coisa material e não apenas simbólica" – Dejours, 1996), tais como a construção do sentido do trabalho na interação, as condições da mobilização subjetiva na dinâmica de construção e evolução da organização do trabalho, a cooperação e seus motivos éticos, a problemática do reconhecimento como retribuição moral – simbólico concedido ao sujeito em troca do engajamento de sua subjetividade e de sua inteligência. A atividade deontológica dos coletivos de trabalho (construção de normas, de regras, de valores) e sua investigação levam a um deslocamento da teoria da atividade para a teoria da ação.

A relação entre psicodinâmica do trabalho e psicologia social clínica é complexa, marcada por inúmeros mal-entendidos que parecem ligados, de um lado, ao desconhecimento dos trabalhos psicossociológicos e, do outro lado, a uma representação desses últimos que remete a correntes que desvirtuam a disciplina no conselho administrativo e em uma abordagem tecnocrática da mudança.

Os pontos de convergência entre psicodinâmica do trabalho e psicologia social clínica nos parecem não apenas numerosos, mas fundamentais (articulação dinâmica do psíquico e do social, referência a uma teoria do sujeito que aceita a hipótese do inconsciente, o paradigma construtivista-subjetivista e o enfoque compreensivo, a articulação da pesquisa e da ação). Apontamos, entretanto, dois pontos de divergência: o *status* do real e do trabalho (já abordado) e a concepção do social.

O social da psicologia social clínica abarca simultaneamente as relações de troca (e simbólicas) e as relações ligadas à transformação da realidade (práxis). Ele não vem apenas proibir, impor, reprimir. Ele tem uma função de alicerce fundamental para a construção do sujeito, função que se revela quando de sua ausência (conforme pesquisas sobre a experiência do desemprego interno e externo). Na cena do trabalho, a importância do social não se limita ao quadro prescritivo. O trabalho é reorganizado pelos que o executam e, nessa ocasião, novas prescrições são construídas, prescrições que são ao mesmo tempo imperativas, mas representam também recursos para a atividade. Nós nos juntamos aqui à posição de Y. Clot (1999) quando ele sublinha que "a vida social mais convoca o sujeito que o repele". O trabalho, como atividade material e simbólica constitutiva do vínculo social, é também constitutivo da vida subjetiva. Por isso, não podemos concordar com C. Dejours (1996) quando ele afirma que "nenhuma continuidade existe então entre funcionamento psíquico individual e funcionamento da sociedade. No máximo, a continuidade é um ideal ou uma fantasia individual". O psíquico e o social são irredutíveis e o conflito está na origem disto. Porém o sujeito é igualmente fundamentalmente social. Uma volta a Freud (1921) faz-se necessária: "Na vida psíquica do indivíduo tomado isoladamente, o outro intervém com muita regularidade na qualidade de modelo, objeto, aliado e adversário e, em razão disso, a psicologia individual é, desde o início e simultaneamente uma psicologia social, num sentido amplo, mas perfeitamente justificado". A problemática do reconhecimento confirma a importância da relação dialética com o Outro e do vínculo como conflito, ruptura, mas também como cooperação, solidariedade.

Para concluir esta apresentação sucinta da psicologia do trabalho, observemos que seu objeto não é o trabalho. "Ela não é uma psicologia do trabalho, mas uma psicologia do sujeito" (Dejours, 1996). Ela se propõe a constituir uma antropologia na qual o trabalho é colocado no centro da análise na condição de operador privilegiado do desenvolvimento do sujeito na sua confrontação com o real e com o julgamento do outro.

CLÍNICA DA ATIVIDADE

Y. Clot (1996) representa uma outra abordagem da clínica do trabalho, corrente situada na intersecção da ergonomia francófona e da psicopatologia do trabalho e se reporta aos trabalhos de Bakhtin e Vygotsky. Neste enfoque, as relações entre atividade e subjetividade estão no centro da análise.

O paradoxo contemporâneo de uma subjetividade no trabalho, ao mesmo tempo requerida e repelida, tende a sacralizar a atividade profissional ao considerá-la como uma remanescência da modernização. Do mesmo modo, "a condição de assalariado parece se compor em torno de duas figuras simétrica: sobre-trabalho e subemprego" (1995). Paradoxo que se manifesta ainda quando se exige que os trabalhadores assumam responsabilidade sobre o trabalho quando, de fato, eles não têm nenhuma. No máximo, eles podem decidir quanto às modalidades de execução das tarefas, mas de modo algum no que tange aos objetivos visados. Aqui não basta a crítica das orientações gerenciais. Ao invés disto, uma perspectiva dinâmica (como demonstram os fundadores da sociologia do trabalho ou ainda H. Wallon) pode esclarecer uma dada situação ao levar em conta, simultaneamente, as evoluções em curso e o que as invalidam. Ela pode também explicar por que as orientações gerenciais sempre têm em como foco os "loucos do real".

À prescrição da atividade do taylorismo e à decomposição do gesto que ele impôs, seguiu-se e se somou, nos dias de hoje, à prescrição da subjetividade e à negação da contribuição subjetiva dos assalariados para a vida da organização. Seguir o desenrolar da atividade permite descobrir sua vocação dialética, seu desenvolvimento orientado pelas trocas intra e intersubjetivas e também pela economia do ato. O sentido da ação é a segunda regulação essencial da atividade: ele passa pelos julgamentos feitos e pela recriação dos objetivos visados, que estão além dos objetivos explicitados na prescrição. O trabalho bem feito fica visível como resultado da "eficácia apesar do que se perde num caminho sempre singular entre eficiência e sentido das atividades" (Clot, 1995). Encontramos aqui a referência a *métis* dos gregos, à inteligência sagaz ou prática (Détienne & Vernant, 1974) já evocadas por C. Dejours (1993) a propósito da criatividade na atividade.

Para Y. Clot, e nós aceitamos essa perspectiva, o mundo, incluindo-se aqui, é claro, o mundo do trabalho, é mais um conjunto de provas que um sistema de imposições contra qual o indivíduo se choca continuamente. Embora as "origens sociais do psiquismo" sejam reconhecidas, é indispensável precisar o que se entende por social. O social carrega divisões e contradições nas quais se elabora a atividade de subjetivação: "o sujeito existe se, e somente se, ele tem de algum modo o poder de se desprender do que suas atividades sociais representam para ele e para os outros" (Clot, 1995). O trabalho de subjetivação é um trabalho de desvencilhamento das contradições para torná-las compatíveis e tal coisa é feita por meio da tomada de consciência das defesas (recalque, desconhecimento...) mobilizadas contra as angústias provocadas pelas divisões internas do sujeito. Da mesma forma, a atividade do sujeito não está apenas voltada para seu objeto, mas também para as atividades dos outros sobre este objeto. Isto levou Y. Clot (1995) a tratar da "polifonia de intenção" e, de uma maneira mais geral, contestar uma visão muito amorfa do social.

"Balançando entre várias injunções sociais que a requerem, a atividade do sujeito não cessa de se dirigir aos outros e de levar em conta as histórias deles, seja para refutá-las, seja para hierarquizá-las, mas sempre discutindo com elas. A intenção nasce da discussão entre estes valores como uma tentativa de libertar-se das contradições deles (...) Ela sai do que, de algum modo, está sempre no sujeito, discussão da sociedade consigo mesma, e é isto que lhe dá sua postura e sua plasticidade" (Clot, 1995). Nessa perspectiva, o trabalho é fundamentalmente encontro e troca com os outros. Ele é mesmo o que permite ao sujeito "sair de si mesmo, ele requer a capacidade de executar obra útil, de tomar e manter compromissos, de prever com outros e para outros alguma coisa que não tem diretamente ligação consigo mesmo. Ele permite uma eventual realização fora dele em razão precisamente de seu caráter estruturalmente impessoal, não imediatamente interessado" (Clot, 1999). Ele permite ao sujeito se inscrever em uma história coletiva, a da reorganização da tarefa pelos coletivos profissionais, ele permite ao sujeito se inscrever na história de um trabalho de organização do coletivo. A atividade não pode ser unicamente descrita por meio da grade ergonômica do prescrito e do real. Um terceiro termo impõe-se aqui, ele une-se às preocupações da psicologia social que Y. Clot chama de gênero social do ofício e nós chamamos cultura e identidade profissionais. Trata-se "das obrigações que compartilham aqueles que trabalham para chegar a trabalhar, muitas vezes apesar de tudo, algumas vezes apesar da organização prescrita do trabalho. Sem o recurso dessas formas comuns da vida profissional, assiste-se a um desregramento da ação individual, assiste-se a uma "queda" do poder de ação e da tensão vital do coletivo, à uma perda de eficácia do trabalho e da própria organização" (Clot & Faïta, 2000).

Y. Clot aborda a questão do sofrimento no trabalho, mas por uma via diferente da via da psicodinâmica. O sofrimento emerge de uma atividade impedida, de um desenvolvimento impedido, de uma "perda do poder de agir". Este enfoque repousa sobre uma redefinição da atividade que não se reduz ao que se faz nela. A análise da atividade deve levar em conta também "o que não se faz, o que não se pode fazer, o que se tenta fazer sem conseguir – os fracassos – o que se teria querido ou podido fazer, o que não se faz mais, o que se pensa ou o que se sonha poder fazer no futuro. É preciso acrescentar – paradoxo frequente – o que se faz para não fazer o que é para ser feito, ou ainda o que se faz sem querer fazer – sem contar o que há a refazer. Em matéria de atividade, o realizado não possui o monopólio do real" (Clot, 2001).

A atividade impedida é frustração do desenvolvimento e esta perspectiva nos parece heuristicamente fecunda por abranger as consequências de um "retraimento" do sujeito e de suas possibilidades no trabalho realizado, e também as consequências deletérias das situações onde a atividade está suspensa. Nossos próprios trabalhos de pesquisa sobre a experiência da inatividade imposta, isto é, do desemprego ou as da colocação em disponibilidade (afastamento do trabalho e conservação do emprego) nos permitiram retomar esta questão. A investigação mostra os processos constitutivos da experiência de perda dos apoios que sustentam a consciência e a continuidade do si mesmo; de perda de apoio no tocante ao corporal, a pulsão estando nesse caso reprimida pela perda do poder de agir, a perda do apoio no que toca a intersubjetividade, a relação com os outros estando nesse caso suspensa devido ao isolamento e a relegação.

Enfatizar o impacto patógeno das situações sociais de desocupação leva à exploração das modalidades defensivas mobilizadas para diminuir o alcance mortal da ociosidade imposta. Porém, devemos ir além disso e explorar a dupla face delas: a destrutividade e a criatividade.

Concordamos de novo com Y. Clot quando ele sublinha que, quando os conflitos do real se efetivam em produções mórbidas (anestesia do pensamento, do sentido moral e dos afetos, conforme C. Dejours, 1998), há outros destinos possíveis para a atividade contrariada. Entre defesas e reações, todas as nuanças são possíveis (Clot, & Faïta, 2000).

Antes de encerrar esta apresentação de duas das abordagens da clínica do trabalho nos dias de hoje – correntes que constituem referência importante visto que estão próximas de nossas concepções e, ao mesmo tempo, estimulam uma discussão sobre os enfoques e conceitos – gostaríamos de enfatizar duas dimensões subestimadas na análise da atividade.

Uma vez que os trabalhos de Y. Clot (1999) sublinham que a atividade é triplamente dirigida (pela conduta do sujeito, através do objeto da tarefa, porque se dirige para os outros, ou mais exatamente para a atividade dos outros, e pela mediação do gênero) é importante que nos interessemos de uma maneira particular pelo objeto, quando o objeto do trabalho é o homem. Para retomar uma expressão cara a Y. Clot, nós registramos aqui a necessidade de abandonar "uma concepção amorfa" do objeto do trabalho para explicar sua própria contribuição para a atividade. Em outras palavras, e tendo por base nossos próprios trabalhos, podemos lembrar a propósito disso da contribuição das profissões ditas "de relação", já que elas levam a uma construção conjunta da atividade. Esta construção conjunta será mais ou menos patente, mais ou menos importante, conforme a experiência da atividade em questão de cada um dos dois protagonistas.

Assim, a análise clínica do trabalho dos guardas penitenciários mostra que não apenas o detento experiente orienta a dinâmica das atividades como concorre também para a formação profissional do guarda. Pode-se mesmo considerar que as atividades dos detentos e seus ajustes às atividades dos guardas de presídio colaboram na moldagem "do gênero social do ofício" de guarda de prisão (D. Lhuilier, 1997).

Do mesmo modo, a atividade dos cuidadores em meio hospitalar não tem por objeto os objetos-corpo, mas as pessoas, algumas das quais, em virtude de sua patologia, adquiriram muito conhecimento sobre as atividades de prevenção, diagnóstico e tratamento. Pensamos aqui, por certo, nos soropositivos e nos portadores do vírus HIV. Inúmeras pesquisas mostram como esses pacientes, por suas ações e condutas, pelo saber acumulado, levaram os cuidadores a trabalhar de outra maneira. Do mesmo modo, nossa pesquisa sobre o trabalho em um hospital africano, em um contexto marcado por epidemia de Aids, por tuberculose endêmica, pela persistência da malária e da cólera, mostra que a recorrência das hospitalizações, a contribuição de cada membro da família no trabalho de cuidar (assumindo a função de enfermeiro), o caráter crônico de certas afecções, contribuem para o desenvolvimento de competências investidas na atividade do pessoal que trabalha em hospital (D. Lhuilier e col., 2002).

Uma outra dimensão, também a aperfeiçoar a partir da clínica da atividade, coloca a questão não apenas dos coletivos de trabalho ou do gênero social de ofício (dito de outra forma, das outras atividades de trabalho num mesmo objeto de trabalho), mas do sistema organizacional no qual essas atividades se inscrevem.

A análise da atividade pode ser aclarada pela referência à noção de situação de trabalho, entendida de uma dupla perspectiva – diacrônica e sincrônica –, que abrange, além da própria atividade, dispositivos de distribuição do trabalho, de avaliação do trabalho, as modalidades de remuneração, a formação, a progressão profissional e, de uma maneira mais geral, os vetores de sentido e de reconhecimento do trabalho – no trabalho. Insistimos aqui na necessidade de distinguir essa dupla perspectiva sobretudo quando maior parece ser a dissociação entre elas. A título de exemplo, a valorização da noção de competência parece, na nossa opinião, deslocar o ângulo da análise da atividade de um sujeito em situação para as disposições pessoais desse sujeito. Do mesmo modo, a avaliação do grau de envolvimento do assalariado remete menos ao trabalho realizado do que à adesão desse último às orientações organizacionais.

REFERÊNCIAS

Abecassis, F., & Roche, P. (2001). *Précarisation du travail et lien social*. Paris: L'Harmattan.

Amado, G. (1993). La resonance psychosociale. Tese (Doutorado em Psicologia). Université Paris VII, não publicada.

Amado, G. (1999). Groupes opérationnels et processus inconscients. *Revue Française de Psychanalyse*, 3, 905-916.

Amado, G. (2004). Le coaching ou le retour de narcisse. *Connexions*. 81, 43-53.

Amado, G., & Ambrose, A. (2001). *The Transitional Approach to Change*. Londres-New York: Karnac Books.

Amado, G., & Enriquez, E. (Org.). (1994). *Positions de la psychologie*. Paris: Eska.

Amado, G., & Lévy, A. (Org.). (2001). *La recherche-action-Perspectives internationales*. Paris: Eska.

Amado, G., & Lhuilier, D. (2005). Subjectivité et travail. *Revue internationale de psychosociologie*. 24.

Anzieu, D. (1974). Le Moi-peau. *Nouvelle Revue de psychanalise*, 9. 195-208.

Anzieu, D. (1985). *Le Moi-peau*. Paris: Dunod.

Anzieu, D., Doron, J., & Houzel, D. (1987). *Les enveloppes psychiques*. Paris. Dunod.

Anzieu, D., & Martin, J-Y. (1979). *La dynamique des groupes restreints*. Paris: PUF.

Arendt, H. (1958-1963). *Condition de l'homme moderne*. Paris: Calmann-Lévy.

Aubert, N., & De Gaulejac, V. (1991). *Le coût de l'excellence*. Paris: Le Senil.

Aubert, N., & Pagès, M. 1989. *Le stress professionnel*. Paris: Éd. Klincksieck.

Aulagnier, P. (1975). *La violence de l'interprétation*. Paris: PUF.

Autes, M. (1985). *La pauvreteune approche plurielle*. Paris: ESF.

Barel, Y. (1990). Le grand intégrateur. *Connexions*, 56, 85-100.

Barus-Michel, J. (1987). *Le sujet social – Étude de psychologie sociale clinique*. Paris: Dunod.

Barus-Michel, J. (1991). *Pouvoir: mythe et réalité*. Paris: Éd. Klincksieck.

Barus-Michel, J., Giust-Desprairies, F., & Ridel, L. (1996). *Crisesapproche psychosociale clinique*. Paris. Desclée de Brouwer.

Baudrillard, J. (1976). *L'échange symbolique et la mort*. Paris: Gallimard.

Beauvois, J-L. 1995. *Traité de la servitude libérale*. Paris: Dunod.

Berger, P., Luckmann, T. 1966-1996. *La construction sociale de la réalité*tradução francesa, . Paris: Armand Colin.

Bernaud, J-L. (2004). Les dispositifs et processus d'accompagnement psychologique dans le développement de la carrière. In D. Castro (Org.). *Les interventions psychologiques dans les organizations*. Paris: Dunod.

Bidet, J, & Texier, J. (1995). *La crise du travail*. Paris: PUF.

Billiard, L. (1993). Le travail: un concept inachevé. *Éducation Permanente*, 116(3), 19-32.

Billiard, L. (2001). *Santé mentale et travail*. Paris: La Dispute.

Bion, W. R. (1965). *Recherches sur les petits groupes*. Paris: PUF.

Boltanski, L., & Chiapello, E. (1999). *Le nouvel esprit du capitalisme*. Paris: Gallimard.

Boutet, J. (1987). La question de l'interpretation en linguistique. In C. Dejours (Org.). *Plaisir et souffrance dans le travail*. Tomo 1. Paris: Éditions de l'AOCIP, CNRS.

Brunel, V. (2004). *Les managers de l'âme*. Paris: La Découverte.

Caillé, A. (2000). *Anthropologie du don: le tiers paradigma*. Paris: Desclée de Brouwer.

Camilleri, C. (1980). Identité et changements sociaix. Points de vue d'ensemble. In P. Tap (Org.). *Identités collectives et changements sociaux*. Toulouse: Privat.

Camilleri, C., Kastersztein, J., Lipiansky, E. M., Malewska-Peyre, H., Taboada Leonetti, I., & Vasquez, A. (1990). *Stratégies identitaires* . Paris: PUF.

Canguilhem, G. (1966). *Le normal et le pathologique*. Paris: PUF.

Carpentier-Roy, M-C. (1996). Nouvelles organisations du travail: paradoxes et souffrances. *Revue internationale de psychosociologie*, 3(5), 17-24.

Carpentier-Roy, M-C, & Vézina, M. (2000). *Le travail et ses malentendus*. Toulouse: Octarés.

Casadamont, G. (1984). *La detention et ses surveillants. Représentations et champ carcéral*. Paris: École des Hautes Études en Sciences Sociales.

Castel, R. (1982). L'hommo psychologicus. *Autrement*, 43, 131-143.

Castel, R. (1995). *Les métamorphoses de la question sociale*. Paris: Fayard.

Castel, R. (1996). Les marginaux dans l'histoire. In S. Paugam (Org.). *L'exclusion. L'etat des savoirs*. Paris: La Découverte.

Castel, R. (1998). Centralité du travail et cohesión sociale. In J. Kergoat, J. Boutet, H. Jacot, & D. Linhart. *Le monde du travail*. Paris: La Découverte.

Castoriadis, C. (1974). *L' expérience du mouvement ouvrier*. Paris: 10/18.

Castoriadis, C. (1975). *L'institution imaginaire de la société*. Paris: Le Seuil.

Chauvenet, A., Orlic, F., & Benguigui, G. (1994). *Le monde des surveillants de prison*. Paris: PUF.

Chesneaux, J. (1996). *Habiter le temps*. Paris: Bayard.

Ciccone, A. (1998). *L'observation clinique*. Paris: Dunod.

Cingolani, P. (1986). *L'exil du précaire: récits de vie en marge du travail salarié*. Paris: Méridiens Klincksieck.

Claveul, C. (1978). *L'ordre medical*. Paris: Le Seuil.

Clot, Y. (1995). *Le travail sans l'homme? Pour une psychologie des milieux de travail et de vie*. Paris: La Découverte.

Clot, Y. (Org.). (1996). *Les histoires de la psychologie du travail*. Toulouse: Octarés.

Clot, Y. (1998). Le sujet au travail. In J. Kergoat, J. Boutet, H. Jacot, & D. Linhart. *Le monde du travail*. Paris: La Découverte.

Clot, Y. (1999). *La fonction psychologique du travail*. Paris: PUF.

Clot, Y. (2001). Clinique du travail, clinique du réel. *Journal des psychologies*, 185, 48-51.

Clot, Y. (2005). L'autoconfrontation croisée en analyse du travail: l'apport de la théorie bakhtinienne du dialogue. In L. Fillieltaz, & J-P, Bronckart (Org.). *L'analyse des actions et des discours en situation de travail*. Louvain-la-Neuve: Peeters.

Clot, Y., & Faïta, D. (2000). Genres et styles en analyse du travail: Concepts et methods. *Travailler*, 4, 7-42.

Clot, Y., & Pendaries, J-R., (1997). *Les chômeurs en movement(s)*. Relatório de pesquisa, MIRE, Ministère de l'Emploi et de la Solidarité. Paris.

Clot, Y., & Lhuilier, D. (2006). Perspectives en clinique du travail. *Nouvelle revue de psychosociologie*, 1.

Cohen-Scali, V. (2004). L'insertion professionnelle des jeunes: un nouveau champ d'activité pour les psychologues. In V. Cohen-Scali (Org.). *Les métiers en psychologie sociale et du travail*. Paris.

Cressey, D. (1960). Limitations on organization of treatment in the modern prison, theorical studies in social organization of the prison. *Social Science Research Council*New York, p. 78-110.

Cru, D. (1987). Les règles du métier. In C. Dejours, *Plaisir et souffrance dans le travail*. Paris: Ed. AOCIP.

Cru, D., & Dejours, C. (1985). La peur et la connaissance des risques. In C. Dejours, C. Veil, & A. Wisner. *Psychopathologie du travail*. Paris: ESF.

Curie, J., & Dupuy, R. (1996). L'organisation du travail contre l'unité du travail. In Y. Clot (Org.), *Les histoires de la psychologie du travail*. Toulouse: Octares.

Curie, J., & Hajjar, V. (1987). Vie de travail, vie hors travail: la vie en temps partagé. In C. Lévy-Leboyer, J-C Spérandio. *Traité de psychologie du travail*. Paris: PUF.

Daniellou, F. (1985). La conduite de processus chimiques: présence et presion du danger. In C. Dejours, C. Veil, & A. Wisner. *Psychopathologie du travail*. Paris: ESF.

Daniellou, F. (2001). L'action en psychodynamique du travail: interrogation d'un ergonome. *Travailler*, 7, 119-130.

Dassa, S., & Maillard, D. (1996). Exigences de qualité et nouvelles formes d'aliénation. *Actes de la recherche en sicences sociales*, 115, 27-37.

Davezies, P. (1991). Éléments pour une clarification des fondements épistemologiques d'une science du travail. *Communication au colloque national de la Société française de psychologie*, Clermont-Ferrand.

Dayan, M. (1985). *Inconscient et réalité*. Paris: PUF.

De Bandt, J., Dejours, C., & Dubar, C. (1995). *La France malade du travail*. Paris: Bayard.

Dejours, C. (1987). Aspects psychopathologiques du travail. In C. Lévy-Leboyer, & J-C. Spérandio. *Traité de psychologie du travail*. Paris: PUF.

Dejours, C. (Org.), (1987/1988). *Plaisir et souffrance dans le travail*. Paris: Éd. AOCIP.

Dejours, C. (1990). *Travail et usure mentale*. Paris: Bayard, 2000.

Dejours, C. (1993a). Intelligence pratique et sagesse pratique: deux dimensions méconnues du travail réel. *Éducation Permanente*, 116, 47-70.

Dejours, C. (1993b). Intelligence ouvrière et organisation du travail. In H. Hirata (Org.). *Autour du modèle japonais de production. Automatisationnouvelles formes d'organisation et de relations de travail*. Paris: L'Harmatann.

Dejours, C. (1995). *Le facteur humain*. Paris: PUF, coleção "Que sais-je?".

Dejours, C. (1996a). Introduction. *Revue internationale de psychosociologie*, 5, 5-16.

Dejours, C. (1996b). Psychologie clinique du travail et tradition comprehensive In Y. Clot (Org.). *Les histoires de la psychologie du travail*. Toulouse: Octarés

Dejours, C. (1998) *Souffrance en France*. Paris: Le Seuil.

Dejours, C. (2001). La psychopatologie du travail: facteurs de risque et modalités de prévention. In C. de Tychey (Org.). *Peut-on prévenir la psychopathologie?* Paris: L'Harmatann.

Dejours, C., & Abdoucheli, E. (1990). Itineraire théorique en psychopathologie du travail. *Prévenir*, 20. p. 127-150.

Demesse, D. (2004). Les interventions psychologiques en enterprise. In D. Castro (Org.). *Les interventions psychologiques dans les organisations*. Paris: Dunod.

Détienne, M., & Vernant, J-P. (1974). *Les ruses de l'inteliggence. La métis chez les Grecs*. Paris: Flammarion.

Doppler, F., & Dejours, C. (1985). Avant-propos. In C. Dejours, C. Veil, A Wisner, *Psychopathologie du travail*. Paris: PUF.

Doray, B. (1981). *Le taylorismeune folie rationnelle?*. Paris: Dunod.

Douglas, M. (1992). *De la souillure. Études sur la notion de pollution et de tabou*tradução francesa. Paris: La Découverte.

Dubost, J. (1987). *L'intervention psychosociologique*. Paris: PUF.

Dubost, J., Lévy, A (2002). Recherche-action et intervention. In J. Barus-Michel, E. ENRIQUEZ, & L. E. V. Y. André (Orgs.), *Vocabulaire de psychosociologie*. Toulouse : Érès.

Dujarier, M. A (2005). *L'idéal au travail*. Paris: PUF.

Ehrenberg, A (1998). *La fadigue d'être soi*. Paris: Odile Jacob.

Eiguer, A (1989). *Le pervers narcissique et son complice*. Paris: Bordas.

Eiguer, A (1999). *Du bon usage du narcissisme*. Paris: Bayard.

Enriquez, E. (1972). Imaginaire social, refoulement et répresion dans les organisations. *Connexions,* 3, 65-93.

Enriquez, E. (1978). Rapports au travail et pratique psychosociologique. *Connexions,* 24.

Enriquez, E. (1983). *De la horde à l'État*. Paris: Gallimard.

Enriquez, E. (1992). *L'organisation en analyse*. Paris: PUF.

Enriquez, E. (1997). *Les jeux du pouvoir et du désir dans l'entreprise*. Paris: Desclée de Brouwer.

Enriquez, E., Fain, M., Cournut, J., & Cifali, M. (1987). *Les trois métiers impossibles*. Paris: Les Belles Lettres.

Enriquez, E., & Lhuilier, D. (Orgs.). (2002). *Domaine privésphére publique*. Paris: Eska.

Fain, M. (1981). Diachronie, structure, conflit oedipien. Quelques réflexions. *Revue française de psychanalyse,* 45(4), 985-997.

Favez-Boutonnier, J. (1959). *La psychologie clinique: objet méthodes problémes*. Les cours de la Sorbonne.

Favret-Saada, J. (1990). Être affecté", *Gradhiva,* 8, 85-93.

Foucault, M. (1972). *La naissance de la clinique*. Paris: PUF.

Freud, S. (1894-1956). Esquisse d'une psychologie scientifique. In S. Freud. *La naissance de la psychanalise*. Paris: PUF.

Freud, S. (1900-1967). *L'interprétation des rêves*. Paris: PUF.

Freud, S. (1919-1933). L'inquiétante étrangeté. In S. Freud. *Essai de psychanalyse appliquée*. Paris: Gallimard.

Freud, S. (1921-1951). Psychologie collective et analyse du moi. *Essais de psychanalyse*. Paris: Payot, 76-162.

Freud, F. (1925-1992). La négation. In S. Freud. *Oeuvres complétes,* XVII. Paris: PUF, p. 165-172.

Freud, F. (1926-1965). *Inhibitionsynptôme et angoisse*. Paris: PUF.

Freud, S. (1927-1971). *L'avenir d'une illusion*. Paris: PUF.

Freud, S. (1930-1971). *Malaise dans la civilisation.* . Paris: PUF.

Freud, S. (1887/1904). *A correspondência completa de Sigmund Freud para Wilhelm Fliess*. Editada por J.M. Masson. Rio de Janeiro: Imago.

Friedman, G. (1956). *Le travail en mientes*. Paris: Gallimard.

Gaulejac, V. de, & Taboada-Leonetti, I. (1994). *La lutte des places*. Bruges: Desclée de Brouwer.

Gaulejac, V. de. (2005). *La société malade de la gestion.* . Paris: Le Senil

Giami, A. (1993). Une théorie sexuelle du sida. *Prévenir,* 25, 79-90.

Girin, J., & Grosjean, M. (1996). *La transgression des régles au travail*. Paris: L'Harmattan.

Giust-Desprairies, A., Lévy, A., & Nicolai, A. (Orgs.). (1997). *La resistible emprise de la rationalité instrumentale*. Paris: Eska.

Godbout, J., & Caille, A. (1992). *L'esprit du don*. Paris: La Découverte.

Goffman, E. (1968). *Asiles. Étude sur la condition sociale des malades mentaux*. Paris: Éd. de Minuit.

Goffman, E. (1975). *Stigmate. Les usages sociaux du handicap*. Paris: Éd. de Minuit.

Gorz, A. (1988). *Métamorphoses du travailQuête du sens*. Paris: Galilée.

Gouhier, J. (1984). Géographie des déchets. In Centre national d'art et de culture Georges Pompidou (Paris). Centre de création industrielle, Agence nationale pour la récupération et l'élimination des déchets (France), & France. Ministère de l'environnement. *Déchets: l'art d'accompagner les restes*. Paris: Centre Georges-Pompidou.

Green, A. (1975). Le temps morts. *Nouvelle revue de psychanalyse,* 11, 103-109.

Green, A. (1988). Pourquoi de mal? In J-B. Pontalis. *Le mal*. Paris: Gallimard.

Grell, P. (1985). Étude du chômage et de ses conséquences: les catégories sociales touchées par le non-travailhistoire de vie et mode de débrouillardise. Université de Montreal. Groupe d'analyse des politiques sociales.

Habermas, J. (1978). *Raison et légitimitéprobléme de légitimation dans le capitalisme avancé*. Paris: Payot.

Habermas, J. (1981). *Théorie de l'agir communicationnel*. Paris: Fayard.

Hanique, F. (2004). *Le sens du travail. Chronique de la modernisation au guichet,* Toulouse: Érès.

Hirzlich, C. (1970). *Médecinemaladie et société*. Paris: Mouton

Hirzlich, C., & Pierret, J. (1984). *Maladies d'hiermaladies d'aujourd'hui*. Paris: Payot.

Hirigoyen, M-F.(1998). *Le harcelement moral*. Paris: Syros.

Huguet, M. (1983). Structures de sollicitation sociale et incidences subjetives. *Bulletin de psychologie,* 360(XXXVI), 511-515.

Huguet, M. (1995). La méthode clinique. In M-C Lambotte (Org.). *La psychologie et s es méthodes*. Le livre de poche Paris: Éditions de Fallois.

Israel, J. (1968). *Le médecin face au malade*. Bruxelles: Dessart.

Jaques, E. (1951). *Intervention et changement dans l'entreprise*. Paris: Dunod.

Jaques, E. (1955). Les organisations comme systèmes de défense contre les anxietés schizoides et paranoides In A. Lévy (Org.). *Psychologie sociale: textes fondamentaux anglais et américains*. Paris: Dunod.

Jodelet, D. (1989) *Folie et représentations sociales*. Paris: PUF.

Jodelet, D. (Org.). (1989b). *Les représentations sociales*. Paris: PUF.

Kaës, R. (1984). Étayages et sructuration du psychisme. *Connexions*, 44, 11-48.

Kaës, R. (Org.). (1996). *Souffrance et psychopathologie des liens institutionnels*. Paris: Dunod.

Kaës, R. (Org.). (1997). *L'institution et les institutions – Études psychanalytiques*. Paris: Dunod.

Kaës, R., Missenard, A., & Kaspi, R. (1981). *Crise, rupture et dépassement: analyse transitionnelle en psychanalyse individuelle et groupale*. Paris: Dunod.

Kergoat, J., Boutet, J., Jacot, H.; & Linhart, D. (1998). *Le monde du travail*. Paris: La Découverte.

Kristeva, J. (1980). *Pouvoirs de l'horreur.* . Paris: Le Seuil.

Lagache, D. (1949). *L'unité de la psychologie.* . Paris: PUF.

Lagache, D. (1949). Pour une étude sur le changement individuel au cours du processus psychanalytique. *Bulletin da Association psychanalytique de France*, 3, 7-43.

Laplanche, J., & Pontalis, J-B. (1967). *Vocabulaire de la psychanalyse.* . Paris: PUF.

Latte, (2005). De l'individuel au collectif. Les usages sociaux de la victimologie. *Sciences sociales et santé*, 23(2), 37-47.

Le Goff, J-P. (1996). *Les illusions du changement*. Paris: La Découverte.

Le Guillant, L. (1984). *Quelle psychiatrie pour notre temps*. Toulouse: érés.

Le Guillant L, Begoin J. (1957) La névrose des mecanographes. Bulletin de Pshychologie; 10:500.

Le Guillant, L. (1963-2006). Incidências psicopatológicas da condição de empregadadoméstica. M. In E. A. Lima (Org.). Escritos de Louis Le Guillant: da ergoterapia à psicopatologia do trabalho. Rio de Janeiro: Vozes, p. 242-286.

Leplat, J. (1988). Les habilités cognitives dans le travail. In P. Perruchet (Org.). *Les automatisms cognitifs*. Liège: Pierre Mardaga.

Leplat, J., Hoc, & J-M. (1983). Tâche et activité dans l'analyse psychologique des situations. *Cahiers de psychologie cognitive*, 3(1), 49-63.

Lévy, A. (1994). Les objets introuvables de l'analyse psychosociologique. *Revue Internationale de psychosociologie*. 1(1), 17-27.

Lévy, M. (1997). *Sciences cliniques et organisations sociales*. Paris: PUF.

Lewin, K. (1944). Problems of research in social psychology. In D. Cartwright (Org.). *Field Theory and Social Science*. London: Tavistock.

Lewin, K. (1959). *Psychologie dynamique*. Paris: PUF.

Lhuilier, D. (1987a). Psychologie du port de l'arme et de l'uniforme. *Synapse,* 38, 32-39.

Lhuilier, D. (1987b). *Les policiers au quotidien.* Paris: L'Harmattan.

Lhuilier, D. (1988a). La prise de risque: maîtrise du danger et initiative dans le travail. *Journal des psychologues,* 72, 39-41.

Lhuilier, D. (1988b). La representation des risques d'accidents en centrales nucléaires. Relatório de pesquisa, *Direction des Études et Recherches,* EDF.

Lhuilier, D. (1990). Psychopathologie de la peur au travail: le cas des opérateurs de conduite de centrales nucléaires. *Psychiatrie française,* 4, 7-12.

Lhuilier, D., & Grodeva, T. (1992). Stress et conduite de systèmes complexes. *Le travail humain,* 55(2), 115-169.

Lhuilier, D. (1997). Fragilisation des conditions necessaries à la construction identitaire. In N. Aubert, & V. de Gaulejac. *L'aventure psychosociologique.* Paris: Desclée de Brouwer.

Lhuilier, D. (1998a). Crise ou occultation du travail. *Revue internationale de psychosociologie,* 9, 45-58.

Lhuilier, D. (1998b). Stress professionnel: la function de regulation du collectif de travail. *Le journal des psychologies,* 157, 42-47.

Lhuilier, D. (2000). De l'institution totale à l'individualisme de masse. *Revue internationale de psychosociologie* 6(15), 59-69.

Lhuilier, D. (2001). *Le choc carcéral.* Paris: Bayard.

Lhuilier, D.(2002). *Placardisés des exclus dans l'entreprise.* Paris: Le Seuil.

Lhuilier, D. , Gros, M., Hatungimana, V., Inamuco, H., Larouze, B., Lepont, F., ... & Rossignol, L. (2002). Représentations et pratiques des personnels de santé face au VIH et aux infections nosocomiales en milieu hospitalier africain (Burundi). Paris: ANRS.

Lhuilier, D. (2005). Le sale boulot. *Travailer,* 14.

Lhuilier, D. (2005). Harcelement: inflation imaginaire, deficience du symbolique et déni du reel. In Sanchez, & G. Koubi (Org.). *Le harcelement.* Bruxelles: Ed. Université de Bruxelles.

Lhuilier, D. (2005). Idéologies défensives et imaginaire social. *Revue internationale de psychosociologie,*9(24), 51-67.

Lhuilier, D. (2006). Cliniques du travail. *Nouvelle revue de psychosociologie,* 1.

Lhuilier, D. (2006a). Clinique du travail: enjeux et pratiques. *Pratiques psychologiques.*

Lhuilier, D., & Aymard, N. (1997). *L'univers pénitentiaire: du côté des surveillants de prison.* Paris. Desclée de Brouwer.

Lhuilier, D., & Groveda. T. (1992). Stress et conduite de système complexe. *Le travail humain,* 55(2), 115-169.

Lhuilier, D., Niyongabo, T., & Rolland, D. (2005). *Prévenir le risque nosocomial. La balade infectieuse.* Paris: L`Harmattan.

Lhuilier, D., & Rolland, D. (2004). Action-research and transitional processes: risk prevention in a hospital in Burundi. In G. Amado, & L. Vansina (Orgs.). *The Transitional Approach in Action.* London-New York: Karnak Books.

Lhuilier, D., & Veil, C. (1999). Trauma et contre-trauma. *Psychiatrie française,* edição especial, 96-105.

Linhart, D. (1991). *Le torticolis de l'autruche. L'éternelle modernisation des entreprises françaises*. Paris: Le Seuil.

Linhart, D. (1995). Les chemins de l'hégémonie. In J. Bidet, & J. Texier (Orgs.). *La crise du travail*. Paris: PUF.

Linhart, D., & Linhart, R. (1998). L'evolution de l'organisation du travail", em J. Kergoat, J. Boutet, H. Jacot, & D. Linhart. *Le monde du travail*. Paris: La Découverte.

Linhart, D., & Rist, B., & Durand, E. (2002). *Perte d'emploiperte de soi.* Toulouse: Érés.

Mac Dougall, J. (1978). *Playdoyer pour une certaine anormalité*. Paris: Gallimard.

Marx, K. (1982). *Oeuvres philosophiques*. Paris: Gallimard.

Mauss, M. (1925). Essai sur le don. Forme et raison de l'echange dans les sociétés archaiques. *L'année sociologique*.

Mead, G. H. (1934-1963). *L'esprit le soi et la société*tradução francesa. Paris: PUF.

Meda, D. (1995). *Le travail: une valeur en voie de disparition*. Paris: Aubier.

Mendel, G. (1992). *La société n'est pas une famille*. Paris: La Decouverte.

Mendel, G. (1996). Itinéraire: sociopsychanalyse, interventions institutionnelle, psychosociologie du travail. In Y. Clot (Org.). *Les histoires de la psychologie du travail.* Toulouse: Octarés.

Mendel, G. (1997). L'institution au double péril de l'organisation du travail et de l'inconscient: perspectives sociopsychanalytiques. *Revue internationalle de psychosociologie*. IV, 6-7.

Mendel, G. (1998). *L'acte est une aventure. Du sujet métaphysique au sujet de l'acte pouvoir*. Paris: La Découverte.

Mendel, G. (1999). *Le vouloir de creation*. La Tour-d'Aigues: Éd. De l'Aube.

Mendel, G. (2002). Acte. In J. Barus-Michel, E. Enriquez, & A. Lévy (Org.). *Vocabulaire de psychosociologie*. Toulouse: Octarés.

Missenard, A. (1979). Narcissisme et rupture. In R. Kaes, A. Missenard, & R. Kaspi. *Crise rupture et dépassement*. Paris: Dunod, p. 84-148.

Missenard, A (Org.). (1982). *L'experience Balint: histoire et actualité*. Paris: Dunod.

Monjardet, D. (1996). *Ce que fait la police*. Paris: La Découverte.

Montmollin, M., & Pastre, O (1984). *Le taylorisme*. Paris: La Découverte.

Ortsman, O. (1978). *Changer le travail*. Paris: Dunod.

Pagès, M., Bonetti, M., De Gaulejac, V., & Descendre, D. (1979). *L'emprise de l'organisation*. Paris: PUF.

Pédinielli, J-L. (1994). *Introduction à la psychologie clinique*. . Paris: Nathan.

Perret, B, & Roustang, G. (1993). *L'économie contre la société*. Paris: Le Seuil.

Perron, R. (1983). Figures de la méconnaissance. Déni, refoulement et construction des théories. *Bulletin de la Société psychanalytique de Paris,* 9, 33-44.

Plaza, M. (1989). La psychologie clinique: les enjeux d'une discipline. In C. R. d'Allonnes, C. Assouly-Piquet, F. B. Slama, A. Blanchet, & O. Douville. *La démarche clinique en sciences humaines.* . Paris: Bordas.

Poole, E., & Regoli, R. (1981). Alienation in prison: an examination of the work relations of prison guards. *Criminology,* 19(2), 251-270.

Prévost, C. (1988). *La psychologie clinique.* . Paris: PUF.

Rappoport, R. N. (1973). Three dilemnas in action-research. *Human relations,* 23, tradução francesa em *Connexions,* 7.

Revault d'Allonnes, C., & Barus-Michel, J. (1981). La psychologie sociale. *Bulletin de psychologie,*349(34), 239-246.

Revault d`Allonnes, C. R., Assouly-Piquet, C., Slama, F. B., Blanchet, A., & Douville, O. (1989). *La démarche clinique en sciences humaines.* Paris: Dunod.

Revuz, C. (1993). Écouter les chômeurs pour comprendre le rapport au travail. *Éducation permanente,* 117(4), 47-64.

Reynaud, E., & Reynaud, J-D. (1994). La régulation conjointe et ses dérèglements. *Le travail humain,* 57(3).

Ricoeur, P. (1990). *Soi-même comme un autre.* Paris: Le Seuil.

Ricoeur, P. (1992). La souffrance n'est pas la douleur. *Psychiatrie française,* edição especial.

Roethlisberger, F. J., & Dickson, W. J. (1939). *Management and the Worker.* Harvard: University Press.

Rosolato, G. (1978). *Essais sur le symbolique.* Paris: Gallimard.

Roulleau-Berger, L. (1999). *Le travail en friche. Les mondes de la petite production urbaine.* La Tour-d'Aigues: Éd. de l'Aube.

Salmona, M. (1985). Risques réels et fantasmatiques chez l'éleveur. In C. Dejours, C. Veil, & A. Wisner. *Psychopathologie du travail.* Paris: ESF, p. 64-75.

Sami-Ali, M. (1974). L'espace de l'inquietante étrangeté. *Nouvelle revue de psychanalyse,* 9, 33-45.

Schehr, S. (1999). *La vie quotidienne dês jeunes chômeurs.* Paris: PUF.

Scheller, L. (2003). *Élaborer l'expérience du travail: activité dialogique et référentielle dans la méthode des instructions au sosie.* Tese (Doutorado em Psicologia). CNAM.

Schwartz, Y. (1988). *Expérience et connaissance au travail* Paris: Editions sociales.

Schwartz, Y. (1992). *Travail et philosophie: convocations mutuelles.*Toulouse: Octarés.

Schwartz, Y. (1995). Circulations, dramatiques, efficacités de l'activité industrieuse. In J. Bidet, J. Texier (Orgs.). *La crise du travail.* Paris: PUF.

Schwartz, Y. (Org.). (1997). *Reconnaissances du travail. Pour une approche ergologique.* Paris: PUF.

Selye, H. (1956). *The Stress of Life.* New York: Mac Grow Hill.

Siboni, D. (1991). *Entre-deux.* Paris: Le Seuil.

Sigaut, F. (1990). Folie, réel et technologique. *Techniques et culture,*15, 12-30.

Sivadon, P. (1957). Psychiatrie du travail. In H. Desaille (Org.) *Cours de médecine du travail*. Paris: Le François.

Sykes, G. M. (1958). *The Society of Captives: a Study of a Maximum-Security Prison,* Princeton: Princeton University Press.

Taboada-Leonetti, I. (1990). Stratégies identitaires et minorités: le point de vue du sociologue. In C. Camilleri. *Stratégies identitaires*. Paris: PUF.

Terssac, G. (de). 1992. *Autonomie dans le travail*. Paris: PUF.

Tisseron, S. (1992). *La honte. Psychanalyse d'un lien social*. Paris: Dunod.

Tisseron, S. (1998). *Du bon usage de la honte*. Paris: Ramsay.

Touraine, A (1966). *La conscience ouvrière*. Paris: Le Senil.

Trinquet, P. (1996). *Maîtriser les risques du travail*. Paris: PUF.

Trist, E. (1993). Introduction. In E. Trist, H. Murray, & B. Trist, B. (Eds.). *The Social Engagement of Social Science, a Tavistock Anthology, Volume 2: The Socio-Technical Perspective* (Vol. 2). University of Pennsylvania Press.

Veil, C. (1964). *Hygiène mentale du travail*. Paris: Le François.

Veil, C. (1996). Entretien. *Psychiatrie Française,* 27(2), 9-20.

Veil, C., & Lhuilier, D. (2000). *La prison en changement.* Toulouse: Érés.

Viaux, J-L. (2004). Harcelement et rupture du contrat moral: paroles de victims. In D. Castro (Org.). *Les interventions psychologiques dans les organisations*. Paris: Dunod.

Vygotsky, L. (2003). *Conscientinconscientémotion*. Paris: La Dispute.

Wallon, H. (1932-1976). Culture générale et orientation professionnelle. *Lecture d'H. Wallon. Choix de textes*. Paris: Éditions Sociales.

Weber, H. (2005). *Du ketchup dans les veines. Pourquoi les employés adhèrent-ils à l'organisation chez McDonald's?* Toulouse: érés.

Winnicott, D. W. (1971/1975). *Jeu et réalité. L'espace potentiel*. Paris: Gallimard.

PARTE 2

PERSPECTIVAS FRANCESAS

CAPÍTULO 3

AVALIAÇÃO DO TRABALHO E RECONHECIMENTO[8]

Isabelle Gernet

Christophe Dejours

No que concerne à análise do trabalho, a noção de avaliação é ambígua. Avaliar remete à medida de um objeto ou de uma coisa produzida, mas também aos julgamentos sobre o resultado de uma ação ou do próprio trabalho. Se hoje a questão da avaliação suscita tanta discussão, isto se dá, em larga medida, em razão dos procedimentos de avaliação e de suas conseqüências sobre os assalariados, sendo a controvérsia sobre a avaliação científica do trabalho apenas um exemplo entre tantos outros. Não obstante, querer tratar a questão da avaliação a partir do trabalho parece particularmente defensável na medida em que o trabalho representa a oportunidade mais corriqueira de estabelecer uma relação com o real e o mundo. Os dados procedentes da clínica do trabalho sugerem que a introdução da avaliação individual e quantitativa das *performances*, associada à qualidade total e à gestão por objetivos, tem efeitos deletérios sobre a relação individual e coletiva no trabalho (Dejours, 2003).

Neste capítulo, apresentaremos, em primeiro lugar, as dimensões individuais e coletivas que permitem definir o trabalho. Em seguida, abordaremos a questão do reconhecimento enquanto modalidade particular de julgamento do trabalho para, finalmente, imaginar como repensar a avaliação a partir do conhecimento do trabalho.

QUE DEFINIÇÃO DAR AO TRABALHO?

Ao insistir no componente humano, o enfoque da psicodinâmica do trabalho dá ao trabalho uma definição precisa: trabalho é a atividade coordenada executada por homens e mulheres que trabalham para prover o que

---

8 Originalmente publicado na *Nouvelle revue de psychosociologie*, sob o título ***Évaluation du travail et reconnaissance***, 2009, 8(2), 27-36. Tradução de Maria Helena C.V. Trylinski. Revisão técnica de Pedro F. Bendassolli.

não está previsto na organização do trabalho. Trabalhar significa defrontar-se com prescrições, procedimentos, materiais ou instrumentos a serem manipulados; significa defrontar-se com pessoas para acolher ou cuidar; porém, trabalhar pressupõe também colaborar com uma hierarquia organizacional e com colegas que é preciso aprender a conhecer e com os quais é preciso interagir para atingir o objetivo de produção de um bem ou de um serviço. Em outras palavras, o exercício do trabalho vem inevitavelmente acompanhado da confrontação com o real, isto é, com algo que se dá a conhecer para quem trabalha por meio de sua resistência à mestria do trabalhador e que leva o sujeito a pensar e agir de forma diversa daquela prevista pela organização do trabalho. Os arranjos aos quais um sujeito recorre para recuperar a diferença entre o que é prescrito e sua atividade efetiva não podem nunca ser inteiramente previstos, já que eles são reinventados cada vez. Os conhecimentos e o saber-fazer aprendidos são, consideravelmente, talvez mesmo inteiramente, remanejados no curso da atividade de trabalho e desvendam, assim, a parcela subjetiva do trabalho e seu caráter "vivo". O trabalho real não pode, por conseguinte, ser apreendido como uma coisa ou um objeto separado daquele que o realiza.

Como, então, caracterizar esta contribuição individual do sujeito à realização do trabalho?

Dados oriundos da clínica do trabalho contribuem para revelar que a "engenhosidade" necessária para intervir no imprevisto é, inicialmente, uma inteligência do corpo. O desenvolvimento da inteligência no trabalho exige uma relação prolongada com a tarefa e com o material. Em razão disso, alguns autores propuseram a noção de "atividade subjetivante" para dar conta da relação estreita entre a experiência na tarefa e as atividades perceptivas, sensoriais e cognitivas que se enraízam no corpo (Böhle & Milkau, 1998). O saber-fazer técnico se caracteriza por uma experiência sensível que requer a participação dos sentidos, mas também dos sentimentos e dos afetos na manipulação das máquinas e na execução dos procedimentos de trabalho. Pode-se provar que o trabalho reclama uma mobilização do corpo com vistas a sentir a resistência da matéria ou da ferramenta, como também para experimentar a perplexidade, o medo, a dúvida, a angústia, o prazer do trabalhador. São as mudanças sofridas pelo corpo que mobilizam a curiosidade e norteiam a procura da solução. A experiência do real, conquistada quando os conhecimentos são ineficazes ou quando o saber-fazer é derrotado, repousa, portanto, na afetividade experimentada no e pelo corpo.

Esta inteligência do corpo vem antes de sua simbolização e de sua formulação por meio da palavra. Por esse motivo, a engenhosidade, que é a inteligência prática usada em situação de trabalho, dificilmente se deixa cercar a partir dos modelos clássicos de uma inteligência avaliada por meio de medidas quantitativas. O reconhecimento destas habilidades do corpo pressupõe, pelo contrário, uma procura e uma explicitação da maneira como é realizado o trabalho que não o reduz ao que dele diz uma sistematização preconcebida da inteligência (o mesmo acontecendo no tocante à *performance*), elaborada a partir de referenciais mais ou menos sofisticados das "competências/ofícios".

O TRABALHO COLETIVO

Contudo, a definição do trabalho não pode ser limitada à descrição da atividade individual. Como o trabalho é também uma relação social, ele envolve, em razão disso, um conjunto complexo de relações entabuladas entre o sujeito e aqueles com quem e para quem ele trabalha, a fim de coordenar as inteligências singulares. O trabalho pressupõe invenção e apropriação de saber-fazer coletivo.

No caso daqueles que são levados a trabalhar em conjunto, importa elaborar e tornar estáveis regras práticas de trabalho aceitas por todos. As regras de trabalho organizam e estruturam o trabalho concreto e organizam as modalidades de cooperação. Com efeito, o coletivo de trabalho é sempre constituído em torno de regras de trabalho comuns, cuja construção deriva do próprio coletivo. Na ausência disso, há apenas um grupo ou uma reunião de pessoas que podem, eventualmente, compartilhar interesses comuns. Na verdade, cada regra de trabalho tem não só uma perspectiva técnica, mas também uma regra "social" na medida em que ela organiza o "viver junto". Trabalhar não é somente produzir, é também viver junto.

A cooperação requer a existência de condições específicas de intercompreensão que vigoram em um "espaço de discussão" (Habermas, 1989). Como conseqüência da análise das distinções entre engenhosidade individual e características da inteligência coletiva, fomos levados a invocar uma outra forma de inteligência, que Aristóteles chama de "sabedoria prática" (Ladrière, 1990). A teoria da psicodinâmica do trabalho destaca que as condições que permitem que a discussão se desenrole equivalem a um "espaço de discussão" construído sobre o livre envolvimento dos participantes no interior de uma organização. A sabedoria prática, que é uma inteligência deliberativa, está voltada para a ação, para proceder a rearranjos na organização prescrita do trabalho, estabelecida em acordos normativos.

Graças à atividade deontológica, os acordos firmados em regras de trabalho podem tomar o lugar de ordens formais da coordenação. A atividade deontológica se baseia sempre em uma ação normativa e leva à formulação de um compromisso instável entre o respeito às regras e a possibilidade de sua "subversão" por cada membro do coletivo. A atividade deontológica se escora, simultaneamente, na capacidade de cada trabalhador trazer sua colaboração para a organização do trabalho e no fato de esta colaboração ser reconhecida pelos outros. Para terminar, o trabalho de discussão resulta em um verdadeiro trabalho de elaboração coletiva sobre a natureza das participações, individual e coletiva, na organização do trabalho.

O RECONHECIMENTO DO TRABALHO

As vias de passagem da economia subjetiva à dimensão coletiva podem ser percebidas de modo privilegiado à luz do reconhecimento do trabalho. Da perspectiva da experiência humana, há duas vias principais para o acabamento da identidade do ser humano: de um lado, a conquista da identidade no campo erótico e do amor; do outro, a conquista da identidade no campo social (Molinier & Dejours, 1994). O reconhecimento do trabalho participa, de maneira preferencial, da realização do "eu" no campo social. A dinâmica do reconhecimento do trabalho permite, de modo singular, compreender como, graças ao trabalho, alguns sujeitos logram estabilizar sua identidade e conjurar, às vezes ao longo da vida, o risco de doença mental e somática.

A concepção de reconhecimento em psicodinâmica do trabalho se escora na contribuição de François. Sigaut, antropólogo do trabalho, no tocante ao laço entre técnica, identidade e reconhecimento pelo outro (Sigaut, 1990). O reconhecimento pelo outro é indispensável para a validação de uma descoberta exitosa na sua confrontação com o real. Quando o sujeito está apartado do real e do reconhecimento pelo outro, ele é remetido à solidão da loucura, conhecida pelo nome de "alienação mental". Quando o sujeito mantém uma relação suficiente com o real por intermédio de seu trabalho sem que seu trabalho seja, no entanto, reconhecido pelo outro, ele está condenado à solidão alienante que Sigaut (1990) designa pelo nome de "alienação social". Esta situação é perigosa e não sustentável no longo prazo para quem nela se encontra encerrado. O sujeito é levado a duvidar da relação que mantém com o real, o que o induz a duvidar de si mesmo, ou é levado a manter sua convicção a qualquer preço, então, o risco que ele corre é o de cair na autorreferência e na megalomania. Como se vê, estas duas situações podem ser particularmente perigosas do ponto de vista da identidade. O reconhecimento do trabalho pode, portanto, ser portador de emancipação se, e somente se, ele trouxer consigo uma prova devidamente conectada à experiência do real.

Para a psicodinâmica do trabalho, o reconhecimento deste último passa pela formulação de duas formas de julgamento que demonstram o valor dado pelo outro à contribuição do sujeito para a organização do trabalho. A apreciação relativa à *utilidade* técnica, social ou econômica é formulada pela hierarquia da organização, pelos funcionários ou, algumas vezes, até mesmo pelos clientes. A apreciação quanto à *beleza* do trabalho refere-se à qualidade do trabalho ("belo trabalho", "bela apresentação"), que expressa simultaneamente a conformidade do trabalho com as regras da arte tanto quanto sua originalidade no tocante à execução conforme as regras do ofício, testemunhada por colegas de mesma profissão. É, sobretudo, por intermédio de apreciações sobre a qualidade do trabalho que a invenção de novas maneiras de fazer, que fogem dos procedimentos padronizados ou clássicos, podem ser integradas no registro das "técnicas" aceitas e mesmo ser institucionalizadas.

A validação do trabalho pelo reconhecimento conferido pelos outros, contribui de maneira considerável para a construção do sentido do trabalho. Sem o reconhecimento, o sofrimento gerado pelo encontro com o trabalho segue, com efeito, desprovido de significação. O reconhecimento permite dar ao sofrimento uma significação social (Renault, 2008). Ele pode mesmo permitir a transformação do sofrimento em prazer, quando a engenhosidade empregada para superar as dificuldades que se apresentam não é colocada em um beco sem saída pela organização do trabalho e é reconhecida pelos outros como uma contribuição integral. Assim, compreende-se melhor porque, na ausência de reconhecimento, a dúvida quanto à relação mantida com o real por intermédio do trabalho pode surgir, e como, quando esta dúvida se instala, a identidade, como um todo, pode ser desestabilizada.

DINÂMICA DO RECONHECIMENTO DO TRABALHO E AVALIAÇÃO

No entanto, nem todas as situações de trabalho se equivalem no tocante à dinâmica de seu reconhecimento. Há, de fato, profissões de prestígio e valorizadas e outras injustiçadas ou desvalorizadas. O trabalho, antes de tudo, é atravessado e estruturado pelas relações sociais de dominação, que pesam sobre a subjetividade dos homens e mulheres que trabalham. A expressão de opiniões divergentes sobre o trabalho contribui para revelar as divisões técnica, sexual e moral do trabalho, que vão ter conseqüências sobre a dinâmica do reconhecimento.

Além disso, certas tarefas não produzem objetos visíveis. Os economistas empregam a expressão "tarefas imateriais" para designar um conjunto de tarefas executadas nos registros relacionais do setor de serviços ou ainda no dos cuidadores (du Tertre, 2002). Pascale. Molinier mostrou, por exemplo, a partir de sua descrição dos serviços discretos prodigados pelas enfermeiras, como a eficácia de certas atividades depende de sua invisibilidade, o que levanta sérias dificuldades quanto ao seu reconhecimento (Molinier, 2006). No caso em que os procedimentos de avaliação do trabalho passam pelos usuários que se beneficiam dos serviços propostos ou dos cuidados recebidos, quando esta forma de julgamento condensa sozinha o que há de mais importante a ser avaliado, talvez mesmo a totalidade do que há a ser avaliado, estas dificuldades são aumentadas. Quando a avaliação pelos usuários substitui o reconhecimento por outros profissionais que executam o mesmo serviço, reconhecimento conferido por julgamentos que eles emitem sobre o trabalho, pode ocorrer, em certos casos, verdadeiras "recusas de reconhecimento", diante das quais o superinvestimento da relação com os usuários pode se tornar uma modalidade de defesa individual específica, pela individualização da atividade e distanciamento do coletivo. Este tipo de conduta é, geralmente, indício da deterioração, mesmo do desaparecimento, da reflexão coletiva sobre o trabalho.

É o reconhecimento do trabalho, ao colocar a reflexão sobre o trabalho concreto, sobre suas contradições internas, suas ambigüidades, que permite à solidariedade funcionar. É precisamente a capacidade coletiva de emitir julgamentos tão consensuais quanto possível que sustenta o reconhecimento do trabalho.

Inversamente, o silêncio sobre o trabalho coincide, em geral, com o fracasso da dinâmica do reconhecimento. Quando a inteligência do corpo é colocada num impasse, quando a convivência se desagrega, não resta nada, senão o sofrimento. O não-reconhecimento da mobilização da engenhosidade e da cooperação, o recurso à "tática do segredo" e ao silêncio, levam à desestruturação do coletivo. Não mais poder colocar em discussão os argumentos técnicos, assim como os valores éticos requeridos no exercício do trabalho, pode engendrar uma diminuição perigosa da conexão com o real. Quando os conflitos suscitados pela confrontação com o trabalho não podem ser debatidos, distorções importantes da comunicação se instalam entre os que trabalham. Então, frequentemente, os conflitos entre as pessoas se estabelecem rapidamente, com todos tentando atribuir mutuamente a responsabilidade pelo trabalho de má qualidade ao "sistema", dentro de uma dinâmica que retira da discussão o que, nas dificuldades encontradas, resulta especificamente da realidade do trabalho.

Os dados da clínica revelam que, quando o trabalho se mostra compatível com uma expectativa de reconhecimento, os sujeitos dispõem de meios para mobilizar recursos importantes, envolvendo-se às vezes cegamente com seu trabalho, utilizando também defesas para continuar a trabalhar.

Para a psicodinâmica do trabalho, a identidade é a "armadura da saúde mental", ela não está jamais definitivamente estabilizada e permanece incerta, incompleta. A maioria dos sujeitos não pode ter identidade unicamente por si mesmos. Por este motivo, os sujeitos têm, constantemente, necessidade de confirmação por intermédio do olhar do outro.

O envolvimento no trabalho pode, por conseguinte, ser um mediador insubstituível na estabilização e na ampliação da identidade dos sujeitos. Quem foi reconhecido pela contribuição que trouxe à organização através de seu trabalho pode, eventualmente, direcionar o reconhecimento de seu saber-fazer para o registro de sua identidade. Graças ao reconhecimento, trabalhar não é apenas produzir bens ou serviços, é também "transformar-se em si mesmo".

No entanto, o investimento apaixonado no trabalho, do qual depende o desenvolvimento de habilidades e do saber-fazer, pode igualmente colocar em perigo a identidade do sujeito. Em outras palavras, os riscos para a identidade e, conseqüentemente, para a saúde mental são proporcionais ao investimento subjetivo no trabalho. A análise das transformações da organização do trabalho e as novas formas de psicopatologia, como os suicídios, parecem desaguar em uma constatação paradoxal: os que se envolvem mais com seu trabalho são igualmente os que seriam mais vulneráveis.

As novas formas de gestão e, notadamente, a avaliação individualizada das *performances*, atrelada à qualidade total, têm por conseqüência a divisão, talvez mesmo a desestruturação dos coletivos de trabalho. Em razão da exacerbação do "cada um por si", os sujeitos que se descobrem sós diante de atos injustos em seu posto de trabalho, ficam extremamente fragilizados quando não podem contar com a solidariedade de seus colegas. A psicodinâmica do reconhecimento vê-se, então, consideravelmente reduzida ou, em certos casos, "desviada", o que traz o risco de novas formas de alienação subjetiva. Alguns autores (Voswinkel, 2007; Kocyba,

2007) insistem particularmente nas ambigüidades do reconhecimento, que podem ser suscitadas, no contexto do neoliberalismo, pela "gestão pelo reconhecimento". Tais práticas, que apelam para o envolvimento dos trabalhadores (mediante a identificação de suas qualidades, de sua apresentação pessoal, de suas redes de colaboração etc.) equivaleriam, na verdade, à práticas que negam a subjetividade dos homens e das mulheres que trabalham.

A partir da psicodinâmica do trabalho, é possível compreender bem as ambigüidades do reconhecimento no que diz respeito às suas relações com a identidade ao defender-se a idéia de que a forma mais importante de reconhecimento tem por objeto, em primeiro lugar, o fazer, isto é, o trabalho realizado, e não o ser (o sujeito). Este alerta permite insistir no fato de que o reconhecimento do trabalho não depende unicamente do *status* social, mas resulta, em primeiro lugar, da relação estreita estabelecida entre o trabalho e a experiência do corpo. As expectativas de reconhecimento do trabalho são, pois, determinadas pela importância do real na experiência humana, já que o trabalho consiste exatamente em ultrapassar a resistência do real graças à experiência do corpo, que se dá a conhecer, primeiramente, sob a forma de sofrimento (Deranty, 2008).

Da ótica da psicodinâmica do trabalho, o esforço de teorização do trabalho tem como primeiro objetivo dar conta das incoerências e do inusitado (relativamente ao que era esperado) que emergem das pesquisas de campo. Se a produção de conhecimento é secundária no que diz respeito à investigação de situações clínicas, isto significa que o alvo de transformação reside, em primeiro lugar, nos recursos mobilizados pelos próprios trabalhadores, em particular por meio da retomada do trabalho de pensamento iniciado com a discussão sobre o trabalho. A "medição", ou a quantificação da *performance*, como preconizam os novos métodos de gestão, escora-se em uma conceitualização previamente definida, desligada do real.

Quando nos colocamos de acordo sobre a definição do trabalho como trabalho vivo, que se caracteriza pela contribuição dada por todos e todas que trabalham, a avaliação objetiva e quantitativa por meio de "medidas" deixa na obscuridade o trabalho real que se desenrola, em larga medida, à margem dos procedimentos padronizados e das prescrições. Avaliar o trabalho implica, em primeiro lugar, poder explicar o trabalho concreto. Na falta de discussão sobre o trabalho real e considerando o envolvimento da subjetividade que ele pressupõe (engenhosidade, sabedoria prática e atividade deontologística, estratégias defensivas, dinâmica do reconhecimento), a avaliação objetiva e quantitativa impõe uma negação à realidade do trabalho. A iniciativa de discutir as contradições inerentes à dimensão real do trabalho discorda, por princípio, da avaliação objetiva e quantitativa das *performances*.

Como, então, repensar as práticas de avaliação no que concerne à análise do trabalho real?

O esforço deveria, principalmente, ter por objeto a avaliação do trabalho coletivo, já que é justamente ele que sofre duramente as conseqüências perversas da avaliação individualizada (concorrência generalizada, cada um por si, deslealdade, desestruturação da confiança e da solidariedade). Novos métodos deveriam ser elaborados. Antes da introdução da avaliação individualizada das *performances* e dos critérios da qualidade total, um bom número de empresas públicas e privadas alcançava resultados excelentes. Com a instauração dos novos métodos de gestão, é fato que houve uma degradação da qualidade, tanto nos hospitais quanto na educação nacional, tanto na química quanto na relojoaria. A avaliação tinha, sem dúvida, encontro marcado com o trabalho de qualidade. Mas não sob a forma de uma mensuração quantitativa. A avaliação passava por provas de apreciação crítica que tinham por objeto o "fazer" e passava pelo julgamento dos pares do avaliado, segundo uma dinâmica que não era outra coisa senão o reconhecimento, cujos princípios foram brevemente expostos acima.

Porém, há duas décadas, os espaços de discussão necessários à atividade deontológica e ao reconhecimento foram sistematicamente perseguidos e desmantelados em nome da guerra contra o desperdício, como também o foram as práticas de convivência que correspondem, de fato, ao que, reforçando e completando os espaços formais de discussão, constitui os espaços "informais" de discussão.

Com efeito, não se pode voltar atrás. É forçoso partir do estado existente, isto é, de situações em que a confiança e a convivência desmoronaram. Proceder à avaliação do trabalho coletivo constitui, por essa razão, um investimento na formação, na estabilização e na transmissão de novas competências coletivas que, em matéria de avaliação da cooperação, constituem também novas competências na reconstituição de relações de confiança e de lealdade.

Isto pode ser feito. Porém, passa por uma mudança de orientação em prol das ciências do trabalho, que precisam adotar uma postura mais crítica a respeito do "desvio gestor", inaugurado nos anos 1980.

No quadro deste capítulo, não é possível avançar mais a análise dos princípios da avaliação da cooperação. Pode-se todavia afirmar que, nesses princípios, a psicodinâmica do reconhecimento, proposta no título do capítulo, continuará a representar um papel de referência teórica essencial.

REFERÊNCIAS

Böhle, F., & Milkau, B. (1988). *Vom Handrad zum Bildschirm.* Campus ISF München

Böhle, F., & Milkau, B. (1998) *De la manivelle à l´écran. L´évolution de l´éxperience sensible d es ouvriers lors d es changements technoloques.* Paris: Éditions Eyrolles.

Dejours, C. (2003). *L´évaluation du travail à l´épreuve du reel. Critique des fondements de l´évaluation.* Paris: INRA Éditions.

Deranty, J. P. (2008). Work and the Precarisation of Existence. *European journal of social theory*, *11*(4), 443-463.

Habermas, J. (1989). *Théorie de l´agir communicationnel.* Paris: Fayard.

Kocyba, H., & Renault, D. (2007). Reconnaissance, subjectivisation, singularité. *Travailler*, 18, 103-118.

Ladrière, P. (1990). La sagesse pratique. *Raisons pratiques*, *1*, 15-37.

Dejours, C., & Molinier, P. (1994). Le travail comme énigme. *Sociologie du travail*, 35-44.

Molinier, P. 2006. Le care à l´épreuve du travail. Vulnérabilités et savor-faire discrets. In P. Paperman & S. Laugier (Orgs.). *Le souci des autres.* Paris, EHESS Éditions.

Renault, E. (2008). *Souffrances socials. Philosophie, psychologie et politique,* Paris: La Découverte.

Sigaut, F. (1990). Folie, reel et technologie. *Techniques et cultures,* 15, 167-179.

Tertre, C. du (2002). Activités immatérielles et relationnelles: quels nouveaux enjeux de régulation pour les secteurs et les territoires?. *Géographie Économie Société*, *4*(2), 181-204.

Voswinkel, S. (2003). "Bewunderung ohne Würdigung? Paradoxien der Anerkennung doppeit subjektivierter Arbeit. In A. Honneth (org.), *Befreiung aus der Mündigkeit. Paradoxien des gegenwärtigen Kapitalismus,* Frankfurt: Campus.

Voswinkel, S., Gernet, I., & Renault, E. (2007). L'admiration sans appréciation. Les paradoxes de la double reconnaissance du travail subjectivisé. *Travailler*, (2), 59-87.

CAPÍTULO 4

CLÍNICA DO TRABALHO E CLÍNICA DA ATIVIDADE[9]

Yves Clot

Neste capítulo[10], gostaria de tentar fazer um inventário resumido das balizas que servem de referência para uma clínica da atividade no interior da clínica do trabalho.

OS EQUÍVOCOS DO TRABALHO

O primeiro equívoco concerne ao próprio trabalho como atividade humana às voltas com o real. Indiscutivelmente, a palavra trabalho invade, nos dias de hoje, o campo social. Mas o contrário se passa com a atividade. Falando com mais exatidão, a negação do real da atividade torna-se um princípio do funcionamento social. Por real do trabalho compreenda-se aquilo que é difícil executar, fazer ou dizer, mas também a prova que podemos dar de nosso pleno valor, ou ainda como prazer do possível – tanto no plano técnico como no plano social –, prazer que sofre um recalcamento social. A funcionalidade das coisas no mundo do trabalho harmoniza-se cada vez menos com a autenticidade das relações – como é sabido e reiterado – e harmoniza-se também cada vez menos com a verdade da relação real com o mundo. A perseguição da *performance* tornou-se uma escola do relativismo no campo dos valores e os atos profissionais estão, cada vez mais, e invariavelmente, embebidos de intenções estratégicas (Veltz, 2000). A tirania do lucro leva ao cinismo, à linguagem dúplice. A resignação é uma tentação que desemboca, às vezes, no uso da sedução como expediente para o êxito, mas, via de regra, desemboca tanto em ressentimento quanto em rancor.

---

9 Originalmente publicado na *Nouvelle revue de psychosociologie*, sob o título "Clinique du travail et clinique de l'activité", v. 1, n. 1, 2006, pp. 165-177. Tradução de Maria Helena C.V. Trylinsk. Revisão técnica de Pedro F. Bendassolli.

10 Agradeço G. Amado por ter aceitado me orientar, pacientemente, em minhas pesquisas bibliográficas.

No entanto, e aí se situa a dificuldade fundamental, o trabalho é o espaço mesmo onde o exato contrário desse "envenenamento" da atividade é concretamente concebível e está ao alcance da mão. É isto que torna dificilmente suportáveis muitas situações de trabalho: mais do que nos outros compartimentos da vida social, onde as forças de repreensão são menores, o jogo com o real no âmbito do trabalho dificilmente pode ser detido. Isto torna o trabalho humano um continente de paixões particulares e desmesuradas. Vista desta perspectiva, a retórica gerencial se exaure ao procurar contê-las (Amado, 2003). O trabalho real é o campo por excelência do sentimento de vida contrariada, para falar como Canguilhem (1984). Para ser mais exato, no mundo contemporâneo, e à medida que o trabalho se torna a causa preocupante de doenças cada vez mais numerosas, ele se torna invariavelmente vital para a saúde. Pois, provavelmente, ao pedir que o trabalho "absorva" o que restou de suas vidas, muitos trabalhadores exigem dele mais do que ele pode proporcionar. Eles nutrem a esperança não apenas de sobreviver em um contexto, mas de, finalmente, poder produzir um contexto para viver. Na verdade, é particularmente difícil contentar-se apenas com o sobreviver ao trabalho, já que ele é o espaço onde o trabalhador ainda pode esperar fazer alguma coisa de sua vida além dos conflitos unilateralmente afetivos do face a face interpessoal.

Criar um contexto para viver; é nesta condição que atividade e saúde são sinônimos, se quisermos adotar a definição de saúde proposta por G. Canguilhem (2002, p. 68): "Fico bem na medida em que me sinto capaz de portar a responsabilidade por meus atos, de portar as coisas da existência e de criar entre as coisas relações que elas não teriam sem mim". Trata-se, por conseguinte, do desenvolvimento do poder de agir sobre o mundo e sobre si mesmo, coletivamente e individualmente, para escapar das "paixões tristes" do ressentimento (Spinoza, 1965). Aliás, eu sempre considerei como muito significativo que Canguilhem (2002), no momento mesmo em que ele se detém na frase citada, reporte-se a A. Artaud (1984, p. 130): "só podemos aceitar a vida sob a condição de sermos grandes, de nos sentirmos no nascedouro dos fenômenos, ao menos de um certo número deles. Se não tivermos poder para desabrochar, se não tivermos um certo domínio das coisas, a vida é indefensável".

Vejo a clínica da atividade como um meio de tornar, ainda uma vez, a vida defensável no meio de trabalho quando uma demanda aí se manifesta (Clot, 2002). Dessa perspectiva, não me sinto em contradição com as preocupações da tradição francesa de psicossociologia. Apenas dou uma importância particular a um determinado "centro de gravidade": o trabalho nas sociedades em que vivemos – compreendendo-se trabalho como o exercício coletivo de ligação social com o real – tornou-se um agente decisivo da maneira de se sentir na vida individual. Parece-me, aliás, que essa também é a opinião de J. Barus-Michel (1994, p. 42). De uma forma mais ampla, pode-se dizer que a questão não é apenas ter ou não ter um trabalho, mas, mais profundamente, a questão está em ser ou não. A inatividade é uma das causas mais importantes de psicopatologia social, como Le Guillant demonstrou, desde 1961, em seu artigo sobre os jovens (Guillant, 1984). Mas esta psicopatologia social pode também se tornar psicopatologia do trabalho: a amputação do poder de agir em sua atividade é igualmente uma inatividade.

RECONHECIMENTO E OFÍCIO

Por este motivo, nesta clínica do real, que é a clínica da atividade, a questão do reconhecimento tem um status um pouco particular. O reconhecimento é a segunda pista que devemos procurar. Ele é menos o reconhecimento pelo outro, que a psicodinâmica do trabalho colocou no centro de suas investigações, do que a possibilidade que têm os trabalhadores de *se reconhecer no que fazem*, isto é, em alguma coisa. Entendo por isso a inscrição em uma história que não é apenas a história dos sujeitos concernidos, mas a história de um ofício ("*métier*") que não pertence a ninguém em particular, mas pelo qual todos, no entanto, sentem-se responsáveis. Em clínica da atividade não há unicamente *destinatários* no envolvimento subjetivo, sejam eles pares ou chefes. A mobilização subjetiva no trabalho está direcionada para um *supradestinatário*, para alguma coisa distinta e não apenas para algum outro. Esse supradestinatário que, no plano fundamentalmente clínico, tem muitas vezes a função de "destinatário de apoio", para falar como M. Bakhtin (1984), é o que eu chamo de instância transpessoal do ofício, tornando essa última palavra um conceito. Ele é o fiador coletivo da atividade pessoal, a história que prossegue ou se detém através de mim, a história que eu consigo, ou não, fazer minha ao incluir nela alguma coisa de mim. Caracterizei essa memória transpessoal pela ação, utilizando a noção de *gênero profissional*. Poder se reconhecer no que se faz significa, precisamente, fazer alguma coisa de sua atividade para tornar-se único no seu gênero ao renová-la.

O gênero profissional, o supradestinatário do esforço consentido no trabalho é, no entanto, apenas uma das dimensões do ofício. *Transpessoal*, o ofício é também irredutivelmente *pessoal, íntimo e incorporado. É igualmente interpessoal* porque não poderia existir sem destinatário. Ele é finalmente *impessoal* porque, sendo a tarefa ou a função prescrita pela organização do trabalho, em vista da qual os que trabalham *são necessariamente intercambiáveis. Dessa perspectiva, fazer* seu ofício deve ser entendido em um sentido forte. Não se trata apenas de fazer o que tem que ser feito, de cumprir a tarefa, mas sim de, através dessa execução, testar os limites do próprio ofício; e isso ao mesmo tempo em que se desenvolve o repertório das ações possíveis, a gama de gestos possíveis ou deslocados, as palavras que se pode aplicar ou que é preciso descartar do patrimônio dos subentendidos de uma história coletiva. Essa história guarda, como um enigma, a totalidade das ambiguidades do trabalho coletivo, a memória dos fracassos, dos problemas sem solução, das proezas realizadas, mas também das "pequenezes" onde competem o não exequ*ível e o exequível em gestação.* Essa memória pode encontrar um futuro na ação que se desenrola no trabalho. Quando ela se revela intransigente pode, pelo contrário, comprometer a ação e aprisioná-la. Uma clínica da atividade se destina ao reconhecimento desses conflitos de destino na atividade coletiva e individual, com o propósito de preservar a possibilidade de transformar a tarefa e a organização para desenvolver o poder de agir dos profissionais na arquitetura global de seu ofício.

*É importante dizer algumas palavras sobre as condições concretas d*esse possível encontro. Mas antes eu gostaria de mencionar que minha insistência na ligação, ou no desligamento, da dimensão transpessoal com as outras dimensões na atividade de trabalho pode ser aproximada das preocupações há muito tempo expressas por E. Enriquez (1992). Em um texto destinado a render homenagem a este último, N. Zaltzman (1999) identifica os perigos da imanência radical na vida humana. Creio também que a perspectiva de um trabalho humano ou de uma atividade amputada do fiador transpessoal de uma história coletiva de ofício é uma perspectiva arriscada. Na verdade, na ideia que faço dela, essa "transcendência" não é de forma alguma suprapessoal, ela não paira acima do ofício, e não é, menos ainda, sagrada. Pelo contrário, nada é mais importante que "atacar" o ofício para defendê-lo. Ele só pode durar se a última palavra não for jamais dita e o último gesto jamais for completado. Em suma, a vitalidade transpessoal do ofício repousa por inteiro sobre os ombros de cada trabalhador, e todos são responsáveis por preservá-lo da imutabilidade.

Por conseguinte, os caminhos do desenvolvimento da atividade de trabalho passam também pelo "endosso da não finitude de cada história individual como resultado de seu pertencimento à vida psíquica do conjunto" (Zaltzman, 1999, p. 256). Sem dúvida, "endossamos esta não finitude, esta dívida sempre contraída e de novo contraída por cada um de nós" mas, na instância do trabalho, mais do que em outras instâncias, estamos bem posicionados para perceber também que "cada indivíduo está só entre seus semelhantes, sozinho para participar da criação de um fiador comum" (Zaltzman, 1999, p. 256). A psicopatologia nunca está muito distante quando, pressionados por organizações do trabalho deletérias, nos livramos da lembrança de que fazer nosso trabalho significa também recuperar o tecido genérico dessa "alguma coisa" em comum.

UMA CLÍNICA DIALÓGICA

Então, a questão do "como" se coloca. Neste ponto, já que estamos tratando das balizas da clínica da atividade, eu gostaria de sugerir uma terceira baliza, que não deixará de significar alguma coisa também para o psicossociólogo. Trata-se da contribuição de F. Tosquelles. A contribuição principal de Tosquelles, quando a comparamos com a de Le Guillant em psicopatologia do trabalho, é que para ele a atividade torna-se central na patologia. No campo da ergoterapia, que é o seu campo, a atividade não é apenas um objeto de estudo, ela se torna uma ferramenta clínica: "Não se trata, escreve ele, de fazer com que os doentes trabalhem para reduzir tal sintoma, ou outro. O que importa é fazer com que os doentes e os cuidadores trabalhem para corrigir a instituição: para que a instituição e os cuidadores percebam no fundo que os doentes são seres humanos, sempre responsáveis pelo que fazem, o que só pode ser evidenciado desde que se faça alguma coisa (Tosquelles, 1967, p. 41). Aqui, *a clínica é ação e não somente um enquadramento*[11]. De bom grado eu diria, para parafrasear Tosquelles, que em clínica da atividade também importa fazer com que nossos interlocutores trabalhem para "cuidar" do trabalho, para que a organização perceba, no fundo, que eles são seres humanos, responsáveis pelo que fazem, o que pode ser evidenciado desde que se faça com eles alguma coisa diferente do que habitualmente eles fazem, com a condição porém de tornar passível de *transformação* o que eles fazem rotineiramente. E isso por meio de uma atividade dialógica sobre o trabalho, por meio de uma atividade sobre a atividade, por uma atividade "ao quadrado".

É necessário que eu diga uma palavra sobre isto. Dentre as ferramentas de trabalho que aprimoramos, uma é designada atualmente pelos termos consa-

11 Seria preciso, neste ponto, travar uma discussão sobre o tema clássico da pesquisa-ação (Dubost & Levy, 2002; Hans van Beinum, 1998). Não o faremos a não ser remetendo a um trabalho anterior, desenvolvido para a caracterização de uma "psicologia fundamental do trabalho empírico" (Clot, 2004).

grados de autoconfrontação cruzada[12]. Sem poder me estender aqui sobre esta questão (Clot, 2005), quero insistir em um ponto. Trata-se de iniciar um diálogo entre profissionais, dois a dois, por binômio (que serão a seguir multiplicados), em torno de um vídeo da atividade a fim de recuperar controvérsias sobre a atividade em um coletivo e entre "conhecedores". Estas "disputas" têm por finalidade renovar o poder de agir dos envolvidos com o ofício, dando mais autoridade ao fiador coletivo da atividade pessoal. Já tive oportunidade de enfatizar que o poder de agir, de que tratamos aqui, tem um sentido preciso. Para Spinoza (1965), o esforço para aumentar o poder não pode ser separado de um esforço para levar ao ápice o poder de ser afetado por ele). O mesmo se dá no caso da clínica da atividade.

Com efeito, trata-se de organizar o que, juntando-me a Bernstein (1996), chamo com muito gosto de "repetição sem repetição". A iniciativa tem por objetivo retomar a mesma atividade disponibilizada em imagem e "refazê-la a partir do zero", para torná-la mais acessível a cada participante ao se organizar com todos eles a variação que ela registra. Na disputa profissional regulamentada que se procura levar a cabo, a atenção de cada participante é atraída mais para a atividade do que para o trabalhador ou trabalhadora que a executa. É por este motivo que a atividade que temos sob os olhos surge cada vez mais como o que ela é: apenas uma das atividades possíveis no conjunto das que teriam podido ser realizadas ou poderiam vir a ser realizadas. Trata-se, por assim dizer, de fazer passar o trabalho realizado de um trabalhador para outro, para fins de decantação. Portanto, trata-se igualmente de obrigar nossos interlocutores a exercitar-se para separar, neles mesmo e entre eles, o trabalho e o trabalhador; trata-se separar o discurso convencional do já dito e do pensamento pronto – centrípeto e monologuista – daquilo que, na realidade, é difícil dizer e pensar. Esse trabalho de separação é a razão principal de uma clínica da atividade que busca restabelecer a capacidade comum de criação ao organizar a repetição da atividade cotidiana num diálogo tardio.

Pelo fato de passar de mão em mão e de boca em boca, a atividade repetida toma uma dimensão genérica que faz com que o ofício "fale" com os sujeitos, denotando uma relação entre eles, e "fale" com cada um deles, contribuindo assim para cristalizar a instância do "destinatário de apoio". Este último é chamado como testemunha por cada participante da discussão, em um diálogo com o que se poderia designar de "coração do ofício",

12 Deixo de lado aqui o dispositivo de "instrução ao sósia", já que ele será contemplado nas observações que seguem (Clot, 2001; Scheller, 2003).

para utilizar uma expressão imagética. Cada interlocutor é profundamente afetado por sua própria atividade repetida e retomada por outro. Não em razão de um acordo ou de uma adesão imperativos, mas, pelo contrário, pela diferença infinita que se manifesta nas performances. Pois o que um trabalhador havia feito e dito na primeira pessoa, isto é, como "eu", expressa-se agora como "outro" e, sem se alterar, torna-se absolutamente outro, dando ao que já foi feito os contornos do inacabado. A atividade muda através do diálogo e, consequentemente e paradoxalmente, furta-se à mudança. Na repetição dialogal à qual é submetida, a atividade de trabalho, redita e refeita em pensamento, não se repete. Ou antes, ela torna notória sua diferença essencial com qualquer discurso que procure cer*cá*-la, tornando-se fundamentalmente inacabável. Posso referir-me a este gênero de atividade de análise nos termos de Tosquelles (2003, p. 111): neste quadro, a atividade humana real é um "furão" dialógico.

Não é fácil explicar esse gênero de clínica. Frequentemente, talvez para me tranquilizar, me apoio para explicar neste texto de M. Foucault, na conclusão de seu prefácio para *O nascimento da clínica*: "O que mais importa nas coisas ditas pelos homens, não é tanto o que eles teriam pensado antes e depois de *tê-las* dito, mas o que desde o início sistematiza essas coisas, tornando-as para sempre indefinidamente acessíveis a novos discursos e abertas à tarefa de transformá-los" (Foucault, 1988). Provavelmente é deste modo que uma clínica da atividade, longe de ser um dispositivo onde vamos confessar os limites de nossa subjetividade, é um quadro onde podemos nutrir nossa vontade de nos apoderar da objetividade do mundo profissional (Fernandez, Gatounes, Herbain, & Vallejo, 2003). E isto para forçar menos nossos limites pessoais que os limites do próprio ofício, entendendo-se por isso os quatro componentes evocados acima.

Escrevendo estas linhas, creio voltar às preocupações de alguns psicossociólogos. Não é isto o que está em jogo na crítica que G. Amado faz, em sua discussão sobre os grupos operacionais, do "grupo centrado no grupo" ou dos "grupos com movimento próprio", evocados por E. Jaques (Amado, 1999, p. 909)? Somente uma discussão profunda poderá dar-nos uma resposta.

PSICANÁLISE E CLÍNICA DA ATIVIDADE

De qualquer modo, resta-me apresentar uma última baliza. A clínica da atividade tal como a concebo e prático *não se inscreve na tradição psicanalítica. Para muitos psicossociólogos*, isto parecerá uma extravagância. No entanto, é assim que penso. Não que eu ignore tudo o que a psicanálise trouxe aos nossos domínios e mesmo para a análise do trabalho. Conheço demais a psicodinâmica do trabalho para me permitir subestimar, por exemplo, o impacto da psicanálise nessa matéria (Dejours, 2000). Mas, justamente por isto, estou convencido de que precisamos de uma nova base epistemológica.

No que me concerne, eu a encontro em uma leitura renovada das obras de Vygotsky e de Bakhtin, obras em que a questão das relações entre conceito e afeto são colocadas de modo muito distinto (Bakhtin, 1984; Vygotsky, 2003, 2005). Sei que, há muito tempo, a psicanálise tem sido sacudida por grandes controvérsias e creio mesmo que algumas orientações, em seu seio, são totalmente incompatíveis. Pessoalmente, leio com muito interesse a trabalho de N. Zaltzman pela simples razão de que ela reencontra no interior mesmo da psicanálise – pelo menos na minha opinião – a inspiração vygotskiana.

Com efeito, para Vygotsky (2003, 2005) e Bakhtin (1984) "o social está em nós" como fonte de energia vital já que ele é, antes de tudo, conflito. É somente quando ele cessa de ser conflito e a vida social se fecha à controvérsia que o infantil pode exercer seu monopólio sobre o inconsciente. Enquanto o futuro segue longínquo e indeterminado, os devires em conflito atravessam e circulam na atividade psicológica e a levam a se determinar. Esta atividade, no sentido estrito, só é determinada pela infância quando se encontra apartada das possibilidades presentes de tornar-se outra. Nesse caso ela não manda mais na infância, ela está à sua disposição.

De resto, este é o motivo pelo qual a função psicológica do trabalho pode ser perdida quando ele, enquanto atividade concreta, não é mais, para as mulheres e os homens, uma fonte de alteridade, um centro de iniciativa e de criatividade. Sabe-se que isto acontece quando a atividade profissional, individual e coletiva, torna-se átona e unívoca. Então, a atividade de trabalho em que não há poder do trabalhador se encontra desiludida, privada dos recursos e das dissonâncias criadoras da *Kulturarbeit* (trabalho da cultura); para falar como Freud, alonga-se em uma repetição que culmina em um amargor impotente. Um trabalho no qual a última palavra sempre já foi dita, e o último gesto já feito, "dramatizando" as inquietações que haviam ficado em suspenso na história subjetiva, faz crescer a inércia destas últimas, que então se tornam apenas determinismos pessoais que cremos poder isolar.

Ao tentar dar, no ambiente profissional, um outro destino à atividade desiludida (graças aos recursos de que dispõem os coletivos de trabalho, recursos desconhecidos deles mesmos), a clínica do real que nos serve de referência encara as criações e recriações da atividade praticamente como uma negação da morte, da morte que se apodera sempre do vivo no trabalho humano. A clínica do real encara essas recriações aventurosas como invenção de novas possibilidades de vida, para falar como Deleuze (1990) comentando Foucault.

Mas voltemos a Vygotsky, cuja obra visa justamente apontar as condições gerais sob as quais o novo pode se produzir. E o melhor aqui é fazer o desvio que ele nos propõe, desvio que passa pela análise da arte (Vygotsky, 2005). Não é possível avançar muito nesta direção neste capítulo porque isto demandaria tempo para estabelecer seriamente os termos da comparação entre arte e trabalho. No entanto, o desvio é oportuno, *já que é a diferença entre a psicanálise e a tradição vygotsk*iana que faz me deter aqui, e também porque essa diferença é particularmente nítida neste terreno. Com efeito, para Vygotsky (2005), longe de apenas simular, para o sujeito, o campo de batalha onde podem se reproduzir as velhas guerras de seu passado, o conflito dos sentimentos na experiência artística nos permite imaginar um outro destino para nossos afetos e nossas paixões. A arte é uma transformação de nossos afetos, uma via para viver outros afetos e assim dar uma forma ao inacabado. É isto o que explica a atração poderosa que ela exerce sobre nós, levando-nos a correr o risco de existir por procuração, de viver acima de nossos meios, de viver psicologicamente a crédito.

A tese de Vygotsky (2005) é a de que as obras de arte se apoderam do inconsciente do sujeito por meio de procedimentos, eles próprios inconscientes, porém, de natureza social. Elas carreiam outros conflitos, que não dependem dos avatares da história pessoal de cada um. A história da arte é a história de uma ferramenta cultural de ação do indivíduo sobre si mesmo. Ao ampliar a superfície do contato social com o "si mesmo", a arte pode, portanto, ser encarada, sem paradoxo, como a sede de um desenvolvimento potencial do inconsciente de cada indivíduo. Em busca do irrealizado em cada um de nós, e representando o inacabado fora de nós, a arte compõe um devir do inconsciente. Ela não deriva de um inconsciente já produzido. Ela o produz, recriando-o. A arte só é um recurso para o inconsciente quando se torna sua fonte. Podemos pensar, então, que a energia inconsciente para Vygotsky *não tem um nascedouro fixo. Ela é policêntrica.* Diferentemente de Freud (1956), que faz da arte uma tela onde os conflitos infantis, e sua sublimação pacificadora se projetam, Vygotsky *não vê a arte como um produto derivado do inconsciente*, onde este último poderia se aliviar. Ele a vê, pelo contrário, como produtora de outros conflitos inconscientes que desenvolvem o que cada um porta em si.

A arte não libera a energia psíquica inconsciente em direção do topo, dos valores superiores da cultura, mas a libera para baixo, para o trabalho real dos afetos. Ele descreve a função psicológica da arte como uma técnica social de controvérsia entre os afetos, um exercício para nossas emoções. Por meio da "disputa" de sentimentos que ela orquestra para se aproximar do real dos afetos, e não para deles se afastar, ela procura refundir esses afetos. Trata-se de uma técnica social de aguçamento dos afetos. Em razão disto, Vygotsky (2005) poderia ter escrito, parafraseando Spinoza, que é somente em movimento que o inconsciente demonstra o que ele é.

Bem mais tarde, e sem saber a que ponto ele reencontrava a agudeza da crítica vygotskiana, Deleuze (2003) também insistirá no poder subjetivo do impessoal: na produção dos devires, tal como ele os vê, não há outras pulsões senão os arranjos entre afetos de origem diversa (Deleuze, 2003; David-Ménard, 2005). A arte, para ele também, se tornará, graças às divergências e aos deslocamentos que provoca, um meio privilegiado de "fazer a diferença" na história subjetiva (Deleuze, 2003a, p. 375).

Meu pensamento é que o trabalho também pode fazer isto. R. Bresson (1975, p. 133) gostava de dizer que a hostilidade em relação à arte é uma hostilidade contra o novo, o imprevisto. O trabalho cotidiano é, no mínimo, o terreno por excelência dessa hostilidade social contra o imprevisto, que pode se tornar tirânica. E, no entanto, ele é também o tempo mesmo em que o imprevisto se repete. Este paradoxo está na base dos sentimentos contraditórios que nutrimos a respeito do trabalho e das paixões sociais que o suscitam. À nossa revelia, e também através de conflitos ocultos que procuramos afastar, o trabalho nos afeta, nos transporta ou nos diminui. Ele é produtor de outros conflitos inconscientes que desenvolvem e renovam os conflitos que a família, muitas vezes sem saber, preparou para a criança.

A compreensão do trabalho parece ser, então, particularmente dificultada, na minha opinião, por uma concepção arqueológica da psicanálise, concepção que Deleuze, 1993) *tão justamente criticou ao propor a libertação do inconsciente de todo movimento que lembre o passado. Sabe-se que ele opôs a ela uma concepção cartográfica da vida psíquica.* Ao invés de "sempre se embrenhar" no passado, os mapas do itinerário psicológico se sobrepõem de tal maneira que cada um encontra um novo arranjo no seguinte, em vez de uma origem nos precedentes: de um mapa para outro, não se está à procura de uma origem, mas de uma avaliação dos deslocamentos (Deleuze, 1993, p. 84). Para ele, na distribuição dos afetos, o que vem antes é apenas um "transformador" na constelação afetiva dos devires, onde o inconsciente se produz. Para ser mais exato, "o inconsciente não é um sujeito que produziria rebentos na consciência, ele é um objeto de produção, é ele que deve ser produzido, contanto que não seja impedido" (Deleuze, 2003 b, p. 74). Dentro dessa perspectiva, Deleuze enfatizou reiteradamente o poder do impessoal na mobilização subjetiva, e eu creio que ele tinha razão, mesmo que o conceito de transpessoal me pareça pouco preciso e mais facilmente pensável dentro da tradição bakhtiniana e vygotskiana. De todo modo, é à produção deste objeto transpessoal inacabado que se atrela uma clínica da atividade.

Não sou ingênuo e partilho com M. David-Ménard (2005, p. 108) a ideia de que nem toda psicanálise é uma volta ao passado. Para demonstrar tal opinião, contrária à posição de Deleuze, com razão ela recorre ao trabalho de N. Zaltzman, autor que nos faz pensar que ele leva a psicanálise além da psicanálise. Mais além, aliás, do que paradoxalmente fazem os psicossociólogos da melhor tradição. Zaltzman (2004), por exemplo, chega a fazer uma crítica discreta, porém profunda, de Freud. Ao distinguir a hominização de origem pulsional e a humanização de origem coletiva, ela escreve: "Podemos contrapor à noção de *Kulturarbeit* seu caráter ilusório se fizermos que esta progressão derive de domesticações, talvez mesmo de renúncias pulsionais, se considerarmos ao mesmo tempo o psíquico primitivo pulsional como imperecível. Freud se expõe a este tipo de dificuldade quando faz da renúncia – impossível ou improvável – à pulsão de agressão a condição mais importante do progresso da civilização. No tocante ao progresso da civilização, a importância da hominização não foi superestimada às custas da importância da humanização, do desenvolvimento do eu e de suas construções identificadoras coletivas?" (Zaltzman, 2004, p. 31).

Na verdade, creio que a crítica de Deleuze, algumas vezes desmesurada, vai muito longe. Mas não estou certo de que os psicossociólogos da tradição social-clínica pensem da mesma forma. De qualquer modo, a crítica deles vai ao encontro da crítica de um Vygotsky nos anos 20 e dos esforços de psicanalistas que pretendem nos dias de hoje conservar o elã da psicanálise em suas práticas. Ela encoraja aqueles (entre os quais me encontro) que, para serem verdadeiros companheiros de estrada da psicanálise, lhe pedem, com toda a humildade que se impõe, mais que uma reforma parcial, mas uma metapsicologia à altura de sua prática para desenvolver sua prática. A clínica do trabalho pode ter um papel a representar nisto, desde que se abstenha justamente de qualquer psicanálise aplicada e mesmo da tentação de tornar-se uma caixa de ressonância para a psicanálise. Nesse caso, ela poderia perder sua agudeza. Creio, pelo contrário, que a psicanálise tem tudo a ganhar, em seu próprio terreno, ao se confrontar com as exigências clínicas e teóricas de um enfoque da atividade que conserva sua agudeza em ambiente de trabalho. Deste ponto de vista, a contribuição de K. Lewin mereceria ser revisitada. Quase não é sabido que Vygotsky, pacientemente, retomou as experiências realizadas no fim dos anos 20 por Lewin e Karsten sobre o esgotamento do trabalho (Lewin, 1965, 1967; Michelot, 2002; Kaufmann, 1968; Vygotsky, 1984). Quase não se sabe também que ele modificou substancialmente o protocolo para sustentar seu diálogo com Lewin sobre as relações entre afeto e conceito no desenvolvimento do pensamento (Vygotsky, 1984; Clot, 2004).

Para concluir, não estou certo de estar aqui inteiramente de acordo com muitos dos psicossociólogos que se interessam pelo trabalho humano (Mendel & Prades, 2002). Mas com os últimos citados acima – aos quais seria preciso acrescentar V. de Gaulejac (2005). Por certo, uma clínica da atividade se aproxima também do trabalho de G. Mendel, com o qual tentei entabular um diálogo crítico há muito tempo, sem estar convencido de ter conseguido; ou ainda do trabalho de D. Lhuilier (2002, 2005), com quem, recentemente, organizamos um número dedicado ao tema da clínica do trabalho. Porém, muito caminho ainda precisa ser percorrido, espero apenas não ter colocado nele um obstáculo suplementar. Talvez, com a leitura deste número[13] possamos, ainda, enxergar melhor as diferenças existentes no domínio em construção de uma clínica do trabalho. Pessoalmente, desejo que isto aconteça, porque quando o diálogo é autêntico, é a diferença que é fonte de pensamento.

REFERÊNCIAS

Amado, G. (1999). Groupes opérationnels et processus inconscients. *Revue française de ps///ychanalyse*, 3, 905-915.

Amado, G. (2003). Le charisme contre l e travail. *Informations sociales*, (105), 116-123.

Artaud, A. (1984). *Oeuvres Complètes. Tomo I*. Paris: Gallimard.

Bakhtin, M. (1984). *Esthétique de la création verbale*. Paris: Gallimard.

13 O autor se refere ao número especial da Nouvelle revue de psychosociologie sobre "Perspectivas em clínica do trabalho", em que este seu artigo foi publicado pela primeira vez. [Nota do E.]

Barus-Michel, J. (1994). Unités sociales, unités signifiantes. *Revue internationale de psychosociologie*, 1, 37-45.

Bernstein, N. (1996). *Dextirity and its Development*. New Jersey: Lawrence Erlbaum Associates.

Bresson, R. (1975). *Notes sur le cinématographe*. Paris: Folio.

Canguilhem, G. (1984). *Le normal et l e pathologique*. Paris: PUF.

Canguilhem, G. (2002). *Ecrits sur la médecine*. Paris: Senil.

Clot, Y. (1993). Un travail au long tours: à propos de l'ouvrage de G. Mendel, La société n'est pas une famille. *Futur Antérieur*, 4, 121-129.

Clot, Y. (2001). Méthodologie en clinique de l'activité. L'exemple du sosie. In M. Santiago & G. Rouan. *Les méthodes qualitatives en psychologie*. Paris: Dunod.

Clot, Y. (2002). *La fonction psychologique du travail*. Paris: PUF.

Clot, Y. (2004). Le travail entre fonctionnement et développement. *Bulletin de Psychologie*, 57(469), 5-12.

Clot, Y. (2005). L'auto-confrontation croisée en analyse du travail: l'apport de la théorie bakhtinienne du dialogue. In L. Filliettaz & J. P. Bronckart (Orgs.). *L'analyse des actions et des discourse en situation de travail*. Louvain-La-Neuve: Peeters.

David-Ménard, M. (2005). *Deleuze et la psychanalyse. L'altercation*. Paris: PUF.

Dejours, C. (2000). *Travail. Usure mentale*. Paris: Bayard.

Deleuze, G. (1990). *Pourparlers*. Paris: Editions de Minuit.

Deleuze, G. (1993). *Critique et clinique*. Paris: Editions de Minuit.

Deleuze, G. (2003 a). *Différence et répétition*. Paris: PUF.

Deleuze, G. (2003 b). *Deux régimes de fous*. Paris: Editions de Minuit.

Dubost, J., & Levy, A. (2002). Recherche-action et intervention. In J. Barus-Michel, E. Enriquez, & A Lévy (Orgs.). *Vocabulaire de psychosociologie*. Toulouse: Eres.

Enriquez, E. (1992). *L'organisation en analyse*. Paris: PUF.

Fernández, G., Gatounes, F., Herbain P., & Vallejo, P. (2003). *Nous conducteurs de trains*. Paris: La Dispute.

Freud, S. (1894-1956). La naissance de la psychanalise. Paris: PUF.

Foucault, M. (1988). *Naissance de la clinique*. Paris: PUF.

Gaulejac De, V. (2005). La société malade de la gestion. Paris: Seuil.

Kaufmann, P. (1968). *Kurt Lewin. Une théorie du champ dans les sciences de l'homme*. Paris: Vrin.

Le Guillant, L. (1984). Quelle psychiatrie pour notre temps? Toulouse: Erès.

Lewin, K. (1965). Décisions de groupe et changement social. In A . Levy (Dir.). Psychologie sociale. Textes fondamentaux anglais et américains. Paris: Dunod.

Lewin, K. (1967). Psychologie dynamique. L es relations humaines. Paris: PUF.

Lhuilier, D. (2002). Négatif psychosocial et subjectivation. Contribution à la clinique du travail. Habilitation à diriger des recherches. Paris: Université Paris X.

Lhuilier, D. (2005). Le sale boulot. *Travailler*. 14, 73-99.

Mendel, G. & Prades, M. (2002). *Les méthodes de l'intervention en psychosociologie*. Paris: La découverte.

Michelot, C. (2002). Lewin Kart (1890-1947). In J. Barus-Michel, E. Enriquez, & A . Lévy (Orgas.). *Vocabulaire de psychosociologie*. Toulouse: Eres.

Scheller, L. (2003). Élaborer l›expérience du travail: activité dialogique et référentielle dans la méthode des instructions au sosie *(Doctoral dissertation, Paris, CNAM)*.

Spinoza, B. (1965). *Ethique*. Paris: Flammarion.

Tosquelles, F. (1967). *Le travail thérapeutique à l'hôpital psychiatrique*. Paris: Editions du scarabée.

Tosquelles, F. (2003). *De la personne au groupe*. Toulouse: Eres.

Van Beinum, H. (1998). On the practice of action research. *Concepts and transformation*, 3(1-2), 1-29.

Veltz, P. (2000). L e nouveau monde industriel. Paris: Gallimard.

Vygotsky, L. (1984). *Défectologie et déficience mentale*. Lausanne: Delachaux et Niestlé.

Vygotsky, L. (2003). *Consciente, inconscient, émotions*. Paris: La Dispute.

Vygotsky, L. (2005). *La psychologie de l'art*. Paris: La Dispute.

Zaltzman, N. (1999). Le garant transcendant. In E. Enriquez (Org.), *L'e goût de l'altérité*. Paris: Desclée de Brouwer.

Zaltzman, N. (2004). Children are pigs. Un totem sans tabou. *Penser/rever, 6, 22-33.*

CAPÍTULO 5

A NGP: A NOVA GESTÃO PARADOXAL[14]

Vincent de Gaulejac

A *New Public Manager* (NPM), ou Nova Gestão Pública (NGP)[15], exerce uma pressão psicológica intensa sobre os trabalhadores. Muitos sociólogos, particularmente entre os clínicos, analisaram este fenômeno, que vimos se desenvolver primeiro nas empresas privadas e em seguida nas empresas públicas e que surge atualmente no setor não comercial, como em hospitais, administrações, coletividades locais, instituições educacionais ou sociais. Nesse contexto, a questão da saúde mental no trabalho torna-se inescapável. A queixa a respeito do sofrimento, a multiplicação dos sintomas depressivos, o sentimento generalizado de assédio, a hiperatividade, o esgotamento profissional e o aumento de suicídios no local de trabalho são sintomas de um mal-estar profundo. "Nem todos enlouqueciam, mas todos estavam feridos".[16] As causas deste fenômeno são múltiplas. Os trabalhos de laboratório sobre mudança social contribuíram para explicitá-los. Neste capítulo, pretendemos avançar essas análises, insistindo no processo de transformação das organizações em sistemas paradoxais.

---

14 Artigo inédito. Tradução de Maria Helena C.V. Trylinski e revisão técnica de Pedro F. Bendassolli.

15 Não temos espaço, no âmbito deste capítulo, para expor as características desta nova "governança", originária do setor privado das multinacionais, transportada para a gestão das Instituições Públicas e dos Estados a pretexto de "modernização". Podemos recorrer à obra "*La société malade de la gestion*" (Paris: Seuil, 2005. Traduzida em português sob o título de *Gestão como doença social – Ideologia, poder gerencialista e fragmentação social*, São Paulo: Idéias Letras, 2008), à obra coletiva dirigida por Marie-Dominique Perrot e Jean Noël DuPasquier "*Ordre e désordres de l'esprit gestionnaire*" (Lausanne: Éditions Réalités Sociales, 2005) e à obra de Michel Chauvière "*Trop de gestion tue le social*"(Paris: La Découverte, 2007).

16 Para parafrasear a célebre fábula de Jean de La Fontaine: " Nem todos morriam, mas todos estavam feridos", *Les animaux malades de la peste.*

Em *O poder das organizações* (Pagès, Bonetti, Descendre, & Gaulejac, 1979) e em *Le coût de l'excellence* (Aubert & Gaulejac, 1991), tínhamos analisado a organização em dois registros, articulados um sobre o outro, isto é, sobrepostos:

- Enquanto sistema de mediação, a organização concebe e utiliza dispositivos para permitir a coexistência de elementos necessários à produção e mais ou menos incompatíveis ou antagônicos. Ela é atravessada por contradições econômicas (particularmente entre o capital e o trabalho), funcionais (entre a lógica financeira, comercial, jurídica, técnica) e psicológicas (entre o desejo de obter sucesso e o medo de fracassar, entre a identificação narcisística com o poderio da organização e a angústia de perda de objeto).
- Enquanto sistema sócio-psíquico, a organização favorece a interpenetração e articulação entre, de um lado, procedimentos, normas, dispositivos funcionais, regulamentos, ferramentas de gestão e, do outro, entre processos psíquicos como a projeção, a introjeção, a idealização, a sublimação... Mostramos, assim, como a organização podia canalizar a energia libidinal para transforma-lá em energia produtiva por meio do estabelecimento de um contrato narcísico entre o empregado e a empresa.

Neste capítulo, gostaríamos de levar adiante essas reflexões mostrando como a mediação, tornando-se menos operante, faz com que os indivíduos se confrontem com um sistema paradoxal, isto é, uma organização que os coloca diante de injunções paradoxais (conflitantes). A partir de uma situação clínica trabalhada em um grupo de implicação e de pesquisa, descreveremos os diferentes elementos que caracterizam a implantação desses sistemas, as consequências que têm para os que os vivenciam, particularmente seus efeitos sócio-psíquicos. Finalmente, evocaremos as reações defensivas que eles provocam e os mecanismos de desimpedimento individuais e coletivos.

A DUPLA COAÇÃO COMO SISTEMA DE EMPRESA

Os psicólogos da escola de Palo Alto, na esteira dos trabalhos de Bateson (1971), mostraram como um sistema de comunicação paradoxal contribuía para fazer "perder a razão" (Wazlawick, Helmick-Beavin & Jackson, 1967). A dupla coação (*double bind*) consiste em instalar um processo de subordinação/dominação a partir de injunções paradoxais. Um exemplo frequentemente citado, se refere à relação entre uma mãe e seu filho. Para o aniversário de seu filho, a mãe lhe oferece uma gravata verde e uma gravata vermelha. O rapaz, contente por ter recebido um presente, imaginando com orgulho que sua mãe está contente de vê-lo crescer, vai até seu quarto, põe a gravata verde, e volta para junto de sua mãe. "Por que você colocou a verde, você não gosta da vermelha?", pergunta ela. O rapaz, um pouco confuso, volta para seu quarto, coloca a vermelha, e volta para se mostrar para sua mãe: "Por que você colocou a vermelha, você não gosta da verde?". O filho não sabe mais que atitude adotar. Ele volta para seu quarto e põe as duas gravatas, uma sobre a outra. Sua mãe o olha com um ar desolado, dizendo-lhe: "Você vai me enlouquecer". O que quer que faça, o rapaz é pego em erro. "A dupla coação gera sequências insolúveis de experiências vividas" (Wilden, 1980). A mãe o coloca numa situação louca, e é ela que o recrimina por isso. O rapaz é encurralado em um sistema de comunicação, no qual ele se encontra condenado a ser inadequado, insatisfatório e impotente e, além disso, é considerado responsável por essa situação. Há aí um mecanismo de dominação. Tal sistema aprisiona os indivíduos em uma submissão permanente. A dupla dependência objetiva e afetiva, na qual cada criança se encontra, é mantida e reforçada por uma dependência psicológica.

A situação de dupla coação se instala a partir do momento em que várias pessoas são envolvidas em uma relação intensa, que possui um grande valor para elas no plano afetivo, psíquico ou material, de tal modo que elas não podem, e não querem, desvencilhar-se dela. Ela se caracteriza por um sistema de comunicação, no qual mensagens são emitidas sob a forma de injunções contraditórias acompanhadas de um terceiro termo, que impede qualquer escapatória. Forçado a obedecer a duas demandas totalmente incompatíveis (já que é preciso desobedecer para obedecer), o sujeito é colocado em uma situação de derrota, carregando a responsabilidade por sua incapacidade de responder de maneira satisfatória às demandas que lhe são dirigidas. Ele se encontra, assim, em uma situação sem saída e insustentável, na impossibilidade de optar entre exigências ao mesmo tempo obrigatórias e antagônicas. O que quer que faça, ele pode ser pego em erro, o que destroi no seu íntimo qualquer possibilidade de reação para sair da dominação de seu interlocutor.

Dependências desse tipo atuam em um grande número de organizações. Não se trata apenas de uma dominação psicológica em uma relação afetiva, mas de um sistema de dominação organizacional que utiliza o paradoxo como ferramenta de gestão, que leva o conjunto dos agentes a aceitar coletivamente modalidades de funcionamento que eles condenam individualmente. A partir de uma situação vivida em uma instituição encarregada da reinserção de pessoas em dificuldade, iremos decodificar a atuação de um sistema paradoxal que ilustra as razões pelas quais se torna tão difícil existir na empresa.

EXEMPLO DE PARADOXO ORGANIZACIONAL[17]

A cena se desenrola em um serviço social encarregado de ajudar pessoas em situação de exclusão.

Três pessoas são reunidas em torno de uma mesa. O chefe do departamento convocou Chantal e Jacqueline, que acabaram de fazer um curso de informática. Chantal não está preocupada. Ela não apenas gostou do curso como solicita participar de outro. Ela deseja se inscrever em um segundo módulo para se aperfeiçoar. Jacqueline encontra dificuldades. "Tenho dificuldade, diz ela, é difícil compreender para que isso (a informática) serve. Estou a dois anos da aposentadoria. Como telefonista, não vejo muito bem o que isto pode trazer para mim". A chefe do departamento a coloca diante de argumentos implacáveis. "Fico surpresa com sua atitude, diz ela. Eu pensava que você tinha as aptidões para acompanhar esse curso. É preciso se habituar com o computador para não ser ultrapassada. O telefone foi ultrapassado, é preciso dominar o email e a Web. Cada um na sua função deve se adaptar à mudança. É preciso que você seja empregável!".

Diante das resistências (a "má vontade") manifestadas por Jacqueline ("que não quer aceitar"), o chefe procura o diretor da instituição, que se mostra igualmente implacável. Jacqueline deve "seguir estritamente as regras". Está fora de discussão abrir uma exceção, o que não seria justo em relação às outras funcionárias. Os empregados são pagos pelo Estado, não seria correto, perante os contribuintes, deixar de produzir um serviço de qualidade, racional e competitivo. "Deve-se trabalhar do mesmo modo, da mesma maneira. Pedem-nos que façamos economia. Tenho por política ser justo com todo o mundo". Diante de tanta insistência, Jacqueline responde timidamente: "vou tentar". O que lhe vale esta resposta áspera do diretor: "eu não lhe digo que tente, mas que consiga". E ele acrescenta:

17 O exemplo foi tirado de um grupo de implicação e de pesquisa sobre o tema: "trabalho do sujeito, sujeito no trabalho", que promovemos em 2005. O grupo era constituído de 15 pessoas, trabalhadores sociais, educadores, formadores, interventores, consultores, responsáveis por instituições nos setores médicossocial, educativo, judicial e de inserção profissional. Os participantes eram convidados a encenar conflitos vividos em sua instituição conforme a metodologia "organidrama".

"você estava desempregada quando a empregamos, nós lhe demos uma chance. Não a desperdice".

Jacqueline trabalha há seis anos no departamento como telefonista. Suas avaliações são boas. Ela é querida por todos. Sua única falha é ter dificuldade com a informática. Apesar dos cursos e da ajuda de seus colegas, "está travada", principalmente porque não vê a vantagem dessa nova ferramenta em sua função de telefonista. A direção a inscreve automaticamente em um segundo estágio de formação. Na véspera do estágio, ela telefona para informar seu chefe de departamento que está doente. Dois meses depois, ela entrará em licença de longa duração, esperando a aposentadoria

O diretor de Jacqueline acredita estar dando uma chance a ela. Ele não era obrigado a ficar com ela a partir do momento em que ela não se adaptava à nova gestão pública. "Não somos um CAT[18]", diz ele, para encerrar o assunto. Jacqueline sentiu-se perseguida. Ela não compreende a obstinação da direção em fazê-la seguir um curso que não tem sentido para ela. Ela executava corretamente seu trabalho e nunca recebeu uma advertência. Ela não percebe porque precisaria utilizar um computador quando é tão simples responder ao telefone e ir ver as pessoas diretamente quando se tem alguma coisa a lhes dizer. A chefe do departamento vê que Jacqueline está em plena depressão, que ela não dorme mais à noite. Ela sabe que, a dois anos da aposentadoria, não lhe resta senão uma saída – entrar de licença por doença, o que não representa uma dificuldade particular já que ela está realmente deprimida.

O círculo está posto. De um lado, um processo de exclusão "objetivo", que leva a instituição a colocar de lado uma funcionária considerada inepta à modernização. Do outro, um processo de invalidação "subjetivo", que leva a fazer com que a própria funcionária carregue a responsabilidade por esta exclusão, a fazer com que a própria funcionária não tenha querido aproveitar sua oportunidade. Ela dá provas de má vontade diante das propostas de cursos para facilitar sua adaptação. Ela resiste às diretrizes decididas pela direção para melhorar o serviço fornecido aos usuários. Ela faz pesar sobre seus colegas suas próprias dificuldades e sua incompetência. Ela não domina as novas ferramentas de comunicação, indispensáveis ao bom andamento do serviço. Por causa de sua fragilidade psicológica, de suas ausências repetidas, ela desorganiza a divisão das tarefas e obriga os outros funcionários a substituí-la. A modernização é necessária para

18 Centro de Adaptação ao Trabalho. Esses centros recebem pessoas com deficiências físicas ou em situação de dificuldade social.

melhorar a qualidade do serviço, para responder a uma demanda do conselho de administração, que zela pelo bom uso das subvenções recebidas pela instituição. Não seria aceitável que o esforço exigido de cada agente não fosse compartilhado por todos. Jacqueline não deve se tornar uma carga para os outros. Todos devem colocar em prática a linha definida pela direção, porque ela é equitativa.

O FATOR "HUMANO" AINDA INCOMODA!

Jacqueline está claramente desadaptada às mudanças de nosso mundo. A mudança é natural, é fator de progresso, é necessária. Seu questionamento é a expressão de uma vontade, de uma "resistência à mudança". Os gestores modernizadores nos explicam qual é a sorte que desde sempre cabe a todos aqueles que são refratários ao progresso. É, então, o comportamento de Jacqueline que causa problema. É ela que é responsável pelas disfunções do departamento. Tal explicação evita examinar a natureza dessas mudanças e os métodos de gestão que as acompanham.

Dois elementos serão colocados em evidência na discussão prevista no "organo-drama". Ninguém ousou colocar em discussão a "linha de gestão". Como se cada um se sentisse impotente para discutir a sensatez dessa nova gestão pública, símbolo de progresso e de modernização. No entanto, muitos dos participantes se inscreveram no seminário porque haviam sido obrigados a enfrentar situações similares às de Jacqueline. Tudo se passa como se eles se identificassem subjetivamente com Jacqueline e sua situação, mas, resignando-se às condições objetivas de produção. Como se a capacidade de resistência coletiva estivesse embotada. No plano individual, nos protegemos, seja nos adaptando, seja nos marginalizando. Quando nos mantemos afastados, torna-se difícil denunciar a violência institucional que, de cima, nos levou a fazer essa opção. Nessa situação a pessoa está, com efeito, duplamente anulada: em primeiro lugar, por não ter sido capaz de se adaptar à mudança; em segundo, por não haver podido, ou haver sabido, resistir à exclusão.

A exclusão do "elo fraco" é vivida como a consequência inelutável de uma evolução incontestável. O grupo analisa, então, o paradoxo que, para uma instituição, consiste em gerar uma exclusão que ela supostamente combate. Decididamente, Jacqueline vai passar da situação de funcionária para a de usuária. Se ela não estivesse a dois anos da aposentadoria, sem dúvida lhe proporiam um curso para se reinserir no mercado. A não ser que ela se encerre em sua situação de não empregável. Caindo doente, Jacqueline vai "escapar" dessa lógica. Ela não se tornará uma assistida socialmente, visto que ela sai do campo social da inserção para entrar no campo médico da saúde. O custo humano disto é sem dúvida desastroso. O custo econômico, para a coletividade, é igualmente muito pesado, certamente mais alto que o salário que era pago a Jacqueline quando ela estava bem. Para a instituição, o custo simbólico é minimizado pela direção, que não vê nisso senão uma consequência menor da mudança necessária. No entanto, esse custo simbólico é importante para os colegas de Jacqueline, que são mais ou menos cúmplices dessa violência "inocente". Como continuar a dar sentido ao trabalho social que a instituição lhes pede para executar quando eles constatam que a gestão da instituição produz a exclusão dos mais vulneráveis? Cada funcionário vai guardar para si as feridas do constrangimento de Jacqueline. A culpa e a vergonha acompanham o medo diante de uma ameaça que pode atingir cada um deles. E, no entanto, Jacqueline realizava bem seu trabalho. Ela era apreciada pela hierarquia da empresa e querida por seus colegas...

PRODUZIR A EXCLUSÃO PARA MELHORAR A PRODUTIVIDADE

A história de Jacqueline ilustra algumas tendências importantes que vemos consolidarem-se no mundo do trabalho. Nós as conhecíamos do setor privado, onde elas pareciam ligadas de uma maneira natural à lógica do lucro. A lógica da rentabilidade jamais foi tão poderosa, gerando uma pressão crescente sobre a produtividade dos trabalhadores. No entanto, esse contexto não impede os trabalhadores de existirem na empresa, às vezes mesmo de maneira prazerosa, na medida em que eles compreendem e aceitam as regras do jogo. Quando a rentabilidade é considerada um dado de base necessário à sobrevivência da empresa, não surpreende que seja exigida uma melhoria da produtividade, uma adaptação às exigências da empresa, uma flexibilidade para responder à demanda de um mercado em evolução permanente. Independentemente das opiniões "políticas" que se nutre pelo capitalismo, que se esteja de acordo ou que se seja crítico desse sistema, o sentido do trabalho no capitalismo é claro. Trata-se de produzir, frequentemente ao menor custo, um bem ou um serviço perfeitamente identificado. A produtividade se mede pela "melhoria" das cadências ou pelo aumento da qualidade do serviço prestado. O trabalhador sabe perfeitamente quando realiza uma "bela obra". Ele sabe igualmente resistir às coações e negociar com o poder quando esse último é demasiadamente exigente ou mal-intencionado.

No exemplo proposto, esse "sentido" se encontra em suspenso. Estamos em um "serviço social" cuja missão é favorecer a reinserção de pessoas em dificuldade. Na medida em que ele coloca seus próprios agentes em um processo de exclusão social, há uma contradição considerável entre as finalidades da organização e os meios que ela emprega. Mostramos na "luta por posições" que a exclusão era principalmente gerada por uma combinação de processos econômicos, sociais e simbólicos que se apoiam mutuamente arrastando os indivíduos em uma espiral de degradação dos laços familiais e sociais (Gaulejac & Taboada-Leonetti, 1994). É ao menos paradoxal constatar que instituições encarregadas de proteger essas pessoas, de lutar contra a "desfiliação", produzem, elas mesmas, a exclusão. Como tal paradoxo pode se estabelecer sem suscitar uma oposição radical por parte das pessoas que, via de regra, escolheram trabalhar no segmento do trabalho social porque não aceitam a idéia de que uma parte da população seja deixada de lado pelo "progresso" social?

A ideologia gerencial banaliza e legitima lógicas funcionais que parecem imperiosas. "É preciso que isso funcione" declara o diretor submisso às exigências de seus comanditários, que esperam resultados. A funcionalidade impõe sua lei às outras considerações, sejam elas sociais ou existenciais, até à revisão das finalidades institucionais. Decididamente, os motivos da organização tomam a dianteira diante dos motivos da instituição. O operatório não é mais um meio de ação, mas sua finalidade. A racionalidade instrumental é soberana. O agente existe para que "isso" funcione. Esse "isso" não remete, nesse caso, à concepção freudiana do inconsciente, mas a uma exigência organizacional – imagem da ideologia dos recursos humanos que considera o humano como um meio para o desenvolvimento da organização, embora a organização devesse se mobilizar a serviço das missões institucionais, no caso, favorecer a inserção social.

A ideologia gerencial considera o indivíduo como um recurso, ao invés de um sujeito. O indivíduo é, então, instrumentalizado para serventia dos objetivos financeiros, operatórios, técnicas que o fazem perder o sentido de sua ação, que o fazem perder até o sentido de sua existência. Instala-se, então, uma ruptura interna entre o *individuo/recurso*, que aceita se submeter para corresponder às exigências de seu empregador e a porção do *indivíduo/sujeito*, que resiste à instrumentalização. A aceitação é psiquicamente mais fácil na medida em que ela evita uma luta permanente contra "o sistema" e concede um mínimo de reconhecimento em um "trabalho" que permite ao indivíduo assegurar sua subsistência.

RESISTÊNCIA AO SUJEITO, RESISTÊNCIA DO SUJEITO

Todavia, Jacqueline decidiu resistir. Ela não espera o reconhecimento de um comportamento dinâmico, motivado, adaptado, como o de sua colega Chantal. Ela não quer fingir, ela não quer dar mais do que sua tarefa cotidiana. Ela julga executar corretamente seu trabalho. Na sua opinião, a empresa não tem que exigir um investimento psíquico e mental suplementar. Ser sujeito é resistir ao que não tem sentido para si. Ser sujeito é existir sem se curvar às injunções, cursos e mudanças que são impostas sem que o agente perceba nelas uma razão lógica. Jacqueline poderia aceitar a demanda de seus chefes se não houvesse um descompasso patente entre a prescrição (formar-se em informática) e sua atividade cotidiana (atender ao telefone, facilitar a comunicação entre o ambiente interno e o externo, estabelecer relações amistosas etc.). A prescrição de formação é construída sobre uma visão abstrata de mudança (é preciso se modernizar), enquanto que o sentido do trabalho é construído em cima de uma experiência concreta da atividade. Quando a lógica funcional não é mais operacional, quando ela se encontra submetida a prescrições ideais que não se escoram mais no trabalho real, a necessidade de operacionalidade, perfeitamente clara para qualquer agente "mentalmente são", é percebida como irracional.

O discurso gerencial, escorado em paradigmas objetivistas, funcionais e utilitaristas desemboca em exigências insensatas, disfuncionais e inúteis. E, no entanto, elas são defendidas pela direção, pelos quadros e alguns agentes em nome da modernidade, do progresso, da racionalidade técnica. Esses apoiadores se sustentam em uma representação dominante, segundo a qual o progresso tem um custo e as resistências à mudança são reflexos "naturais" do que é preciso superar. Jacqueline representa o arquétipo do passado, da rejeição à adaptação, das formas de resistência que precisam ser quebradas porque freiam inovações necessárias. Não se trata mais de saber se a mudança é judiciosa ou oportuna, trata-se de saber como fazer para eliminar os que colocam obstáculos para elas. O problema não está em saber se o domínio da informática é indispensável para a tarefa. É a resistência de Jacqueline que se torna problemática, sua má vontade evidente, especialmente porque, à sua volta, todos se esforçaram em apoiá-la diante das mudanças.

Em última análise, o "verdadeiro" problema, para os gestores da instituição, vem da pretensão de Jacqueline de ser um sujeito no trabalho, sujeito que precisa, para existir, dar sentido ao que lhe pedem que faça. "É preciso seguir a linha definida", exige o chefe. O poder impõe normas, prescrições, disciplina para tornar os corpos produtivos e os espíritos dóceis (Foucault, 1975). Se o sujeito resiste, deve ser eliminado. Para existir, Jacqueline fica doente. Encolhida na contradição entre se submeter ou demitir-se, adaptar-se ou ser excluída, ser reconhecida como agente ou ser anulada como sujeito, ela encontra uma saída na doença. Isso lhe permite, ao mesmo tempo, cuidar de sua depressão, consequência da pressão que sofreu durante vários meses, e obter um *status* social intermediário, isto é, um *status* entre o de assalariada e o de aposentada (Carreteiro, 1993). Ela pode, desse modo, continuar a existir como sujeito, objetivamente e subjetivamente.

Objetivamente, ela tem um *status* que lhe permite manter os "apoios" necessários para ter uma existência social (direitos, rendas, uma posição institucional, um reconhecimento social). Ela evita, por conseguinte, o risco de anulação que espreita todos aqueles que são caracterizados com uma identidade negativa (desempregados, sem renda, sem *status*, sem atividade...). Ela pode, dessa forma, escapar da espiral da exclusão social. Subjetivamente, ela desenvolve um sintoma, a depressão, que paradoxalmente alivia: ela escapa da pressão para se instruir, da incapacidade de se adaptar, da culpa por não fazê-lo e da vergonha de sua incompetência. Já que lhe asseguram que o problema está nela, ela vai assumir o que lhe atribuem por meio da depressão: "sou eu que não consigo". Interiorizando a imagem negativa que lhe é enviada, ela se apropria dos meios para sair da tensão do dever de se conformar com um ideal normativo que ela não pode nem quer atender (Dujarier, 2006). É dessa forma que ela escapa do duplo processo de instrumentalização (diante da organização) e de estigmatização (diante de seus colegas).

Pode-se interpretar sua doença como uma derrota do sujeito, que acaba se identificando com o agressor ao tomar para si os ataques dos quais é objeto. A depressão corresponde a um sentimento de desaprecimento do "eu" diante das exigências de seu ideal: a interiorização do sentimento de não ter valor, de ser incompetente, incapaz. E o fato de obter uma licença por motivo de doença é igualmente um modo de sair desse paradoxo. Assumindo o fato de que o problema está nela própria, Jacqueline se dá um meio de resolvê-lo: basta cuidar de si mesma. Ela se encarrega de si mesma, ela sai de um sistema paradoxal vivido como destruidor. Ela sai viva desse sistema. Há nessa situação uma resistência do sujeito, que retoma o controle, assumindo sua existência. A alternativa é cruel. Para existir na empresa, é preciso aceitar se submeter às exigências que a consciência moral condena. Para existir como sujeito, corre-se o risco de ser excluído.

VIOLÊNCIA PARADOXAL, PARADOXOS DA VIOLÊNCIA

Ficção ou realidade? A história de Jacqueline é a expressão de um imaginário social (Castoriadis, 1975), no qual o discurso gerencial legitima uma forma de dominação fundada no paradoxo. As instituições produzem a exclusão contra a qual, por suposto, deveriam lutar. Essa reviravolta é invisível, a violência que ela induz é "inocente", os que a empregam são perfeitamente legítimos, os que a sofrem se sentem culpados.

Cada qual tenta "fazer bem seu trabalho" em um contexto em que uns são impedidos de executá-lo a seu modo, outros são excluídos embora acreditassem trabalhar bem, outros ainda procuram "modernizar-se", pensando melhorar as coisas. Entra-se, então, em um sistema implícito, no qual cada qual age do melhor modo possível, ainda que "o melhor" de alguns agentes leve ao "pouco" de outros, até sua eliminação. A violência induzida não é facilmente atribuída a alguém. Ninguém é indiscutivelmente responsável por ela, embora todos contribuam para produzir esse sistema. Há uma abstração das causas, ainda que os resultados sejam tangíveis. Isto explica o sentimento difuso de assédio, a dificuldade para identificar as causas do mal estar sentido, a impressão de impotência diante desse processo: uma violência surda, difusa, imprecisa, pela qual não se consegue apontar os culpados. Uma violência de que todos sabem, confusamente, que participam ao defender-se dela. Esta inversão permanente das causas é uma das razões da sensação experimentada de incapacidade de lutar contra esse tipo de violência. A pessoa se sente tolhida em sua reação, o que reforça a culpa, a interiorização e a impotência. Na impossibilidade de compreender as causas sistêmicas e organizacionais do processo, o assalariado diz para si mesmo: "há alguma coisa errada comigo".

Como sair desses entrelaçamentos de paradoxos? Os adeptos da Escola de Palo Alto demonstraram que a saída de um sistema de comunicação paradoxal passa pela metacomunicação. É possível livrar-se desse sistema, comunicando-se através dele, desmontando seus mecanismos, analisando porque ele é paradoxal. No exemplo citado como introdução, seria preciso que ao filho pudesse dizer à sua mãe que ele não procura deixá-la louca, mas que ele não sabe como responder às suas demandas, porque ela o coloca permanentemente em contradição. Via de regra, a criança não dispõe de recursos para fazer essa analise, a não ser no quadro de uma terapia. Em uma organização, os processos empregados são similares, porém, o contexto é diferente. É a própria organização que é paradoxal (Aubert & Gaulejac, 1991). Então, não basta desmontar a lógica da comunicação. Convém analisar como os sistemas paradoxais se estabelecem, como as pessoas contribuem para implantá-los e, na sequência, reproduzí-los, a fim de facilitar os processos de desvencilhamento – individual e coletivo –, até "desmontar" suas engrenagens, intelectualmente, em um primeiro momento, para depois desmantelá-los na prática.

COMO SAIR DE UM SISTEMA PARADOXAL?

A descrição desse sistema de dominação (que se fecha em si mesmo, a ponto de as reações defensivas estabelecidas pelas pessoas para dele se proteger contribuírem para reforçá-lo) poderia facilmente nos tornar paranoicos. O sentimento de perseguição se correlaciona com esses círculos sucessivos entre a lógica organizacional e os processos psíquicos mobilizados. Esta é uma das características de um sistema paradoxal: a presença de exigências incompatíveis entre si, às quais, entretanto, é absolutamente necessário se submeter sem desobedecer ou agir de outra maneira. Tanto é que a violência induzida pelo sistema e o risco da loucura obrigam as pessoas a encontrar uma saída "a qualquer custo" e leva à resistências ferozes para não afundar na loucura ou na depressão.

Nesse ponto, convém distinguir as reações defensivas dos mecanismos de desimpedimento.

As reações defensivas são os mecanismos conscientes e inconscientes empregados pelo sujeito para suportar a violência e conviver com o sistema paradoxal. Lembramos algumas como a negação da realidade, o retorno sobre si mesmo, a identificação com o agressor, a aceitação passiva da instrumentalização. A mais comum é a clivagem. O sujeito, aparentemente, aceita obedecer às exigências da organização, "moldar-se à forma", aderir ao sistema. Uma parte do "eu" aproxima-se da identificação, porém, uma outra parte, escondida, resiste e recusa ser cooptada. O sujeito vive, assim, uma clivagem entre duas partes de sua personalidade. A divisão pode, em casos extremos, desembocar em um desdobramento da personalidade. O sentimento de esquizofrenia, geralmente evocado na organização paradoxal, exprime esta tensão interna entre dois componentes da psique: um que se coloca à disposição do sistema, outro que resiste a ele; um que se deixa instrumentalizar, outro que tenta preservar a integridade psíquica do sujeito. Em grande parte, esses processos são inconscientes. É preciso entender que a resistência ativa e consciente é psiquicamente muito custosa, é preciso entender que ela mobiliza uma energia constante, o que é particularmente difícil num contexto de produção, onde a pressão do trabalho é enorme. A característica essencial das reações defensivas reside no fato de que elas facilitam a situação de "viver com e dentro" da organização, alimentando inclusive seus componentes paradoxais, mesmo quando o sujeito deseja se livrar deles. Desde La Boëtie (Enriquez, 2007), esses mecanismos de dominação e de servidão voluntária, nos quais o sujeito parece participar de sua própria sujeição, foram analisados muitas vezes.

Os mecanismos de desimpedimento designam os processos por meio dos quais o sujeito vai se livrar do sistema paradoxal, seja fugindo, seja transformando-o a partir de dentro, seja procurando destruí-lo. No exemplo de Jacqueline, a dominância está do lado do subterfúgio. Ela não aceita entrar em um processo que sente que a colocará em uma situação instável em relação a ela mesma. Ela não aceita identificar-se com as exigências de "modernização" que sente que não foram feitas para melhorar sua condição, melhorias de que ela contesta o caráter racional. Quando ela percebe que a direção da empresa não voltará atrás em suas posições, ela se deixa "cair doente" para poder sair do sistema. Reação defensiva e mecanismo de desimpedimento se misturam em seu comportamento. A pressão exercida sobre ela contribui para que realmente adoeça e, ao mesmo tempo, ela toma a iniciativa para escapar da depressão. Esperando a aposentadoria, ela entra em uma doença transitória. Encontramos muitos casos similares. Fabienne Hanique ilustra isso com o caso do guichê de correio que ela observou durante mais de dois anos. Diante dos processos de modernização, os atendentes de guichê mais antigos se despegam progressivamente (Hanique, 2003). Alguns deles têm mais facilidade do que outros para empregar estratégias de escape em função de condições objetivas, o que lhes permite partir sem renunciar à suas rendas, à suas garantias materiais e sociais, e contam com condições subjetivas que permitem partir "com boa saúde", condições que lhes permitem pelo menos viver esta situação menos conforme um modelo de fracasso e mais conforme um modelo de libertação.

A questão mais difícil concerne às possibilidades de transformar um sistema paradoxal por dentro. É o desafio ao qual, atualmente, os pesquisadores, os interventores, os sindicatos, os departamentos de recursos humanos se confrontam e, em primeiro lugar, com que se defronta o conjunto dos atores "pegos" em sistemas paradoxais.

No que nos concerne, o estilo e a descrição do sistema constituem meios de se passar para o nível da "metacomunicação", ou seja, comunicar em um sistema para demonstrar seus efeitos paradoxais por meio da análise dele. Aqui a reflexão é ação. É a compreensão das contradições organizacionais, e dos conflitos que elas geram, que permite que se desvencilhe de um contexto que torna alguns impotentes e outros doentes. Desde que esta análise possa ser recuperada pelos que estão às voltas com estes paradoxos.

CONCLUSÃO

Neste capítulo, propusemos uma problemática para fundamentar esta análise, colocando o foco em uma hipótese central: as modalidades de gestão que atualmente estão sendo introduzidas no mundo do trabalho levam à produção de exigências paradoxais (conflitantes) que engendram um sistema. Da perspectiva da sociologia clínica (Gaulejac, Hanique & Roche, 2007; Gaulejac & Hanique, 2016), partirmos do "mais próximo possível da vivência dos atores", expondo um caso que ilustra a transformação progressiva de uma organização submetida à pressão de lógicas gerenciais destinadas a "melhorar a produtividade". Essas pressões levam a direção e o ambiente a produzir a exclusão em seu funcionamento real, mesmo se sua finalidade, enquanto instituição, for justamente combater a exclusão. A partir do momento em que o indivíduo é considerado um recurso à disposição da organização, seu potencial para acontecer como sujeito é neutralizado. A ordem gerencial, dominada por uma racionalidade instrumental, torna o humano um objeto, torna o pensamento concordante, aprisiona os comportamentos dentro de preocupações utilitaristas. Como resistir a esse poder? Alguns aprendem a viver com ele, outros tentam inventar modos de se desvencilhar desses sistemas paradoxais, outros, por fim, tentam fugir, esperando encontrar espaços que escapam à ideologia gerencial e ao culto à alta *performance*.

Como pesquisadores e interventores, precisamos refletir sobre as condições nas quais um desimpedimento é possível. Não se cura uma organização mesmo quando esta pode tornar doentes os que nela trabalham. Ao menos podemos propor a esses últimos, se não os meios de sair dessa situação, pelo menos os meios de intervir sobre o que os torna doentes. O *approach* clínico permite construir espaços de reflexão coletiva para todos os que não sabem mais para que lado se voltar. É isto, por exemplo, que é proposto nos grupos de implicação e de pesquisa que coordenamos: grupos voltados para diferentes temáticas, como "sujeito no trabalho, trabalho do sujeito", "violências do êxito, violências do fracasso", "a luta dos lugares", "o que fazer diante do sofrimento no trabalho" (Gaulejac & Legrand, 2008).

Para escapar desses paradoxos, um número que não pode ser negligenciado de nossos contemporâneos decide "sair do meio institucional". Eles se juntam ao grupo dos "heróis obscuros da historicidade", de todos os que inventam na rotina da vida cotidiana outras maneiras de existir, de estar junto, e que se negam a sacrificar sua vida às ilusões da cultura da alta *performance*.

REFERÊNCIAS

Aubert, N. (2004). *L'individu hypermoderne*. Toulouse: ÉRÈS.

Aubert, N., & Gaulejac, V. (1991/2007). *Le coût de l'excellence*. Paris: Seuil.

Bateson, G. (1971/1977). *Vers une écologie de l'esprit*. Paris: Seuil.

Brunel, V. (2004). *Les managers de l'âme*. Paris: La Découverte.

Castel, R. (1994). *Les métamorphoses de la question sociale*. Paris: Fayard.

Castel, R. (2005). *L'insécurité sociale*. Paris: Seuil.

Castoriadis, C. (1975). *L'institution imaginaire de la société*. Paris: Seuil.

Castoriadis, C. (1996). *La montée de l'insignifiance. Carrefours du Labyrinthe IV*. Paris: Seuil.

Carreteiro, T. C. (1993). *Exclusion sociale et construction de l'identité*. Paris: L'Harmattan.

Chauvière, M. (2007). *Trop de gestion tue le social*. Paris: La Découverte.

Ehrenberg, A. (1991). *Le culte de la performance*. Paris: Calmann-Levy.

Enriquez, E. (2007). *Clinique du pouvoir*. Toulouse: ÉRÈS.

Foucault, M. (1975). *Surveiller et punir*. Paris: Gallimard.

Gaulejac, V. (1987). L'organisation managériale. In S. Juan (Coord.). *Organisation et management en question(s): Collectif Sciences Humaines Paris-IX Dauphine*. Paris: L'Harmattan.

Gaulejac V., & Taboada-Leonetti I. (1994). *La lutte des places*. Paris: Desclée de Brouwer.

Gaulejac, V. (2005). *La société malade de la gestion*. Paris: Seuil.

Gaulejac, V. (2008). *Gestão como doença social*. São Paulo: Idéias Letras.

De Gaulejac, V., Hanique, F., & Roche, P. (2008). *La sociologie clinique. Enjeux théoriques et méthodologiques*. Toulouse : Erès.

Gaulejac, V., & Hanique F. (2016). *Le capitalisme paradoxant*. Paris: Points-Seuil.

Gaulejac, V. D., & Legrand, M. (2008). Intervenir par le récit de vie. *Toulouse: Erès*.

De Gaulejac, V. (2009). *Qui est» je»?: sociologie clinique du sujet*. Paris: Seuil.

Hanique, F. (2003). *Le sens du travail*. Toulouse: ÉRÈS.

Dujarier, M. A. (2006). *L'ideal au travail*. Paris: PUF.

Morin, E. (1990). *Introduction à la pensée complexe*. Paris: ESF.

Pagès, M., Bonetti, M., Descendre, D., & Gaulejac V. (1979). *L'emprise de l'organisation*. Paris: Desclée de Brouwer.

Pagès, M., Bonetti, M., Descendre, D., & Gaulejac V. (1987). *O poder das organizações*. São Paulo: Atlas.

Perrot, M. D., &. DuPasquier, J. N. (2005). *Ordre et désordres de l'esprit gestionnaire*. Lausanne: Éditions Réalités Sociales.

Reicher-Brouard, V. (2000). Re-penser la cooperation, les modèles sociologiques en question? *Travailler*, 5.

Vivere, P.(2005). *Pourquoi cela ne va pas plus mal*. Paris: Fayard.

Watzlawick, P., Helmick-Beavin J., & Jackson D. (1967). *Une logique de communication*. Paris: Seuil.

Weber, H. (2005). *Du Ketchup dans les veines*. Toulouse: ÉRÈS.

Wilden, A. (1980). *Système et structure*. Paris: Boréal Express

CAPÍTULO 6

PSICODINÂMICA DO TRABALHO E PSICOSSOCIOLOGIA[19]

Gilles Amado

Eugène Enriquez

Como começamos a fazer em nosso editorial no número precedente desta revista[20], precisamos indicar com precisão a posição da psicossociologia que defendemos diante das críticas da psicodinâmica do trabalho, expressas, de maneira muito clara, por Christophe Dejours em várias ocasiões (1993, 1995, 1996). Para tanto, voltamos essencialmente ao que ele chama de "bifurcações" teóricas entre as duas disciplinas, dicotomias que se referem ao *status* reservado, respectivamente, ao trabalho, à sociedade e ao sujeito.

Que os psicossociólogos não tenham feito do trabalho um objeto específico de investigação nos parece uma observação aceitável. Tal fato ocorre, voltaremos a isto mais adiante, porque eles se interessam, de modo mais geral, pelas relações entre o sujeito e seu meio ambiente e consideram o trabalho um aspecto deste último.

Por certo, eles poderiam estudar mais de perto a natureza da tarefa e suas consequências sobre os comportamentos e a experiência vivida pelas pessoas, como nós mesmos lembramos ainda recentemente (Amado, 1997). Mas isto seria dar pouca importância aos trabalhos desenvolvidos a respeito desse assunto pelos consultores e pesquisadores do Instituto Tavistock e de vários centros de pesquisa-ação da Europa do Norte há quase meio século.

---

19 Originalmente publicado na *Revue Internationale de Psychosociologie*, sob o título *Psychodynamique du travail et psychosociologie*, 1997 , 4(6), 157-167. Tradução de Maria Helena C.V.Trylinski. Revisão técnica de Pedro F. Bendassolli.

20 Os autores estão se referindo à *Revue Internationale de Psychosociologie*, (1997) 4(6), 157-167, revista na qual este artigo apareceu originalmente.

Nós nos contentaremos em lembrar aqui o estudo de Trist e Bamforth (1951) nas minas de carvão; os de Rice (1953) e Miller (1975) sobre a organização do trabalho em uma manufatura de algodão de Ahmedabad; as várias pesquisas-ação e tentativas de democratização do trabalho dirigidas por Emery (1969); Cherns (1976); Thorsrud (1975); e Herbst (1976), às quais é oportuno acrescentar as pesquisas de Jaques (1951) e Menzies (1960), mais especificamente sócioanalíticas.

Todos estes trabalhos se inscrevem na corrente sociotécnica (Trist & Murray, 1993) – corrente parcialmente influenciada pelas pesquisas psicanalíticas de Bion – e vários deles procuraram articular tarefa, estrutura organizacional e relações coletivas, conscientes e inconscientes. Foram estes os trabalhos que mais inspiraram os psicossociólogos franceses, e continuam a lhes servir de referência. Ora, é forçoso constatar que eles são raramente lembrados pelos pesquisadores que se consideram ligados à psicodinâmica do trabalho. Há nisto um distanciamento, o que não deixa de levantar algumas questões.

Outra semelhança deve ser apontada entre os pesquisadores do Tavistock Institute, de Londres, e a psicossociologia francesa. A influência da psicanálise levou uns e outros às mesmas clivagens no plano da formação: de um lado, posicionam-se os pesquisadores que levaram a cabo o aprimoramento de dispositivos rigorosos que permitem a investigação psíquica individual e coletiva em grupo, sem que uma atenção particular seja dada à tarefa concreta nem à organização. Este é o caso, particularmente, dos seminários de Eric Miller na Inglaterra, do Instituto A. K. Rice nos Estados Unidos e do CEFFRAP de Didier Anzieu, na França, seminários que muitas vezes possibilitaram importantes avanços teóricos quanto a compreensão da vida psíquica dos grupos. De outro lado, ensaios foram propostos no intuito de cercar a complexidade das articulações entre tarefas, organização e processos psíquicos. Citemos, entre eles, os seminários de Harold Bridger (1990), realizados na França com Giles Amado e Lisi Klein (sob o título "Compreender e administrar a complexidade humana das organizações"), a oficina de "*design*" participativo e as "search-conferences", de Emery (1993), na Austrália, os seminários dirigidos pela equipe da ARIP, pelo FIT, na Áustria, por David Herbst, Einar Thorsrud e Eric Trist no Work Research Institute, de Oslo. A maior parte dessas experiências (desenvolvidas nos anos 70) tenta apreender o posicionamento dos sujeitos em situação de trabalho e evitar, nesse contexto, o reducionismo psicológico que causa tanto medo em Christophe Dejours como também nos autênticos psicossociólogos.

Desse ponto de vista, a afirmação de Christophe Dejours segundo a qual "a psicossociologia francesa é uma psicologia das profundezas" (do íntimo das pessoas) (Dejours, 1996, p. 9) é, ao mesmo tempo, surpreendente e inaceitável. Surpreendente porque, para começar, não se vê o que haveria de repreensível em procurar a profundidade na análise psicológica... Inaceitável porque Dejours subentende que a psicologia francesa seria exclusivamente uma psicologia das profundezas (do íntimo das pessoas). Ora, não é porque ela reivindica o enfoque clínico que a psicossociologia francesa deixaria de conceder algum lugar aos determinismos sociais. Pelo contrário, todo seu esforço consiste em articular, tanto quanto possível, os determinismos ao mesmo tempo psíquicos e sociais capazes de lançar luz sobre as condutas humanas. Dessa perspectiva, sua caracterização mais exata poderia ser "psicossociologia das profundezas".

Obras como *L´emprise de l´organisation,* de Max Pagès e seus colegas (1980), e *L´organisation en analyse,* de Eugène Enriquez (1992)[21], são particularmente claras quanto a esta questão, da mesma maneira que as obras da maioria dos psicossociólogos (particularmente os do CIRFIP - Centre International de Recherche, de Formation et d'Intervention en Psychosociologie) que, apesar de reivindicarem uma orientação decididamente clínica, não deixam por isso de conceder ao social toda sua importância. Para nós, o sujeito é de fato produto do social, porém, ele não é o produto passivo dos determinismos sociais. Ele dispõe também de uma margem de manobra maior ou menor – conforme as injunções objetivas do contexto no qual ele evolui e a natureza das ressonâncias intrapsíquicas do social (Amado, 1994) – que lhe permite "virar de cabeça para baixo" esses determinismos para criar seu próprio caminho.

Na verdade, esses trabalhos não se apoiam em uma única "teoria social forte", mas sobre várias delas. Será isto uma falha? Devemos nos limitar, por exemplo, a uma perspectiva essencialmente marxista para merecer o rótulo científico?

O que dizer então das ambigüidades da psicodinâmica do trabalho, que fixa como seu objeto central as dinâmicas intra e intersubjetivas e pretende ser uma psicologia do sujeito, embora exclua de seu campo tudo que não tem relação com o trabalho? Não há aí uma forma de reducionismo? Para Dejours, os psicossociólogos utilizariam uma espécie de psicanálise aplicada fora do contexto (da cura e das condições de validade epistemológica). Além do que, isto significa deixar de considerar que os psicosso-

21 Obras publicadas no Brasil com os títulos *O poder das organizações*, pela Editora Atlas, e *A organização em análise*, pela Editora Vozes, respectivamente. [Nota do E.]

ciólogos propõem continuamente quadros de intervenção que permitem um trabalho de elaboração coletiva. Nós nos perguntamos como a proposta metodológica da psicodinâmica do trabalho escaparia da crítica de Dejours, já que ela tem como objeto central, entre outras coisas, as dinâmicas *intrassubjetivas*...

Realmente, como a análise de Dumond (1997)) deixa claro, psicodinâmica do trabalho e psicossociologia estão muito próximas em sua "utilização" do *approach* psicanalítico.

Ainda uma outra interpretação surpreendente de Dejours: ele parece pensar que a psicossociologia não se interessa pelo conflito. Ora, desde Lewin (isto é, desde o seu início enquanto disciplina específica), a psicossociologia fez do conflito o elemento central da vida em sociedade. Não esqueçamos o título do livro de Lewin (1948): *Resolving social conflicts* ("A solução dos conflitos sociais"). Se a psicossociologia desenvolveu-se, foi porque os psicossociólogos, a exemplo dos sociólogos da Escola de Chicago, mostraram-se sensíveis ao fato de que a realidade social só poderia ser apreendida se *um conflito original fosse colocado*. Não uma contradição – pois a contradição pode sempre ser superada, como demonstra a dialética hegeliana, que faz do *aufhebung* (superação e transformação) o momento em que tese e antítese encontram sua superação –, mas um conflito irredutível, análogo ao conflito pulsional freudiano que irriga todas as condutas e instala a divisão, a clivagem no centro da vida psíquica e social. Conflito entre dominantes e dominados, conflito entre o indivíduo e a sociedade, conflito entre as estruturas informais e as estruturas formais, entre nações, etnias, classes, regiões, culturas etc.

Sem dúvida, um certo ramo da psicossociologia americana, no qual se incluem vários alunos de Lewin (pensemos em Leavitt, Lippit, McGregor, Bennis, Benne, Beckard), desenvolveu-se tendendo a fazer com que o consenso prevalecesse sobre o dissenso. Basta lembrar do *planned change* ou do *organizational development*, que tinham por objetivo promover mudanças programadas em toda a estrutura organizacional para garantir, por meio de consulta e da participação dos diversos níveis hierárquicos, a adesão de todos e a identificação com a organização. Este ramo uniu-se ao pensamento de Drucker (1950) e acabou preconizando uma gestão participativa que deveria permitir a cada membro da organização realizar seu potencial e assegurar o êxito da organização. Em tal caso, o sucesso individual se confundia com o sucesso do conjunto instituído. Porém, rapidamente (basta pensar nos trabalhos de Chris Argyris, 1970) este belo edifício ruiu e muitos psicossociólogos americanos se deram conta de quão ilusória podia ser essa perspectiva. Evidentemente, isto não impediu alguns deles (e seus concorrentes franceses) de pensar que os conflitos, sempre considerados como nocivos, podiam e deviam ser resolvidos de qualquer maneira; assim lograr-se-ia uma harmonia, embora, quase sempre, essa viesse a beneficiar apenas os homens poderosos da organização. Que uma parcela da psicossociologia americana tenha se embrenhado em tal impasse não significa que a maioria dos psicossociólogos franceses a tenha seguido. Se nos reportarmos à crítica mordaz dessas concepções feita por Enriquez (1977), concepções oriundas, segundo ele, de uma "*managerial sociology*", ou a análise comparativa dos *approaches* de mudança na pesquisa dirigida por Faucheux, Amado e Laurent (1982), poderemos constatar a que ponto os psicossociólogos franceses se distanciaram dos americanos, e isto praticamente desde o começo. Não esqueçamos que, mais uma vez, a influência inglesa (de Bion, de Jaques, de Trist e Emery energicamente continuada pela franco-britânica Lily Herbert) foi predominante desde os primeiros passos da ARIP. No primeiro seminário de dinâmica de grupo da ARIP (1959) estavam presentes Trist, Bridger, Lily Herbert. E associações como a ANDSHA, e depois o CEFFRAP foram certamente mais influenciadas pelos ingleses (em particular pelo Tavistock Institute, de Londres, que manteve sob mira os problemas de conflitos no trabalho) do que pelos americanos, que não foram modelos para elas.

É possível, adiantar, portanto, que a psicossociologia francesa foi (com poucas exceções que, aliás, não tiveram impacto nas empresas) uma psicossociologia do conflito. Podemos nos reportar aos textos de G. Palmade, de M. Pagès, de J. Dubost, de A. Lévy, de J. C. Rouchy, que são muito claros quanto a isto. O conflito estrutural se converte numa sucessão de conflitos particulares que precisam ser examinados, cada um em sua especificidade e em sua singularidade.

Evidentemente, há uma discrepância entre esse posicionamento e a ótica de Dejours. Em seu texto, pressupõe um conflito geral constante entre o indivíduo e a sociedade. Ora, o problema é bem mais complexo. Não convém fechar os olhos e não ver que o conflito existe, mas, simultaneamente, um conluio parcial ou total se instaura entre o indivíduo e o social. Se tratarmos este fenômeno com negligência, não poderemos explicar a "servidão voluntária" que La Boétie apontava já em 1551! Os homens não são unicamente seres livres que querem realizar suas possibilidades: eles também são seres que têm "medo da liberdade" (Fromm, 1960), que não se revoltam, que se comportam como "pequenos homens", sempre dispostos a admirar o pensamento dos "grandes homens" e não o seu próprio (Reich, 1977). De mais a mais, sabemos (e Dejours também sabe) que ninguém pode trabalhar em uma organização unicamente sofrendo ou detestando o trabalho que lhe foi confiado. Se assim fosse, o indivíduo ficaria louco. Então, cada indivíduo tem o desejo de contribuir – um pouco ou bastante – para a vida da organização. É o que Castoriadis (1985) salientou quando demonstra que os operários participam diretamente da vida da empresa ao descobrir os métodos necessários para fazê-la funcionar, a despeito de regras burocráticas que, caso fossem integralmente aplicadas, levariam a organização à inércia se não à completa desorientação.

Dado que há um conflito entre indivíduo e sociedade, não se deve manter silêncio sobre os conluios, as cumplicidades, as conveniências que fazem com que os indivíduos aceitem um certo grau de "masoquismo funcional", conforme as palavras de Oury (2009).

Se cada sujeito (na organização e por seu trabalho), procura o reconhecimento, como aponta Dejours (aspiração há muito identificada por vários psicossociólogos e salientada no texto de Enriquez "*Imaginaire social, refoulement et répression dans les organisations*", 1972), se a vida humana é luta pelo reconhecimento, tal fato não impede (e isto é um enigma) que mesmo quando as pessoas não são reconhecidas, quando elas são submissas (a submissão total não existindo), elas trabalhem para o êxito do conjunto.

Portanto, é importante estudar a maneira como se apresenta o conflito fundamental (e os conflitos derivados), não apenas para esclarecê-lo, mas também para analisar os processos de submissão e de adesão. Nessa questão, o recurso a Freud foi fundamental para os psicossociólogos. Em razão disso, eles não foram apanhados pelo imaginário de uma oposição permanente entre um indivíduo sujeito de desejo e sujeito de direito e a sociedade como instância unicamente repressora. Foi por este motivo que os psicossociólogos não aderiram à perspectiva institucionalista que coloca a repressão do lado das estruturas e o desejo (sempre rousseaunístico) do lado do indivíduo.

Quanto à luta pelo reconhecimento, psicossociólogo algum jamais pensou que ela se travaria apenas pela interação entre as consciências, mesmo que se deva admitir que algumas das hipóteses deles pudessem ser interpretadas dessa maneira. O reconhecimento demanda sempre uma mediação. E a mediação do trabalho, crucial em para Hegel, sempre pareceu, para muitos psicossociólogos sensíveis ao pensamento hegeliano (percebido particularmente por intermédio de A. Kojeve, em 1947, que elaborou uma interpretação marxista do pensamento hegeliano) extremamente importante. Por certo (diferentemente de Dejours) ela nunca foi vista por eles como sendo a única mediação, por uma razão simples: a mediação instaurada pelo "conjunto instituído e organizado" parece ter, na visão dos psicossociólogos, uma força particular. Por "conjunto instituído" eles entendem qualquer grupo (e não apenas a empresa) investido de uma significação central para os sujeitos. O reconhecimento do filho por seus pais, do escolar por seus professores, do soldado por seus superiores, do crente pelo padre, do indivíduo enquanto cidadão pelos outros cidadãos é, igualmente, vital. Caso contrário, como poderíamos apreender o desenvolvimento do sentimento de culpa e de vergonha que ordenam o conjunto da vida social?

O trabalho é, sem dúvida, essencial nas nossas sociedades (e como negá-lo quando se vê o sentimento de inutilidade que experimentam os desempregados e os que trabalham em regime SDF?), porém ele não é o único elemento em torno do qual se organiza o drama humano. Nós podemos nos perguntar se Dejours, ao se centrar exclusivamente no trabalho, não dá pouco valor a todos os outros elementos que estruturam a sociedade.

Os psicossociólogos (aliás, como em parte os sociólogos das organizações e das instituições) concederam uma atenção particular à vida das organizações e a seus alicerces afetivos, imaginários e inconscientes, que acontecem porque os sujeitos humanos não se encontram ligados apenas a uma função e a um trabalho, eles estão, em maior ou menor grau, ligados a um sistema mediador entre o indivíduo e a sociedade, o grupo, a organização ou a instituição. É, aliás, por esta razão que alguns dentre nós puderam dizer que a psicossociologia é principalmente (mas com certeza não unicamente) a disciplina que trata desses "conjuntos".

A razão disto é simples. A velha oposição entre o indivíduo e a sociedade que marcou diversamente as obras de Tarde e de Durkheim (ou pelo menos as interpretações que alguns discípulos fizeram delas) não lhes pareceu pertinente. Ninguém está, jamais, diante da sociedade global. Nós a interiorizamos, nós nos envolvemos, nós nos destacamos através de "grupos" (aqui, utilizamos a palavra grupo como termo genérico) aos quais pertencemos e que nos servem de referência.

Nossa vida é, portanto, um equilíbrio sempre pouco garantido entre nossas diversas identificações e nossas múltiplas fidelidades. O indivíduo tenta não apenas colocar um pouco de ordem nas exigências variadas de seu aparelho psíquico (exigências que perseguem, cada uma delas, seu objetivo específico a ponto de se poder dizer que a personalidade é resultante da confrontação entre diferentes "pessoas" internas) como precisa também colocar ordem em seus diversos apegos. E os outros grupos aos quais o indivíduo pertence sabem muito bem disso. É por este motivo que cada um desses grupos tentará se colocar como referência última, como instância transcendente, como participante do que se pode chamar de *instituição divina*.

Este movimento, que existe desde sempre, adquiriu nos dias de hoje uma amplitude inigualável. Qual a razão disso senão transformar cada ser distinto, conflituoso, em um indivíduo "afirmativo", devotado a uma causa pela qual ele aceita se sacrificar?

Os regimes totalitários perceberam bem isto, esses regimes (mesmo que o tenham conseguido de forma incompleta) colocaram o indivíduo em uma hierarquia estrita, que o impedia de arbitrar entre suas diversas referências. No regime nazista, o indivíduo fazia parte de uma família ou de uma empresa, ela mesma inserida em um partido, expressão última da nação, perfeitamente personificada no Führer. Então, não há mais dúvidas nem perguntas. O sistema está totalmente hierarquizado e o trabalhador alemão sabia que, executando bem seu trabalho (com alegria!), ele era fiel ao partido, à pátria e ao chefe.

Evidentemente, isto não é mais assim atualmente, época em que se instaurou um "mal-estar com as identificações". Mas, justamente, é porque tal mal-estar existe (consecutivo à diminuição da crença nas diversas instituições e nos "grandes discursos", como diz Lyotard, 1979), que cada um dos grupos tenta tomar o melhor para si; tenta elaborar um imaginário enganador que visa apanhar integralmente cada indivíduo em suas malhas (para impedi-lo de manter suas outras fidelidades), tenta suscitar sua identificação, sua tendência à idealização e sua adesão aos objetivos do grupo. Desse modo, pode nascer o homem do grupo, ou o que Whyte chamou, há muito tempo já, o homem da organização.

Nas nossas sociedades ocidentais, sociedades onde a nação, a religião, a família foram fortemente abaladas, a organização do trabalho (quer em uma empresa, em um hospital ou em qualquer outra organização) tentou se transformar na instituição *princeps*, a que está apta a mobilizar o imaginário de seus membros, a manipular o inconsciente deles e a seduzir sua vontade realizadora.

As "empresas modernas" (termo genérico) pretendem segurar incondicionalmente seus membros para que estes coloquem a serviço delas não apenas sua força de trabalho mas também seu entusiasmo, seu coração, sua alma se necessário. O bom membro da organização é aquele que a venera 24 horas por dia e que, se necessário, sonhe com ela.

É desnecessário citar todos os trabalhos desenvolvidos sobre este tema. Citemos apenas os de Aubert e Gaulejac (1991), de Enriquez (1998), de Pagès (1980), de Mendel (1992), de Amado (1988), que estão entre os mais desmistificadores.

Etzioni (1961) tinha razão. Nas nossas sociedades, nascemos, vivemos e morremos dentro de organizações. É a organização que nos dá ou não uma boa imagem de nós mesmos, imagem que nos permite nos estimar, ou nos detestar quando somos estigmatizados. Em uma palavra, é a organização que nos avalia. Fora dela não há salvação, mormente se tivermos aceitado sua idealização e os processos de recalque e de repressão que ela utiliza. E quando ela não tem mais necessidade de nós, ela nos informa disso sem contemplação.

Do mesmo modo, o sofrimento (como o prazer) não é principalmente produto de nosso trabalho, mas do controle que a organização nos obriga a suportar e da estratégia que ela decidiu seguir. Somos, cada vez menos, julgados pela qualidade de nosso trabalho (ou de nossa obra) e cada vez mais pela capacidade de nos vender, de vender a imagem de marca da empresa, por nossa submissão aos ideais organizacionais por mais delirantes que eles sejam. Por esse motivo, cada indivíduo deve prestar uma atenção constante em seu próprio potencial de autonomia geradora de conflito (porque as empresas desejam indivíduos que almejem se realizar e entrar em competição com outros), na sua capacidade de adaptação (visto que em um mundo estratégico está fora de cogitação deixar de exibir a reação adequada no momento certo), precisa estar de acordo (já que é preciso concretizar o ideal-tipo da organização, sob pena de ser esquecido), ser capaz de convivência (pois é preciso saber trabalhar em grupo e animar uma reunião) e ser capaz de inovar (pois é preciso propor novas vias para a organização, desde que elas não questionem o modelo da empresa). Além disso, cada membro deve se centrar em si mesmo, em suas falhas, e se instrumentalizar a fim de desenvolver as qualidades exigidas pela organização. Desta maneira, surge uma nova alienação. Não a alienação pelo trabalho (embora esta não tenha desaparecido), mas a alienação pela organização. Esta alienação não é feito de algumas "empresas", ela é feito da maioria delas. Atualmente, um professor é bem visto por seus pares na medida em que parece ser um colega que não incomoda e se coloca inteiramente a disposição de sua instituição.

Eis aí o motivo pelo qual os psicossociólogos privilegiaram o estudo dos "conjuntos instituídos". Embora freqüentemente criticados pelos psicólogos e pelos sociólogos do trabalho, que se interessam apenas pela tarefa executada, eles estavam certos ao persistir nessa via, pois não estamos mais no mundo do trabalho mas no mundo da produção (de riquezas e de símbolos) e da representação. Os sociólogos do trabalho compreenderam isso. Eles passaram a concentrar mais suas pesquisas na "empresa", juntando-se assim (muitas vezes sem confessar, pois é sempre desagradável reconhecer suas dívidas e seus erros) à perspectiva psicossociológica.

Acrescentemos que os psicossociólogos têm, há alguns anos, expandido seu campo de pesquisa. Cada vez mais eles se interessam pelas organizações abertas e pelas comunidades (J. Dubost), pelos movimentos sociais, pela cidadania e pela democracia.

Nisto eles reencontram a ambição lewiniana: criar condições para a aprendizagem da democracia direta. Mas eles reencontram também sua verdadeira vocação implícita (alguns dentre eles já a haviam descoberto desde o início). De fato, os esforços dos psicossociólogos sempre tiveram por objetivo a "desalienação" (sabendo todavia que a "desalienação" total era um engodo), a compreensão dos processos que regulam a vida dos grupos e a inclinação para a criação de normas que eles demonstram. Os psicossociólogos sempre desejaram que suas ações (como suas pesquisas) levassem a criar indivíduos realmente autônomos (Castoriadis), criadores de história (Enriquez), que soubessem ligar suas decisões individuais à vida das instituições às quais pertencem (A. Levy); e que suas ações e pesquisas levassem à edificação de instituições nas quais o poder não seria mais dominação, o trabalho imposição, o prazer uma mercadoria rara. Cada vez mais os psicossociólogos trabalham com cooperantes, com "desfiliados sociais" (R. Castel), com indivíduos que sobrevivem com dificuldade (como nas favelas brasileiras – T. C. Carreteiro), com grupos inovadores. Eles se interessam pelo desenvolvimento social, pela revitalização de bairros, até pela transformação de cidades. Não foi sem razão que a primeira conferência do CIRFIP tenha se concentrado no tema "Psicossociologia e democracia" (a conferência contou com J. Dubost, E. Enriquez e A. Lévy). O projeto psicossociológico foi (como comprova um antigo número da revista *Arguments*) e torna-se cada vez mais, um projeto de refundação da democracia. A democracia ativa, que permite aos homens defrontar-se com seu destino e tomá-lo a seu cargo. A democracia que se coloca à prova nos *locus* todos da vida cotidiana (Reich já havia salientado isso), em todos os grupos, organizações e instituições às quais pertencemos. A reflexão sobre o trabalho não é portanto senão uma das faces de uma reflexão sobre a democracia. Por este motivo pensamos que, apesar das diferenças de orientação, que não se deve subestimar, a psicodinâmica do trabalho pode ser, a seu modo, um dos componentes da psicossociologia.

REFERÊNCIAS

Amado, G. (1988), Cohésion organisationnelle et illusion collective. *Revue Française de Gestion,* 69, 37-43.

Amado, G. (1994) La resonance psychosociale au coeur de la vie et de la mort. *Revue Internationale de Psychosociologie,* 1, 87-94.

Amado, G. (1997), La psychosociologie entre éthique et marché. *L´aventure psychosociologique*. Paris: Desclée de Brouwer, 195-205.

Argyris, C. (1970). *Participation et organisation*. Paris: Dunod.

Aubert, N. e de Gaulejac, V. (1991), *L e coût de l'excellence*, Paris, Seuil.

Bridger, H. (1990). Courses and Working Conferences as Transitional Learning Institutions. In E. Trist, & H. Murray (Eds.). *The social engagement of social science*, Vol. I. Philadelphia: The University of Pennsylvania Press, p. 221-245.

Castoriadis, C. (1985). *A experiência do movimento operário.* São Paulo: Brasiliense

Cherns, A. (1976). The principles of sociotechnical design. *Human relations*, *29*(8), 783-792.

Dejours, C. (1993), *Travail, usure mentale,* Paris, Bayard Editions.

Dejours, C. (1995), *Le facteur humain,* Paris, P.U.F., Col. Que sais-je?

Dejours, C. (1996), Introduction, Psychodynamique du travail, *Revue Internationale de Psychosociologie,* vol. III, n.5, p. 5-15.

Drucker, P. (1950). *Pratique de la direction des entreprises.* Paris: Ed. d´Organisation.

Dubost, *Destin des communautés,* Paris, P.U.F., (em fase de publicação).

Dumond, J. P. (1997). La psychanalyse entre la psychosociologie et la psychodynamique du travail. *Revue internationale de psychosociologie*, *4*(6-7), 143-156.

Emery, F. (1969). The historical validity of the Norwegian industrial democracy project. *The Social Engagement of Social Science: A Tavistock Anthology*, 2, 254-258.

Emery, M. (1993). Introduction to the 1993 edition. In M. Emery (Ed.), *Participative Design for Participative Democracy*, Centre for Continuing Education. Camberra: Australian National University.

Enriquez, E. (1972). Imaginaire social, refoulement et répression dans les organisations. *Connextions,* 3.

Enriquez, E. (1977). Rapport au travail et pratique psychosociologique. *Connexions,* 24.

Enriquez, E. (1992). *L´organisation en analyse*. Paris: P.U.F.

Etzioni, A. ed. (1961). *Complex organizations: a sociological reader*. New York: Holt, Rinehart & Winston.

Faucheux, C., Amado, G., & Laurent, A. (1982). Organizational development and change. *Annual Review of Psychology*, *33*(1), 343-370.

Fromm, E. (1960). *O medo à liberdade*. 7 ed. Rio de Janeiro: Zahar.

Herbst, P. G. (1976). Alternatives to Hierarchies. Leiden: Martinus Nijhoff. *Social Science Division*.

Jaques, E. (1951). *The changing culture of a factory*. Londres: Tavistock Publications.

Klein, L, & Eason, K. (1991). *Putting social science to work*. Cambridge: University Press.

Kojève, A. (1947). *Introduction à la lecture de la phénoménologie de l´esprit de Hegel*. Paris: Gallimard.

Levy, A. (1973). Le changement comme travail. *Connexions*, 7.

Lewin, K. (1948). Resolving social conflicts; selected papers on group dynamics.

Lyotard, J. F. (1979). *La condition moderne*. Paris: Ed. de Minuit.

Mendel, G. (1992). *La société n´est pas une famille*. Paris: Ed. La Découverte.

Menzies, I. E. P. (1960). A case-study in the functioning of social systems as a defence against anxiety: A report on a study of the nursing service of a general hospital. *Human relations*, *13*(2), 95-121.

Miller, E. J. (1975). Socio-technical systems in weaving, 1953-1970: A follow-up study. *Human Relations*, *28*(4), 349-386.

Oury, J. (2009). *O coletivo*. São Paulo: Aderaldo & Rothschild.

Pagès, M., Bonetti, M., Gaulejac, V. de, & Descendre, D. (1980). *L´emprise de l´organisation*. Paris: P.U.F.

Rice, A. K. (1953). Productivity and social organization in an Indian weaving shed: An examination of some aspects of the socio-technical system of an experimental automatic loom shed. *Human Relations*, *6*(4), 297-329.

Reich, W. (1977). *A Função do Orgasmo*. São Paulo: Editora Brasiliense

Rouchy, J. C. (1972). Processus inconscients dans les groupes et les organizations. *Connexions*, 1(2).

Thorsrud, E. (1975). La démocratisation du travail et le processus de transformation de l'organisation. *Sociologie du travail*, *17*(3), 243-265

Trist, E. & Bamforth, K. (1951). Some social and psychological consequences of the longwall method of coal getting. *Human Relations*, 4: 3-38.

Trist, E., & Murray, H. (1993). The social engagement of social science. A Tavistock Anthology, Vol. II, The Socio-Technical Perspective. Philadelphia: The University of Pennsylvania Press.

CAPÍTULO 7

O DESAFIO SOCIAL DA GESTÃO: A CONTRIBUIÇÃO DAS CIÊNCIAS SOCIAIS[22]

Jean-François Chanlat

No decorrer do último século, a gestão, enquanto prática social, e o gestor, enquanto figura social, impuseram-se por todo o mundo (Drucker, 2001a, 2001b; Mintzberg, 1989; Bouilloud & Lécuyer, 1994; Clegg, Kornberger, & Pitsis, 2005; Wren, 2005). Essa constatação sociológica está estreitamente associada ao desenvolvimento pelo qual passou o capitalismo e a economia de mercado durante esse mesmo período e, mais genericamente, à afirmação da idéia de razão nas sociedades modernas. Para responder às necessidades de organizar a produção e a coordenação das atividades nas organizações, de um lado e a de construir uma sociedade mais racional, orientada pela idéia de progresso, de outro, os humanos inventaram a gestão (Chandler, 1977; Clegg, Kornberger, & Pitsis, 2005; Déry, 2010).

Nos dois últimos decênios, esse movimento foi reforçado por um certo número de fenômenos: o fracasso das experiências comunistas, a crise do Estado-Providência, a abertura dos mercados, a concorrência crescente entre as regiões econômicas e os países, o crescimento das empresas multinacionais, os reagrupamentos econômicos regionais (UE, NAFTA, Cone Sul etc.), a popularidade da empresa e dos estudos em gestão... Isso faz com que hoje nenhuma esfera da vida social deixe de estar, de perto ou de longe, sob a influência do pensamento gerencial (Mintzberg, 1989; Chanlat, 1998; Legendre, 2006).

Essa arrancada do gerencialismo é acompanhada de um certo número de questões. Ao mesmo tempo em que jamais tivemos uma quantidade tão grande de pessoas formadas em gestão, observamos que diversas

---

22 Título original “Le défi social du management: l'apport des sciences sociales”. Capítulo do livro *Les défis du management*, de 2002, coordenado por M. Kalika. Paris: Liaisons, pp. 59-82. Tradução de Pedro F. Bendassolli.

decisões tomadas pelos gestores não são seguidas dos efeitos esperados. Segundo as pesquisas disponíveis em gestão, 70% dos processos de reengenharia e de 50 a 70% das fusões e aquisições redundam, na verdade, em fracasso (Wolman, & Colamosca, 1997). As empresas que, nos Estados Unidos, fizeram cortes massivos de pessoal na primeira metade dos anos de 1990, a se julgar por certos estudos, e depois, não melhoraram sua performance (Pfeffer & Sutton, 2013). Ao contrário, em diversos casos, elas viram seus resultados diminuir. Enfim, bem recentemente, pudemos constatar que certos modelos de empresas que estavam na moda, à semelhança da Enron, a qual foi eleita como empresa inovadora do ano durante seis anos seguidos pela revista Fortune, revelaram-se como desastres formidáveis e um grave problema ético (Cruver, 2003).

Uma das razões fundamentais desses fracassos ou dessas subperformances emerge do fato de que os gestores que estavam na base dessas decisões se esqueceram das dimensões centrais do comportamento humano. Ora, no universo das ciências, existe um conjunto de disciplinas que se interessam pela ação humana – a saber, as ciências sociais, cujos trabalhos são, em nossa visão, de grande interesse para esclarecer as condutas humanas e a dinâmica social. Ao mesmo tempo em que o mundo da gestão e os próprios gestores buscam, de tempos em tempos nesse universo, alguns elementos de compreensão do social, como é o caso desde o começo do século passado, também vemos essa tendência conjugar-se, muito frequentemente, com uma visão empobrecida, mecânica, utilitária e simplista da ação social (Dufour & Chanlat, 1985; Chanlat, 1990; 1998, 2010; Dupuy, 2015). Meu propósito neste capítulo será, portanto, mostrar o quanto a gestão e os gestores teriam a ganhar se dedicando mais à escuta das ciências sociais do que têm feito até o momento. Esse tipo de atenção permitiria que eles compreendessem melhor o que ocorre e, portanto, refletissem melhor sobre o que é preciso fazer a partir do conhecimento obtido de suas práticas. Permitiria ainda levar em consideração as consequências prováveis de determinadas ações. Essa abordagem está no fundamento de uma gestão compreensiva e reflexiva, sem a qual não é possível um equilíbrio saudável entre a dinâmica social e as exigências econômicas, portanto, a existência de resultados duráveis que contemplem, ao mesmo tempo, tanto as organizações como os indivíduos que nelas trabalham.

O QUE UM GESTOR PODE APRENDER COM AS CIÊNCIAS SOCIAIS?

Ainda que os serem humanos reflitam, já há algum tempo, sobre sua condição e sobre os costumes que os inspiram, as ciências sociais só aparecem, enquanto disciplinas científicas, no decorrer dos dois últimos séculos. As ciências sociais aplicadas à organização e à empresa, por sua vez, emergem ao longo do século XX e, mais exatamente, no curso de sua segunda metade. Da multiplicidade de estudos, pesquisas e de reflexões sobre o social e, particularmente, sobre a dinâmica humana nas organizações, tomaremos apenas um certo número de elementos de compreensão para tornarmos inteligível a ação social num conjunto organizado (empresas privadas, empresas públicas, cooperativas, associações, hospitais, escolas, universidades, administrações públicas etc.). Neste capítulo, destacaremos as que nos parecem as mais fundamentais.

1. OS SERES HUMANOS NAS ORGANIZAÇÕES: ATORES SOCIAIS EM RELAÇÃO

Uma das primeiras contribuições das ciências do trabalho e da sociologia das organizações foi mostrar que toda pessoa em situação profissional, quaisquer que sejam seu posto e sua posição, tem uma capacidade de ação no contexto de seu trabalho (Crozier & Friedberg, 1977; Sainsaulieu, 1977; Linhart, 1978; Reynaud, 1989). Essa margem de manobra é mais ou menos grande segundo os recursos materiais, imateriais ou simbólicos que as pessoas dispõem individualmente ou coletivamente, segundo as estratégias adotadas, as regras do jogo do sistema social envolvido e as zonas de incerteza. Dito de outra forma, toda organização produz relações de poder. Essas relações são constitutivas de qualquer ordem social organizada e cada um, indivíduos ou grupos, pode utilizar seus recursos, desenvolver estratégias para manter sua posição, transformar a situação existente a seu favor ou, então, inovar. Assim fazendo, todas essas pessoas participam, a um só tempo, da manutenção e/ou da transformação das organizações nas quais elas trabalham.

Para os gestores, uma constatação como essa significa duas coisas: de uma parte, que todo funcionário é um *ator social*; e, de outra, que as relações e os jogos de poder são centrais para compreender a ação nas organizações. Entretanto, mais frequentemente do que antes, o universo da gestão considera esse tipo de relações como manobras que prejudicam o bom funcionamento das organizações. Ora, como escreveu Michel Crozier, "Quem diz organização diz poder" (Crozier & Friedberg, 1977). O poder está na base da regulação dos laços sociais, tanto no interior como no exterior de uma organização. A governança de que se fala atualmente é, na verdade, a última ilustração dessa antiga constatação sociológica. Pois ela não coloca a questão das relações de poder entre as diferentes partes (acionistas, direção, pessoal, fornecedores, clientes, comunidade etc.) no centro da organização. Dependendo da configuração das relações sociais, a natureza das atividades, os modos de propriedade e a finalidade da organização, o modo de governo poderá assumir uma forma particular (Charreaux, 1997; Pesqueux, 2000; Clarke & Chanlat, 2009; Clarke, O'Brien, & O'Kelley, 2019)

Munido de um esquema como esse, pode-se compreender melhor determinadas ações, tais como as greves, os jogos em torno da regra, a recusa em obedecer, a lentidão da produção e dos serviços, as manobras de todas as espécies, vindo tanto do topo quanto da base da hierarquia, da mesma forma que os boicotes dos consumidores ou a mobilização dos pequenos acionistas. Cada movimento ilustra a capacidade de ação dos humanos em seu cotidiano de trabalho, capacidade essa essencial para fazer as coisas, alcançar os objetivos que são estipulados e manter ou melhorar sua posição.

2. O HUMANOS NAS ORGANIZAÇÕES: SUJEITOS EM AÇÃO

A noção de ator, central em sociologia, nos mostra quanto cada um dentre nós pode mais ou menos influenciar nosso ambiente imediato ao utilizar, sozinho ou com os outros, nosso potencial de ação. Contudo, essa noção não consegue dar conta de toda a realidade humana. Na verdade, os humanos não são apenas seres calculistas e estrategistas. A humanidade se constitui enquanto tal sobretudo ao mobilizar o que chamamos de subjetividade.

2.1. DO ATOR AO SUJEITO

Em todo ator social, há um sujeito, isto é, uma pessoa que tem desejos, sonhos e ambições. A capacidade de dizer "eu"e de participar na construção de sua existência, notadamente no trabalho, é um verdadeiro desafio para cada ser humano. O reconhecimento e a consideração dessa subjetividade são, portanto, fundamentais. Um grande número de trabalhos mostra que o indivíduo é ator quanto mais é capaz de mobilizar plenamente sua subjetividade (Ollivier, 1995; Enriquez, 1997) e quanto a desconsideração dessa realidade psíquica é patogênica para os trabalhadores em questão (Dejours, 1993; 2015). Ser tratado como um objeto, como recurso, é algo jamais agradável para qualquer um, pois esse comportamento é baseado, em uma grande medida, numa negação do que constitui a existência de cada um: nossa subjetividade.

O universo da gestão, ao estruturar-se normalmente em torno do polo da razão, do número, da quantidade, esquece, muito comumente, dessa dimensão subjetiva da ação (Mercure & Sylvain-Bourdages, 2017; Chanlat, 2017). Por exemplo, quando as pessoas são impedidas de se exprimir sobre seu trabalho, quando se limita, sem nenhuma razão, o tempo das trocas, quando se advoga a todo instante o "seja breve", a subjetividade do indivíduo é impedida de se exprimir. Ora, quando se sabe que essa mobilização subjetiva está no coração do prazer que se obtém do trabalho, e no centro de toda ação social, então pode-se compreender melhor porque ela produz sofrimento, até mesmo violência, quando nada disso é levado em conta (Dejours, 1993, 2015; Irigoyen, 1997; Brunstein, 1999). Pode-se também compreender melhor por que a satisfação dos funcionários de uma empresa é muito fortemente associada ao lugar que as práticas de gestão deixam para a expressão de sua subjetividade, portanto, para a palavra e para o discurso que eles podem ter sobre seu trabalho (Mercure & Sylvain Bourdages, 2017).

2.2. DO SUJEITO E DA VIDA PSÍQUICA

A questão da subjetividade coloca igualmente aquela da vida psíquica. Subjaz ao sujeito toda uma vida inconsciente que influencia as condutas. O mundo das organizações é um mundo de teatros, onde se desenrola essa vida psíquica. Diversas análises mostram o quanto as ações dos gestores se enraizam nela. De fato, as organizações e a empresa são às vezes conduzidas por dirigentes movidos pelo desejo de poder, por ambições desmesuradas, por rivalidades antigas, por vinganças e pela inveja ou ciúmes que influenciam suas ações (Zaleznick & Kets de Vries, 1975; Lapierre, 1994). Mais amplamente, elas são influenciadas pelos perfis psicológicos, os quais têm consequências sobre a escolha das decisões, os modos de funcionamento e a cultura da organização (Kets de Vries & Miller, 1985; Enriquez, 1997). A esse propósito, a mudança de dirigentes pode ser crítica, pois uma alteração de pessoas é também, e com frequência, uma mudança de personalidade que pode se revelar problemática para o futuro da organização, tal como demonstra o estudo da canadense Patricia Pitcher (1995).

Outros estudos insistem igualmente sobre a maneira com que a vida coletiva mobiliza o inconsciente, e sobre quanto o trabalho em grupo recorre a recursos afetivos, os quais influenciam a dinâmica social do grupo em questão (Bion, 1972; Anzieu, 2007; Barus-Michel, Enriquez, & Lévy, 2002). Se todo laço social no trabalho mobiliza uma carga afetiva, esta pode ser mais ou menos forte, segundo o tipo de emprego e as situações concretas de trabalho. Contudo, em todo caso, ela está no centro das relações de trabalho (Dejours, 2015).

3. OS HUMANOS NAS ORGANIZAÇÕES: ATORES-SUJEITOS DOTADOS DE IDENTIDADES

Se a questão da subjetividade é uma central, uma outra dimensão nos parece importante: a questão identitária. Falar de identidade é reenviar o conjunto das representações que uma pessoa tem dela mesma. Essa representação de si alimenta-se de diversas fontes (o sexo, a idade, o corpo, as origens familiares e sociais etc.) e se constrói por meio das relações que temos com os outros. Esse processo é duplo: de um lado, ele participa da expressão de si como pessoa, e, de outro, renvia o conjunto de nossos pertencimentos (Tap, 1989).

Nesse processo de construção identitária, os meios de trabalho e as organizações forneceram sempre as referências mais ou menos fortes (Sainsaulieu, 1977; Francfort, Osty, Sainsaulieu & Uhalde, 1995). Ser mineiro, operário, ferroviário, professor, médico, padeiro, executivo, engenheiro – para tomar alguns exemplos –, reenvia os elementos fortemente estruturantes para os indivíduos. Hoje, ao mesmo tempo em que as identidades profissionais estão sempre presentes, em um certo número de situações, algumas estão em crise ou passam por profundas transformações (Dubar, 2000).

Esses sobressaltos identitários são engendrados pelas transformações pelas quais passam nosssas sociedades, o trabalho e nossas organizações. De uma certa forma, elas estão estreitamente ligadas ao desenvolvimento do capitalismo que pratica, segundo Schumpeter (1984), uma contínua destruição criativa e se recria continuamente (Saussois, 2006). A privatização de certas empresas ou serviços públicos, o momento atual de fusões e aquisições, os impulsos tecnológicos, as diversas reestruturações, os novos imperativos baseados na performance financeira a curto prazo ou ainda as mudanças sóciodemográficas (feminização e diversidade do mercado de trabalho, envelhecimento da população, "cosmopolitização" do tecido social etc.) são alguns fatores, entre muitos outros, que contribuem, hoje, para modificar as identidades coletivas (Tatli & Özbilgin, 2015; Chanlat & Özbilgin, 2018, 2019).

3.1. DOS ATORES ÀS ESTRATÉGIAS IDENTITÁRIAS

A questão identitária está estreitamente relacionada com os dois elementos precedentes. As estratégias dos atores são frequentemente animadas por questões de identidade (Sainsaulieu, 1977, 1987, 2002). Vemos isso em diversos conflitos recentes, tais como as greves no setor público, certas ocupações do setor privado, ou ainda nas numerosas reivindicações sociais (Lallement, 2007) . Por exemplo, a mobilização dos funcionários de Moulinex, as manifestações no setor público ou certas reivindicações dos agricultores ou do corpo médico não incidem unicamente sobre considerações econômicas ou corporativistas, mas dependem de elementos mais profundos que tocam na maneira como as pessoas envolvidas se definem e como as ameaças ou as mudanças propostas atacam as identidades constituídas. Quanto à subjetividade dos atores, ela é igualmente mobilizada na questão da representação de si. De fato, como a identidade forma a parte social de toda pessoa, não podemos dissociar a vida psíquica dessa pessoa de sua experiência social concreta. Como mostrou Freud em sua obra, segundo Enriquez (1983, 1997), os outros participam da construção de nossa vida psíquica, notadamente servindo de modelos de identificação, de objetos de investimento afetivo (amor ou ódio), de *suporte* (laços de cooperação) e de *adversários* (rivalidade). O "eu" é, portanto, indissociável desta relação com o outro. Nossa história subjetiva é sempre uma história social. Nossas ações são alimentadas constantemente por nossos desejos, nossas buscas, nossas esperanças, nossas ambições, nossos fantasmas etc. A maneira pela qual nós nos definimos é o fruto dessa interrelação entre nossos recursos psíquicos, nossas ações e o comportamento que os outros têm em relação a nós.

3.2. IDENTIDADE E RESSONÂNCIA PSÍQUICA EM CONTEXTO DE TRABALHO

O universo do trabalho é um espaço propício para observar essa construção identitária profissional e as ressonâncias que ela pode ter sobre nossa própria história psíquica (Amado, 1994). Quantas pessoas não escolheram tal ou qual profissão para satisfazer um desejo mais ou menos consciente, por exemplo, salvar a humanidade, vingar-se contra o destino, transformar o mundo, curar seus familiares? Mas isso também nos permite ver como muitos trabalhadores, empregados, executivos e gestores veem suas representações de si alimentadas por suas atividades profissionais, e como algumas dessas atividades foram associadas a um sexo (há trinta anos, a idéia de gestor remetia ao sexo masculino) e como, para alguns, é difícil viver a aposentadoria. Podemos também compreender por que o desemprego é uma verdadeira prova, visto como uma perda da identidade social e porque as mudanças mais difíceis a realizar em uma organização são as que dizem respeito à identidade da organização (Hafsi & Demers, 2007; Mintzberg, 2004; Khurana, 2007; Dupuy, 2015) e a da pessoa no trabalho (Sainsaulieu, 1987; 2002; Osty & Uhalde, 2007), pois elas põem em xeque coisas profundas, constitutivas de si. Se a identidade é sempre plural, isso não significa que a desaparição ou a modificação de certos elementos seja algo óbvio.

4. OS HUMANOS NAS ORGANIZAÇÕES: TRABALHADORES EM SITUAÇÃO

A relação *atores-sujeitos*, da qual acabamos de falar, não existe no vazio. Ela é sempre mediada pelo trabalho concreto que eles realizam em sua organização. É nesse sentido que somos todos *trabalhadores em situação*, ou seja, somos nossas ações. Nossa subjetividade e nossa identidade no trabalho estão em ligação direta com o que fazemos concretamente. Nossa relação com a organização passa pelas tarefas que realizamos em nosso cotidiano de trabalho. Essa questão é igualmente central na compreensão dos comportamentos no trabalho (Dejours, 1980, 2005, 2015; Clot, 1995; Dujarier, 2015).

4.1. QUANDO O TRABALHO PRESCRITO NUNCA É O TRABALHO REAL

Uma das contribuições fundamentais das ciências do trabalho para a inteligibilidade do que ocorre em situação é justamente de ter demonstrado que o trabalho *prescrito* é sempre diferente do trabalho *real* (Mercure & Sylvain Bourdages, 2017). Dito de outro modo, os procedimentos, as regras, as formas de fazer prescritas jamais são seguidas à risca. Em razão da incerteza própria a toda situação de trabalho, cada um dentre nós recompõe mais ou menos o que se tem de fazer. Essa constatação, a qual pode ser facilmente observada em todos os meios profissionais, nos indica que não podemos pensar apenas em termos teóricos.

A gestão, que é, por definição, responsável por encontar a boa fórmula (há um cem numero de publicações que exaltam os méritos dessa ou daquela técnica) e, portanto, por prescrever as famosas melhores práticas, tem uma tendência frequente de esquecer essa importante constatação sociológica. Quantas normas, procedimentos, regras, ferramentas, de organizações do trabalho encontram-se em acima da realidade concreta do trabalho, tal como é vivenciada pelos trabalhadores? Esse fenômeno é amplamente constatável em todos os setores de atividade. As organizações funcionam porque os indivíduos em situação concreta de trabalho mobilizam sua inteligência prática para fazer as coisas acontecerem a despeito das regras e dos procedimentos prescritos e, frequentemente, inaplicáveis na prática (a aplicação inflexível das regras mostra isso de modo eloquente (Dejours, 1993; Alter, 2002; Babeau e Chanlat, 2008).

Uma direção e uma gestão bem distantes da realidade da prática é, com frequência, a causa dessa cisão entre prescrito e real. Pode-se também compreender melhor porque os chefes que têm um bom conhecimento das dificuldades do campo por sua própria experiência têm, em geral, uma boa compreensão dessas cisões entre o prescrito e o real. Em contrapartida, aqueles cujo conhecimento é apenas abstrato e distante têm dificuldade de julgar o que ocorre. Para piorar, isso pode, às vezes, conjugar-se a uma falta crônica de escuta.

Ora, um gestor à escuta permite a seus colaboradores e subordinados dizer o que eles realmente querem, e com toda franqueza. Se tais espaços de palavra são possíveis, isso permitiria reduzir a distância entre o prescrito e o real e, da mesma forma, criar as bases de uma gestão mais próxima das exigências concretas do campo (Dupuy, 2015); ter em conta o conjunto da atividades desenvolvidas pelas pessoas no trabalho para enfrentar aquilo que não é dado pela organização formal do trabalho, ou seja, o que se qualifica de ergonomia de trabalho – a qual, por definição, tem sempre uma parte impredicável. Mas essa escuta autêntica não acontecerá a menos que o gestores tenham feito o luto de seu onipotência, ou seja, da idéia de que possuem a verdade e o conhecimento perfeitos, e assim tenham modéstia e humildade. Os gestores mais eficazes são, em geral, aqueles de quem não se escuta falar.

4.2. QUANDO O DESEJO DE RECONHECIMENTO ESTÁ NO CENTRO DA DINÂMICA DO TRABALHO

Uma segunda contribuição das ciências do trabalho, notadamente proveniente da psicodinâmica do trabalho, é a de ter mostrado quanto a visibilidade e o reconhecimento são elementos centrais da relação entre qualquer pessoa e seu trabalho e, notadamente, a importância do prazer ou do sofrimento que podemos experienciar nas situações de trabalho (Dejours, 1993; 2015; Dejours & Gernet, 2016). A visibilidade reenvia o fato de se ter um trabalho visível ou não. Em toda organização, há, de fato, empregos mais ou menos escondidos, até mesmo totalmente invisíveis. Pensemos nas pessoas que se ocupam da recepção ou de certas tarefas administrativas ou produtivas que passam desapercebidas. Por todas essas pessoas, a invisibilidade do que elas fazem – muitas dessas tarefas são assumidas por mulheres – pode ser uma fonte de sofrimento quando não os tornamos visíveis. Todo gestor deve, portanto, ser sensível a maior ou menor visibilidade do trabalho e de seus colaboradores e colaboradoras. Essa é a razão pela qual certos gestores passam alguns minutos todas as manhãs com cada um dos membros de seu serviço. Essa é uma maneira de dizer simplesmente "você existe" e, portanto, de tornar visível o que não o é espontaneamente, pois os empregos invisíveis são tão importantes quanto os outros. Pensemos num edifício que não tivesse nenhum serviço de recepção ou ainda nas greves do pessoal do metrô parisiense... Adivinhamos o que poderia acontecer e notamos o que isso poderia provocar!

Se nosso trabalho necessita de um mínimo de visibilidade, é igualmente fundamental que ele seja reconhecido. O reconhecimento está no coração da dinâmica humana no trabalho. De acordo com a psicodinâmica do trabalho, o reconhecimento passa por dois tipos de julgamento: o jultamento da beleza, aquele dos pares, e o julgamento de utilidade, dos resultados, aquele da hierarquia. O primeiro remete à beleza do trabalho, isto é, a um julgamento estético que fazem os pares ou ao qual pode ter acesso o superior hierárquico quando ele tem a experiência do trabalho. Esse julgamento encontra-se bem estabelecido entre os artistas e as pessoas de ofício, especificamente pelo conceito de obra. Mas também podemos encontrá-lo em todos os empregos, e em graus diversos. O segundo, o julgamento de utilidade é, em geral, mais importante que o primeiro, especialmente num contexto em que a eficácia tornou-se uma obsessão. Ele toca na questão dos resultados obtidos e é dado geralmente pelo superior hierárquico. Esse julgamento deve ser equitativo, ou seja, deve-se reconhecer o trabalho realizado em relação às dificuldades encontradas e em comparação com outros empregos análogos. As pessoas são muito sensíveis à injustiça de tratamento. Contudo, para todas as pessoas que trabalham, ainda que os dois julgamentos sejam importantes, aquele dos pares continua sendo, em geral, o mais temido. Isso porque ele vem do interior – ou seja, daqueles e daquelas que o *conhecem*.

Todo gestor deve estar particularmente consciente do que se desenrola na dinâmica do reconhecimento, pois, enquanto supervisor hierárquico, ele desempenha um papel central nesse processo. Quantas vezes não escutamos as pessoas dizerem, em nossas organizações, que elas não são reconhecidas. Não podemos construir um sistema social viável, interessante para os indivíduos, sem levar em conta essa questão do reconhecimento no trabalho – o qual deve ter relação com a situação vivida de trabalho (Dejours, 2015).

5. OS HUMANOS NAS ORGANIZAÇÕES: ATORES-SUJEITOS EM BUSCA DE SIGNIFICAÇÕES

A dimensão simbólica é consubstancial à idéia mesma de humanidade. Como escreveu Georges Gusdorf (1977), "O homem é um animal que fala". Fabricante de significados e produtor de símbolos, o ser humano se distingue dessa forma do resto do mundo vivo. Essa aptidão para simbolizar, interpretar e representar a realidade que o rodeia é o fundamento mesmo da cultura. No mundo das organizações, essa questão tem sido particularmente explorada nesses dois últimos decênios por diversas correntes que podem interessar aos gestores (Gagliardi, 1990; Turner, 1990; Wright, 1994; Van Marrewijk, 2010; Chanlat & Pierre, 2018). Neste capítulo, abordaremos duas. A primeira toca na questão da linguagem. A segunda concerne à questão do simbólico e da cultura.

5.1. A LINGUAGEM NAS ORGANIZAÇÕES: DE QUE SE FALA?

O mundo da gestão é muito comumente prisioneiro de uma visão telegráfica da comunicação (Girin, 1990; 2016). Por tal tipo de visão, entendemos uma concepção instrumental, utilitária e informacional da comunicação, tal como expresso no bom e velho esquema do emissor-receptor. Ora, se certos aspectos da comunicação nas organizações podem ser apreendidos por meio da teoria da informação, uma teoria desenvolvida por engenheiros e matemáticos após a Segunda Gerra mundial, isso não significa que ela é capaz de dar conta de toda a complexidade e das funções da linguagem humana. Os trabalhos da ciência da linguagem e, em particular, aqueles que se interessam pela relação linguagem-trabalho, têm muitas contribuições a dar a esse domínio (Boutet, 1995, 2010; Pène, Borzeix & Fraenkel, 2001; Westwood & Linstead, 2001; Girin, 1990, 2016).O que eles nos ensinam? Muitas coisas.

De início, que a linguagem e a fala são constitutivas da experiência humana. Como escreveu Benveniste (1980, p. 3): "É na e pela linguagem que o homem se constitui como sujeito". As atividades de linguagem são, portanto, fundamentais para a expressão da subjetividade, constitutivas, como vimos anteriormente, do ser humano. Em seguida, que a linguagem tem várias funções. Ao lado da função de informação, a qual é frequentemente privilegiada no universo da gestão, o *dizer*, como denominam os linguistas, há outras que, por diversos aspectos, são igualmente importantes: a função de expressão, de significação, a cognitiva, a de ação e a função poética.

A função de expressão, o *dizer*, dos especialistas da linguagem, remete, de um lado, à maneira como o indivíduo exprime sua afetividade, suas emoções e aquilo que ele é. De outra parte, a linguagem remete à maneira como se constroem e se desconstroem as identidades coletivas através do "nós".

A função de significação remete à função simbólica da linguagem. Sem a linguagem, nós não poderíamos chegar ao significado. Toda a compreensão da experiência humana passa pela maneira pela qual prestamos contas, por palavras, do que fazemos.

A função cognitiva da linguagem diz respeito ao pensamento. De fato, não há pensamento sem linguagem. A língua que falamos ou que escrevemos nos serve para formular conceitos, para imaginar mundos, para representarmos nossas realidades, nossas relações com a natureza e com a sociedade.

A função de ação toca no que chamamos de atos de fala. Ela remete a todas essas expressões que nos permitem agir pela fala: "Eu me envolvo com...eu te prometo que..., nós vamos fazer isso...". Isso nos permite compreender porque, quando esses atos de fala não são respeitados, os interlocutores se consideram traídos, pois jamais falamos algo que não quer dizer nada. Quando uma pessoa se compromete perante outra pela fala, ela não faz outra coisa que pronunciar palavras. Ela age por suas palavras (Austin, 1985; Boutet, 2010).

A função poética concerne à função criativa da linguagem. Ela está no centro da produção literária e de todas as criações linguageiras. A língua torna-se o próprio objeto da língua. Ela se enlaça ao imaginário, já que coloca em palavras nossos sonhos. Por meio das metáforas, ela mostra as possibilidades de cada língua para criar efeitos que nos tocam. A força da poesia está aí para o ilustrar e para nos mostrar que ela é essencial à vida humana. É a razão pela qual não existe sociedade sem poesia. Quando esta última desaparece, a sociedade é, ela própria, a próxima a desaparecer, pois ela não tem mais imaginário.

O mundo da organização, enquanto mundo humano, é um universo de linguagem e de não-ditos, no interior do qual se cruzam as palavras individuais, as práticas linguageiras, escritas ou orais, de uns e de outros (operários, técnicos, pessoal administrativo, gestores etc.), os silêncios e a ordem dos diferentes discursos (Chanlat, 1990; Bayart, Dumez & Borzeix, 2010; Girin, 1990, 2016). Esse universo linguageiro se banha numa língua ou em línguas oficialmente reconhecidas pelo Estado, ou ainda numa língua imposta pelo investidor estrangeiro ou pela ordem regional ou mundial (Chanlat & Pierre, 2018). Essa pluralidade linguística, às vezes fonte de tensão no interior e no exterior da organização, nos mostra que o choque concreto das línguas exprime um outro nível e, de um certo modo, o conflito entre identidades coletivas e distintas.

Os gestores que têm apenas uma visão instrumental e funcional da linguagem se expõem, portanto, à dificuldades em sua tarefa cotidiana. Isso porque a linguagem está no centro da compreensão dos atos e das condutas no trabalho. Dar a palavra aos seus colaboradores, aos seus subordinados é permitir que exprimam o que realmente vivem e, por consequência, permitir que sejam verdadeiros sujeitos em ação. Essa tomada de palavra é fundamental para o bom funcionamento de qualquer organização. A palavra dos gestores é igualmente essencial na construção do laço social, no reconhecimento e no estabelecimento da confiança no interior de uma sociedade. Além disso, sabemos, depois de algumas pesquisas, que os gestores passam a maior parte de seu tempo falando (Mintzberg, 1973)! A gestão, que é um universo de ação, deve melhor apreender essas funções, a fim de evitar os numerosos desentendimentos dos quais somos, com frequência, testemunhas.

5.2. A CULTURA: UM UNIVERSO DE SIGNIFICAÇÕES

Se a linguagem é fundamental para todo ser humano, algo semelhante acontece com a cultura. Os homens e as mulheres que vivem numa sociedade constroem, por meio de suas interações, um conjunto de maneiras de pensar, de sentir e de fazer comuns. Em antropologia, esse conjunto se chama cultura (Cuche, 1996).

O conceito de cultura e, por extensão, todas as noções que nela se ligam (símbolos, mitos, rituais, cerimônias, lendas etc.), fazem parte, há pelo menos dois decênios, dos discursos dos gestores (Gagliardi, 1990; Turner, 1990; Wright, 1994; Van Marrewijk, 2010). Mas essa popularidade é fonte de ambiguidade, até, em certos casos, de abusos conceituais. A organização, enquanto objeto de análise, não é, na prática, nem uma tribo, nem um povo, nem uma sociedade independente. Ela não se basta. Ela é atravessada por elementos societais (cultura nacional, regional, local, profissional etc.). As práticas de gestão não podem deixar de ser afetadas por isso. É por tal motivo que não existe gestão universal abstrata, que se imporia a todas e quaisquer organizações e sociedades (Hofstede, 1985). Ao contrário, diversos trabalhos de campo nos mostram que a compreensão do viver em conjunto em uma organização passa também pela cultura, pois ela fornece os esquemas de interpretação por meio dos quais uma situação ganha significado para os atores sociais (d'Iribarne, 1993, 1998; 2008; Davel, Dupuis & Chanlat, 2008; Segal, 2010; Barmeyer & Franklin, 2016; Chanlat & Pierre, 2018). No momento em que ouvimos falar sem parar de mundialização, essa constatação antropológica se impõe automaticamente. De fato, não é porque falamos a mesma língua que estamos, necessariamente, no mesmo universo cultural – diversos são os mal-entendidos que surgem da desconsideração dessa verdade tão simples (Geoffroy, 2002; Chevrier, 2012), particularmente agora, com a utilização da língua inglesa como língua franca (Chanlat, 2015; Tréguer-Felten, 2019). As lógicas de ação nas organizações são portadoras de significado e os reenviam às lógicas culturais locais, regionais e nacionais. Os gestores que não levam isso suficientemente em conta se expõem a viver dificuldades. É o que nos parece indicar um certo número de travalhos sobre fusões e aquisições internacionais.

6. OS HUMANOS NAS ORGANIZAÇÕES: ATORES-SUJEITOS ENRAIZADOS NUM ESPAÇO-TEMPO

O espaço e o tempo constituem duas dimensões fundamentais de toda atividade humana. Cada ser humano se enraiza, simultaneamente, em ambos. As organizações, as sociedades e o universo igualmente. Ainda que essas duas dimensões continuem a ser tratadas, em gestão, à luz dos aspectos da funcionalidade e da economia, aliás, como muitas outras dimensões das quais já falamos, a observação cotidiana das pessoas em situação de trabalho concreta nos mostra que elas são ricas em significações.

6.1. O ESPAÇO NO TRABALHO: UM LUGAR MAIS QUE FUNCIONAL

Todo espaço organizacional é um lugar, ao mesmo tempo, dividido e imposto, de modo que o pessoal, independentemente de seu grau ou posição, tenta, a despeito das dificuldades, se apropriar. Trata-se de um lugar rico simbolicamente, um teatro de interações, um lugar de enraizamento. Isso explica por que é sempre difícil se separar de um lugar em que estamos enraizados. O exílio, por exemplo, é sempre uma situação de privação. Isso porque o espaço fixa, de algum modo, a identidade pessoal e social, oferece posições de referência para se mover, trocar, produzir, distrair, e é fonte de uma carga afetiva e social.

O espaço, ligado, ao mesmo tempo, à sobrevivência biológica e à existência psicológica, é também um lugar social, um campo que estrutura as interações. Seu arranjo é sempre uma questão e um desafio. Uma questão no sentido em que cada ator-sujeito busca, na medida de seus meios, apropriar-se de uma parte dele ou da sua totalidade pelo jogo da territorialidade e das relações de poder; um desafio no sentido em que o espaço concebido é apenas um dentre tantos outros submetidos, uma vez realizados, à crítica do espaço vivido (Fischer, 1990, 1997).

Espaço fechado ou aberto, espaço como fluxo ou claramente definido, espaço personalizado ou anônimo, espaço significante ou vazio de significado, espaço estético ou não, o espaço organizacional fornece o enquadre geográfico do trabalho. Cuidar desse espaço é se interessar pelas pessoas que aí se encontram. Contudo, em diversos casos de rearranjo e de projetos espaciais, ficamos surpresos com as reações de insatisfação. Na maior parte das vezes, as razões dessa decepção residem na ausência de participação das pessoas envolvidas no projeto de rearranjo e a desconsideração de alguns elementos chaves. Todos nós sabemos, de forma mais ou menos intuitiva, que o espaço, ao estruturar as relações sociais, contribui para que a organização viva de uma certa maneira (Lautier, 2000; Clegg & Kornberger, 2006; Chanlat, 2006). Como, na verdade, as pessoas podem ter um pertencimento a uma organização quando esta não lhe oferece um canto a ela reservado? As dificuldades enfrentadas pelo teletrabalho se inscrevem nesse contexto. O lugar de trabalho é um lugar de socialização e de encontros: quando abolido, isso reenvia as pessoas a elas mesmas, isolando-as. O fato de algumas pessoas não conseguirem se acomodar por diversas razões não quer dizer que a maioria das pessoas prefeririam trabalhar em outro lugar que não na organização. As novas tecnologias da comunicação não parecem se dobrar a essa tendência .

6.2. O TEMPO NO TRABALHO: UMA REALIDADE SUBJETIVA E QUALITATIVA

Se o espaço constitui um dos elementos do enquadre da ação humana, ele é indissociável do tempo. Todo ser humano se increve em uma duração, assim como toda vida coletiva. As organizações, enquanto construção humana, não escapam tampouco a esse imperativo temporal. Elas nascem, desenvolvem-se e morrem um dia. No domínio do trabalho e das organizações, o tempo tem sido visto principalmente como uma variável quantitativa, um recurso que se poderia utilizar, economizar, desperdiçar, segundo os imperativos econômicos da produção. É assim que os horários de trabalho têm sido fixados, que as cadências e os ritmos de produção foram padronizados, que o relógio e o cronômetro se tornaram instrumentos de controle da assiduidade e da performance no trabalho. Hoje, a imensidão de livros consagrados à gestão do tempo ilustra essa obsessão temporal de nossa cultura. Ela é reforçada pela utilização massiva de novas tecnologias da informação que comprimem o tempo de trabalho.

Contudo, o tempo não é somente uma dimensão objetiva e mensurável. Ele é também *subjetivo e qualitativo*. O vivido das pessoas no trabalho não é dissociável da maneira como se constrói, pessoal e socialmente, a temporalidade (Hassard, 1990). Ao tempo objetivo da organização responde ao tempo subjetivo dos indivíduos, o qual é também um tempo social. Na França, o debate em torno das 35 horas ilustra bem essa questão (Brunhes, Clerc, Méda & Perret, 2002). O mesmo faz a reflexão sobre o tempo das mulheres comparado com o dos homens (Méda, 2001; Laufer, Mary & Maruani, 2003).

No momento em que a evolução técnica e socioeconômica impulsiona para flexibilidade, para a desincronização das atividades, para as rupturas e rearranjos espaciais, em que o modo de ser do tempo é a urgência, um espaço-velocidade, diz Virilio (2009), no qual assistimos à emergência da era do efêmero e no qual o tempo se torna uma das medidas das coisas, uma tomada de consideração torna-se fundamental no caso de querermos evitar espaços cada vez mais sem alma e evitar a abolição da História (Bauman, 2006).

O desafio que se coloca aos gestores é ainda maior que antes, pois eles (ou elas) devem produzir o coletivo num espaço-tempo cada vez mais fragmentado. Podemos compreender que os resultados estejam longe do ideal, pois o "viver juntos" necessita de um espaço-tempo comum. Como construir o laço social se a gente não se preocupa em passar o tempo juntos? Esta é uma questão que os gestores deveriam se colocar cada vez que eles dão lugar à novas práticas de gestão. Tais práticas podem fragilizar ou reforçar as equipes de trabalho e, portanto, a cooperação e a confiança que sempre são desenvolvidas com o tempo e a proximidade social (Dejours, 2015; Dujarier, 2015).

7. OS HUMANOS NAS ORGANIZAÇÕES: ATORES-SUJEITOS ENCARNADOS

Os personagens no trabalho não são abstrações. Eles se encarnam nos corpos. Essa corporalidade do ser humano oferece as possibilidades de se mover, de agir, de pensar, de sentir, de tocar, de ver, de saborear, de provar do prazer ou ainda de sofrer. Dito de outro modo, todas as ações humanas mobilizam o corpo de uma maneira ou de outra. Essa questão, que pode parecer uma obviedade para alguns, é desprezada em certas práticas de gestão.

7.1. O CORPO NO TRABALHO: UM CORPO QUE ÀS VEZES SOFRE

Tudo o que se escreve hoje sobre a noção de stress, de fadiga e de esgotamento profissional nos lembra do caráter biológico e corporal da pessoa humana. De fato, quando os modos de gestão e de organização do trabalho não levam em conta as funções biológicas e psicológicas do ser humano, assistimos a uma degradação da saúde mental e física dos trabalhadores (Karasek, 1990; Aubert & Gaulejac, 1991; Dejours, 1993, 2015; Irigoyen, 1998; Brunstein, 1990; Gaulejac, 2011; Devie & Cooper, 2017). Os gestores, que também não escapam a essa regra, são, em grande medida, por suas decisões e seus comportamentos, elementos chaves na produção do prazer ou do sofrimento no trabalho. Às vezes sem querer, ou sem saber, os gestores podem dar lugar à práticas que se mostram deletérias para a saúde de seus colaboradores e de seus subordinados. Todas as pesquisas no domínio da pressão profissional e da psicodinâmica do trabalho mostram como o nível de stress está estreitamente ligado aos modelos de gestão (Chanlat, 1999; Detchessahar, Devigne, Grevin, & Stimec, 2012; Dejours, 2015). Todavia, enquanto os problemas são de origem organizacional, diversas são as empresas que só respondem por medidas de ordem individual. Ocorre que essas medidas, no caso de poderem responder à certas dificuldades no curto prazo, especialmente no caso de choques traumáticos (acidente, agressão, suicídio etc.), não são eficazes para solucionar problemas cujas causas são sociais. Disso os executivos estão perfeitamente conscientes (Dejours, 2015).

7.2. O CORPO NO TRABALHO: UMA EXPRESSÃO DE SI

A questão do corpo não se coloca apenas no caso da saúde ou do bem-estar. Ela está presente a cada instante. Quando falamos de comunicação, de relação com o outro, de relação homem-mulher, de relação com o espaço-tempo, o corpo está sempre engajado e participa da construção do significado de nossos comportamentos (Hall, 1994; Le Breton, 1998). A realidade virtual tampouco existiria sem esse enraizamento corporal. Como demonstrado pelos estudos recentes sobre o trabalho virtual, a experiência nesse domínio jamais será equivalente à experiência concreta. Isso porque, de um lado, nós temos uma experiência simulada que não dá conta do ambiente e do contexto sócioafetivo real, e, de outro, nós temos a ação humana em sua realidade visível, feita de incertezas, de comportamentos imprevistos, de problemas técnicos... (Dubey, 2001). Colocando de outra forma, a afetividade, o laço social, o fazer conjunto, são sempre encarnados. É o que explica, talvez, que a utilização crescente de novas tecnologias da comunicação nas organizações não se conjugue com uma diminuição do número de reuniões ou que as formas de ensino à distância ainda continuem marginais. Os indivíduos que trabalham ou que estudam têm necessidade de encontrar os outros, de ter contatos visuais, táteis, auditivos, com seus colegas. A virtualidade das trocas não pode satisfazê-los, ainda que elas permitam manter uma relação à distância entre dois encontros. Devemos conferir se a crise da Covid 19 vai provocar mudanças nos comportamentos (Chanlat, 2020).

8. OS HUMANOS NAS ORGANIZAÇÕES: SUJEITOS ÉTICOS

Como nos lembra o filósofo Éric Weil (2020, p1), "Todo empreendimento humano, por desinteressado que seja, está submetido à questão de saber se é justificado ou não, necessário, admissível ou repreensível, de acordo com os valores reconhecidos ou em contradição com eles, ou seja, se ajuda na realização do que é considerado como desejável na prevenção ou na eliminação do que é julgado como mal".

Essa interrogação define o universo da moral. Ciência ou doutrina que determina as regras da ação e é indissociável de qualquer atividade humana. No mundo das organizações e da gestão, assistimos, há algumas décadas, a um retorno das interrogações morais. Essa emergência é atribuída a diversos fatores: os vários escândalos bancários, as consequências sócioeconômicas de certas decisões especulativas, os conflitos causados pela técnica, a crise da vaca louca, o escândalo do sangue contaminado, o declínico da ética do trabalho, a crise ecológica etc. (Etzioni, 1988; Jonas, 1990; Pasquero, 2000; Arnsperger & Van Parijs, 2000).

A vida nas organizações e, mais amplamente, as relações sociais que aí se tecem, são fundadas em valores. Esses valores, implícitos ou explícitos, definem as regras de ação que irão inspirar os julgamentos e as condutas. Nenhuma interação humana pode se furtar, de uma forma ou de outra, ao domínio dessas regras, pois elas definem os imperativos normativos da ação (Weber, 1991).

Os gestores, enquanto atores sociais, não escapam desse questionamento pessoal, nem do julgamento dos outros. Podemos constatar isso todos os dias no trabalho cotidiano (Baïada-Hirèche, Pasquero & Chanlat, 2012). A esse propósito, o caso recente da Enron é exemplar.

Como não julgar a conduta dos atores dirigentes da Enron depois do que eles fizeram? Ocultar a situação real da empresa a seus empregados e acionistas; forçar seus trabalhadores a não vender ações da companhia enquanto eles próprios o faziam; induzir controladores de gestão pertencentes a uma empresa quase centenária a cometer práticas indevidas, a fazer desaparecer toneladas de documentos; é, de fato, muito pouco ético, sobretudo quando a empresa vai à falência, quando os empregado perdem seu emprego e, ao mesmo tempo, sua aposentadoria! Esse caso, que casou muita repercussão e que vai causar repercussão ainda por muitos anos no futuro, também nos lembra quanto a ação econômica abandonada a si mesma é perigosa, outra vez, o quanto é importante ter valores sociais mais amplos (Pfeffer & Sutton, 2013; Dupuy, 2015). Na verdade, temos de evitar esses desastres. Isso para dizer o quanto a questão dos valores está no centro da ação gerencial e quanto a busca do lucro deve ser enquadrada por outros pensamentos mais sociais (Mintzberg, 2004; Khurana, 2007; Chanlat, 2013). Max Weber (1991) compreendera isso muito bem ao escrever, no início do século XX: "Quando o cumprimento do dever profissional não pode ser diretamente associado aos valores espirituais e culturais mais elevados – ou o inverso, quando ele não pode ser sentido como uma simples obrigação econômica – o indivíduo renuncia, em geral, a justificá-lo". Nos Estados Unidos, nos lugares de seu próprio paroxismo, a busca da riqueza, desprovida de seu sentido ético-religioso, tem hoje tendência a se associar a paixões puramente agnósticas, o que lhe confere, muito frequentemente, a característica de um esporte... Para os últimos homens desse desenvolvimento da civilização, estas palavras poderiam transformar-se em verdade: "Especialistas sem visão, voluptuosos sem coração, esse nada imagina que alcançou um nível de humanidade jamais obtido até hoje" (Weber, 1991).

CONSIDERAÇÕES FINAIS: POR UMA GESTÃO COMPREENSIVA E REFLEXIVA

A ação gerencial é uma ação social situada que tem, por especificidade, a busca da eficácia organizacional (Déry, 2010; David, Hatchuel & Laufer, 2001). Os critérios de avaliação dessa eficácia podem ser econômicos e sociais, ao mesmo tempo. Enquanto ator social, o gestor é, simultaneamente, sujeito e objeto das intervenções em seu meio; sujeito, no sentido de que ele próprio inicia as intervenções por suas decisões; objeto, pelo fato de que ele se submete às intervenções dos outros: sua hierarquia, seus colaboradores e/ou subordinados, seus clientes etc. Como todo ator social, ele tem uma margem de manobra mais ou menos grande dentro do que ele pode fazer e na maneira como ele pode reagir ao que os outros lhe fazem. Ele é também um sujeito em atos, portador de uma identidade profissional, um trabalhador em situação, enraizado em um espaço-tempo, em busca de significado, uma pessoa encarnada e cuja ação é orientada por valores.

Essa constatação, que é também válida para todos os outros atores sociais de uma organização, mostra-nos quanto a gestão é uma prática social e quanto o gestor não pode deixar de ter uma compreensão do sistema social no qual se encontra e desempenha um papel importante. Face a comportamentos insólitos, acidentes, grande absenteísmo, uma rotatividade anormalmente elevada, reações imprevistas, condutas aparentemente irracionais, o gestor deve sempre evitar julgar e confiar em preconceitos e em idéias recebidas, as quais obscurecem a compreensão dos comportamentos ou das situações observadas. Muito ao contrário, ele deve tentar compreender o significado do que acontece. Todo comportamento social tem, de fato, um significado em situação, mesmo aqueles que parecem os menos racionais. A dificuldade é tomar tempo para fazer surgir tal significado. Para tanto, o gestor deve dar a palavra às pessoas diretamente envolvidas, permitindo, desse modo, que elas se expressem sobre o que vivem ou tomem consciência de seu vivido em situação – o que é bem distante das visões do gestor, que vêm do alto da hierarquia.

De maneira mais geral, ele deve se apoiar sobre um conjunto de conhecimentos que apenas as ciências sociais podem lhe dar. Desse ponto de vista, não há, em nossa opinião, formação de gestão digna desse nome sem um treino em ciências humanas, o que permitiria identificar certas dimensões centrais, forneceria os parâmetros de análise do social e, como consequência, os próprios meios para melhor compreender o que acontece. Esse treino permitiria ao gestor refletir melhor sobre sua prática e o manteria a postos contra certas decisões, certas modas gerenciais passageiras, que poderiam ter consequências nefastas para a organização ou para os indivíduos que nela trabalham, ou ainda contra uma fuga desesperada em direção a tecnização, até mesmo, em certos casos, em direção à práticas "mágicas". Em suma, tal treino ou aprendizagem o faria questionar os valores que orientam sua ação.

Num mundo que tem a tendência de privilegiar o econômico e o financeiro, e que agora deve enfrentar desafios enormes (aquecimento global, desigualdades sociais, pandemia), o gestor talvez descubra que a ação gerencial mais eficaz é aquela que leva em conta tanto as pessoas e o ambiente natural como os imperativos econômicos; a ver que a consideração pelos elementos humanos e ambientais não é contraditória com o bom desempenho econômico da organização e que, nesse domínio, não há apenas uma maneira de fazer as coisas. Pelo contrário, ele descobrirá que é possível ter sucesso a um menor custo social, que as estruturas restringem como também habilitam (Giddens, 1987) e que a cooperação, a confiança, o espírito de equipe, a qualidade, a inovação (Alter, 2002; 2010), essenciais para se obter bons resultados, repousam sobre recursos sociais que mobilizam o ator e o sujeito em cada um de nós, num "viver juntos" rico de significações, com uma visão mais sustentável para respeitar nosso ambiente ecológico (Dietrich, Pigeyre, & Vercher, 2015) e reintegrar uma autoridade verdadeiramente legítima em nossa democracia (Eraly, 2019). Esperamos que esse curto capítulo tenha modestamente contribuído nessa direção a partir da uma antropologia ampliada.

REFERÊNCIAS

Alter, N. (2002). *L'innovation ordinaire*. Paris: PUF.

Alter, N. (2010). *Donner et prendre. La coopération en entreprise*. Paris: La Découverte.

Alter, N. (2012). *La force de la différence*. Paris: PUF.

Amado, G. (1994).»La résonance psychosociale au coeur de la vie et de la mort», *Revue internationale de psychosociologie*, 87-94.

Arnsperger, C., &Van Parijs, P. (2003). *Ethique économique et sociale*. Paris: La Découverte.

Anzieu, D (2007/1975). *La dynamique des groupes restreints*. Paris: Presses universitaires de France, Quadrige.

Anzieu, D. (1999). *Le groupe et l'inconscient. L'imaginaire groupal*. Paris:

Aubert, N., & de Gaulejac, V. (1991).*Le coût de l'excellence*. Paris: Seuil.

Austin, J. (1985). *Quand dire c'est faire*. Paris: Seuil, Points.

Babeau, O., & Chanlat, J-F. (2008). La transgression, une dimension oubliée de l'organisation. *Revue française de Gestion*, 34(183), 201-219.

Baïada-Hirèche, L., Pasquero, J., & Chanlat, J-F. (2012). Managerial Responsibility as Negotiated Order: A Social Construction Perspective. *Journal of Business Ethics*, 101(1), 17-31.

Barus-Michel, J., Enriquez, E., & Lévy, A. (2002). *Vocabulaire de la psychosociologie*, Toulouse: Erès.

Barmeyer, C., & Franklin, P. (2016). *Intercultural Management: A Case-Based Approach*. London: Red Globe Press.

Bate, P. (1997). Whatever Happened to Organizational Anthropology ? A Review of the Field of Organizational Ethnography and Anthropological Studies. *Human Relations*, 50(9), 1147-1171.

Bauman, Z. (2006). *La vie liquide*. Arles: édition du Rouergue.

Bayart, D., Borzeix. A., & Dumez, H. (dir), (2010). *Langage et organisations Sur les traces de Jacques Girin*. Paris: Les Éditions de l'École polytechnique.

Benveniste, E (1980). *Problèmes de linguistique générale*. Paris: Gallimard.

Bion. W. (1972). *Recherche sur les petits groupes*. Paris: Presses universitaires de France.

Brunhes. B., Clerc, D., Méda, D., & Perret, B. (2001). *35 heures Le Temps du bilan*. Paris: Desclée de Brouwer.

Brunstein, I. (1999). *L'homme à l'échine pliée. Réflexions sur le stress professionnel. Paris:* Desclée de Brouwer.

Bouilloud, J-P., & Lécuyer, B. (1994). *L'invention de la gestion. Paris:* L'Harmattan.

Boutet, J. (2010/2016). *Le pouvoir des mots*. Paris: La Manufacture.

Braudel, F. (1985). *La dynamique du capitalisme*. Paris: Flammarion.

Chandler, A. D. (1977). *The Visible Hand*. Boston: Belknap Press.

Chanlat, J-F. (2019). Corporations, Organisation, and Human Action: An Anthropological Critique of Agency Theory. In T. Clarke (Ed.). *The Oxford Handbook of the Corporation*. Oxford University Press.

Chanlat, J-F. & Özbilgin, M. (2019). (Tome II). *Management et diversité. Approches thématiques et enjeux sociopolitiques*. Ste Foy: Les Presses de l'université Laval.

Chanlat J-F., & Özbilgin, M. (2018). (Tome I). *Management et diversité. Comparaisons internationales*. Ste Foy: Les Presses de l'université Laval.

Chanlat, J-F., & Pierre, P. (2018). *Le management interculturel*. Caen: Editions Management et Société.

Chanlat, J-F. (2020). La catastrophe sanitaire: une fait social total ? *Libellio d'Aegis*, mai.

Chanlat, J-F. (2017). La place de la subjectivité dans les théories managériales: un regard socio-historique. En D. Mercure et M. P. Bourdages Sylvain (Dir.). *Travail et subjectivité. Perspectives critiques*. Ste Foy : Les Presses de l'université Laval.

Chanlat, J-F (2015). Le champ des études organisationnelles : réflexions critiques d'un chercheur plurilingue, *Revista de Administraçao das Empresas*, 55(1), marzo-abril.

Chanlat, J-F. (2014). Language and thinking in Organization Studies: the visibility of French OS production in the Anglo-Saxon OS field. *International Journal of Organization Analysis*, 22(4), 504-533.

Chanlat, J-F. (2010). *Gestao da empresas. Uma empresa antropologica*, Sao Paulo, Cengage Learning.

Chanlat, J-F. (2006). Space, Organization and Management: A Socio-historical Perspective. In S. Clegg et M. Kornberger, *Space, Organization and Management Theory,* Copenhagen Business School Press.

Chanlat, J-F. (1999). 'Modes de gestion et santé et sécurité au travail», In I Brunstein, *L'homme à l'échine pliée. Réflexions sur le stress professionnel*. Paris: Desclée de Brouwer.

Chanlat, J-F. (1998). *Sciences sociales et management Plaidoyer pour une anthropologie générale*. Ste Foy: Les Presses de L'Université Laval. Paris : Eska.

Chanlat, J-F. (1990). *L'individu dans l'organisation Les dimensions oubliées*. Ste Foy: Les Presses de L'Université Laval. Paris: Eska.

Charreaux, G. (1997). *Le gouvernement de l'entreprise: Corporate governance, Théories et faits*. Paris: Economica.

Chevrier, S. (2012). *Gérer des équipes internationales*. Ste Foy : Les Presses de l'université Laval.

Clarke, T.,& Chanlat, J-F. (Eds.). (2009). *European Corporate Governance, Readings and Perspectives*. London: Routledge.

Clarke, T., O'Brien, J., & O'Kelley, C. (Eds.). (2019). *The Oxford Handbook of The Corporation. London*: Oxford University Press.

Clegg, S., & Bayley, J. (Ed.). (2007). *International Encyclopedia of Organization Studies*. Londres: Sage.

Clegg, S., & Kornberger, M., & Pitsis, T. (2005). *Managing and Organizations. An Introduction to Theory and Practice. London*: Sage.

Clegg, S., & Kornberger, M. (Eds.). (2006). *Space, Organization and Mangement*, Copenhagen, Copenhagen Business School Press.

Clot, Y (1995). *Le Travail sans l'homme? pour une psychologie des milieux de travail et de vie*. Paris: La Découverte.

Crozier, M., & Friedberg , E. (1977). *L'acteur et le système*. Paris: Seuil.

Cruver, B. (2003). Enron: *The Anatomy of Greed The Unsrhedded Thruth from an Enron Insider.* New York: Avalon Publishings.

Cuche, D. (1996). *La notion de culture dans les sciences sociales*. Paris: La Découverte.

Davel E., Dupuis J-P., & Chanlat, J-F. (2008). *La gestion en contexte interculturel : Problématiques, approches et pratiques*. Canada: Les Presses de l'Université Laval et Télé-Université du Québec.

David, A., Hatchuel, A., & Laufer, R. (2001). *Les nouvelles fondations des sciences de la gestion. Paris:* Vuibert.

De Gaulejac, V. (2011). *Travail les raisons de la colère*. Paris: Seuil.

Dejours, C. (1980 - 1993). *Travail et usure mentale*. Paris: Bayard.

Dejours, C. (2005). *L'évaluation du travail à l'épreuve du réel*. Paris: INRA.

Dejours, C. (2015). *Le choix*. Souffrir au travail n'est pas une fatalité, Paris : Bayard.

Dejours, C., & Gernet, I. (2016). *Psychopathologie du travail*. Paris: Elsevier Masson.

Déry, R (2010). *Les perspectives de management*, Montréal, JFD.

Desmarez, P. (1986). *La sociologie industrielle aux Etats-Unis*. Paris: Armand Colin.

Devie, P., & Cooper, C. (2017). *Work Stress and Coping : Forces of Change and Challenges. London*: Sage.

Detchessahar, M., Devigne, M., Grevin, A., & Stimec, A. (2012). Santé et souffrance au travail, le management en question. In P. Bardelli & J. Allouche. *La souffrance au travail: quelle responsabilité pour l'entreprise ?* Paris: Armand Colin.

Dietrich, A., Pigeyre, F., & Vercher-Chaptal, C. (2015), *Dérives et perspective de la gestion, Echanges autour des travaux de Julienne Brabet.* Lille: Septentrion.

Drucker, P. (2001a), *The Effective Executive*. New York: Harper Collins.

Drucker, P (2001b), *The essential Drucker*. New York: Butterworth-Heineman.

Dubar, C. (2000). *La crise des identités: l'interprétation d'une mutation. Paris:* Presses Universitaires de France.

Dubey, G. (2001). *Le lien social à l'heure du virtuel*. Paris: Presses Universitaires de France.

Dufour, M., & Chanlat, A. (1985). *La rupture entre l'entreprise et les hommes*. Paris: Éditions d'Organisation.

Dumez, H. (2013). *Méthodologie de la recherche qualitative. Les 1à questions clé de la démarche compréhensive*. Paris : Vuibert.

Dujarier, M. A. (2015). *Le management désincarné. Enquête sur les nouveaux cadres de travail. Paris:* La Découverte.

Dupuy, F. (2015). *La faillite de la pensée managériale*. Paris: Seuil.

Enriquez, E. (1983). *De la horde à l'Etat, Psychanalyse du lien social*. Paris: Gallimard.

Enriquez, E. (1997). *Les jeux du désir et du pouvoir dans l'entreprise*. Paris: Desclée de Brouwer.

Eraly, A. (2019). *Une démocratie sans autorité*? Toulouse: Erès.

Etzioni, A. (1988). *The Moral Dimension: Towards a New Economic*. New York: MacMillan.

Fischer, G-N. (1990). «Espace, identité et organisation», in Chanlat J-F (dir), *L'individu dans l'organisation. Les dimensions oubliées*, Ste Foy, Les Presses de l'université Laval. Paris: Eska.

Fischer, G-N. (1997). *Psychologie des espaces de travail*. Paris: Armand Colin.

Francfort, I., Osty, F., Sainsaulieu, R., & Uhalde, M. (1995). *Les mondes sociaux de l'entreprise. Paris:* Desclée de Brouwer.

Gagliardi, P. (Ed.). (1990). *Symbols and Artifacts : Views of The Corporate Landscape*. Berlin: de Gruyter.

Geoffroy, C. (2002). *La mésentente cordiale: Voyage au coeur de l'espace interculturel franco-anglais*. Paris: Grasset/Le Monde.

Giddens, A. (1987). *La constitution de la société*. Paris: Presses universitaires de France.

Girin, J. (1990). 'La communication dans une tour de bureaux. In J-F., Chanlat (dir). *L'individu dans l'organisation Les dimensions oubliées*. Ste Foy: Les Presses de L'université Laval. Paris: Eska.

Girin, J. (2016). *Langage, Organisations, Situations et Agencements*. Ste- Foy:Les Presses de l'Université Laval.

Gusdorf, G. (1977). *La parole*. Paris: Presses Universitaires de France.

Hafsi, T., & Demers, C. (2007). *Comprendre et mesurer la capacité de changement des organisations*. Montréal: Les Editions Transcontinental.

Hall, E. (1977, 2014). *La dimension cachée. Paris:* Points, Seuil.

Hassard, J. (1990). Pour un paradigme ethnographique du temps de travail. In J-F., Chanlat (dir). *L'individu dans l'organisation Les dimensions oubliées*. Ste Foy: Les Presses de L'université Laval. Paris: Eska.

Hofstede, G (2003, 1980). *Culture's Consequences: Comparing Values, Behaviors, Institutions and Organizations*. London: Sage.

d'Iribarne, P. (1993). *La logique de l'honneur*. Paris: Seuil.

d'Iribarne, P. (1998). *Cultures et mondialisation : gérer par-delà les frontières*. Paris, Seuil.

d'Iribarne, P. (2006). *L'étrangeté française*. Paris: Seuil.

d'Iribarne, P., Chevrier, S. (2020). *Cross-Cultural Management Revisited: A Qualitative Approach*. London: Oxford University Press.

Irigoyen, M-F. (1997). *Le Harcèlement moral*. Paris: La Découverte.

Jonas, H. (1990). *Le principe de responsabilité: une éthique pour la civilsation technologique*. Paris: Champ Flammarion.

Karasek, R. (1990). *Healthy Work: Stress, Productivity and the Reconstrcution of Working Life,* New York: Basic Books.

Kets de Vries, M., & Miller, D. (1985). *L'entreprise névrosée*. Montréal: McGraw-Hill.

Khurana, R, (2007). *From Higher Aims to Hired Hands: The Social Transformation of American Business Schools and the Unfulfilled Promise of Management as a Profession*. New York: Princeton University Press.

Lapierre, L. (1994), *Imaginaire et leadership*. Montréal: Québec/Amériques.

Laufer, J., Mary, C. & Maruani, M. (2001). *Masculin et féminin: questions pour les sciences de l'homme*. Paris: Presses Universitaires de France.

Lautier, F. (2000). *Les transformations des espaces de travail et la mobilité urbaine*. Paris: Presses Universitaires de France.

Le Breton, P. (1998). *Anthropologie des émotions*. Paris: PUF.

Lallement, M. (2007). *Le travail. Une sociologie contemporaine*. Paris: Gallimard.

Legendre, P. (2006). *Dominium Mundi. L'empire du management.* Paris: Editions Mille et une nuits.

Linhart, R. (1978). *L'établi*. Paris: Editions de Minuit.

Lorsch, J. (Ed.). (1987). *The Handbook of Organizational Behavior*. Englewood Cliffs: Prentice Hall.

Méda, D. (2001, 2008). *Le temps des femmes*. Paris: Flammarion.

Mercure, D., & Bourdages-Sylvain, M-P . (2017). *Travail et subjectivité. Perspectives critiques*. Ste Foy: Les Presses de l'université Laval.

Mintzberg, H. (2004). *Managers Not MBA*, New York:

Mintzberg, H. (1989). *Mintzberg on Management. Inside our Strange World of Organizations*, New York: Free Press.

Mintzberg, H. (1973). *Le manager au quotidien*. Paris: Editions d'Organisation

Pasquero, J. (2000). Ethique et entreprise: le point de vue américain, In M Côté & T Hafsi, *Le management aujourd'hui: une perspective nord-américaine*, Ste Foy, Les Presses de l'Université Laval. Paris: Economica.

Pène, S., Borzeix, A. & Fraenkel, B. (2001). *La langage dans les organisations. Une nouvlle donne*. Paris: L'Harmattan.

Pesqueux, Y. (2000). *Le gouvernement d'entreprise comme idéologie*. Paris: Ellipses.

Pfeffer, J., & Sutton, R. (2013). *Hard Facts, Dangerous Half-Thruth and Total Non Sense,* Boston, Harvard Business School Press.

Ollivier, B. (1995). *L'acteur et le sujet*. Paris: Desclée de Brouwer.

Osty, F. (2003). *Le désir de métier. Engagement, identité et reconnaissance au travail. Paris:* Presses Universitaires de Rennes.

Özbilgin, M., & Tatli, A. (2008). *Global Diversity Management: An Evidence- Base Approach*. London: Palgrave.

Pitcher, P. (1995). *Artistes, Artisans, Technocrates dans nos organisations*. Montréal: Quebec/Amérique.

Reynaud, J-D. (1989). *Les règles du jeu: l'action collective et la régulation sociale*. Paris: Armand Colin.

Saussois, J-M. (2006). *Le capitalisme sans répit*. Paris: La Dispute.

Sainsaulieu, R., Osty, F., & Uhalde, M. (2007). *Les mondes sociaux de l'entreprise. Paris:* La Découverte.

Sainsaulieu, R. (2002). *Des sociétés en mouvement.* Paris: Desclée de Brouwer.

Sainsaulieur, R (2014, 1977). *L'identité au travail*. Paris: Les Presses de la Fondation des Sciences politiques.

Schumpeter, J. (1984). *Capitalisme, socialisme et démocratie*. Paris: Payot.

Segal, J-P. (2010). *Efficaces ensemble*. Paris: Seuil.

Turner, B. (Ed.). (1990). *Organizational Symbolism*. Berlin: de Gruyter.

Tap, P. (1979). *Identités et personnalisation*, Toulouse: Privat.

Tatli, A., & Özbilgin, M. (2015). *Global Management Diversity*. London: Macmillan education.

Tréguer-Felten, G. (2019). *Langue commune, cultures distinctes: les illusions du «globish»*, Ste Foy, Les Presses de l'université Laval. Paris: Hermann.

Van Maanen, J. (1998). *Qualitative Studies of Organizations*. Newbury Park, CA: Sage Publications.

Van Marrewijk, A. (2010). European Developments in Business Anthropology. *International Journal of Business Anthropology*, 1(1), 26-44.

Virilio, P. (2009). *Le futurisme de l'instant*. Paris: Galilée.

Wallerstein, I. (1985/2016). *Le capitalisme historique*. Paris: La Découverte.

Weber, M. (1921/1991). *Histoire économique. Esquisse d'une histoireuniverselle de l'économie et de la société*. Paris: Gallimard.

Weil, E. (2020). «Morale», *Encyclopedia Universalis*.

Westwood, R., & Linstead, S. (Eds.). (2001). *The Language of Organizations*. London: Sage.

Wolman, W., & Colamosca, A (1997). *The Judas Economy: The Triumpf of Capital and The Betrayal of Work,* New York: Basic Books.

Wren, D (2005). *The History of Management Thought*, New York: Wiley

Wright, S. (1994). *Anthropology of organizations*. Londres: Routledge.

Ybema, S., Yanow, D., Wels, H., & Kamsteeg, F. (2009). *Organizational Ethnography. Studying the Complexities of Everyday Life*. Londres: Sage.

Zaleznick, A., & Kets de Vries, M. F. K. (1975). *Power and the corporate mind*, New York: Houghton Mifflin

CAPÍTULO 8

MANIFESTO POR UM ERGOENGAJAMENTO[23]

Yves Schwartz

ATIVIDADE: CONVIDADA POR TODAS AS DIMENSÕES DA VIDA HUMANA

Com que olhar gerimos nossas relações com nossos semelhantes? Nossa tendência é reduzi-los a instrumentos de nossa vontade, de nossas tarefas a cumprir, de nossos projetos de vida, de riqueza, de poder? Ou os vemos como nossos semelhantes, sempre mais ou menos atravessados por questionamentos, por “dramáticas” que convocam de maneira mais ou menos clara ou obscura seu próprio ser? Como esses questionamentos e essas dramáticas nos convocam?

Somos todos, como seres humanos, atormentados por debates internos, “debates de normas”, mais ou menos visíveis aos outros e a nós mesmos, mais ou menos invisíveis também. Toda violência econômica, social e política começa pela tentativa de se recusar a ver isso: o fato de que a humanidade nos atravessa por esses debates, por essas dramáticas que questionam e tornam a questionar incansavelmente o uso que fazemos de nós mesmos em um mundo onde o bem de cada um, o bem coletivo, o bem de todos, o bem e o futuro do nosso planeta estão permanentemente em suspenso, escritos em lugar nenhum.

A vida social, as organizações, as instituições nos solicitam fazer, agir, produzir, o que é normal. Ora, com essa atividade requerida, dão-se por convidadas, sem nenhuma escapatória, essas múltiplas dramáticas, às vezes evidentes ou explosivas, mas frequentemente muito pouco visíveis, formuladas, que consomem ou mobilizam do interior todo o nosso ser biológico e histórico, corpo e alma.

---

23 Título original “*Manifeste pour un ergo-engagement* ”, capítulo do livro *Activité em Dialogues: entretiens sur l'activité humaine II*, organizado por Y. Schwartz & L. Durrive. Toulouse: Octarès, 2009. Tradução de Denise Alvarez e Maristela França. Revisão técnica de Milton Athayde.

Seria muito cômodo, muito "racional" anular, minimizar, como resíduos negligenciáveis, o que talvez seja a própria assinatura de nossa humanidade.

ESSE "CONVITE" É UMA INVENÇÃO?

Seria essa afirmação, de aparência abstrata, especulativa, uma proposição provocadora, polêmica, cuja natureza é de instalar para si um espaço midiático-político, porém, sem nenhuma relação com as polêmicas que saturam hoje nossos espaços sociais? Nós não inventamos nada, apenas colocamos palavras sobre o que é a própria trama de nossas vidas cotidianas que, por estar ancorada no cotidiano, diz respeito a todos os aspectos de nossa vida em conjunto.

Não haveria problema com a *atividade*, essa convidada fecunda e constrangedora, se a racionalidade de normas que antecipam todo agir social dissipasse ou tornasse inútil a obrigação feita a cada um de repensar, no seu íntimo, suas escolhas de ser e de vida. Obrigação feita de pensar, portanto de produzir, de uma maneira ou de outra, o saber. Obrigação feita de escolher, portanto, de se situar, de uma maneira ou de outra, em um mundo de valores. Falar da dimensão dramática da atividade não significa que cada agir seja semeado de dramas, significa que nada pode ser mecânico. Nesse agir, nada pode ser pura aplicação do que se tinha pensado sem você, antes de você. A atividade de trabalho, entre todas as outras atividades humanas com as quais ela se comunica, não tem, de modo algum, o privilégio dessa dimensão dramática. Mas, sem dúvida, hoje, ela a toca diretamente; expressa, talvez melhor do que toda outra forma do agir humano, essa obrigação inelutável com saberes e escolhas que remetem a pessoa a ela mesma e, uma vez que são feitas, fazem história. Eles fazem história porque criam uma situação nova que nenhuma racionalidade antecedente teria podido predeterminar.

Seja a caixa de supermercado que, com um piscar de olhos, ausculta a posição dos códigos de barra sobre as mercadorias de sua bancada, a natureza de manipulações a serem feitas, o estado de serenidade ou de nervosismo dos clientes na fila de espera. E, ao mesmo tempo, se interroga sobre sua disponibilidade física, psíquica, para calcular no infraconsciente como ela vai se manter até o fim de seu turno e como vai pegar o meio de transporte e voltar para casa.

Seja o professor avaliando, no momento da entrada na sala de aula, o estado, naquele dia, desse encontro indefinidamente desfeito e refeito que é a diversidade de trajetórias, de aspirações, de resistências constitutivas de uma turma. E que se pergunta sobre como combinar seus valores profissionais, cívicos, a preocupação com o programa de curso, sobre como gerir as interfaces entre a multiplicidade de percursos prováveis e improváveis dos jovens e os objetivos que ele, professor, gostaria de se colocar.

Sejam as escolhas de postura de determinado operário ou operária na linha de montagem, visando antecipar os acasos, manter o tempo, economizar espaço e tempo do seu posto para evitar "avançar" sobre seu vizinho ou vizinha, criando assim um horizonte de vida em comum aceitável nessa linha.

As escolhas de postura de determinado profissional em inserção, ou suas escolhas mímicas, de contenção da face, visam criar um espaço singularizado de troca com o usuário ou, ao contrário, querem significar uma certa restrição de possibilidades.

Isso também é verdade com respeito à mãe de família gerindo o retorno dos filhos da escola, ou da babá gerindo uma comunidade de crianças pequenas com sua experiência informal. Ou ainda as estratégias dos "parquímetros humanos"[24], visando, nas megalópoles de inúmeros países do planeta, a assegurar um mínimo de recursos que canalizam os motoristas na direção do espaço de estacionamento que controlam, obtendo uma redistribuição de acordo com o uso. Poder-se-iam listar milhões, milhares de exemplos para assim preencher a atividade de seu verdadeiro conteúdo *em penumbra*, de sua capacidade de criar, em cada ponto de nossos espaços de vida, histórias, novas microconfigurações, as quais nenhuma racionalidade normativa, tão aperfeiçoada que fosse, poderia antecipar. Em penumbra porque essa atividade humana tem a propriedade de não ser acessível por meio de um encaminhamento simples.

Os exemplos listados sugerem bem: a atividade de trabalho, essencialmente, não se vê. Somente são apreendidos, de maneira relativamente acessível, seus resultados, seus meios: produtos, bens, serviços, de um lado; ferramentas, máquinas, organogramas, programas, documentos..., de outro. Pode-se então, sem escrúpulos, tomar a medida da inteligência, da energia industriosa humana apenas a partir de meios e produtos visíveis, quantificáveis do trabalho?

É desse modo que hoje mais e mais se pede para julgar, avaliar, tomar decisões estratégicas "com resultados". Num sentido, é normal; não se trata de desperdiçar recursos mais ou menos raros. Mas não apenas os resultados podem variar segundo o ponto de vista a partir do qual se pode defini-los (resultados que vistos internamente podem ser "bons", mas podem gerar, ou externalizar, custos e crises em uma escala social mais

---

24 N.T. Entendemos que o autor se refere aos guardadores de vagas ou "flanelinhas".

ampla), como também decidir levar em conta apenas os resultados da atividade significa tomar a decisão de ocultar essas múltiplas dramáticas da atividade. Essas dramáticas são fontes de eficácia, mas têm um preço para as pessoas e os grupos e são inseparáveis de certos valores de vida e de saúde, de tal modo que não se pode, sem consequências, mergulhá-las com entusiasmo na invisibilidade.

Toda avaliação puramente quantitativa oculta esse continente de microdramáticas. Julgar a qualidade dos serviços dos agentes de uma central de teleatendimento a partir de um número de comunicações tratadas por unidades de tempo significa suscitar nesses operadores a vontade de driblar o cliente, quer dizer, de contornar seus problemas, evitar entrar em suas próprias dramáticas, criando, portanto, uma relação de desumanidade com ele que, por outro lado, provocará crise na vida social.

A avaliação financeira aparece como o termo extremo desse olhar puramente contábil sobre a atividade humana. No momento que deve lidar com seres humanos singulares, com histórias, desejos, problemas a descobrir e a desfazer no que é relativamente imprevisto, o VRP[25], o encarregado de papéis de créditos ou de clientela sabe disso e só pode ficar internamente atormentado pela perspectiva de ser julgado por seus superiores, que estão distantes, em uma unidade financeira, cujo poder é justamente o de suprimir as ditas singularidades. Dramática que pode se transformar em drama silenciosamente vivido pela chefia encarregada de triturar, densificar, comprimir a atividade industriosa de seus subordinados, a fim de reduzir a massa salarial em conformidade com as injunções de um Conselho de Administração, cuja cegueira, já usual às dramáticas da atividade de homens e mulheres *in situ*, encontra-se redobrada pelos efeitos do distanciamento geográfico em um mundo "globalizado".

ELOGIO DAS NORMAS

Que nos entendam bem, a existência, em todos os níveis, de normas gerais que não consideram as singularidades históricas e individuais, é uma aquisição "não negociável" de nossa humanidade. Nada é mais fácil, demagógico, do que criar partes de mercado midiáticas, que denunciam

---

25 N.T: VRP é a sigla para "Vendedor, Representante e Negociador" (em francês "*Vendeur, Représentant et Placier*"). Segundo a definição do Código de Comércio francês, trata-se de um agente comercial, um mandatário encarregado de negociar, eventualmente, de concluir contratos de venda, de compra, de locação ou de prestação de serviços em nome e por conta de produtores, industriais, comerciantes ou outros agentes comerciais. Fonte: www.dictionnaire-juridique.com/definition/vrp/php

aqui e ali as coerções, regras, leis que limitariam nossa espontaneidade criativa, originalmente boa e feliz. Desde que existe uma espécie viva, como a nossa, cuja vida social não se regra mais de acordo com patrimônios genéticos predefinidos, não temos mais escolha: estamos na história. Para sobreviver e viver, devemos nos conformar com as normas de todos os gêneros, criadas na e pelas histórias propriamente humanas. Normas que nada têm a ver com a necessidade como as da Física, na lei da queda dos corpos. Seguindo esse ponto de vista, mesmo as leis jurídicas são modalidades de normas e sua diversidade geográfica e histórica o comprova. Com a evolução de nossas civilizações, a densificação e a codificação das normas só ganham terreno.

Nas sociedades, cada vez mais tomadas por tecnicidades, nossas representações do agir humano são de fato mais e mais dominadas por modelos, por arquiteturas mentais que precedem a atividade em todos os níveis. O espírito humano – o seu gênio – manifesta uma potência de antecipação que o autoriza a querer programar, organizar, enquadrar.

Gênio, sim, mas um gênio ambíguo. Essas normas, que mais e mais se enquadram, antecipam, predeterminam as atividades humanas, essas "normas antecedentes", por um lado se justificam, deduzindo-se do que simplesmente é um patrimônio universal da humanidade. É o caso das trajetórias de concepção de inovações técnicas, de instalações industriais, de aparelhagens, de programas de informática. É o caso dos manuais de utilização, de procedimentos operatórios fundamentados a partir do estado presente dos saberes sobre a matéria. É o caso de regras de segurança, de prevenção, de limiares de exposição com base nos conhecimentos sobre a biologia humana.

Dessas normas antecedentes também participam as capitalizações da experiência histórica da humanidade. Isso abarca as constituições, leis, regulamentos que progressivamente construíram as sociedades ditas *de direito*; as distribuições de responsabilidade necessárias a todos os empreendimentos da vida social, a todas as espécies de experiências eficazes, coletivas, industriosas, transformadas em modos de organização, em dispositivos de prevenção que antecipam a atividade, segundo diversos níveis de codificação e de prescrição.

Mas sobre essas heranças, que tendem a unificar os homens, a tornar possível sua vida em conjunto, a pacificar, fecundar sua coabitação, inserem-se normas de organização, de classificação, de divisão de competências e de tarefas, cuja origem e motivos são frequentemente muito mais opacos e remetem à história ainda mais antagônica das forças sociais.

Pode haver, ou melhor, há um significativo uso socialmente manipulador dessas normas antecedentes, plenamente consciente, ou mais ou menos inconsciente. Elas podem se tornar uma ferramenta na construção de relações de força para garantirem poderes, dominações, vantagens adquiridas, já que essas tendências também fazem parte de nossas possibilidades; instrumentos de exploração, no sentido industrial, ou jurídico do termo; mas também no sentido econômico que tomou na história.

A realidade das normas antecedentes é, portanto, uma combinação inextricável de conquistas e riscos, tanto facilitadora quanto opressora da vida social. Nenhuma norma é puramente técnica e, por isso mesmo, neutra, evidente (foram precisos anos, lutas e vidas humanas, para codificar os riscos biológicos do amianto). Ao contrário, raramente hoje uma norma é apenas socialmente opressora. A simplificação mutilante começa quando se pretende reduzir a norma a partir de um único de seus polos: o obscurantismo, quando se denuncia unilateralmente a vontade de normatizar; a usurpação, quando se pretende dotar a norma do mesmo caráter de necessidade que existe nas leis naturais.

O FATO DAS "RENORMATIZAÇÕES"

O elogio da norma é, portanto, necessário; a normalização é uma conquista de toda a sociedade humana. Mas também é um risco: aquele de olhar os modelos, as normas, como um fim em si, o de ignorar a vida que surge a todo instante. E, no final das contas, deixar como residual ou insignificante aquilo que não está nos modelos e que, no entanto, pôde ser determinante na história que vai sendo tecida[26]. Muito certamente foi essa ambiguidade das normas antecedentes, sua instrumentação recorrente na e por relações de força que bloqueou, opacificou a plena tomada de consciência dos limites absolutos de seu poder de antecipação. É por isso, sem dúvida, que colocar palavras em coisas que se experimentam dia após dia na vida quotidiana pode, no entanto, parecer como constrangedor, insignificante, subversivo.

E, no entanto, dissemos: a atividade *sempre* se convida, com sua tessitura, individual e coletiva, a debates de normas. Sobre isso, nada poderia ser filosoficamente, politicamente mais esclarecedor do que o balanço que

---

26 N.T. O autor irá neste *Manifesto* fazer uso sistemático dessa imagem da tecelagem (para dar conta da dialética de registros presentes em toda atividade), reiterando o que apresentara em um texto anterior – *A trama e a urdidura* (Schwartz, 2006) –, a partir da imagem apresentada pelo ergonomista Daniellou (2004), na introdução do livro por ele organizado.

se pode tirar hoje da governança taylorista do trabalho. Ali, como nunca na história da atividade industriosa humana, a partir de normas antecedentes codificadas e conhecidas, devia-se poder antecipar integralmente a mecânica dos atos humanos. Na expressão "organização *científica* do trabalho", o adjetivo científico remete exatamente à tentativa de usurpação: legitimar esse modo de governo como expressão tão restritiva, neutra, evidente a quanto pode ser um protocolo experimental ditado por nossos conhecimentos sobre mecânica, eletricidade ou química.

Ora, isso é impossível e é impensável. E toda tentativa de manter ou voltar de modo indireto a esse modo de governo da atividade entrará em confronto com os mesmos desmentidos em penumbra desses princípios de usurpação.

Ora, é impossível, porque toda configuração da atividade humana, e notoriamente a de trabalho, é sempre, certamente, um desenrolar de protocolo normalizado, mas também um encontro. Para ser mais preciso, no inaparente (principalmente para os olhares apressados), ela é um *encontro de encontros*, uma combinatória sempre parcialmente renovada, uma interface sempre parcialmente ressingularizada entre meios técnicos, objetos técnicos e humanos no trabalho. Nem os conectores de resistência numa linha de montagem de componentes eletrônicos estão todos exatamente numa distância estandardizada; nem os circuitos de uma unidade central térmica ou de uma usina petroquímica estão no estado perfeitamente estável previsto pelos processos físico-químicos. As secretárias de um departamento universitário têm, todas elas, relações diferentes com a instituição, com o tratamento dos problemas, com as demandas dos estudantes. Em todos os casos, é preciso gerir em tempo real, dia após dia, essa combinatória infinita de variabilidades materiais, processuais, humanas. As normas antecedentes podem e devem ajudar a enquadrar, a transformar em protocolo aquilo que assim pode ser, mas não podemos mandar embora a atividade que se dá como convidada, felizmente, para gerir a todo instante os encontros de encontros. Nenhum protocolo, nenhuma norma antecedente, nenhuma prescrição poderá abstrair os vazios de normas. A antecipação exaustiva é *impossível*. A solicitação de seres capazes de produzir saberes locais, investidos na situação a ser vivida, capazes por isso de adotarem para si mesmos normas que preencham essas lacunas normativas, enfim, esses encontros de encontros, é inelutável: a obrigação de renormatizar a situação é um fato universal.

Mas quem são esses seres a quem obscuramente se recorre para preencher esses vazios de normas, para renormatizar esses protocolos, mais ou menos no infimamente pequeno? Seres que tentam viver em saúde. E viver em saúde nunca pode ser isto: aceitar, sem ao mesmo tempo julgar esse uso, deixando-se tornar puro instrumento de injunções, de trajetórias de agir previamente pensadas pelo meio, previamente pensadas por outros. Somos solicitados a fazer, agir, produzir; que seja, é normal. Mas será que se percebe que existe um *cogito* do agir, tão "básico" quanto aquele que permitia a Descartes fundar o conhecimento verdadeiro? Eu não posso jamais fazer uso de mim mesmo sem, ao mesmo tempo, avaliar esse uso que eu faço e/ou que fazem de mim mesmo.

Portanto, a tendência a renormatização é um fato universal porque, por um lado, a exaustiva antecipação, a partir das normas antecedentes, é *impossível*. Mas ela também o é porque essa antecipação exaustiva, por outro lado, falando rigorosamente, é *invivível*, nociva à saúde. Nesse sentido, isso quer dizer que no esforço de renormatização, existe *avaliação*, avaliação do uso, mais ou menos saudável, que deve, em nós, orientar esse esforço.

Ser apenas um ponto que age no cruzamento de determinações de um meio anônimo, ecológico, mas muito mais profundamente humano, é apenas uma vida sem herança, doente. A saúde começa com a tentativa de redesenhar parcialmente o meio em que se vive, em função de suas próprias normas, elaboradas por sua história. Nada é, portanto, inteiramente previsível na confrontação, aqui e agora, entre as normas antecedentes, suas lacunas e as normas de saúde próprias à pessoa, convocadas para gerir aquilo que não foi previsto nem ainda vivido por ninguém. Essa confrontação cria, portanto, um novo ponto singular de história no âmago da atividade, no coração do trabalho, que torna a alimentar essa variabilidade de situações não assimilável, que não se pode antecipar, num primeiro momento, por meio de protocolos.

Frente a uma pane, diante de um vazio jurídico ou regulamentar, diante de um caso social particularmente complicado, cada um tratará esses vazios de normas recorrendo a um universo de recursos pessoais, hierarquizado por seu conjunto de valores do momento. Isso se dando, sua escolha quanto à forma de lidar se inscreverá na história do meio técnico e social, fabricará novas microjurisprudências que fazem história, desestabilizam o protocolo, obrigando-o a se colocar em manutenção. A necessidade de criar norma como oportunidade, mesmo minúscula, para a saúde de cada humano no trabalho – saúde que remete à singularidade de sua história – reforça a impossível estandardização do agir que se funda, ao contrário, sobre o relativo aspecto substituível dos humanos. Um técnico de métodos, que concebeu as sequências operatórias de postos de fabricação em uma linha de montagem, voltando algumas semanas mais tarde, não reconhece sua sequência nas múltiplas renormatizações operatórias refeitas na própria atividade. Por essa via mesmo, realimenta-se o ciclo de renormatizações, cada vez convocadas pela dimensão não estandardizada das situações a serem geridas.

Dado que o *impossível* é também *invivível*, dado que deverá que, inelutavelmente, debater na tecelagem das normas antecedentes, dia após dia; esse fato absolutamente universal das renormatizações da atividade é renovado.

Mas se desse modo a atividade remete perpetuamente à história zonas variáveis de normas antecedentes, essa dinâmica quase nunca é localizada exclusivamente no nível dos debates e avaliações individuais. A confrontação com a tecelagem das normas antecedentes, o tratamento dos vazios de normas sempre comporta, mais ou menos, uma gestão coletiva. Mas justamente: esse coletivo nunca é dado. Ele nunca é dado em seu tratamento particular de encontro de encontros. Cada equipe nas indústrias de processo, por exemplo, trata as variabilidades, os modos degradados, hierarquiza os pontos de vigilância das instalações, segundo históricos e escolhas de equipe. Já as equipes de cuidados hospitalares devem poder transmitir umas às outras seus próprios históricos, singulares, de relação com pacientes, sempre novos.

Principalmente o coletivo nunca está dado em sua composição. Ele é indefinidamente variável no tempo, no espaço, infinitamente mais instável do que as interações previstas pelos protocolos, pelos organogramas. O modo como, mais ou menos, se estabelecem esses agrupamentos pertinentes ao agir coletivo, os vetores de comunicação (às vezes prioritariamente verbais, ou ainda gestuais) por onde se cristalizam essas normas endógenas, estão sempre por serem descobertos, como acontece com as próprias renormatizações. Isso porque essas cristalizações coletivas se fabricam no próprio movimento dessas renormatizações, que também são relativamente não antecipáveis. E também, como as renormatizações, são interiormente habitadas por mundos hierarquizados de valores. Renormatizar é também escolher com quem trocar piscadas de olhos, o que compartilhar, com quem, que patrimônio construir – ou destruir – ao longo dos dias. Sem compartilhamento de valores comuns – um compartilhamento mais ou menos explícito ou implícito, mais ou menos obscuro – a atividade, e particularmente a atividade industriosa, seria um mundo imobilizado de átomos humanos, átomos não "enganchados"[27],

27 N.T. "Les atomes crochus", na filosofia de Demócrito, referem-se a átomos que se engancham uns com os outros, a fim de constituir os corpos.

sem cumplicidade, cujo balé formal preconcebido desviar-se-ia rápido na direção da ineficácia e dos riscos de todos os gêneros.

Sem dúvida, é por essa via que o fato universal da renormatização toma sua verdadeira dimensão histórica. Por essas cristalizações coletivas entrecruzadas é que se percorrem incessantes circulações de mão dupla entre as escolhas de sociedade, as políticas de Estado e de comunidades de diversas ordens e as dramáticas individuais. É nessas circulações que transitam entre meios de trabalho e de vida que se formam e deformam os valores que dizem respeito ao viver juntos. É aí que se comunicam, sem descontinuidade, a grande e a pequena história.

Questão: o que farão dessas cristalizações coletivas, mais ou menos pertinentes, os dirigentes e, principalmente, as governanças de trabalho? Serão vistas como recursos, pontos de apoio, lugares de questionamentos fecundos sobre as estratégias, as eficácias, os modos de gerenciamento – ou com indiferença, até desconfiança em relação a esses pontos de resistência ao poder prescritivo das normas antecedentes?

Essa confrontação entre normas antecedentes e tendências a renormatizações, essa dialética entre o impossível e o invivível, é muito provavelmente um fato universal. Ela, sem dúvida, é aquilo que mais profundamente pode nos levar a nos reconhecermos como *semelhantes*, entre as diferenças sociais e culturais delineadas na história.

Em todo caso, localizá-las hoje nas formas mais identificáveis daquilo a que se chama "trabalho" em nossas sociedades ocidentais não significa que a atividade não se convide, com seu potencial de dramáticas, em todas as configurações industriosas que as operações humanas experimentam sobre o planeta. É claro que o que vai se definir como normas antecedentes será abordado diferentemente, por exemplo, em situações de precariedade econômica e vital. Sob uma perspectiva mais geral, como retrabalhar essa noção no imenso espectro de situações recobertas pelo vocábulo "trabalho informal", muito usado hoje no mundo?

A respeito das predisposições a renormatizar, elas veiculam tantas confrontações de valores de vida quanto em certos exemplos acima evocados, mesmo que a aprendizagem a ser feita, por serem mais exóticas, exija um encaminhamento de muito mais fôlego.

Sendo assim, aprendendo com populações socialmente ou etnicamente à margem da vida econômica e cívica brasileira. Paulo Freire, por exemplo, pôde sugerir a que ponto, para essas populações "desfavorecidas", suas atividades de sobrevivência eram tecidas de valores mais ou menos alternativos da vida coletiva.

Sem dúvida, em cada ponto de nossas configurações de vida, configurações passadas e atuais, devemos nos colocar em busca daquilo que se tece nesses debates de normas. Mas se a atividade, como um cadinho de dramáticas, não estiver aí presumida como convidada, voltaria a dizer que os seres presentes nessas configurações deixaram de ser nossos semelhantes.

DEBATE DE NORMAS, MUNDO DE VALORES

Se há, no íntimo, debates de normas, conhecidos ou ignorados, é porque as pessoas, as cristalizações coletivas devem permanentemente arbitrar entre o grau de pertinência – e, portanto, de respeito – das normas antecedentes e a necessidade de transgredi-las, deslocá-las, modificá-las. É preciso, então, haver critérios para decidir, e toda escolha se dá em nome daquilo que, mais ou menos, é "preferível". Normalizar quando há um vazio de normas, renormatizar quando é preciso ajustar ou não respeitar determinada esfera de normas antecedentes supõe que os protagonistas das escolhas dialoguem, explícita ou implicitamente, com um universo de valores já estabelecidos.

Por que fechar os olhos ou, ao contrário, indicar um defeito de fabricação do qual eu não sou responsável? Por que decidir falar lentamente a um imigrante em dificuldade linguística no lugar de apressar as entrevistas e reduzir o tempo de espera de uma fila de usuários? Por que perder meu tempo em ensinar um estagiário, sob o risco de agravar o atraso já acumulado de minhas tarefas urgentes?

Nenhuma escolha é o produto do aleatório, ou então, os homens seriam "birutas"[28]. Impossível esquivar-se desse fato para quem já aceitou ver no operador um semelhante cujas normas de comportamento – resultado de escolha – supõem um diálogo entre ele e seu universo de valores. E que isso se produza no infinitamente pequeno em nada significa que esses valores de vida sejam insignificantes, residuais.

Nos microexemplos dados acima, não há algo da ordem de questionamentos como: que peso dar à solidariedade? A solidariedade deve ser estendida a que território da humanidade? Solidariedade com quem? Até quando? A que preço? A que custo? Isso complica as coisas: mas o que fazer?

Pode-se então pensar em poder provar que os operadores não estão sujeitos a esses microdramas, dos quais resultam as normas de seu comportamento? Prová-lo como? Com a ajuda de modelos mais simples, capazes

---

28 N.T. A expressão equivalente em francês, *girouettes*, é usada metaforicamente para indicar pessoas que estão sempre mudando de opinião.

de construir processos que estandardizam os procedimentos de escolha? Por exemplo, por meio de um cálculo custo/benefício realmente assimilado? Ou pelo reconhecimento de que os agentes pertencem a tal categoria social, profissional ou situacional, o que regularia *a priori* seus comportamentos em termos de valor diante desses diversos imprevistos da vida industriosa? Seria bobagem deter-se nisso. Certamente essas modelizações devem ser levadas em conta. Mas satisfazer-se com elas é de novo produzir incomensurabilidade entre aqueles aptos a modificar de fora a atividade dos outros e aqueles cuja atividade se revela, assim, como produto de uma mecânica axiológica.

Sobre essa visão axiológica da atividade, sem dúvida, tudo pode ser dito, já que nada é simples ou estável. Os valores não existem como um dado externo às dramáticas da atividade, externo às experiências vividas. Essas experiências não param de reelaborar, "reierarquizar", redefinir esses valores. Alguém que se manifesta hoje em favor da proteção de um ecossistema rural, amanhã, na cidade, dará sua preferência ao veículo privado, por razões que poderia, aliás, sem dúvida, justificar. Assim, quando se ousa definir, concretamente enumerar esses valores, os riscos de contradição entre as experiências vividas se afloram.

No entanto, pode-se dizer que a atividade se distribui segundo dois tipos de valores bastante distintos (isso nem sempre foi assim e ninguém pode dizer que será sempre assim):

- Os valores quantitativos e particularmente monetários, poderosos por sua simplicidade, maleabilidade, comensurabilidade. Mas o segredo de seu sucesso é serem antecipações puras ou puros resultados de atividades que desaparecem sob esses resultados. Esses valores podem ser um motivo, um objetivo, portanto, um valor para a atividade, mas eles jamais são tecidos *na* atividade, no momento em que ela deve escolher aquilo que *vale* mais a pena. Escolher ganhar mais em detrimento que seus vizinhos de trabalho, ganhar um bônus com risco para sua saúde permanecem escolhas. Não se trata de comparação entre numerais numa escala numérica de valores. Mesmo entre duas quantidades, uma escolha permanece uma escolha que, por sua vez, não se pode reduzir a uma determinação quantitativa, sem que, na mesma ação, a escolha seja suprimida. Ora, a atividade, como convidada em todos os momentos de nossas vidas, não nos deixa tal escolha, como foi aqui lembrado, de não escolher, de não renormatizar.

- Os valores "sem dimensões": sem dimensões porque eles não possuem nenhuma unidade de medida para comparar sua grandeza ou seus graus próprios de intensidade, ou para compará-los entre eles. Também nada diz sobre que afinidades, que ligações de condicionante à condicionado eles podem exibir, nem seu grau de exterioridade entre uns e outros. As respostas podem variar infinitamente segundo as circunstâncias. É possível conceber a promoção da saúde sem a democratização do acesso aos saberes? Mas como cada um vai definir a saúde? E a democratização do saber? É a justiça inseparável da igualdade? Mas de que igualdade se fala?

Desses valores sem dimensões, tudo de fato pode ser dito. Eles sinalizam na direção dos "bens" não mensuráveis. Mas esses bens podem se voltar apenas ao único protagonista da atividade (*sua* própria saúde, *seu* próprio bem estar); ou, ao contrário, esses bens podem ser progressivamente denominados "comuns" à medida que seu horizonte absorva mais e mais os semelhantes, seres que julgamos implicitamente como semelhantes a nós, destinados a se beneficiarem desses bens do mesmo modo que nós. Isso pode se passar nessas cristalizações coletivas geradas no trabalho e na vida social, até englobar explicitamente a universalidade humana. Assim, esses bens podem integrar diversos níveis de espaço e de tempo. Porém, mesmo o bem comum universalizado, a que ele visa? Aos povos que habitam hoje o planeta? Ou visa a um tempo mais dilatado, o das gerações por vir? Até onde essa visada ainda faz sentido?

Esses valores sem dimensões, na medida em que são operantes na atividade, são tecidos *na* atividade. Eles não existem inteiramente separados dos protagonistas da atividade, de sua experiência, porque essa atividade, essa experiência, no momento em que convocam esses valores, reelaboram, redescobrem, constantemente, seu conteúdo e sua definição.

Acrescentemos ainda uma dupla observação: a primeira, evidente; a segunda menos.

- De um lado: como, em nossas sociedades mercantis, dar corpo e carne a esses valores sem dimensões? Para nós mesmos, o cuidado com nossa saúde, nosso gosto pelo saber, nossa aspiração pela descoberta de terras e de seres novos nos obrigam, por uma parte, a organizar nossa atividade em função – como um intermediário obrigatório – de valores quantitativos monetários. E isso é bastante verdadeiro no nível das instâncias políticas às quais se delegou o cuidado de dar forma e vida a esses valores sem dimensões. "A saúde não tem preço", certamente, mas em um mundo de recursos limitados, todo Estado deve fazer votar um orçamento da Saúde. A gestão de Bens comuns deve negociar seu desdobramento em indicadores quantitativos, em valores monetários. As ONGs que se definem pelo fato de estarem a serviço de valores sem dimensões (atestando por essa via – como outras atividades sociais ou associativas – a capacidade desses valores de investir na atividade) devem gerir economicamente sua missão.

- De outro lado, e inversamente: se toda atividade industriosa é atravessada por debates de normas que incluem um universo de valores sem dimensões, é impossível produzir valores, no sentido econômico e mercantil, sem requerer, continuamente, da parte dos produtores de bens e de serviços, um auxílio positivo desses valores sem dimensões no decorrer de suas atividades, sem uma espera discreta, o mais frequentemente não dita, de renormatizações eficazes e produtivas. No âmago mesmo dos sistemas mercantis, os valores sem dimensões são onipresentes. A isso se dirigem a noção e as práticas de "gestão de recursos humanos", mas de um modo bastante secundário e, geralmente, muito longe das verdadeiras arbitragens.

Nenhuma ingenuidade, portanto, a respeito desse universo de valores que se incorpora nessas miríades de arbitragens industriosas pelas quais advêm e se produzem nossas sociedades modernas. Tudo pode ser dito, assim como o contrário, acerca de tudo. Daí a tentação enorme de denegrir esse universo tão pouco "racional". No entanto, onde tudo pode tender a um sentido ou outro, valores sem dimensões estão ligados a todos os nossos atos da vida social. Estamos prontos a nos ver uns aos outros e, sobretudo, naqueles a quem encomendamos atividades com esse olhar? É nesse aspecto que tocamos em um ponto de resistência maior. Nessa hesitação ou nessa recusa de incorporar em nós mesmos essa evidência sobre o que diz respeito aos outros é o lugar onde nascem os germes de barbárie e da degradação da democracia. É na desconsideração dessa assinatura de humanidade, ambígua, imprecisa, defeituosa que seja, que tem origem a apresentação usurpada das normas antecedentes como "leis".

Tanto aquele que encomenda ou solicita a atividade, quanto aquele que deve fornecê-la (cada um está, aliás, mais ou menos simultaneamente nesses dois papéis, o mais e o menos podendo variar consideravelmente) não pode ter, a respeito desse ponto, mesmo que deixe assim parecer, uma ideia clara de si mesmo. Não tem ideia da definição, da hierarquia desse mundo de valores que, depois de tudo, exerce influência sobre as normas de agir em grau de aceitação ou de confrontação com as normas antecedentes. Parcialmente, tudo é perpetuamente recolocado em jogo. Que normas antecedentes serão consideradas como "as nossas", na medida de nosso próprio universo de valores do momento? Que espaço cultural, social, histórico tornamos nossos a fim de nos considerar como parceiros e coprodutores de determinado domínio de normas antecedentes – a Declaração dos Direitos do Homem e do Cidadão, por exemplo? E a partir de quando, em virtude de que espaço, de que valores que nos sejam bastante próprios, vamos, ao contrário, tomar distância, contornar, rejeitar um outro domínio de normas antecedentes engajando, assim, um processo de renormatização? Como tentar reelaborar, deslocar uma dita repartição que empobrece as tarefas, um determinado organograma, uma determinada maneira de fixar objetivos de produtividade ou de qualidade? Também, mais ou menos na continuidade, como tomar distância de uma certa política de imigração, uma certa disposição reguladora de trocas comerciais entre os países do planeta? Que equilíbrio, quais arbitragens construir entre valores sem dimensões e valores quantitativos em nosso favor, em favor das estratégias de nossos empreendimentos, em favor do autogoverno do planeta?

Todas essas questões, no íntimo ou no explícito, poderiam se desdobrar para todos os empreendimentos da vida econômica, social, cultural, em que temos de colocar em sinergia as atividades. Que se pretenda gerir essa sinergia pela autoridade, unicamente pela força das normas antecedentes, ou que se coloque, mais ou menos, o direito de debater as dramáticas da atividade, qualquer que seja a escolha feita, nenhum empreendimento escapa disso. E tentar governar qualquer empreendimento que seja na cegueira da relação entre o agir cotidiano e o universo de valores significa produzir crise e em seguida violência.

Nada é, portanto, simples, certamente, mas ao menos o que é certo é que nada se coloca *a priori* para ninguém. Ninguém tem a chave universal que o autorizaria a governar "cientificamente" a atividade dos outros. Isso não é, de modo algum, sinônimo de imobilismo ou impossibilidade de agir. Isso deve simplesmente conduzir a essa constatação mínima de humildade que nosso engajamento democrático, se ele existe, começa a produzir.

DA CONTRADIÇÃO ENTRE DINHEIRO E ATIVIDADE

Pode-se racionalmente pensar que a história de nossas sociedades humanas se manifesta permanentemente através de diversas formas de contradição. Cada época tem provavelmente suas formas dominantes, mais ou menos pacíficas e construtoras, mais ou menos violentas e destruidoras. Se essa constatação é aceita, se esse *cogito* do agir industrioso é aceito, avalia-se melhor como, em nosso universo marcado pela euforia de mercado, prolifera a contradição entre atividade e dinheiro.

Se tudo advém em nossas sociedades através dessas dramáticas da atividade, através desses debates entre normas antecedentes e tendências às renormatizações, nenhuma balança permite pesar o custo ou o valor dessas arbitragens. Os valores quantitativos mercantis têm, sem dúvida, peso nessa balança, mas o que é localmente colocado sobre esse prato da balança por cada um e o ato mesmo da arbitragem escapam de qualquer calibragem. Isso ocorreria, é preciso lembrar, porque os valores sem dimensões que entram em confrontação com os valores que inspiram as normas antecedentes têm sempre uma dimensão local, ressingularizada – pois elas são retrabalhadas dia após dia pelas atividades e experiências de cada um. Esse emaranhado de arbitragens, que alimenta o que podemos chamar de "dramáticas de uso de si", que se enraíza no corpo biológico – a partir do qual se torna corpo histórico, mas que, segundo o caso, implica os horizontes culturais os mais amplos, os mais generosos – escapa, portanto, de qualquer procedimentação.

Não é, então, uma grandeza quantificável, que possa ser avaliada em unidades aditivas, nem mesmo uma grandeza intensiva, cujos graus poder-se-ia medir, como se faz com a temperatura. No âmago da vida e da história se abriga uma realidade profundamente enigmática, *a* atividade, que sempre escapará de qualquer modelização, categorização, saber disciplinar, instrumento de medida. É preciso saber aceitar e viver juntos com esse enigma, objeto de pesquisa criteriosa e não de cálculo triunfante.

Como, então, não se inquietar com essa euforia de mercado: gerir cada vez mais a vida social, inclusive a sobrevivência fisiológica, através do dinheiro, como único instrumento e critério? Nisso não há nenhum "robinsonismo", nem vontade de retorno a uma sociedade de troca, ou de questionamento insano sobre a circulação monetária; nem tampouco a reiteração de uma louvável, porém, fácil denúncia da desumanização provocada pelo dinheiro rei. O que está em jogo aqui é a comparação entre o que se sabe hoje da atividade – industriosa – humana e a natureza da troca e da capitalização monetárias. Nesse caso, pode-se avaliar o risco existente de aprofundar as modalidades de avaliação e de decisão relativas ao destino das atividades humanas a partir do que será para elas sempre parcialmente incomparável. Mesmo que contestada através do mundo, essa forma de "racionalidade", de "pureza" gestionária, não para de ganhar terreno com a globalização de trocas.

Essa contradição entre retribuição monetária e atividade de trabalho não é certamente nova. No âmago das desigualdades sociais, para produzi-las e mantê-las, essa contradição foi progressivamente “amansada”, civilizada, através das lutas sociais. Pontos de apoio, garantias negociadas, pouco a pouco e sempre provisoriamente, pacificaram essa troca impossível: estatutos profissionais, planos de carreira e de classificação... ali onde a relação de trabalho foi juridicamente regulada. Mas essas lutas, essa confrontação, foram quase sempre operadas – o que é perfeitamente compreensível – em torno da troca monetária, em torno do tempo legal regulado por essa troca, e muito raramente em torno da vizibilização do conteúdo mesmo dessa troca sem medida.

Pode-se compreender. Pode-se mais facilmente lutar por um reequilíbrio monetário, do qual pode depender a sobrevivência cotidiana, do que lutar pela visibilidade de arbitragens internas às atividades que situam os limites e/ou as opressões das normas antecedentes. Mas se os valores de vida coletiva, no âmago dessas arbitragens, não são desdobrados nessas confrontações e negociações, a vida das contradições sociais se desloca e prolifera sob outras formas: formas alternativas que, em sua profundidade, não emergem, no longo prazo, da pena fecunda dos homens.

Com a obsessão e a tirania do resultado financeiro, a contradição dinheiro/atividade prolifera, assim, surdamente, no âmago do espaço social. Defasagem que, nas miríades de situação de trabalho, produz frustrações, crises, aposentadorias, desgosto, falta de qualidade...Trata-se de não reconhecimento do trabalho? Sem dúvida, esse termo pode indicar essa distância entre a gestão pelos indicadores quantitativos, contábeis e o custo em gestão de dramáticas de tal resultado ou ausência de resultado. Mas esse termo continua ambíguo porque o consenso que ele maneja pode deixar inexplorado o que aí existe para ser reconhecido e sobre os horizontes possíveis desse reconhecimento.

Por exemplo, criar, dia após dia, com seus colegas de trabalho, uma cristalização coletiva, na qual circulam, implicitamente, saberes e normas endógenas, resultando em compartilhamento de valores, é a condição *sine qua non* tanto para uma certa eficácia quanto para uma vida aceitável no trabalho. É através delas que se desenvolvem o gosto, a saúde, uma certa potência de ser no trabalho. Mas fazer viver cotidianamente tais ligações é um esforço, uma escolha, uma escolha de *uso de si* a renovar-se sem parar: diálogo de cada um com seu universo de valores, arbitragens repetidas em favor de bens comuns locais, mais ou menos articulados sobre valores sem dimensões, de escala muito mais ampla. Esses pequenos nadas (escutar de manhã as preocupações pessoais de sua colega de escritório, as quais, como sabemos, caso fossem silenciadas, sugariam o dia todo sua atenção e sua disponibilidade), essas normas endógenas (transmitem, de serviço a serviço, informações pertinentes que não transitam normalmente por essas vias), às vezes, podem desenvolver prodigiosamente a eficácia de um meio de trabalho. Com qual padrão de medida avaliá-la? Mesmo remunerá-la? E nesse caso, remunerar quem? Quem não percebe o fato de que desconhecer esse sulco indefinidamente aprofundado – distante da governança unicamente pelas normas antecedentes – de que individualizar exageradamente os salários significa enfraquecer essa fonte de eficácia e esboço de autogoverno pacífico dos humanos?

Essa contradição atividade/dinheiro, ninguém pode suprimi-la hoje, sem riscos maiores ainda para a vida coletiva. Mas o que se impõe, é assumi-la, é tentar viver com ela. O essencial está aí: a aparente racionalidade de trator das gestões "a la calculadora" só pode conduzir, no fim das contas, a uma desagregação progressiva dos valores do bem comum àqueles que tentam construir o autogoverno pacífico dos humanos.

Considere-se a avaliação dos teleoperadores apenas pelo número de comunicações atendidas por unidade de tempo. A máscara é colocada sobre as condições reais dos chamados, a exigência de um tempo necessário ao estabelecimento de um mínimo de relações singularizadas com a pessoa que liga. Por vezes eu "driblo" o cliente, como se disse mais acima. A outros cabe pagar pelas perdas e estragos que resultarão: "não é problema meu!". Assim se desloca o cursor das arbitragens da atividade, de um bem comum de largo horizonte a um "bem" de pequeno horizonte individual. Sem dúvida, a rapidez dos chamados permite economizar tempo, portanto empregos, portanto, massa salarial, o que figurará no quadro de honra das contas da empresa. Mas isso figurará na mesma proporção em tempos-problemas relançados a outros lugares, transmutados em insatisfação, agressividade, a serem tratados eventualmente por outros atores já sobrecarregados pelos efeitos críticos dessa externalização e cujas demandas de criação de emprego serão objeto de conflitos sociais

Por outro lado, o que teriam sido as contas da empresa em questão se ela tivesse tido como objetivo dar visibilidade ao desdobramento das renormatizações fecundas trazidas em potencial por seus teleoperadores? Sem dúvida, teria sido necessário renunciar à governança dos assalariados ou de qualquer outro protagonista somente pelas normas antecedentes. Mas isso só reforça a idéia de que a política já está onipresente nos debates de normas da atividade.

Desde que funcione somente o critério dos valores monetários, a capacidade de pensar seu uso de si industrioso em escalas humanas mais amplas torna-se enfraquecida. Nada se produz e, portanto, nada se troca em um mercado, sem o trabalho vivo como base. Mas o trabalho vivo não produz nada de válido somente para a calculadora.

A comercialização, não mais do que a mundialização, não é necessariamente unilateralmente negativa. A preservação dos empregos, dos estatutos, das formas técnicas, das relações inter-humanas tornaria rígidas as situações de vida, o que não é a lei da história dos grupos humanos. Mas a fascinação pelo numeral ora leva a ameaçar as eficácias dos organismos que só querem se ditar por ele, ora faz com que outros assumam a responsabilidade por seus estragos (desemprego, prejuízos para a saúde, insegurança). E ela ameaça, dia após dia, a subterrânea edificação de "bens comuns" suscetíveis de avançar através dos inúmeros debates de normas da atividade.

Constatar essa contradição crescente não implica portanto nenhum dogmatismo nem solução tirada da cartola desses mundos de confrontação. A avaliação monetária é uma ferramenta social poderosa; fator de autonomia porque ela nos deixa livres do uso de nossa retribuição; indicador possível de eficácia coletiva quando ela não é exclusiva; parceira de um pensamento que universaliza quando acompanha, sem hegemonia, as trocas interculturais. Mas quando obscurecem as dramáticas da atividade e da vida, então é o momento das crises multiformes, vagarosas ou violentas, se deslocando do trabalho à família, da família à cidade, da cidade à arena política, com retorno sobre os locais de trabalho. Os homens e as mulheres sofrem cada vez mais para se reconhecerem como semelhantes.

É, então, um tipo de guerra de todos contra todos. Cada indivíduo, mas sobretudo cada corpo de ofício, cada corporação, cada categoria, procura fazer valer seus interesses próprios, suas condições de vida, mas também de sobrevivência, com duros golpes explicitamente indiferentes aos dos outros. Uma vez que parece desaparecer no mais alto nível a tentativa de construir a compatibilidade dos bens comuns com um bem de todos, compreende-se como pode se retrair também a reivindicação social. Mas, nesse caso, não estão desdobradas as verdadeiras alternativas políticas. A governança exclusiva pelas avaliações quantitativas e financeiras se circunscreve a espaços limitados, restritivos onde se definem drasticamente seus interesses (a pessoa contratada, o orçamento do serviço, as contas da empresa, da firma multinacional): "antes de mim e depois de mim, o dilúvio". Quais valores políticos de bem comum podem ter sua chance quando eles são mortos no ovo, no cotidiano da atividade?

NEM DEMAGOGIA OU CACOFONIA...

Como então agir positivamente sobre essa contradição?

Se a atividade se dá por convidada em toda situação humana, se impera a necessidade absoluta de dar lugar a essa convidada que nós não inventamos, então é necessário renunciar a todo unilateralismo, a todo *a priori* de denúncia discriminante. Em um primeiro momento, ao menos, nós estamos todos implicados; somos todos, da mesma maneira, parte interessada pelos debates que a atravessam. Ninguém está fora do jogo, "nem para o bem, nem para o mal". Se *ergológico*, remete ao fato de repensar nossos encaminhamentos de saber, nossos diagnósticos e nossos projetos de vida, dando de novo lugar a essa *convidada-enigma*. Então, toda posição simplificadora nos é interdita. Poderia ser qualificado de "demagogia ergológica" o fato de só se preocupar com o negativo, de imputar, sem nenhuma verificação, todo esse negativo a uma parte da humanidade, e de pretender possuir *a priori* as chaves da resolução da contradição.

Como tentativa de viver – em saúde, em um meio que não nos esperou para ter e produzir suas normas de existência – a atividade é uma dimensão universal da vida humana, que mobiliza, do mais infinitesimal ao mais geral, nossas capacidades de saber. Como se percebeu, sem dúvida, é a via mais completa para pensar nossa comensurabilidade, para vislumbrar um humanismo que se pode chamar, por essa razão, enigmático.

Impossível então excluir *a priori* qualquer pessoa de um projeto que vise a reavaliar os regimes possíveis tanto de produção de saberes quanto de governança humana (governança do trabalho, governança política, governança do planeta). Isso quer dizer que nós não nos autorizamos a pressupor em todo ser ou toda categoria, diante de nós, uma ausência de dramática da atividade. Toda política que hoje se inicie por campos cindidos – "eles" e "nós" – será vítima ou fará vítimas de seu simplismo antropológico.

Isso tem uma pertinência particular nas formas de construção de alternativas para as crises que atravessam nosso presente. A tentação é forte – e bastante compreensível quando a miséria, a injustiça refutam nosso esforço de viver – de funcionar sobre esse tipo de oposição. Mas desde que se trata de designar quem é esse "*nós*" e, sobretudo, esse "eles", as vozes incontestáveis ou funcionam como categoria estigmatizante, ou se tornam inaudíveis. Salvo, sem dúvida, quando ocorre recuo sobre as identidades comunitárias, quando há lugar para reconhecimento, mas, a partir dessas vozes, não se construirá jamais um mundo comum. Funcionar como categoria leva a nunca singularizar, leva, portanto, a evitar as dramáticas sempre parcialmente locais, individuais, os cadinhos onde estão em jogo permanentemente as contradições de nossa história (através, principalmente, das *entidades coletivas de geometria variável*). Atribui-se às categorias uma disposição ao agir homogênea e coerente, que não se encontrará jamais nesse estado nos seres históricos reais.

Efetivamente, linhas de demarcação tendenciais puderam claramente se construir ao longo das décadas passadas, fundadas sobre reais e profundas desigualdades de classes. Elas alimentaram lutas sociais que puderam ao mesmo tempo civilizar profundamente nosso mundo e mergulhá-lo em outras derivas. Hoje, quando essas linhas de demarcação "em classes" estão profundamente desenraizadas, territorialmente deslocadas, designar o "daqui" e o "de lá" significa mais uma vez cristalizar, fixar as oposições que as dinâmicas alternativas puderam e poderão deslocar. Claramente, isso significa que essa governança gestionária pelo dinheiro não bloqueia os constrangimentos de arbitragens, inclusive no interior de múltiplas categorias às quais se delegou a tarefa de fazê-lo funcionar.

Em todas as cadeias de comando da atividade, aceitação ou incômodo em relação a tais formas de governança e de gestão disputam as dramáticas da atividade. Nenhuma categoria social, nenhuma categoria profissional está livre de tais debates, mesmo se as vantagens financeiras possam, eventualmente, eficazmente fazê-las calar. Conhecem-se os estragos que podem produzir, nos executivos, em níveis diversos de responsabilidade, essas *estratégias-calculadora*. Em todos os níveis da cadeia, os debates de normas, quando convocam valores irremediavelmente em conflito, produzem patologias, alterações da saúde, que eventualmente passarão por problemas da saúde "pública". Mas se sabemos prestar atenção, seremos sensíveis também a todas as potencialidades de gestão alternativas em espera ou em suspenso, em diversos níveis de funções administrativas, mesmo de direção.

Por essas e por outras razões, ajustar os óculos da atividade para contribuir no questionamento (como governar a vida social, o trabalho) não pode deixar quem quer que seja num beco sem saída. "*Todo mundo trabalha*", inclusive aqueles que, tomados por múltiplas solicitações mais ou menos contraditórias, têm por missão enquadrar e controlar o trabalho dos outros. Tarefa pesada e difícil, aprisionada entre a tentação dominante de autoritarismo opressivo e sem explicações e a preocupação de aprender com os encontros de encontros pelos quais cada meio de trabalho é atravessado. Respeitar cada um, dado que ninguém escapa aos debates de normas é, talvez, o imperativo categórico de base sobre o qual se deve fundar uma política democrática.

Não se pode fundar uma política sobre uma demagogia ergológica definida como cegueira antropológica. Ela conduziria diretamente ao que se poderia chamar uma "cacofonia ergológica". Requisitar atividade, decretando cegueira às dramáticas e saberes investidos de seus protagonistas, produzirá crise em algum lugar. Internamente? Externamente? Onde? Mas tentar dar visibilidade, colocar em palavras – na medida em que é possível – as renormatizações da atividade, não significaria tampouco lhe dar razão *ipso facto*.

Não é porque se trabalha que se é bonzinho, gentil. Nós fizemos, desse ponto de vista, o elogio das normas antecedentes. Uma parte delas foi transformada em regras de vida, valores, experiências, patrimônios coletivamente validados. Inversamente, há momentos em que os valores próprios dos protagonistas, aqueles que pesam sobre suas renormatizações, são incômodos, irresponsáveis, em uma palavra, discutíveis. Mesmo essas entidades coletivas de geometria variável, essas cristalizações provisórias, no entanto essenciais às eficácias e saúdes nas organizações, podem, em certos casos, comportar-se como excludentes e até sustentar práticas de assédio no trabalho.

A questão não é, então, dissolver as normas antecedentes em rosários de normas locais, mais ou menos compatíveis, resultantes unicamente de renormatizações – verdadeira "cacofonia ergológica". A questão é interrogar os saberes e as escolhas confeccionadas nessas renormatizações, na medida em que têm, todos, uma parte de pertinência ligada ao que as normas antecedentes não poderiam antecipar. Deixar de se permitir interrogar por eles é hipotecar a construção de uma idéia forte da cultura e de uma autêntica disponibilidade democrática. Depois disso, é necessário decidir porque nenhum nível da vida social pode sobreviver na cacofonia normativa. Mas ter-se-á criado a condições para construir normas enriquecidas, normas instruídas. Normas "instruídas" e a reinstruir continuamente.

...NEM ANGELISMO

Palavra para pensar a enigmática sinergia das atividades humanas, das disposições para viver, a atividade se inscreve, sem dúvida, em uma longa tradição filosófico-cultural (que nem sempre a designou por esse nome). Nesse aspecto, ela nos torna todos "semelhantes". Ao mesmo tempo, a história dessas disposições para viver forjou na humanidade diferenças, desigualdades profundas. Jamais fundadas sobre objetos reais, certamente, mas o angelismo ergológico seria aqui tão pouco fundamentado quanto o foi acima, a demagogia. Os humanos, aqui e agora, não são todos iguais, é o mínimo que se pode dizer, em suas responsabilidades e em sua disponibilidade para agir sobre a contradição dinheiro/atividade; para mantê-la, ampliá-la ou reduzi-la.

O chamado para levar em consideração essa gestão do impossível/invivível, essa inteligência dos encontros de encontros, é uma matriz de desconforto. Admitir que eu não posso nem antecipar nem compreender as eficácias reais, as crises, as potencialidades e reservas de alternativa sem que me seja por parte ensinado, aqui e agora, esse tratamento de *encontros de encontros*. Admitir que os saberes antecedentes têm limites absolutos, que nada funciona somente com as normas antecedentes, e que os saberes "investidos" se capitalizam nas renormatizações industriosas. Isso se choca com todos os poderes apoiados sobre os saberes *experts*, as situações reconhecidas. Tudo isso afronta bastante todos que têm o interesse de transformar as normas antecedentes em "leis", o interesse de usurpar o prestigio da racionalidade para aí esconder uma governança, parcialmente às cegas quanto à atividade humana.

Trata-se, no entanto, de reconhecer sempre que a convidada já estava lá! Mas isso supõe humildade, aprendizagem: saber que, *de uma parte*, não se sabe e não se pode saber. Mas em qual situação de vida, em qual situação social admitir isso sem fragilizar sua posição?

Existem posições a manter, posições a ganhar. No universo de mercado, as ligações entre essas posições e a força do dinheiro não é unívoca, mas estreita. Porque exterior à atividade – que não para de reiniciar alternativas –, a norma antecedente torna-se, então, um instrumento potente para produzir e estabilizar desigualdades sociais, econômicas, geográficas. As dramáticas da atividade, parcialmente, recolocam em jogo incessantemente os valores de bem comum, tornam a submetê-los, em geral, implicitamente, às normas antecedentes, tornam a instruir potencialmente suas escolhas. A governança com base na norma antecedente não "instruída" (ou fracamente instruída) bloqueia, limita as reservas de alternativas que contêm, em sua diversidade e heterogeneidade, as renormatizações da atividade.

Consequentemente, diante da contradição dinheiro/atividade, forças potentes impedem – ou, na melhor das hipóteses, colocam problemas – a sua ocupação assumida. Enormes poderes e interesses, geralmente econômicos, fazem o planeta inteiro correr o risco de afundar-se em conflitos ferozes, em pilhagens, até mesmo em um suicídio ecológico coletivo. Quando há o cinismo calculista do "depois de mim o dilúvio", que brinca sem culpa com as massas salariais, as desigualdades de recursos, os locais de vida, a saúde, só a construção de relações de forças resolutas, apoiando-se sobre leis nacionais e internacionais (o lado emancipador das normas antecedentes, aquele da "violência legitima") é aceita. Não é mais tempo, então, de especular com as arbitragens, de tentar deslocar o cursor dos debates de normas. Quando "assassinos" estão completamente integrados à "ética" do resultado numérico, o apelo ao reconhecimento do semelhante torna-se insignificante. E a com a mesma determinação deve-se também enfrentar as máfias que comprometem no planeta o trabalho dos valores sem dimensões.

Construção de relações de forças: certamente o catastrofismo é sempre, em parte, inatual. Na história humana, através de todos os tipos de confrontações sociais, contratendências sempre equilibraram ou frearam a instrumentação opressora das normas antecedentes. Em nossos dias, todo tipo de organismos de Estado – internacionais, não governamentais –, vieram completar, com suas ambiguidades, forças e fraquezas, essas tentativas de regulação em nível planetário. Mas é necessário, apesar de tudo, avaliar isto: com o desenvolvimento do capitalismo industrial e as formas de trabalho "em massa", contratendências relativamente coerentes puderam se construir nos países ocidentais. Essa simplificação não ocorreu sem perigo, mas porções inteiras de nossas sociedades de direito não teriam, sem elas, surgido. As inúmeras renormatizações industriosas tinham a relativa homogeneidade correspondente à relativa padronização dos usos produtivos requeridos e das condições de vida das populações trabalhadoras. Os valores sem dimensões implicados nessas renormatizações eram, da mesma maneira, implicitamente partilhados. Tornou-se assim possível uma convergência relativamente eficaz, sem dúvida a preço de numerosos sacrifícios, lutas defensivas e projetos alternativos.

Não é mais o caso. A diversidade extrema das configurações da atividade em nosso país, e através do mundo, não pode mais criar homogeneidades e convergências implícitas. Colocar em convergência valores deve, apesar disso, ser trabalhado no explícito. Na continuidade ou na novidade, as contratendências hoje não desapareceram, mas elas reconduzem a equilíbrios frágeis. Frágeis porque essas contratendências são explodidas, dispersadas, até colocadas em concorrência. Algumas não escapam à estigmatização categorial que não conduz muito longe.

Parece que elas não trabalham quase nada – em todo caso não muito – sobre o continente das renormatizações, no qual se geram potencialmente as reservas de alternativas. No entanto, como abrir, de outro modo, vias de convergência aos bens comuns que estão para serem construídos, senão satisfazendo aquilo que, potencialmente, nos torna comparáveis em nosso destino de humanos: a necessidade – para viver e gerir os vazios de normas em nossa existência – de coproduzir sem cessar um mundo variavelmente comum?

POR UM ERGOENGAJAMENTO

Nada que acaba de ser dito é abstrato. A decisão de se deixar interpelar pela atividade produz sempre uma mudança, uma oscilação, um "reposicionamento" de exercícios profissionais e sociais. Vê-se outra coisa, faz-se uso de si de outro modo, cria-se uma conexão diferente na relação social ou na relação de trabalho quando se leva em conta o mundo de saberes e de valores que se tece na atividade.

Não se inventa nada. Esses esboços de mudança se produzem todos os dias à nossa volta. Eles buscam, regularmente, criar para si espaços de vida. Eles não esperaram o chamado dos valores sem dimensões para deixá-los ganhar força e tamanho em suas arbitragens cotidianas! O problema do presente, diante da instrumentação crescente das normas antecedentes a partir de critérios numéricos, é o de liberar esses espaços: levá-los a se cruzarem, reforçar mutuamente essas mudanças, que reavaliam a parte essencial das microcriações de homens e mulheres – e do custo que isso tem – nas atividades socializadas em geral, nas atividades de trabalho e particulares.

O trabalho é apenas uma forma de atividade humana. A forma de trabalho que se poderia dizer *stricto sensu* (como prestação remunerada em sociedades de mercado e de direito, tão importante nas sociedades nas quais se desenvolveu o assalariado) não é necessariamente o alfa e o ômega da atividade industriosa humana. Gerir seu período de desemprego não é uma sinecura, é também uma forma de trabalho.

É certo que, intimada a articular valores mercantis e valores sem dimensões em sua própria definição jurídica, essa forma *stricto sensu* concentra particularmente as contradições que devemos assumir em nosso presente. Para esclarecer o propósito geral, sugere-se, portanto, nesse campo, as oscilações fundamentais que assumir o ponto de vista da atividade produz e pode produzir.

Tomemos como exemplo o exercício do ofício de especialista em segurança e prevenção, tal como ele se define e se redefine no campo da produção de bens e de serviços. Ele é exercido a partir de riscos identificados *a priori*, analisando risco a risco em função daquilo que o especialista conhece (saberes antecedentes) das matérias, dos produtos, das posturas, das normas fisiológicas. A partir dessa análise, ele produz normas antecedentes – normas de segurança – antes e independentemente de toda *atividade real* de qualquer operador que seja. Normas antecedentes tão respeitáveis, no sentido próprio da palavra, que combinam décadas de trabalho científico e, frequentemente, longas batalhas para fazer que se reconheçam os riscos ligados aos postos profissionais.

Porém, o que sabe esse especialista sobre as múltiplas renormatizações que os operadores terão de inventar diante das variabilidades dos ambientes de trabalho, dos produtos a tratar, dos humanos com quem dialogar, das formas variáveis de cooperações que serão, mais ou menos, cristalizadas a fim de gerir todas as infidelidades do meio? O que ele sabe dessas normas endógenas de segurança que não têm vocação de se tornar "a lei" (mas que têm todas as suas razões de o ser), desenvolvidas pelos indivíduos e por esses coletivos de geometria variável? Ele não tem que se responsabilizar por ignorar aquilo que ele não *podia* saber, mas ele estaria errado se não procurasse se instruir a respeito.

Contrariamente aos riscos profissionais, unicamente deduzidos dos saberes antecedentes, os *riscos do trabalho* estão situados no âmago da atividade real. Eles não ignoram nem os riscos profissionais nem as regras de prevenção, mas eles os tratam segundo modalidades em que não se pode antecipar no eixo de sua gestão de encontros de encontros, o que inclui, em sua coerência provisória, formas ressingularizadas de eficácia e preocupação com sua saúde. Os verdadeiros riscos, tanto de acidentes quanto de doenças, estão aí.

Para realizar "seu ofício" assim reposicionado, os especialistas em segurança e prevenção devem – com essas entidades coletivas, jamais dadas de antemão, mas sempre a descobrir – suscitar histórias de encontros, de encontros de encontros, em que entram essas relações ressingularizadas da saúde no trabalho. Nesse trabalho de aprendizagem, que sempre tem uma dimensão local, emergem as escolhas que presidiram as diversas renormatizações. Emergem, então, as arbitragens que trazem um ar novo às relações em termos de valores, engajados ou recusados, no trabalhar em conjunto dos protagonistas. Hoje, pode se supor que os problemas músculo-esqueléticos têm relação com a qualidade ou a obstrução de arbitragens que podem ser autorizadas por uma empresa a serem feitas por agentes que estão ligados a tarefas relativamente repetitivas: é sobre isso que esses especialistas em segurança e prevenção devem "se instruir".

Desse modo, mesmo se esses saberes antecedentes permanecem como parâmetros essenciais de seu exercício profissional, não é mais para o especialista em segurança e prevenção exatamente o mesmo ofício. Modifica-se, de fato, o estatuto dos saberes, das normas antecedentes, em sua relação com as dramáticas da atividade: das normas que dizem respeito à prevenção, certamente, mas, para além delas, modifica-se o estatuto de todas aquelas que pretendem antecipar o trabalho, na medida em que as renormatizações concretas marcam globalmente limites. As normas endógenas de preservação da saúde estão incluídas globalmente no todo da gestão de encontros de encontros e, portanto, entram em confronto, de modo crítico, com as zonas mais ou menos amplas de normas antecedentes.

Instaura-se potencialmente uma nova relação entre os "proponentes" ou "impositores" de normas antecedentes e os protagonistas da atividade. Relações mais respeitosas da realidade de vidas industriosas, modalidades reais, segundo as quais as entidades econômicas e sociais conseguem produzir bens e serviços. Não é necessariamente fácil para esta ou aquela categoria aceitar, suportar quem garanta seu conforto intelectual, hierárquico, econômico, sua relação com seus superiores, regulando-se, mais ou menos autoritariamente, sobre normas antecedentes exclusivamente apoiadas em *expertises* exteriores ao trabalho em si.

Mas o que se quer? Visa-se realmente à saúde e à segurança? Se é o caso, não se tem verdadeiramente escolha. Então, novas normas "instruídas", enriquecidas, podem ser colocadas em debate em diversos níveis institucionais ou jurídicos, a fim de se reelaborar, eventualmente, normas antecedentes anteriores. Quem não percebe que, por meio dessa mudança, dessa ergoprevenção, o ofício de especialista em segurança e prevenção enriqueceu consideravelmente?

Mas quem não percebe também que o princípio dessa mudança pode se expandir a múltiplos outros ofícios ou funções em todo lugar onde responsabilidades sejam exercidas em relação com o uso de sinergias industriosas? O princípio de uma ergoformação ou de uma ergoinserção profissional é bem similar. Como preparar o jovem em situação real (estágio de inserção, ensino em alternância etc.) para o encontro sempre problemático com as regras codificadas, com os saberes sobre o ofício – estocáveis e transmissíveis em sala de aula – com as configurações locais, sempre flutuantes, geradoras de múltiplos vazios de normas, visíveis ou invisíveis, requerendo da parte do jovem a "autonormalização"? Prendem-se as renormatizações a conjuntos de preferências, de combinações de valores que lhe são próprios?

Como negociar a recusa por saberes codificados – traço de um encontro fracassado durante sua escolaridade e do qual, no entanto, tem necessidade – com o reconhecimento de que, sendo o meio de trabalho que encontra sempre "infiel", esses saberes e essas regras serão inevitavelmente lacunares, falhos na ocasião de determinado problema ou incidente para o qual não há algoritmo de resolução? O ergoformador sabe que as situações nas quais se encontra o jovem são sempre um misto de protocolo normalizado a desenrolar e encontros de encontros. É esse saber ergológico antecedente que pode ajudá-lo a articular essas duas dimensões diferentes da competência e, portanto, a compreender melhor, preparar e capitalizar o encontro que faz o jovem.

Assim, o interlocutor (profissional de formação, tutor) deixará primeiro a atividade se expressar da maneira mais autêntica possível, quer dizer, sem desencorajá-la com suposições de saber de sua parte. Mesmo que se conheça perfeitamente o ofício, não se sabe de antemão aquilo que intervém na atividade. Essa humildade necessária não é evidente enquanto se olhar para a vida cotidiana do trabalho com condescendência. Sem essa aceitação do desconforto ergológico, perde-se a base, e o investimento na formação/ inserção será de rendimento bastante medíocre.

Mas, simultaneamente, pode se desenvolver o segundo tempo: seguir com método e rigor o desenrolar da atividade do jovem a fim de descobrir quais saberes foram mobilizados ou ignorados e a respeito de quais problemas singulares. A ergoformação supõe praticar, ao mesmo tempo, o teste de aderência mais voltado para os históricos de problemas, por um lado, e por outro, a operação de *deslocamentos* para que a eles possam se incorporar também saberes desinvestidos dessas aderências muito singulares. O interlocutor poderá, então, interessar-se pela situação no que ela tem de *típica* para um profissional e, nesse momento, aproveitar para enriquecer seu aspecto protocolar: "*se você se encontrar em uma situação semelhante, eis como eu (profissional de formação ou tutor) o aconselho proceder*". Um saber exige um descentramento, um distanciamento: ele não está mais colado aos valores que intervêm no instante, ele visa a uma forma de neutralidade.

E, como para o especialista em ergoprevenção, uma tal prática acaba por enriquecer o saber coletivo sobre o ofício, o que inclui suas representações mais singulares. É isso que resultará da experiência metodicamente analisada, capitalizada.

Não se vai detalhar a mudança de posturas em todos os campos de atividades profissionais, técnicas, sociais. Será evocado, no entanto, ainda que brevemente, esse lugar absolutamente estratégico que é o da governança *do trabalho stricto sensu*, no âmago da história, das tensões, das contradições de um mundo muito diversificado localmente e, ao mesmo tempo, homogeneizado, como um conglomerado dominante de sociedades de mercado e de direito.

Como nos campos precedentes, pode-se falar de uma mudança em direção ao ergogerenciamento. Certamente a presença de "gerenciamento" na expressão poderia deixar pensar que se visaria a uma espécie de ordenamento aceitável da organização do trabalho, de uma espécie de humanização da governança atual do trabalho que deixe intacta, nas arbitragens da atividade, a recuperação dos valores sem dimensões pelos valores dimensionados e mercantis.

Mas é necessário ter medo das palavras? Às vezes sim, sem dúvida. Mas assumir a retomada da noção de gerenciamento – poder-se-ia ter falado, é verdade, em ergoenquadramento, de ergogovernança do trabalho – é tornar a assumir aqui uma dupla constatação: é admitir a necessidade de *normas antecedentes* destinadas a enquadrar todo agir coletivo humano; é também admitir que ninguém está no direito de afirmar que a humanidade sempre será conduzida a se autogovernar (termo aqui discutível) pela força da regulamentação monetária. Não será da noite para o dia que o trabalho humano deixará, sobre grandes espaços do planeta, de se corporificar sob a forma, integral ou parcial, do trabalho *stricto sensu*. Disso decorre a extrema ambiguidade de um tal gerenciamento, ou governança de um tal trabalho, misto resultante de toda decisão de agir em conjunto e de uma prevalência problemática dos valores mercantis na normalização do trabalho humano.

Fazer preceder gerenciamento pelo prefixo *ergo* não requisita, portanto, imediatamente, a natureza de anular a força decisória *da* governança unicamente pelo critério quantitativo. Cada um pode, certamente, sonhar, com distâncias abissais da realidade, como se já houvesse valores já estabelecidos de uma gestão coletiva de bens a serem produzidos para a felicidade de todos. Isso não impede que *ergo*gerenciar signifique que se cessa, em todos os níveis das organizações humanas, de hipostasiar as normas antecedentes, de reificar os parceiros, interlocutores, executores, usuários..., como se eles não fossem, dia após dia, cadinhos de dramáticas de uso de si mesmos, portadores , em níveis muitos diversos, de reservas de alternativas.

Isso implica uma preocupação, uma vigilância, uma inquietude permanente para aqueles que têm essa responsabilidade ou esse poder em sua relação com aqueles de quem esperam um resultado industrioso. Postura sem dúvida fatigante, desconfortável, contrária a todas as relações de poder inseridas na governança de normas antecedentes, mas muito mais construtiva do que uma fábrica que fabrica – distante dos debates de normas industriosas – objetivos, prescrições, procedimentos, cuja racionalidade, muito frequentemente aparente, é exercida amplamente em benefício de resultados que escapam, mais ou menos amplamente, de uma definição "pública" de bens. Postura, sem dúvida, na contramão daquilo que se ensina nas instituições e escolas de gerenciamento (mesmo que contratendências e clarezas sobre o assunto devam ser levadas em conta), postura que requer um verdadeiro engajamento, mas que deve ser levada em nome da recusa de uma gestão cega, de uma gestão que busca esconder as reservas de eficácias e as matrizes de crise nas organizações e na vida social em geral.

Uma tal postura de ergogerenciamento não começa em nenhum lugar específico. Ela é pertinente a todos os níveis hierárquicos, a cada vez com dimensões e riscos específicos. Ela pode se inscrever em todos os agires dos mais ínfimos aos mais consideráveis. Ela pode, mais particularmente, incarnar-se em múltiplos nós: como na organização do vai e vem entre a fabricação de organogramas formais e a preocupação em considerar a tecelagem e as razões de certo número de cristalizações coletivas relativamente pertinentes sobre as quais se falou acima; na fabricação de todas as espécies de indicadores, ou de coeficientes presumidos de antecipar, seguir, avaliar a atividade humana; na recusa categórica de julgamentos feitos unicamente a partir de "resultados", "clareando" os custos em debates de normas das atividades humanas requeridas para consegui-los; na consciência dos profundos riscos de injustiça, portanto, de desagregação das eficácias econômicas e cimentos sociais produzidos por procedimentos desconsiderados de promoção ou de retribuição, sem se dar conta do lento e não aparente trabalho de construção dessas entidades coletivas que escapam aos organogramas.

Poder-se-ia multiplicar as circunstâncias. Através de todos esses nós, só pode progredir uma forma de reconquista industriosa das relações de similitude antropológica entre protagonistas, um horizonte de igualdade que questiona as assimetrias de poder e de riqueza. E, mais concretamente, pode construir uma distinção (talvez a ser legalizada) entre uma empresa – entidade econômica no interior da qual são produzidos valores pelo trabalho – e a sociedade de capitais que reagrupa as fontes de financiamento cujos critérios não podem, sem escrúpulos, sobrepor-se à primeira, a não ser gerando alterações ou crises diversas, internas ou externas.

Assim, globalmente, a invenção de posturas com a preocupação de colocar continuamente em dialética as normas antecedentes e o mundo das renormatizações é suscetível (tão amplamente desenvolvida) a deslocar o cursor entre os valores sem dimensões e os valores mercantis, a ampliar a medida de valores sem dimensões no autogoverno dos homens. Mas isso só pode parecer credível o tanto que, simultaneamente, o polo do que se pode chamar de *politeia*, o polo público, encarregado oficialmente do bem comum (seja o polo teoricamente orientado pelos valores sem dimensões) em todas os escalões políticos hoje existentes, desempenhe seu papel no mesmo sentido diante do polo mercantil.

Profissional de ergoformação, profissional de ergoprevenção, ergogerente: a cada vez se recompõem as relações entre os protagonistas, entre os grupos sociais. Na reinstrução das normas antecedentes se redesenham formas de cooperação, redefinem-se as responsabilidades de cada um. Responsabilidades que devem negociar sua compatibilidade com o respeito aos contratos anteriormente fechados e com as garantias jurídicas que protegem as diferentes partes envolvidas.

Mas quem só vê uma dinâmica jurídica pode, desse modo, enriquecer, modificar as regras e disposições de direito que levam em conta essas recomposições? Hoje o contrato de trabalho e seu critério essencial, a subordinação jurídica, são objeto de numerosas críticas, debates, dado o fato de supor neles inadequação às formas emergentes de trabalho em rede, em subcontratação, por empreitadas etc. É certo, sem dúvida, mas a atividade renormatizante sempre submeteu a subordinação jurídica sob todas as formas. Então, como medir exatamente aquilo que é novo? Que disposições novas adotar para não penalizar esse misto de resistência ao impossível e ao invivível que não para de se renovar – felizmente – através de formas novas da relação de trabalho? Ou bem isso se dá unicamente nas relações de força, ou bem no âmago do debate social; esse ponto de direito solicita a instrução pela potente "convidante", essa potência de diálogo com as regras jurídicas, tão discretas, culturalmente tão inaparentes ,que primeiro se acreditou se tratar de simples convidada.

Então, novos complexos de valores podem circular e tornar a questionar, sem unilateralidade nem simplismo, as estratégias, os objetivos dos organismos que encomendam a atividade. Ninguém alcançará certamente consensos miraculosos. Um tal ergoengajamento não faz desaparecer, como por encantamento, nem os riscos de cacofonia, nem aqueles de uma ingenuidade angelical. Mas como se trata da vida e da saúde no cotidiano, não há nenhuma razão para que essa lucidez antropológica seja necessariamente um jogo perdido por antecipação.

GOVERNO DOS HOMENS, POLÍTICA DE SABERES

Falou-se de mudanças, oscilações e reposicionamentos nos ofícios. Mas, sem que se desejasse ou planejasse, nem a questão política, nem a questão do regime de produção de saberes, estiveram, em nenhum momento, ausentes de nosso percurso.

A política começa em todos os lugares, quer dizer, não começa em parte alguma. Se o campo do político é aquele em que está em questão o bem comum, então aquilo sobre o que um olhar respeitoso sobre a atividade humana nos instrui hoje é que esse campo em nada se limita àquele que se considera geralmente como o campo do político. Aquilo que, em nossas sociedades modernas, suscita hoje debate, encontra um eco nas situações de trabalho e de vida. E, reciprocamente, as arbitragens, às vezes ínfimas, cujos traços são encontrados na atividade de uma pessoa que realiza uma tarefa, contribuem, mesmo que modestamente, na elaboração da história que estamos vivendo juntos. Um debate sobre os valores sem dimensões, cujos horizontes incluem, de maneira variável, uma aspiração ao bem comum, já está onipresente na mais mínima das operações industriosas. Toda ambição "política" pode ser julgada, na definição de seu agir, pelo grau com que é interpelada por suas inúmeras fabricações, nas quais, cotidianamente, está em jogo o destino do bem comum.

Há, nesse contexto, escolhas a serem feitas:

- Assume-se o agir político como uma "missão impossível", como a experiência de uma vontade teimosa de permanecer num *vai-e-vem* entre as reservas de alternativa multiformes, regeneradas no âmago da atividade e da elaboração de normas antecedentes, formuladas em termos gerais (leis, regras, orientações de escolhas orçamentárias...). Tal escolha comanda as estratégias, a construção de relação de forças ajustadas a essa missão. Tentativa que merece respeito, desde que seja assumida com a plena consciência de uma impossível consumação. Em política, nada é, sem dúvida, pior do que uma competência pretensamente *expert*, que nos assegura saber como alcançar a felicidade ou a riqueza do povo.
- Navega-se nas opiniões, nos debates de idéias largamente pré-formatados, mas facilmente expressos em fórmulas gerais bem elaboradas. Ora, enquanto não nos damos como motivo político ajudar a desdobrar a riqueza dos debates de normas ergológicas, em suma, enquanto ainda não se está ergoengajado, a relação dos cidadãos com o político, através dos canais extremamente pré-formatados, é pobre. Essa relação só tem uma ligação muito indireta com essas

dramáticas da atividade, que se alteram transitando por essas mídias pré-balisadas porque elas se operam em penumbra, inclusive para os próprios protagonistas, e não possuem suporte estabilizado para se desenvolver. Fazer política sobre a desaderência do debate de valor público em relação ao que está em sofrimento e em potencial nas renormatizações industriosas significa uma profissionalização restritiva do campo político. Ela reconduz, sem horizonte novo e mais amplo, o jogo rastejante ou violento das tendências e contra-tendências.

Existe, sem dúvida, algum tipo de caricatura nessa apresentação. Existem sempre formas de aderência das políticas àquilo que está em sofrimento e amplamente não formulado nas renormatizações que a vida social não para de produzir. Apesar disso, estamos longe de uma política que tentaria suscitar, em todos esses meios produtores, disposições ao ergoengajamento. Isso passaria especialmente por uma concepção de avaliação das políticas setoriais que escapasse à tirania dos resultados numéricos e dos julgamentos superficiais pelos indicadores externos às atividades em questão. Ou seja, que escapassem de critérios que definem pela forma (e não pelo conteúdo) os resultados a serem obtidos, que bloqueiam as dificuldades imanentes às operações e, assim, mascaram – e isso é essencial – a transformação dos procedimentos e dos objetivos a encaminhar, caso se queira ser coerente com as políticas afirmadas. Por exemplo, avaliações de políticas de formação-inserção ou de alocação empregatícia, baseadas em cortes, com base em indicadores do tipo número de vagas/número de candidatos recebidos, deixando de lado a qualidade, a durabilidade das colocações e acarretando múltiplos efeitos perversos para mostrar que, assim, são mantidos os objetivos definidos. Não se trata de eliminar os critérios quantitativos, mas sim de manter a possibilidade de confrontá-los com as lacunas nas dinâmicas entre objetivos/aplicações.

"Fazer política", incluindo o ergoengajamento, modifica, ou modificaria, seu conteúdo, já que o "povo" que governa não é mais exatamente o mesmo povo. Trata-se de um povo que é, sobretudo, um povo de semelhantes, um povo mais respeitado, um povo menos em sofrimento e mais disponível para cocriar um mundo comum.

Essa reavaliação do político pode se dar em diversos níveis. Pode-se, por exemplo, sonhar com um ergosindicalismo: trabalhar para enriquecer a construção cada vez mais difícil de palavras de ordem, para enriquecer as confrontações multiformes com os poderes econômicos e políticos pela instrução contínua das reservas de alternativas contidas nas renormatizações industriosas dos aderentes. Práticas já mais ou menos experimentadas de longa data, mais difíceis hoje pela ausência de um espaço social e intelectual ampliado para fazê-lo, e frente a um mundo de trabalho em que a diversificação das atividades industriosas explode.

Espaço *intelectual*: não é possível haver um ergoengajamento sem intervenção sobre os regimes de produção de saber. A atividade, já se disse no início, é obrigação feita de pensar. A dupla exigência a renormatizar – para gerir os vazios de normas e para viver em saúde – impõe uma captação contínua de informações para capitalizar como saberes investidos, que passam muito misteriosamente por todas as potências do corpo e do espírito: captar funcionamentos reais, histórias de encontros, interfaces complexas, usos codificados, trajetórias de saúde ou de mal-estar no seio dos meios técnicos e humanos onde os protagonistas devem viver. Patrimônio prodigioso de saberes em penumbra, mas que torna possível, que explica a vida das instalações ou dos serviços, que clarifica as eficácias reais, o como agenciar inovações e alternativas tomadas sobre o que é mais fecundo nelas.

Mas como desenvolver os saberes variavelmente investidos, e até mesmo escondidos nestes cadinhos industriosos, dos quais, no entanto, não somente o mundo político necessita, mas também o mundo do saber, se ele realmente quer compreender como os homens produzem seu mundo? Como forçar a relativa indiferença, o relativo desprezo que empareda esses patrimônios no que se chamou muitas vezes uma "penumbra"? Penumbra por conta da impossibilidade desse patrimônio de poder se formular diretamente em conceitos mais gerais, desinvestidos, sem aderências, ou seja, segundo uma forma ao mesmo tempo necessária à universalização do saber científico, mas empobrecedora, se considerada como a única admissível.

Então, sem dúvida, o ergoengajamento deve militar para que, segundo as formas, os objetivos e as temporalidades dasas mais diversas, desenvolvam-se os regimes para pensar que se percebe organizar-se segundo três pólos. O objetivo é incitar aqueles que vivem e trabalham a colocar em palavras um ponto de vista sobre sua atividade, a fim de torná-la comunicável e de submetê-la à confrontação de saberes. Esse ponto de vista não está disponível espontaneamente, ele demanda, muito frequentemente, ser construído. Ele solicita que os saberes constituídos e socialmente reconhecidos se deixem interrogar pela atividade humana, tal como ela aparece nos pontos de vista argumentados.

Três polos, portanto, que só podem ser definidos tendencialmente e não por categorizações bem marcadas. Um polo onde sejam disponibilizados os saberes codificados, estocados; as normas antecedentes, suscetíveis de esclarecimento e de operatividade sobre as esferas de ação a que se aplicam (diferentes em uma formação universitária generalista sobre a organização do trabalho, um serviço hospitalar, uma empresa de seguros). Um polo que, na produção de saberes sobre essas esferas da ação humana, faça com que os próprios protagonistas dessa ação intervenham, enquanto produtores de seus patrimônios de valores e de saberes em penumbra, inantecipáveis pelo primeiro polo. Um terceiro polo, que não *designa* interlocutores específicos, mas que indica a condição de uma circulação fecunda, de mão dupla, entre os dois primeiros polos: como pensar o trabalho e retrabalho por cada um dos saberes e conjuntos de valor dos outros. Talvez seja o polo de um humanismo enigmático, muito respeitoso para se informar junto aos outros parceiros sobre seus debates de normas, sobre sua maneira de construir os saberes que os sustentam.

Efetivamente, está claro que uma visão dominante do trabalho como mecânico, essencialmente como aplicação por uns de normas pré-pensadas por outros, faz implodir o terceiro polo e reduz um tal dispositivo a um aprendizado de sentido único, indo do primeiro ao segundo polo.

Nada pode ser categorizado, formalizado, desses dispositivos dinâmicos de três pólos, que são inicialmente estados de espírito, antes de serem, eventualmente, base de construções sociais. Mas nada também poderá mudar verdadeiramente nas relações entre saber e poder se alguma coisa como esses dispositivos não venha alimentar tanto os lugares onde se produzem e se difundem os saberes acadêmicos e disciplinares, quanto nos lugares de atividade econômica onde esses saberes são instrumentados, a título de normas antecedentes, para antecipar, prescrever, protocolizar, as atividades industriosas em graus diversos.

Parece que carecemos de pontos de encontro, relativamente distantes uns dos outros, alimentados por perspectivas transformadoras e para alimentar uns aos outros em perspectivas transformadoras.

Pontos de encontro em relativa distância dos lugares de atividade econômica, para desapertar os laços estatutários ou de subordinação que freiam hoje, nas empresas e nas organizações, o trabalho de dar visibilidade à atividade. Entretanto, muito próximos para reunir os protagonistas preocupados em repensar a produção de normas antecedentes sobre a base de experiências e de interesses suficientemente vizinhos.

À distância relativa dos locais de produção de conhecimentos desinvestidos, pois que o objetivo visado não é diretamente a obtenção de diplomas, mas a transformação das situações de trabalho. Mas próximos demais, entretanto, para se instruir sobre as normas antecedentes que a eles se aplicam, bem como para participar de suas reavaliações.

Nós carecemos de tais *Grupos de Encontro sobre o Trabalho* funcionando com essa tripla polaridade que acabamos de evocar. Segundo dinâmicas de desaceleração, eles desenvolvem em dialética um movimento duplo de apropriação e instrução. *Apropriação:* uma familiarização conceitual com a atividade como tratamento enigmático da confrontação entre formas protocolarizadas da experiência industriosa e a necessidade de aí sempre gerir, nessas formas, os encontros de encontros. *Instrução:* um colocar em visibilidade e em palavras essa experiência, desdobrando habilidades, sinergias eficazes e inaparentes, as lacunas ou inadequações das normas antecedentes, as reservas de alternativas em sofrimento nesses lugares de utilização da atividade humana.

É com tais Grupos de Encontro sobre o Trabalho, por exemplo, reunindo técnicos de segurança e prevenção de diversos organismos habilitados a intervir sobre as questões de saúde e segurança no trabalho, que se pode experimentar a possibilidade de distinguir claramente os riscos profissionais e os riscos do trabalho e, portanto, pensar um reposicionamento eficaz desse ofício.

Parece que a difusão de tais grupos, longe de toda unilateralidade, seja uma das matrizes de abertura de possíveis. Eles favorecem as múltiplas direções do ergoengajamento e param de fazer da questão da mudança e da inovação uma questão ideológica ou manipuladora. É sem duvida indo nessa direção que todos os *constrangimentos* que pesem efetivamente sobre as organizações produtivas podem ser tratados de maneira mais serena, de cima, abrindo novos horizontes.

REPENSAR O GOVERNO DA ATIVIDADE HUMANA

Esse texto não convoca nenhuma solução milagrosa: isso seria contraditório com sua própria substância. Ele deseja simplesmente argumentar com firmeza o que nós poderíamos chamar de um caderno de encargos[29] de todo governo da atividade.

Militando por um ergoengajamento, esse texto não pretende em nada promover palavras de ordem, projetos políticos ou econômicos, medidas

---

29 N.T. No original, *cahier des charges* (ao pé da letra: *caderno de encargos*). Expressão francesa utilizada, por exemplo, na prática da intervenção ergonômica. Como vários ergonomistas têm utilizado essa expressão no Brasil, decidiu-se utilizá-la no texto. No geral, trata-se de documento contratual que permite enquadrar um prestador ou um fornecedor em um contrato. Ele agrupa as informações sobre os objetivos, as necessidades, as especificações e o impacto de um projeto, assim como as relações com os outros projetos. Um caderno de encargos pode ser funcional, técnico ou ainda organizacional.

legislativas. É um militantismo paradoxal, já que se trata de se engajar para avaliar as capacidades de uma realidade que já existe, bem antes que se fale dela. Não se trata, portanto, de tomada de posição em favor disso, ou para fazer existir aquilo. Mas a ausência de palavra de ordem não retira em nada a firmeza do propósito desse caderno de encargos. Para concentrar esse paradoxo em uma frase: pode-se argumentar "cientificamente" que não há ciência da atividade; que toda teoria política, gestionária, que mais ou menos postule sua existência, corre o perigo de deriva intelectual, manipuladora.

Se essa fórmula é exata, então é preciso dela tirar consequências na condução de nosso agir coletivo. Daí advém a ideia do caderno de encargos, que deixa em aberto todo tipo de possibilidades, de possíveis ampliados, endereçados às forças sociais engajadas em projetos, em estratégias, em lutas determinadas.

Tudo está por ser feito. Esse paradoxo de uma convicção *cientificamente* argumentável, de que não existe ciência disso, que construímos dia após dia, não simplifica as coisas. Mas é assim que a história advém. O importante é saber desde quando tentamos governar a nós mesmos.

Vai se contrapor: em quê um tal ergoengajamento pode fazer frente a esse uso manipulador das normas antecedentes, que delas se serve para construir ou estabilizar posições de poder, de dominação política, econômica? Nós tínhamos dito acima que essas tendências existiam também em nossos possíveis. Mas, no estado em que se encontram, elas descredibilizam as tentativas de desviar o autogoverno dos homens por meio da transformação do caderno de encargos relativo à construção das normas desta governança.

Que seja: a objeção não deve ser subestimada. Mas ela remete, sem dúvida, em parte, à relação entre a busca de saúde e a atividade. Nós evocamos essa possível definição da saúde como tentativa, mais ou menos vitoriosa, de recentrar o meio de vida e suas normas antecedentes em torno das normas próprias do vivente humano. Essas tentativas de recentramento, de renormatização, parecem universais. Elas parecem tornar possível um modo de reconhecimento dos outros como nossos "semelhantes". No entanto, através da história, através das histórias, vão se diferenciar, se clivar territórios geográficos, sociais, culturais, simbólicos, definindo para os seres e grupos, aquilo que vale para eles como *o* meio, como sendo seu meio de vida, com relação a que vão se operar seus recentramentos, suas renormatizações.

Desse modo, em tendência, se desenham fronteiras sempre transitórias, entre o que é o meu meio e o que não o é. Nesse debate sempre aberto entre similitude e exterioridade, em que está em jogo o grau de universalização, a medida em palmo de nosso mundo de valores, segundo modalidades extremamente variáveis, seres humanos podem ser abarcados por outros, como forças estrangeiras, "coisificadas" em seu meio de vida. Eles são transformados em elementos para instrumentar no campo de desejo de saúde desses outros. Instituem-se, então, relações de "poder", ambições de potência, nas quais os seres ou grupos humanos podem tornar-se objeto de empreendimentos destruidores, reificadores, que podem tomar as mais diversas e sutis formas.

A violência, a barbárie e também as formas de exploração se desenvolvem sobre a base de uma restrição (muito raramente total) do domínio daqueles que se considera como seus semelhantes. Seres, grupos, países puderam, assim, fazer parte da paisagem, estarem disponíveis para a exploração. Já falamos como a ocultação da assinatura da humanidade – a atividade humana – sob a regulação crescente do dinheiro, alimentava esse risco.

Colocar em prática esses dispositivos orientados segundo essa tripla polaridade sobre a qual acabamos de falar é, ao contrário, um caminho para ampliar esse domínio de reconhecimento de seus semelhantes. Quanto mais se exibem esses processos, nos quais se desdobram as dramáticas da atividade, mais cresce o sentimento de uma semelhança de destino diante das exigências e normas que devem ser enfrentadas na existência. Além disso, a aprendizagem de cada um, das tentativas de recentramento dos outros como tentativa de viver em saúde, abre *possíveis* nas tentativas difíceis de viver em conjunto, do mais local, ao mais global.

Dizer isso não é se iludir sobre a força dos antagonismos, das ambições, dos poderes que continuam e continuarão a cindir os horizontes de similitude. A questão do "poder" é sinuosa, complexa e supõe diversas trajetórias de aproximação. Mas, uma vez que se transitou algum tempo pelo que se chamou de dispositivo de três pólos, a questão do poder não se coloca mais como antes.

PARTE 3

PERSPECTIVAS BRASILEIRAS

CAPÍTULO 9

PSICODINÂMICA DO TRABALHO NO BRASIL: PRÁTICAS CLÍNICAS

Álvaro Roberto Crespo Merlo
Ana Magnólia Mendes
Fernanda Sousa Duarte
Luciane Kozicz Reis Araújo

A Psicodinâmica do Trabalho expandiu-se no Brasil na última década, particularmente em função de um grande número de pesquisadores que vêm usando sistematicamente seus conceitos desde os anos 90, dedicando-se à produção do conhecimento por meio de pesquisas empíricas e discussões teóricas e investindo na formação de doutores, mestres e especialistas, transformando o Brasil em um dos países com maior produção de teses, dissertações, livros e artigos em Psicodinâmica do Trabalho. Esse crescimento é fruto de pesquisas realizadas, sobretudo, no Norte, Sul e Centro-Oeste do país, por pesquisadores vinculados a programas de Pós-Graduação, especialmente em Psicologia, com linhas de pesquisa alinhadas ao objeto da Psicodinâmica do Trabalho.

Para divulgar essa expansão, Merlo e Mendes (2009), em artigo, identificaram quatro tendências para o uso da abordagem: a Teórico-conceitual; a Indissociabilidade entre teoria e método; a Teoria associada a multimétodos; e o Método, no caso, a Clínica do Trabalho, associada às práticas de gestão da organização do trabalho.

Não é possível delimitar de modo rigoroso e hermético o uso de uma abordagem e a sua identidade. A identidade é algo que se encontra em permanente construção e, por isso, é sempre inacabada. Obedecer às prescrições dos mestres é fazer para eles e não com eles. Acreditamos que fazer ciência é questionar o que está posto, não é reproduzir e confirmar verdades. É fazer avançar o conhecimento, mesmo que esse avanço consagre o fracasso da verdade anunciada e, para avançar, é preciso transgredir, pensar livremente, ter autonomia intelectual e se emancipar.

Nessa perspectiva, acreditamos que o uso da psicodinâmica como categoria teórico-conceitual pode ser articulada a outros métodos como escalas, entrevistas individuais e coletivas, análise documental e observação. No entanto, o uso da prática clínica como método requer outras articulações teóricas, especificamente com a Psicanálise, que trata da escuta como lugar privilegiado para o fazer clínico. Também não podemos deixar de nos referir à importância da teoria da ação comunicativa de Habermas (1984) para que se contextualize essa prática com fins políticos. Nesse sentido, o pesquisador-clínico, como proposto pela metodologia dejouriana, desliza para uma posição de clínico-pesquisador, e a pesquisa/ação torna-se uma prática na qual a pesquisa e a ação são indissociáveis e constituintes do processo de escuta. A ação vai além dos princípios da fala como ato e do agir sobre a organização do trabalho, envolvendo a relação entre a subjetividade do clínico na escuta e a mobilização subjetiva do coletivo.

Feita essa contextualização, o capítulo se desdobra enfocando o aporte metodológico vinculado à Psicodinâmica do Trabalho no Brasil, que tem um dos seus pontos de partida no estudo de Mendes e Araújo, *A clínica psicodinâmica do trabalho: o sujeito em ação*, publicado em 2012, e que preconiza o método aqui a ser apresentado: a Clínica Psicodinâmica do Trabalho.

PROCEDIMENTOS E ESTRATÉGIAS

A partir da compreensão da relação entre organização do trabalho e saúde mental como processo em vez de estado específico de plenitude e bem-estar absoluto e de que o trabalho é atividade ontológica ao ser humano, ao sujeito – ativo e engajado subjetivamente em suas vivências –, Dejours idealiza um método que estabelece a ponte entre teoria e prática e que seja mais que uma pesquisa, que seja também ação, mas não em mão única. Para isso, o método por ele sugerido é denominado de Clínica do Trabalho.

Pode-se dizer que a clínica em Psicodinâmica do Trabalho pressupõe o engajamento subjetivo de todas as partes envolvidas: empregador, empregado e pesquisador. Todos eles devem ser vistos não como participantes em contato com um mero facilitador, ao contrário, todos devem ser considerados agentes da pesquisa-ação, em que estabelecerão uma relação constituinte subjetivamente, com o objetivo de promover e potencializar a mobilização subjetiva e/ou coletiva, de preferência pela tomada de consciência da organização do trabalho e sua redisposição. Trata-se de um objetivo político que deve ser coerentemente perseguido por meios também políticos. Por isso, nada mais adequado que privilegiar a escuta como meio (Dejours, 2009). Além da escuta, o pesquisador-clínico pode apelar para diversas técnicas clínicas como a observação e a associação livre, apreendendo os conteúdos latentes por trás dessas manifestações, cabendo a esse pesquisador realizar a articulação e as interpretações que podem vir a viabilizar a redefinição – ou melhor, a reconstrução – pelo grupo das estratégias que medeiam a relação prazer e sofrimento no trabalho, cabendo aos trabalhadores deliberarem quais estratégias lhes cabem e lhes são operacionalizáveis.

Por isso, a clínica em Psicodinâmica do Trabalho é feita em sessões coletivas com os trabalhadores, privilegiando o cuidado ético no trato das informações compartilhadas no espaço clínico, estabelecendo com os sujeitos regras que, antes de tudo, salvaguardem os envolvidos.

Inspiradas pelo método preconizado inicialmente por Dejours, em 1992, que se desenvolve basicamente nas três etapas de pré-pesquisa, pesquisa e validação-refutação, as pesquisas brasileiras, realizadas com servidores federais, sindicalistas e celetistas, 20 anos depois, sugerem algumas adaptações ao método. Algumas questões importantes que caracterizam as peculiaridades da cultura no contexto social, econômico, cultural, como a miscigenação cultural, os modos de estabelecer relações interpessoais no trabalho, a comunicação, uma economia em ascensão com promessas de sucesso para quem estiver disposto a seguir as regras do jogo, foram privilegiadas na análise clínica.

Nos últimos anos, diversas categorias profissionais estiveram no foco das intervenções clínicas do trabalho. Podemos dar como exemplos: guardas municipais (Baierle 2007; Castro, 2010), trabalhadores integrantes da área de saúde (Lancman, Ghirard, Castro & Tuacek 2009), bancários adoecidos por LER/Dort (Santos Júnior, Mendes, & Araújo, 2009), profissionais de enfermagem (Traesel & Merlo, 2009, 2011), educadores e cuidadores sociais (Bottega & Merlo, 2010), profissionais de gestão de pessoas de uma organização pública (Gomes, Lima & Mendes, 2011), servidores públicos das varas criminais do Tribunal de Justiça do Amazonas (Garcia, 2011), e mulheres trabalhadoras (Martins, 2009), oficiais de justiça (Merlo, Dornelles, Bottega & Trentini, 2012).

Com base nesses estudos, especificamente nas observações e supervisões, percebe-se a reinstrumentalização do método da clínica em Psicodinâmica do Trabalho no contexto brasileiro. O espaço clínico, focado na organização do trabalho, permite a abertura de um espaço público de discussão, em que o engajamento afetivo é mediado pelo uso da palavra, possibilitando dessa forma sua ressignificação e mobilização subjetiva através dos processos de elaboração/perlaboração.

Essa clínica brasileira, construída com base nos dados empíricos, aprofunda a implicação afetiva no coletivo de pesquisa e no coletivo de supervisão como instrumento fundamental para uma escuta clínica analítica do sofrimento, exigindo, assim, um deslizamento do pesquisador-clínico para o clínico-pesquisador. Esta perspectiva requer uma proximidade maior com a Psicanálise, o que traz como consequência a explicitação das diferenças entre esse e outros modos de escuta, preconizadas por diversas abordagens das ciências humanas e sociais. Com isso, caminhos metodológicos diferentes para escuta do sofrimento são possíveis, sendo o mais fundamental para qualificar tal escuta, a filiação teórica a qual o método se vincula, os pressupostos e a teoria que rege as interpretações e o processo de elaboração-perlaboração no espaço de discussão e deliberação sobre o sofrimento no trabalho.

Nesta direção, a Clínica Psicodinâmica do Trabalho assume feições particulares. É centrada na ação ou *práxis* do inesperado, irrompe-se na tarefa, no caminho a ser percorrido. Esse desafio frente ao real é, acima de tudo, afetivo; inicialmente se sente, pois nesse hiato as defesas ainda não estão operando. Nessa lacuna surge a falta, condição fundamental para surgir o desejo. O processo clínico se inicia na falta inscrita na fala e a busca por parte dos envolvidos no trabalho de que a palavra tome forma, para que, uma vez nomeada, possa exercer a ação sobre a atividade; ou de que algo que diz respeito ao contexto em que o(s) sujeito(s) se encontra(m) possa ser revelado, explorado. Esse anseio geraria uma demanda, que para o clínico do trabalho é a representação acessível e analisável do desejo.

Uma nova demanda surgiu nas práticas brasileiras: acolher trabalhadores acometidos por patologias do trabalho, adoecidos ou em vias de adoecimento. Diferente do preconizado por Dejours (1987), que indica que a demanda demarca o início do processo e deve ser sempre espontânea, partindo do coletivo de trabalho – trabalhadores de um mesmo local – para o pesquisador e, a partir daí, sendo constantemente explorada e reconstruída. Esse requisito implica desenvolver a prática clínica com trabalhadores em condições de formular a demanda espontaneamente e submetidos a mesma organização do trabalho, o que não é possível quando os trabalhadores já estão adoecidos e são de locais diferentes de trabalho.

Essas práticas foram desenvolvidas como a Clínica das Patologias. Realizou-se a intervenção com sindicalistas e servidores públicos federais, que mapeavam em suas categorias números alarmantes de adoecimento. O enfoque nesses grupos foi o fortalecimento do coletivo de uma mesma categoria profissional, para que pudessem sair do cárcere e, junto ao social, encontrar forças para transmutar a um novo lugar. Trabalhadores que não conseguiram pertencer a esse espaço, mobilizando-se para um novo lugar, foram encaminhados para acompanhamentos terapêuticos individuais.

O trabalho desenvolvido na Clínica das Patologias presta-se a um amplo campo de pesquisa. O caminho percorrido para o adoecimento nas experiências relatadas coloca em cena vivências de solidão, falta de pertencimento, impotência para lidar com o outro e o congelamento frente ao real. Esse imobilismo, fruto do fracasso, reforça nos trabalhadores a pulsão de morte, com todas as gratificações advindas deste percurso: aposentadorias precoces, readaptações, licenças médicas, entre outros. O padecer, nesse sentido, é a forma encontrada para mostrar o que não pode permanecer oculto, mas, no entanto, não conseguiu ser simbolizado.

A teoria e a metodologia aplicada nos diferentes contextos propiciaram o esboço para a realização de uma clínica brasileira de Psicodinâmica do Trabalho. Ressalta-se que essa Clínica, como qualquer outra, não é acabada, é mutante e está sempre sujeita ao inesperado, às inovações e adaptações, com base nos contextos culturais e institucionais onde são praticadas.

A CONDUÇÃO DA CLÍNICA PSICODINÂMICA DO TRABALHO

As práticas realizadas nos últimos três anos no Brasil, fundamentadas no estudo de Mendes e Araújo (2012), aprofunda e sistematiza cinco dispositivos, que constituem a instrumentalização para a condução clínica: análise da demanda, construção dos laços afetivos, elaboração-perlaboração, interpretação, formação do clínico e supervisão. Esses dispositivos articulam as condições para realização da prática, constituindo o processo de condução da clínica, que será apresentado a seguir:

1. **Organização da prática:** Essa fase é caracterizada pelo delineamento da pesquisa, é o momento de se aproximar do contexto que demandou essa atenção clínica e, a partir de observações, análises documentais e outros registros, verificar a necessidade – e a viabilidade – desse tipo de intervenção. "Há realmente uma demanda? De quem é o desejo de mudança? Há possibilidades de mudança? É

possível a estruturação de um grupo nessas condições?" São perguntas que surgem nesse momento. São definidas nessa fase do processo datas, locais, horários e duração de sessões, além da disponibilidade dos participantes, considerando sempre o voluntariado dos possíveis envolvidos e a anuência institucional, assim como sua participação no processo. É o momento de realizar acordos e desarmar possíveis falsas promessas que possam se instituir entre os envolvidos. Além disso, também é o momento em que se busca formar um coletivo de pesquisadores para realizar a supervisão do processo clínico. Geralmente, esse coletivo se constitui por aqueles que têm familiaridade com a teoria da Psicodinâmica do Trabalho e da Psicanálise, sendo formado geralmente por mais dois ou três pesquisadores além daquele que vai a campo.

2. **Construção e análise da demanda:** Nessa parte da clínica, aproxima-se dos solicitantes ou dos possíveis envolvidos e interessados na prática clínica para compreender não só a natureza da demanda como seu conteúdo. Geralmente, é realizado em sessões coletivas em que o clínico-pesquisador se coloca à disposição da palavra dos trabalhadores.
3. **Instituição das regras de conduta do coletivo de pesquisa e do coletivo de supervisão:** Havendo a identificação da demanda e a constituição do grupo que participará das sessões, definem-se regras junto aos participantes, em um processo em que suas necessidades e limites são levadas em consideração para constituir as regras de conduta. As regras primordiais, e que se aplicarão a todos os grupos, são aquelas do voluntariado, em que se acorda que todos estão ali voluntariamente e que podem abandonar o processo sem nenhuma penalidade, assim que desejarem, e aquelas que visam a garantia do sigilo das informações prestadas, como a não identificação de relatos individuais no relatório final. Com relação à instituição das regras do coletivo de supervisão, frisam-se também a necessidade do sigilo.
4. **Constituição do espaço da fala e da escuta:** Esse espaço será o das sessões coletivas, entre 10 e 15 sessões semanais com duração entre uma hora e meia e duas horas, podendo ser constituídas por um número de trabalhadores que varia de seis a doze participantes. É nesse espaço que se realizarão as observações clínicas e interpretações do clínico-pesquisador, a partir dos comentários coletivos e das divergências que surgem e constroem debate.

5. **Registro de dados:** Realizado antes, durante e depois das sessões, pode ser por intermédio de gravação de áudio e/ou vídeo (quando aceito pelo grupo) e por registro escrito das falas e das impressões do pesquisador. São três os instrumentos de registro: o diário de campo, o memorial e a transcrição das sessões.
6. **Estruturação do diário de campo:** Esse processo seria especificamente o registro após a sessão, constando as impressões do pesquisador, constituindo material fértil para a supervisão e interpretações. Relatos como "Me sinto paralisado perante as queixas, perante as repetições (...) até onde posso ir? Quais são os meus limites de ação dentro do grupo, até que ponto minhas interpretações são só minhas e até que ponto são em realidade do grupo?" expressam a natureza do diário de campo, que deve trazer o registro possível da intersubjetividade que atravessa o processo clínico do seu início ao fim.
7. **O memorial é construído a partir do diário e registra a história do coletivo em cada sessão.** No início de cada sessão, o memorial é lido e discutido, sendo a continuação das sessões balizada por essa restituição. Esses memoriais são estruturados baseando-se tanto no que foi dito quanto no que foi percebido a partir do contato com os participantes, adicionando-se as interpretações que foram constituídas e analisadas no coletivo de supervisão. Servirão também para basear o relatório final a ser apresentado para o grupo e para a instituição. Geralmente, o memorial é escrito em uma ou duas laudas, utilizando-se frases ditas no contexto e interpretações sobre elas e temas levantados nas sessões anteriores.
8. **Supervisão:** Esse momento do processo é marcado pela orientação dos pesquisadores, pelo debate sobre as impressões e dados obtidos no diário de campo e pela construção coletiva do memorial das próximas sessões. Além disso, é momento fértil para diminuir possíveis vieses em função das relações transferenciais que podem vir a se estabelecer no contexto clínico. É nesse momento que se pode realizar ajustes necessários para uma melhor condução do método. Deve ocorrer semanalmente, embasando as interpretações que serão levadas a sessão seguinte.
9. **Restituição e deliberação:** A restituição é feita por meio da leitura do memorial e é o momento de reavaliar as interpretações e observar como o grupo reage ao que foi dito por eles mesmos anteriormente. Nesse momento, os participantes podem acrescentar, discordar e até mesmo sugerir ações para resolução de possíveis conflitos. Na última sessão, o memorial apresentado segue em forma de relató-

rio, apresentando as análises de acordo com o método sugerido por Mendes e Araújo para análise de dados.

10. **Apresentação dos relatos e avaliação:** O relatório final é feito com base na história das sessões, adicionando-se os contrapontos e novas observações feitas pelos participantes a partir da apresentação do relatório para eles. A avaliação do trabalho pode ser realizada três meses após a finalização da intervenção.
11. Vale ressaltar que ao longo de todo o processo é essencial recordar sempre a importância da palavra e a verdade em detrimento da realidade, não cabendo ao clínico preocupar-se com a verificação da veracidade das informações ditas, e sim compreender por que é dita e como se tornou uma realidade para aqueles sujeitos. Um dispositivo clínico seria, segundo Coutinho, Medeiros e Trindade (2012) "um fazer-saber que não aspira à universalidade" configurando-se como uma agregação de elementos heterogêneos em um tipo de técnica criada para situações específicas para cumprirem a função de operadores de intervenção, privilegiando a pluralidade e a liberdade que a prática exigir.

ANÁLISE CLÍNICA DO TRABALHO

Os dados registrados ao longo das sessões são submetidos à ACT - Análise Clínica do Trabalho. Esta análise é composta por três etapas, adaptadas do estudo de Mendes e Araújo (2012):

Etapa I: **Análise dos Dispositivos Clínicos - (ADC).** Incluem os resultados referentes aos dispositivos aplicados em relação à análise da demanda, os processos de elaboração e perlaboração, a construção de laços afetivos, a interpretação, a formação clínica e a supervisão. Os dados para essa etapa são originados do memorial e do diário de campo.

Etapa II: **Análise da Psicodinâmica do Trabalho - (APDT).** Esta etapa corresponde à estruturação dos eixos de análise. É fomentada pelas transcrições das sessões ou registro das falas. As falas devem ser editadas e organizadas em forma de texto obedecendo o desenvolvimento das sessões e a classificação nos eixos e seus temas. O texto deve ser apresentado de acordo com o que foi dito em cada sessão sobre os temas de cada eixo, demonstrando como foi o processo de revelação e apropriação do discurso pelo coletivo. As falas podem ser usadas para ilustrar o texto produzido pelo clínico-pesquisador.

A seguir, apresentam-se os eixos propostos para análise e seus respectivos temas:

EIXO I: ORGANIZAÇÃO DO TRABALHO PRESCRITO E O REAL DO TRABALHO:

- Tipos de tarefas;
- Divisão do trabalho;
- Normas e regras;
- Tempo e ritmos;
- Exigências técnicas;
- Relações com pares, chefias e clientes;
- Estilo de gestão;
- Responsabilidades e riscos.

EIXO II: MOBILIZAÇÃO SUBJETIVA

- Prazer;
- Sofrimento criativo;
- Sofrimento ético;
- Inteligência prática;
- Espaço de discussão;
- Cooperação;
- Reconhecimento.

EIXO III: SOFRIMENTO, DEFESAS E PATOLOGIAS

- Sofrimento patogênico;
- Estratégias de defesas individuais;
- Estratégias de defesas coletivas;
- Ideologia defensiva;
- Patologias do trabalho;
- Danos físicos e psicossociais;
- Doenças ocupacionais.

Vale ressaltar, que outros temas podem emergir da análise, bem como outros eixos. Essa variação depende dos dados empíricos e do avanço conceitual. Os eixos também podem estar presentes ou ausentes a depender do grupo submetido à pesquisa e/ou à intervenção, bem como variam de acordo com as demandas que dão origem às diferentes clínicas. Por exemplo, as patologias, em princípio, não estariam presentes na clínica da cooperação, sendo mais marcantes na clínica das patologias. Por fim, é possível recortar esses eixos de análise em função dos objetivos do estudo, enfatizando aquelas que mais se aproximam destes.

Etapa III: Análise da mobilização subjetiva do coletivo de trabalho – (AMCT). É o momento de analisar as dimensões que mais colaboram, ou não, com a mobilização do coletivo. Para tal, é preciso articular os dispositivos utilizados na condução clínica com os resultados encontrados nos eixos da análise Psicodinâmica do Trabalho.

As contradições da organização do trabalho são analisadas nas suas relações com a mobilização subjetiva, o sofrimento, as defesas e as patologias. Nessa etapa, o clínico-pesquisador analisa e interpreta os efeitos da prática clínica sobre o coletivo de pesquisa, suas limitações e perspectivas. Não é fácil fazer essa articulação, que depende da exaustividade com que foram feitas as etapas I e II.

Um outro desafio que se coloca para os pesquisadores e profissionais brasileiros que têm a Psicodinâmica do Trabalho como uma referência é utilizá-la como instrumento para a compreensão da atenção em saúde mental no trabalho. Os novos modelos de gerenciamento do trabalho têm produzido um aumento considerável na demanda por atendimento em saúde mental na rede do Sistema Único de Saúde (SUS), nos Serviços Especializados em Engenharia de Segurança e em Medicina do Trabalho e mesmo nos atendimentos privados.

De acordo com a Previdência Social, as concessões de auxílio-doença acidentário – que têm relação com o trabalho – para casos de transtornos mentais e comportamentais cresceram 19,6% no primeiro semestre de 2011 em relação ao mesmo período do ano passado. Os afastamentos provocados por casos de transtornos mentais e comportamentais, por exemplo, saltaram de 612, em 2006, para 12.818, em 2008. Já em 2010, esse número caiu, passando para 12.150. Mas em 2011, a concessão de auxílios-doença em função de transtornos mentais e comportamentais voltou a subir, passando para 12.337 casos.

E, na imensa maioria dos casos, não está sendo estabelecido o nexo com o trabalho e esses trabalhadores têm sido diagnosticados e tratados como se suas patologias psíquicas tivessem origem apenas em sua própria história individual. A Psicodinâmica do Trabalho é, certamente, um instrumento poderoso para a compreensão das relações entre o trabalho e o adoecimento psíquico e deverá contribuir para a construção de rotinas que orientem o atendimento individual.

Nesse sentido, alguns dos autores deste capítulo estão envolvidos em um projeto demandado pela Coordenação Geral de Saúde do Trabalhador (CGSAT/MS), da Secretaria de Vigilância em Saúde (SVS/MS), que tem como objetivos identificar o perfil de adoecimento em saúde mental relacionado ao trabalho; identificar os serviços e/ou profissionais que encaminham os pacientes e o motivo do encaminhamento; propor rotinas para o diagnóstico e a atenção à saúde mental no trabalho, bem como, definir as respectivas condutas e indicar propostas para a formação de recursos humanos em saúde mental e trabalho no âmbito do SUS.

CONSIDERAÇÕES FINAIS

As contribuições expressas aqui não se esgotam. Um dos desafios epistemológicos nesse trabalho é a dificuldade em lidarmos com o subjetivo e, consequentemente, com diagnósticos e laudos finais.

Os resultados são construções que estimulam a potência reflexiva, ou seja, pela experiência singular, busca-se ressignificar o entendimento de que as formas de sofrimento dependem da observação e escuta dos processos coletivos, assim como da disposição para ampliar os meios de trabalho e construir novas ferramentas. A saúde, nesse sentido é a possibilidade de o sujeito colocar-se em condições de habitar as multiplicidades, de construir recursos capazes de reconfigurar suas práticas psíquicas e sociais de modo mais criativo. Assim, ter dado voz aos trabalhadores demonstrou ser um recurso apropriado.

O fato de não revelar o "encoberto" impede a mobilização do sujeito. A apropriação do sentir ocorre ao se lançar luz no hiato entre o discurso proferido e o desejo que insiste em romper o racional. Dessa forma, o nomear move o sujeito para ação, para a busca de soluções que o libertem do universo contraditório que o aflige. É aí que se encontra a intuição do caminho que permitirá contornar o real e superá-lo.

Por fim, ressalta-se a necessidade de novas pesquisas para avançar a construção do método clínico no trabalho. A definição do perfil do clínico é um dos questionamentos. Esse é um ofício para qualquer um? Exige formação especializada, outras técnicas podem ser utilizadas? Na Clínica das Patologias, já existe a demarcação desse profissional, uma vez que necessita de conhecimento técnico sobre as patologias?

Outro campo a ser analisado é a constituição dos grupos. Pode-se partir de uma pesquisa diagnóstica, trabalhadores de uma mesma área, falta de identificação com a atividade, entre outros.

Como resultado desse método, percebe-se a importância de espaços em que o discurso seja pronunciado. Há uma mobilização dos trabalhadores no sentido de engajar-se, nota-se o desejo em habitar o eixo da emancipação e suas práticas reveladas em expressões de reconhecimento, democracia, participação, liberdade, solidariedade, engajamento, confiança, prazer, criatividade, autonomia e respeito às diferenças.

Amplia-se desse modo a metodologia da ação em Psicodinâmica do Trabalho, incluindo na prática clínica a escuta clínica como condição fundamental para desvelar a relação organização do trabalho, sofrimento e defesas.

Nessa perspectiva, finaliza-se o capítulo, defendendo-se a necessidade de repensar os paradigmas que fundamentam o método, particularmente, alertando para os riscos políticos, institucionais e éticos de uma escuta instrumental do sofrimento. Assim, é fundamental que o clínico-pesquisador tenha claro que seu trabalho visa revelar o sofrimento provocado pelas regras da organização do trabalho, que têm várias dimensões: é técnica, e organiza as atividades; é social, e organiza as relações entre os agentes; é ética, e proporciona os valores e as normas de referência; e, por fim, é da ordem da linguagem, anuncia-se no âmbito de uma prática da fala.

Também é essencial que a escuta clínica seja pautada pelo reconhecimento das diferentes estruturas psíquicas e sociais e seus efeitos para a construção de sentido do trabalho. Esse reconhecimento é a passagem obrigatória para mobilizar as pessoas, renovando sua capacidade no registro da atividade e da ação. Sem o reconhecimento, não há o engajamento na ação.

E, por fim, o sofrimento dos trabalhadores não pode ser um mero objeto de investigação para uma utilização estratégica de informações. Implica sempre uma expectativa de alívio e uma demanda de mudança por parte dos que sofrem. O clínico, ao escutar a palavra sobre o sofrimento, deve aceitar o risco de não estar mais na mesma posição subjetiva e social, e ainda de se lançar ao inesperado junto com o coletivo de trabalhadores nos riscos políticos inerentes a prática clínica.

REFERÊNCIAS

Baierle, T. C. (2007). Ser Segurança em Tempos de Insegurança: sofrimento psíquico e prazer no trabalho da Guarda Municipal de Porto Alegre. Dissertação (Mestrado em Psicologia Social e Institucional) – Universidade Federal do Rio Grande do Sul, Porto Alegre.

Bendassolli, F. P., & Soboll, L. A. (Orgs.). (2011). *Clínicas do trabalho: novas perspectivas para compreensão do trabalho na atualidade*. São Paulo: Atlas.

Birman, J. (2006). Tatuando o desamparo. In M. Rezende Cardoso. (Org.). *Adolescentes*. São Paulo: Escuta, 2006.

Bottega, C. G., & Merlo, Á. R. C. (2010). Prazer e sofrimento no trabalho dos educadores sociais com adolescentes em situação de rua. *Cadernos de psicologia social do trabalho*, *13*(2), 259-275.

Castro-Silva, L. M. (2006). Casos de afastamento por LER/DORT e retorno ao trabalho bancário: Uma análise psicodinâmica. Dissertação (Mestrado em Psicologia) – Universidade de Brasília, Brasília.

Castro, T. C. M. (2010). Reconhecimento e vida dos guardas municipais: clínica do trabalho na atividade de segurança pública. Dissertação (Mestrado em Psicologia Social e Institucional) – Universidade Federal do Rio Grande do Sul, Porto Alegre.

Chasseguet-Smirgel, J. (1975). *A sexualidade feminina: novas pesquisas psicanalíticas*. Petrópolis, Rio de Janeiro: Vozes.

Chemana, R., & Vandermersch, B. *Dictionnaire de la Psychanalyse*. Paris: Larousse.

Costa, J. F. (2007). *O risco de casa um: e outros ensaios de psicanálise e cultura*. Rio de Janeiro: Garamond, 2007.

Costa, S. G. (2011). Subjetividade e complexidade na gestão escolar: um estudo de caso com participantes da Escola de Gestores 2010. Dissertação (Mestrado em Educação) – Faculdade de Educação, Universidade de Brasília, Brasília.

Coutinho, A. R., Medeiros, E., & Trindade, T. F. (2012). Supervisão em grupo: considerações sobre um dispositivo clínico-institucional. *Mnemosine*, 8(2), 24-50.

Dejours, C. (2008). A avaliação do trabalho submetida a prova do real – críticas aos fundamentos da avaliação. In L. S&, & F. Mascia (Orgs.). *Trabalho, tecnologia e organização*. São Paulo: Blucher.

Dejours, C. (1998). *A banalização da injustiça social*. Rio de Jeneiro: FGV Editora.

Dejours, C. (1987). *A loucura do trabalho: estudo de psicopatologia do trabalho*. São Paulo: Cortez.

Dejours, C. (2007). *Conjurer la violence: travail, violence et santé*. Paris: Payot.

Dejours, C.(1992). Le concept de travail: Le point de vue de la psychodynamique du travail. *Actes du Colloque Interdisciplinaire "Travail: Recherche et Prospective"*. Lyon: PIRTTEM-CNRS.

Dejours, C. (2010). *Suicídio no trabalho: o que fazer?* Brasília: Paralelo 15, 2010.

Dejours, C. (2009). *Travail vivant 2: travail et émancipation*. Paris: Payot.

Dejours, C., Abdoucheli, E., Jayet, C., Dejours, C., Abdoucheli, E., & Jayet, C. (1994). *Psicodinâmica do trabalho: contribuições da escola dejouriana à análise da relação prazer, sofrimento e trabalho*. Tradução de Maria Irene Stocco Betiol. São Paulo: Atlas.

Ferreira, J. B. (2009). *Perdi um jeito de sorrir que eu tinha: violência, assédio moral e servidão voluntária no trabalho*. Rio de Janeiro: 7 Letras.

Ferreira, J. B. (2007) Trabalho, sofrimento e patologias sociais – Estudo com trabalhadores bancários e anistiados políticos de uma empresa pública. Dissertação (Mestrado em Psicologia) – Universidade de Brasília, Brasília.

França, A. M. L. D. (2010a). Experiência clínica com bancários adoecidos por LER/Dort: a importância do espaço de discussão no enfrentamento do sofrimento de sujeitos afastados do trabalho. (Relatório de Estágio Bacharel). Universidade de Brasília, Brasília.

França, A. M. L. D. (2010b). Sindicato dos Bancários de Brasília. (Relatório de Estágio-Psicóloga em Psicodinâmica e Clínica do Trabalho). Universidade de Brasília, Brasília.

Freitas, L. G, Lima, S. C. C., & Antônio, C. A. (2010). Análise psicodinâmica do atendimento de vítimas de assédio moral no trabalho. In A. M. MENDES (Org.), *Violência no trabalho: perspectivas da psicodinâmica, ergonomia e sociologia clínica.* São Paulo: Editora Mackenzie.

Freud, S. (1996). Totem e tabu (1913). In S. Freud. *Obras completas. Vol. XII.* Rio de Janeiro: Imago.

Freud, S. (1987). A iniciação do tratamento (1909). In S. Freud. *Obras completas. Vol. X.* Rio de Janeiro: Imago.

Freud, S. (1996). Sobre o narcisismo (1914). In S. Freud. *Obras completas. Vol. XIV.* Rio de Janeiro: Imago.

Freud, S. (1996) Os instintos e suas vicissitudes (1915). In S. Freud. *Obras completas. Vol. XIV.* Rio de Janeiro: Imago.

Freud, S. (1996). Além do princípio do prazer (1920). In S. Freud. *Obras completas. Vol. XVIII.* Rio de Janeiro: Imago.

Freud, S. (1996). Psicologia de grupo e a análise do ego (1921). In S. Freud. *Obras completas. Vol. XVIII.* Rio de Janeiro: Imago.

Freud, S. (1996). O ego e o id. (1923). In S. Freud. *Obras completas. Vol. XIX.* Rio de Janeiro: Imago.

Freud, S. (1996). Inibições, sintomas e ansiedade (1926). In S. Freud. *Obras completas. Vol. XX.* Rio de Janeiro: Imago.

Freud, S. (1974). *O mal-estar na civilização (1930). Pequena coleção das obras de Freud. Livro 8.* Rio de Janeiro: Imago.

Furtado, L. A. R. (2008). Desdobramentos do trabalho analítico como discurso. *Revista Mal-estar E Subjetividade*, 8(1), 89-102.

Garcia, W. I. (2011). Análise Psicodinâmica do Trabalho no Tribunal de Justiça do Amazonas: uma aplicação da clínica do trabalho e da ação. Dissertação (Mestrado em Psicologia) – Universidade Federal do Amazonas, Manaus.

Ghizoni, L. D.; Mendes, A. M. (2010). Organização do Trabalho e Vivências de Prazer-Sofrimento: o caso da ASCAMPA – Associação de catadores de materiais recicláveis da região Centro Norte de Palmas (TO). In ANAIS. I Jornada Internacional de práticas clínicas no campo social: diálogos entre a Sociologia Clínica e a Psicodinâmica do Trabalho. Maringá. Recuperado de: <http://www.ppi.uem.br/camposocial/eventos/i_jornada/020.pdf>. Acesso em: 2 mar. 2011.

Gomes, M. L. B. M., Lima, S. C. C., & Mendes, A. M. (2011). Experiência em clínica do trabalho com profissionais de T&D de uma organização pública. *Estudos e Pesquisas em Psicologia, 11*(3), 841-855. Rio de Janeiro: UERJ.

Guiho-Bailly, M. P., & Guillet, D. (2005). Psychopathologie et psychodynamique du travail. *EMC-Toxicologie-Pathologie*, 2(3), 98-110.

Habermas, J. (1984). *The theory of communicative action. Vol 1. Reason and the rationalization of society.* Boston: Beacon Press.

Kaës, R. (1991). *A instituição e as instituições: estudos psicanalíticos*. São Paulo: Casa do Psicólogo.

Lacan, J. (1981). *O seminário, livro 5: as formações do inconsciente (1901)*. Rio de Janeiro: Editora Zahar.

Lancman, S., Ghirardi, M. I. G., Castro, E. D. D., & Tuacek, T. A. (2009). Repercussões da violência na saúde mental de trabalhadores do Programa Saúde da Família. *Revista de Saúde Pública, 43*(4), 682-688.

Lancman, S., & Sznelman, L. (Orgs.). (2004). *Christopher Dejours: da Psicopatologia à Psicodinâmica do Trabalho*. Rio de Janeiro: Editora Fiocruz, Brasília: Paralelo 15.

Lancman, S., Sznelwar, L. I., Uchida, S., & Tuacek, T. A. (2007). O trabalho na rua e a exposição à violência no trabalho: um estudo com agentes de trânsito. *Interface-Comunicação, Saúde, Educação, 11*(21), 79-92.

Lima, S. C. C. (2010). A fala em ação: experiência em psicodinâmica do trabalho no serviço público. In A. M. Mendes, A. R. C. Merlo, C. F. Morrone, & E. P. Facas. *Psicodinâmica e clínica do trabalho: temas, interfaces e casos brasileiros*. Curitiba: Editora Juruá.

Martins, S. R. (2009) *A clínica do trabalho*. São Paulo: Casa do Psicólogo.

Mendes, A. M. (Org.). (2007). *Psicodinâmica do trabalho: teoria, método e pesquisas*. São Paulo: Casa do Psicólogo.

Mendes, A. M. (Org.). (2010). *Violência no trabalho: perspectivas da psicodinâmica, ergonomia e sociologia clínica*. São Paulo: Editora Mackenzie.

Mendes, A. M. (1994). Prazer e sofrimento no trabalho qualificado: Um estudo com engenheiros de uma empresa pública de telecomunicações. Dissertação (Mestrado em Psicologia) – Universidade de Brasília, Brasília.

Mendes, A. M. (2008). *Trabalho e Saúde – o sujeito entre emancipação e servidão*. Paraná: Juruá.

Mendes, A. M., & Araújo, L. K. R. (2012). *Clínica psicodinâmica do trabalho: o sujeito em ação*. Curitiba: Juruá.

Mendes, A. M., Canez, S. C. L., & Facas, E. P. (Orgs.). (2007). *Diálogos em Psicodinâmica do Trabalho*. Brasília: Paralelo 15.

Mendes, A. M., Araújo, L. K., & Merlo, A. R. C. (2011) *Psicodinâmica e clínica do trabalho: temas, interfaces e casos brasileiros*. Curitiba: Editora Juruá.

Mendes, A. M., Merlo, A. R. C., Morrone, C. F., & Facas, E. P. (2010). Psicodinâmica e clínica do trabalho: temas, interfaces e casos brasileiros. *Curitiba: Juruá*.

Merlo, Á. R. C., Dornelles, R. A. N., Bottega, C. G., & Trentini, L. (2012). O trabalho e a saúde dos oficiais de Justiça Federal de Porto Alegre. *Cadernos de psicologia social do trabalho*, *15*(1), 101-113.

Merlo, Á. R. C., & Mendes, A. M. B. (2009). Perspectivas do uso da psicodinâmica do trabalho no Brasil: teoria, pesquisa e ação. *Cadernos de Psicologia Social do trabalho*, *12*(2), 141-156.

Molinier, P. (2002). Souffrance et théorie de l'action. *Travailler*, (1), 131-146.

Molinier, P. (2003). Sujeito e subjetividade: questões metodológicas em psicodinâmica do trabalho. *Revista de Terapia Ocupacional da Universidade de São Paulo*, *14*(1), 43-47.

Plastino, C. A. (2002). Dependência, subjetividade e narcisismo na sociedade contemporânea. In C. A. Plastino. (Org.). *Transgressões*. Rio de Janeiro: Contra Capa.

Pontalis, J. B., & Laplanche, J. (2001). Vocabulário da psicanálise. São Paulo: Martins Fontes.

Reviére, P. (1981). *Teoria do vínculo.* São Paulo: Martins Fontes.

Rocha, S. R. A. (2003). O pior é não ter mais profissão, bate uma tristeza profunda: Sofrimento, distúrbios osteomusculares relacionados ao trabalho e depressão em bancários. Dissertação (Mestrado em Psicologia) – Universidade de Brasília, Brasília.

Rossi, E. Z. (2008). Reabilitação e reinserção no trabalho de bancários portadores de LER/DORT: Análise Psicodinâmica. Tese (Doutorado em Psicologia Social do trabalho e das Organizações) – Universidade de Brasília, Brasília.

Santos Júnior, A. V. D., Mendes, A. M., & Araujo, L. K. R. (2009). Experiência em clínica do trabalho com bancários adoecidos por Ler/Dort. *Psicologia: ciência e profissão*, *29*(3), 614-625.

Traesel, E. S. (2007) A psicodinâmica do reconhecimento: sofrimento e realização no contexto dos trabalhadores da enfermagem de um hospital do interior do Rio Grande do Sul. Dissertação (Mestrado em Psicologia Social e Institucional) – Universidade Federal do Rio Grande do Sul, Porto Alegre.

Traesel, E. S., & Merlo, Á. R. C. (2009). A psicodinâmica do reconhecimento no trabalho de enfermagem. *Psico*, *40*(1), 6.

Traesel, E. S., & Merlo, Á. R. C. (2011). Trabalho imaterial no contexto da enfermagem hospitalar: vivências coletivas dos trabalhadores na perspectiva da Psicodinâmica do Trabalho. *Revista brasileira de saúde ocupacional*. São Paulo. 36(123), 40-55.

Wisner, A. (1994). *A Inteligência no Trabalho*. São Paulo: Fundamentos.

CAPÍTULO 10

CLÍNICA DA ATIVIDADE: DOS CONCEITOS ÀS APROPRIAÇÕES NO BRASIL

Ana Paula Figueiredo Louzada

Claudia Osório

Maria Elizabeth Barros de Barros

A partir de 1990, desenvolve-se na França uma corrente da psicologia do trabalho denominada por seus autores de clínica da atividade. Esta se caracteriza por definir a atividade de trabalho como fonte permanente de recriação de novas formas de viver. O motor da transformação e do desenvolvimento dos ofícios, das atividades que nele se realizam, dos trabalhadores e dos coletivos de trabalho, está na provocação que se dá na atividade, nos diálogos, trocas e polêmicas que aí se travam. Os trabalhos desta linha são propostos inicialmente por Yves Clot (1995) e por Daniel Faïta (1995; 2002). Yves Clot criou a Equipe de Pesquisa em Psicologia do Trabalho e Clínica da Atividade, que, com a formação do Centro de Pesquisa em Trabalho e Desenvolvimento Humano, passou a ser uma das equipes que o constitui[30].

Em sua vinda ao Brasil, em 2007[31], Yves Clot nos convocou a pensar os sentidos que atribuímos às nossas ferramentas conceituais. Clot nos indagou: como vocês trabalham? Tal indagação-provocação visava, a nosso ver, entender como a Clínica da Atividade tem sido ferramenta conceitual-metodológica para nossas investigações. De que modo os materiais

---

30 Trata-se do Centre de Recherche sur le Travail et le Développement – CRTD, ligado ao CNAM (Paris), onde Clot é professor titular de psicologia do trabalho. Para mais informações consultar http://psychologie-travail.cnam.fr/.

31 Em setembro de 2007 realizamos, na Universidade Federal Fluminense, em Niterói, Rio de Janeiro, um evento intitulado A análise do trabalho na perspectiva da atividade e da produção de subjetividade. Este teve como principal objetivo ampliar a colaboração entre a Equipe da Clínica da Atividade – CNAM/Paris, o Programa de pós-graduação em psicologia – Estudos da subjetividade da UFF e outros grupos de pesquisa no Brasil.

oferecidos pela Clínica da Atividade nos instrumentam para analisar o trabalho? Que deslocamentos produzimos a partir de suas formulações iniciais? Como tem sido travado esse debate em nosso país?

Ainda nessa mesma viagem[32], Clot, em entrevista à revista Mosaico: Estudos em Psicologia (2008b, p. 2), ao ser indagado sobre a produção da Psicologia do Trabalho no Brasil, respondeu: "Tenho impressão que (a Psicologia do Trabalho) tem futuro por haver muita diversidade e muitas equipes. Há controvérsia em potencial, por isso a acho boa. Espero que essa controvérsia potencial possa se desenvolver no Brasil e a crítica necessária das equipes para com as outras. Espero que uma em oposição à outra possa se desenvolver".

Clot considera que essa questão da controvérsia sobre as linhas e métodos, no campo da psicologia do trabalho, deve acontecer e não deve ser contornada, pois "o pior no desenvolvimento das disciplinas é contornar os conflitos e tamponar as situações" (Clot, 2008b, p. 69).

Essa é a direção que buscamos imprimir aqui: trazer diferentes modos de trabalhar em clínica da atividade, ativando debates, controvérsias, sem a pretensão de avaliar quem faz a verdadeira Clínica da Atividade ou desqualificar qualquer uma delas. Ao contrário, no nosso entendimento, o desenvolvimento de uma clínica da atividade se faz em meio à diferença, evitando o isolamento que anula controvérsias e discussões, provocando crises que fazem deslocar o trabalho dos diferentes pesquisadores.

Há, então, um ponto sobre o qual não temos controvérsia: a controvérsia é o meio de desenvolver "o que faço em relação ao que foi feito e contra o que foi feito" (Clot, 2008b, p. 70). É preciso tomar a controvérsia entre os pesquisadores como importante fonte de desenvolvimento da disciplina, lembrando que nossa disciplina é mais importante do que nós. Quanto menos controvérsias profissionais, mais animosidades pessoais e brigas institucionais. O combate a esse modo de funcionamento se faz tornando pública a controvérsia de forma a suportar esse processo "em nome do transpessoal e do impessoal" (Clot, 2008b, p. 70). É necessário se expor às controvérsias, do contrário, fazemos muito diferente do que falamos.

Levamos a sério essa provocação. Esse texto vem, de alguma forma, tentar produzir alguns caminhos, pistas, atalhos, que nos ajudem a dar visibilidade ao que temos produzido no país, e, assim, ampliar o debate

32 Na mesma vinda de Clot ao Brasil, em 2007, foi realizado em Belo Horizonte, na Faculdade de Educação da Universidade Federal de Minas Gerais, o *Ciclo de Palestras com o Professor Yves Clot*, promovido pelo Departamento de Psicologia e coordenado pela Prof[a] Maria Elizabeth Antunes.

sobre as produções brasileiras no âmbito de uma clínica da atividade. Dar a conhecer o que temos produzido para afirmar essa direção: não é possível o desenvolvimento de uma disciplina sem que seja dada visibilidade ao que tem sido produzido, alimentando e acirrando o debate de forma a ampliar nosso poder de ação.

A CLÍNICA DA ATIVIDADE: UM OLHAR HISTÓRICO DA ANÁLISE DO TRABALHO

A clínica da atividade tem no livro *A Função Psicológica do Trabalho*, escrito por Yves Clot e publicado na França, em 1999, sua primeira referência largamente conhecida. Esse livro foi traduzido para o português e publicado no Brasil em 2006. Instigante, essa obra nos convida a discutir as condições teóricas e metodológicas necessárias à análise do trabalho na contemporaneidade.

Dez anos depois da primeira edição do referido livro, Clot publica *Trabalho e poder de agir* tendo como objetivo abrir um debate sobre temas variados, trazendo obstáculos e resultados obtidos na prática teórica e clínica em análise do trabalho, visando ao desenvolvimento da clínica da atividade. Reafirma nessa obra sua aposta na importância da controvérsia e do debate para que a clínica da atividade se mantenha em movimento, não numa perspectiva progressista, mas processualista.

Em *A Função Psicológica do Trabalho*, propõe, nos momentos iniciais, um retorno analítico às produções teórico-metodológicas relevantes desse campo, buscando nas múltiplas linhagens da psicologia do trabalho francesa modos de colocá-las em debate e desenvolvê-las. E afirma: "a psicologia do trabalho – uma psicologia do trabalho posta em análise[33] – conserva recursos suficientes para dar um futuro a essas tradições" (Clot, 1999, p. 3). Segundo o autor, as diferentes correntes teóricas precisam ser entendidas e criticadas, tanto por seus conceitos quanto pelo que escolhem deixar de lado. A crítica e a controvérsia, diz Clot, são meios da atividade científica.

Entre as três correntes tradicionais que tratam, na França, da relação entre trabalho e subjetividade, a psicopatologia do trabalho, a psicodinâmica do trabalho e a psicologia social do trabalho, Yves Clot dá, nessa obra, atenção especial a esta última. Parte de algumas de suas formulações, levando-as a seguir por caminhos inusitados. Para essa corrente,

33 Na edição brasileira, o trecho "*une psychologie du travail remise en chantier*" é traduzido para "uma psicologia do trabalho que volta à ordem do dia". Nesse texto, traduzimos como "uma psicologia do trabalho posta em análise", por acreditarmos que indica mais claramente o sentido original.

que tem reservas sobre a centralidade do trabalho na psicologia, é sempre fora do trabalho que se encontra ou se perde seu sentido (Curie, Haijar, & Baubion-Broye, citado por Clot, 2006a, p. 12). Nessa questão, há um contraponto importante: para a clínica da atividade. É fundamental analisar a função exercida pelo trabalho e, consequentemente, o lugar ocupado pelo trabalho nas práticas em psicologia. O trabalho, diz Clot (2006a, p. 12), "não é uma atividade entre outras. Ele exerce na vida pessoal uma função psicológica específica que se deve definir. E isto precisamente em razão de ser ele uma atividade dirigida".

O livro explora os caminhos percorridos por aquelas correntes e pela ergonomia, porém aproximando-se do conceito de atividade desenvolvido pela escola russa de Vygotsky. A partir de tal aproximação, produz-se uma divergência conceitual e metodológica: não basta considerar a atividade, é preciso tomá-la como uma história sempre incompleta, inesperada, em uma visada processual. O objeto da clínica da atividade não é exatamente a atividade como tal e sim o desenvolvimento das atividades do sujeito e seus impedimentos.

Assim como os trabalhadores no exercício de suas atividades, a clínica da atividade parte de conceitos e metodologias já existentes no campo da psicologia do trabalho e força-os, impregna-os de outros sentidos e usos, principalmente no que tange o conceito de tarefa e atividade. Nesse intuito, Clot retoma, entre outras, as contribuições de Leplat, ao afirmar que o trabalhador não pode ser concebido como um simples sistema de execução da tarefa prescrita. A tarefa se inscreve na história do trabalhador, que visa também, por meio dessa realização, objetivos pessoais, que podem contribuir para a eficácia do trabalho. Quando o trabalhador realiza uma tarefa ele a transforma. A atividade se efetiva como elaboração, por parte do sujeito, de sua tarefa. E essa redefinição da tarefa é individual e coletiva, pois os grupos de trabalho vivem segundo regras não escritas, não prescritas pela organização, mas, principalmente, concebidas pelos trabalhadores, negociadas entre eles e, por vezes, com as hierarquias (Clot, 2006a, p. 23).

Ao convocar a diferença entre a tarefa e a atividade necessária para realizá-la, bem como a importância da análise das atividades concorrentes que se entrecruzam nesse processo, essa abordagem busca instrumentos para compreender uma situação de trabalho real, a partir da articulação entre atividade e subjetividade. Tem como pilar a urgência de tomar a atividade como modos pessoais e coletivos[34], como criação de mundos, muito além

34 O conceito de coletivo aqui usado está pautado na definição assumida por Clot que será apresentada adiante

de processamento e execução de tarefas. Buscando Vygotsky, amplia o conceito de atividade, considerando que a atividade real é sempre maior que a realizada.

Do embate entre diferentes possíveis, resulta uma ação que se pode observar. A atividade afastada, ocultada ou inibida nem por isso está ausente. A inatividade imposta lança seu peso sobre a atividade presente.

> Acontece que, como dizia Suzanne Pacaud, o homem se manifesta frequentemente pelo que ele faz, mas muitas vezes, e sobretudo, diz ela, se manifesta por aquilo que ele não faz. A atividade é aquilo também que não se pode fazer, aquilo que não se faz, que gostaríamos de ter feito, é aquilo que guardamos no estômago, é a atividade (re)engolida, impossível, as atividades suspensas, as atividades impedidas. Não foi realizado, mas faz parte da atividade. É por isso que podemos dizer que a atividade realizada não tem o monopólio do real da atividade, o real da atividade é muito mais vasto que a atividade realizada (Clot, 2007)[35].

TRABALHAR, 'SAIR DE SI': A FUNÇÃO PSICOLÓGICA DO TRABALHO

A clínica da atividade afirma uma função psicológica do trabalho. O trabalho não é mera expressão de necessidades individuais. O sujeito se dirige ao trabalho com suas "pré-ocupações", mas é "sobre-ocupado" pela atividade de outrem. Para que uma tarefa seja realizada, é necessária a concorrência solidária da atividade de diferentes sujeitos, ou de diferentes funções, quer os trabalhadores e a organização do trabalho queiram ou não.

> Tal como o observa Meyerson, o trabalho requer a capacidade de realizar coisas úteis, de estabelecer e manter engajamentos, de prever com os outros e para os outros algo que não tem diretamente vínculo consigo. E porque, a nosso ver, ele oferece fora de si uma eventual autorrealização graças, precisamente, a seu caráter estruturalmente impessoal, não diretamente "interessado". O trabalho propõe uma ruptura entre as "pré-ocupações" pessoais do sujeito e as "ocupações sociais de que deve desencubir-se. Por si mesmas, elas lhe permitem inscrever-se numa troca em que os lugares e as funções são nomeados e definidos independentemente dos indivíduos que os ocupam num momento determinado. (Clot, 2006a, p. 73)

A subjetividade é produzida na atividade, mas não pode ser vista como uma mera projeção mecânica. A partir de Vygotsky, o desenvolvimento do sujeito não é pensado como simples progressão, mas como uma metamorfose. O desenvolvimento do poder de agir pode abrir uma crise nos

---

35 Extrato da Conferência proferida pelo Prof. Yves Clot, no dia 18 de setembro de 2007, durante o evento realizado na Universidade Federal Fluminense, no Instituto de Ciências Humanas e Filosofia

modos habituais de pensar, viver, trabalhar. A partir de Spinoza, Clot afirma que a subjetividade não é uma disposição constitutiva do sujeito, mas refere-se ao poder de ser afetado. "O esforço para desenvolver o poder de agir não está separado de um esforço por levar ao máximo o poder de ser afetado" (Spinoza, citado por Clot, 2008a, p. 27).

Afirma, acompanhando Vygotsky (2003, p. 76), que o "homem está cheio a cada minuto de possibilidades não realizadas". Tais possibilidades não realizadas constituem um campo de forças e é nesse plano que o sujeito pode agir mais ou menos livremente; que o sujeito pode, inclusive, resistir quando se tenta amputar seu poder de agir.

Dessa maneira, a função psicológica do trabalho se expressa no momento em que o homem pode dele destacar-se, quando não se percebe mais como fundido com sua tarefa e, ainda, quando a ação tende a aumentar o poder de afetar e ser afetado. Conforme Spinoza (2007), a vitalidade do ser está em sua condição de perseverar no seu ser (o conatus), mas isso não se efetiva por meio de um isolamento, que aniquila os seres como parte de um coletivo que contém uma problemática que supera o indivíduo.

O trabalho é então a capacidade de estabelecer engajamentos em uma história coletiva. Trabalhar é sair de si:

> O trabalho é demarcação consigo mesmo, inscrição numa outra história: uma história coletiva cristalizada em gêneros sociais, em geral suficientemente equívocos e discordantes, para que cada um deva "dar sua própria contribuição" e sair de si. No trabalho, o sujeito é de fato a consequência obrigatória de uma tradição que o domina (Clot, 2006a, p 74).

UMA ABORDAGEM DESENVOLVIMENTISTA DO TRABALHO – ATIVIDADE COMO AMPLIAÇÃO DO PODER DE AGIR

Na constituição da experiência laboral, os conteúdos e instruções recebidos na formação só se tornam efetivamente úteis no quadro de uma prática real inserida num coletivo de trabalho em que a circulação da experiência é encorajada. Um coletivo que, ao mesmo tempo, compartilha saberes e conta com a contribuição dos trabalhadores para renovar a experiência. As experiências singulares ganham sentido a partir de ressignificações coletivas, uma referência que demanda a troca e a produção de sentidos comuns.

Nos processos de trabalho, há um modo de regulação decorrente de mecanismos de cooperação entre trabalhadores, nos quais se encontram regras formais e informais de ação comum. Esse referencial operativo suporta e orienta a preparação, a mobilização e disponibilidade de cada um. A esse referencial comum de conhecimentos operativos, componente de um corpo social e simbólico que se interpõe entre as pessoas no trabalho, a clínica da atividade denomina gênero da atividade profissional[36], conceito formulado a partir do conceito de gênero de discurso de Bakhtin (1998).

Esse referencial elaborado em comum abriga regras não escritas e mutáveis. O gênero inscreve as habilidades necessárias para a realização de uma atividade na história de um coletivo, habilidades que não podem ser isoladas do contexto social de seu uso. A clínica da atividade afirma uma regulação coletiva da ação individual, regulação de que o grupo profissional se torna sujeito. A norma e a ordem que fazem o gênero das atividades requeridas na situação merecem ser vistas, prioritariamente, como um movimento e não como um estado.

O gênero pode ser definido como um corpo intermediário entre os sujeitos, um interposto social situado entre eles, e entre eles e o objeto de trabalho. Um gênero sempre vincula entre si os que participam de uma situação, como coautores que conhecem, compreendem e avaliam essa situação da mesma maneira.

Essas regras permitem singularizações, em prol da realização de um trabalho comum, convocando uma mobilização subjetiva dos trabalhadores. A análise do trabalho nos situa em meio a estilos e gêneros. Os estilos são as reformulações dos gêneros em situação e os gêneros, ao contrário de estados fixos, são sempre inacabados. O gênero assume forma sempre provisória, é moldado nos traços particulares contingentes e únicos que definem cada situação de trabalho vivida.

A existência do gênero é a condição da antecipação da atividade do outro e da troca social que é o trabalho, impossível caso ele não utilize atividades pré-construídas. Não se pode fazer uso de uma atividade que não faça referência às outras atividades do mesmo gênero. O gênero, ao trabalhar a serviço dos sujeitos na situação, retroage sobre os estilos.

Nas histórias pessoais cruzam-se gêneros diversos, que contribuem para os processos de estilização. Mas há antecedentes sociais da atividade em curso, uma segunda memória, objetiva e transpessoal, que confere uma dada forma à atividade em situação: maneiras de comportar-se, de exprimir-se, de começar uma atividade e de acabá-la, maneiras de conduzi-la eficazmente a seu objetivo, contando com os outros.

---

36 Outros autores, com diferentes fundamentações, como Bressolles, Deccortis e Pavard, falam de 'ambiente cognitivo comum' ; Terssac e Chabaud de 'referencial operativo comum' (Clot, 2006c, p.36; Clot, 2006a, p.128).

O gênero organiza a reciprocidade dos lugares e funções ao definir as atividades, independentemente dos indivíduos que as realizam, num momento específico. Ele não regula "diretamente as relações entre as pessoas, mas, antes, as relações entre profissionais. (...) Representa o sistema simbólico com que a ação individual deve relacionar-se" (Clot, 2006b, p. 50). Os gêneros portam história e etiquetas a respeitar num dado meio, são ao mesmo tempo fontes de recursos disponíveis para os sujeitos e recursos dispostos por eles na ação. O estilo situa-se sempre no ponto de colisão entre as variantes do gênero, às quais cada um recorre alternativamente, a depender do momento.

Para a clínica da atividade, o trabalhar é sempre uma dimensão coletiva, mesmo que se desenvolva por um único trabalhador. Na formulação de Miguel Maia,

> Toda atividade de trabalho pode ser entendida como um encontro entre corpos, atravessamentos múltiplos que se agenciam, se interconectam, demandando escolhas e decisões e, portanto, tornando todo trabalho uma atividade de criação. Mais do que um meio executor de tarefas, o trabalhador constitui e é constituído pela sua atividade, sendo ao mesmo tempo produtor e produto, estando presente a capacidade de afetar e de ser afetado. Um trânsito no qual o coletivo devém singular e o singular devém trabalhador e, simultaneamente, o singular devém coletivo e o coletivo devém gênero da atividade, de forma que a competência se produz em uma emergência no, e através do, plano no qual singular e coletivo não são dicotômicos, mas causas/efeitos (...) de atravessamentos de corpos (Maia, 2006, p. 30).

O referencial comum, do qual o gênero é constituído e constituinte, não deve ser entendido como o somatório dos referenciais individuais, como se ele fosse o todo do qual os indivíduos seriam as partes, pois ele possui um componente transpessoal, ou genérico, no sentido de que, sendo de todos, a ninguém pertence. O gênero se constitui na dimensão transpessoal do ofício. Sendo uma espécie de "corpo intermediário" (Clot, 2006a), ele permite, por exemplo, que dois trabalhadores que não se conhecem sejam capazes de se coordenarem para realizar um objetivo difícil dentro de um contexto complexo de trabalho. Ele inscreve o saber-fazer considerado na história de um coletivo, o coletivo de ofício.

O ofício é ao mesmo tempo pessoal, interpessoal, transpessoal e impessoal (Clot, 2008a, p. 258)[37]. O ofício se constitui como conflito, processo, e só pode ser observado em seu constante movimento. É o embate entre

---

37 Em trabalhos anteriores Yves Clot apresentou essas quatro dimensões como sendo da atividade, formulação que veio mais tarde a reconsiderar. Em 2007, em conferência na Universidade Federal Fluminense ele apresentou essa arquitetura como do ofício (*métier*), o que mantém até hoje.

essas diferentes dimensões que permite seu desenvolvimento, mantendo-o vivo. Ele é pessoal e interpessoal nas trocas que se dão em cada situação singular de trabalho coletivo. Ele é transpessoal no que diz respeito ao coletivo de trabalho, já que a atividade individual e coletiva é atravessada por uma história genérica que está disponível para muitos sujeitos que são também, em maior ou menor grau, responsáveis por ela. Por fim, o ofício é impessoal no que diz respeito à tarefa. A dimensão impessoal da tarefa é, na arquitetura do ofício, a mais descontextualizada. Prescrição indispensável, ela pode e deve se alimentar das obrigações genéricas que os operadores atribuem a si próprios para realizá-la. Do mesmo modo, a prescrição deve, retroativamente, alimentar as demais dimensões do ofício. Na perspectiva desenvolvimentista adotada[38], não se deve perder de vista a transformação da tarefa. Dessa forma, temos como horizonte o desenvolvimento do poder de agir dos operadores na concepção continuada das tarefas em colaboração com os diferentes participantes desse trabalho de concepção.

Assim, na tentativa de fortalecer o debate sobre o poder de agir fazemos, como indicado por Clot (2008a), uma diferença entre trabalho coletivo e coletivo de trabalho. O coletivo de trabalho contém a história do trabalho coletivo. Ele existe nas atualizações históricas moventes do trabalho coletivo. Contém a história e prepara a ação. O poder de agir refere-se à atividade individual e coletiva. É essa articulação que explica o desenvolvimento do poder de agir. O gênero profissional é um instrumento decisivo do poder de agir.

O objeto da Psicologia do Trabalho é, então, o trabalho como atividade coletiva transformadora dos objetos e do outro. O desenvolvimento seria, assim, a história do desenvolvimento dos sujeitos, dos objetos do mundo, dos sentidos produzidos e de suas relações. Clot (2006b, p. 119) afirma que "o trabalho, sem ser, contudo, o lugar próprio de toda psicologia, talvez seja o lugar da história das funções psíquicas".

Isso implica afirmar que um mesmo artefato pode se tornar um instrumento extremamente diferente de um sujeito para outro e para um mesmo sujeito, dependendo das situações e dos momentos. Um artefato

---

38 É necessário definir o conceito de desenvolvimento aqui adotado. Clot (2006c) destaca que seu ponto de partida é oposto ao de Piaget, que se pauta numa lógica cronológica. Para Piaget a formação de possíveis da atividade está subordinada a leis do equilíbrio que obedecem às necessidades do desenvolvimento, que cada gênese individual reproduz. O primeiro é sempre a fonte do que mais tarde será elaborado.

não é em si mesmo um instrumento, o artefato só adquire o estatuto de instrumento durante a ação (Rabardel, citado por Clot, 2006a, p. 77).

Clot afirma que os artefatos são sempre mobilizados quando o sujeito os utiliza num gênero de situação que é uma construção social e coletiva. O gênero intercala-se entre objetos, sujeito e os outros. É o gênero que fixa o lugar dos artefatos nas atividades esperadas em um meio e que conserva as tradições que se preservam tendo esses artefatos como invólucro.

DAS METODOLOGIAS DE ANÁLISE DO TRABALHO

Nas intervenções[39] em clínica da atividade, o caminho – o método[40] – é o resultado de uma construção conjunta com aqueles que fazem a demanda de uma transformação em seu meio de trabalho. Essa direção metodológica se efetiva quando os profissionais se engajam nas atividades de observação e análise de sua própria situação. O objetivo é que eles se libertem o quanto for possível de seus modos habituais de pensar e de falar suas atividades. O pesquisador deve oportunizar situações para que os trabalhadores possam se liberar de seus modos de pensar usuais, para agirem de outra forma.

Em *Trabalho e poder de agir* (2008a, p. 45), lançando mão de um subtítulo que nos ajuda a entender sua proposta – *para além do experimentalismo* – Clot questiona, acompanhando Wisner, a psicologia experimental que privilegia as experiências de laboratório, afastadas das situações concretas, que fazem uma análise do trabalho elementar, partindo de um modelo simplificado ou arbitrário da situação estudada. Com Wisner, propõe uma psicologia do trabalho pautada em estudos sobre as atividades de trabalho em situação concreta e propõe um construtivismo radical quando se trata de análise do trabalho.

A proposta é, então, pesquisar o trabalho tendo como direção ética e metodológica a compreensão do desenvolvimento do poder real de agir dos trabalhadores nos meios de trabalho, compreender o real como uma prova, um desafio (Clot, 2008a, p. 18).

---

39 As pesquisas acadêmicas produzem intervenções, como as intervenções técnicas em psicologia do trabalho produzem conhecimento, seja ele mais ou menos sistematizado no mesmo momento

40 A palavra *método* está sendo usada para referir-se a dispositivos como a autoconfrontação, deixando *metodologia* para a fundamentação do método, seguindo a terminologia adotada por Yves Clot.

Seguindo suas pistas, diríamos que as metodologias de pesquisa que operamos no campo do trabalho, afirmam um construtivismo radical (Clot, 2008a, Barros & Louzada, 2009). Buscam não suas regularidades a partir hipóteses e variáveis controladas, mas ressaltam as possibilidades de divergir, os movimentos de inventividade do viver, num constante processo de diferenciação que se atualiza nos cotidianos dos trabalhadores em situação concreta. E, para isso, é necessário colocar-se no campo de outro modo, é necessário produzir os dados (e não coletá-los), pois não se considera a existência de um mundo do trabalho (ou mundos do trabalho) que estaria aí pronto a ser desvendado.

Coerente com o modo como a atividade de trabalho se atualiza, a própria atividade de pesquisa deve buscar a constante reformulação/análise das aproximações desse campo problemático que é a atividade. Para tanto, prioriza a produção contínua de pesquisas, ao mesmo tempo que refaz seus próprios métodos.

Na França, a Equipe da Clínica da Atividade tem dedicado seus esforços sobretudo a dois métodos: o das instruções ao sósia e o da autoconfrontação cruzada. Ambos seguem as diretrizes metodológicas que são decorrentes das discussões conceituais e éticas que permeiam a produção da clínica da atividade. Assim, os métodos propostos devem necessariamente produzir um deslocamento do trabalhador do lugar de quem cumpre suas tarefas, com um grau mais ou menos elevado de automatismos, para o lugar de quem observa e analisa seu próprio trabalho. Deste modo, o trabalhador, ou o saber da experiência operado por ele, torna-se primeiro na análise da atividade. O saber acadêmico, formalizado (Schwartz & Durrive 2003) irá se dar como segundo, seguindo os princípios éticos propostos por Ivar Oddone (Oddone, Re, & Briante, 1981; Clot, 2008a, p. 71-81).

O que se propõe, seguindo a inspiração de Oddone, é uma forma de coanálise do trabalho, praticada no ambiente habitual. O analista do trabalho é precedido nesse ambiente por aqueles que nele exercem seu ofício. Ele encontra aí sujeitos que conhecem seu meio ambiente de trabalho e lhe atribuem sentidos que procuram preservar. Há aí uma psicologia prática construída pelos trabalhadores, exercida a fim de ampliar e fortalecer as ações humanas, assim como reconceber os instrumentos necessários à ação frente aos caprichos do trabalho real. Essa psicologia é uma psicologia do sentido e da eficiência da ação ordinária. É por isso que, comparada com a psicologia científica, tão concreta e tão verdadeiramente viva (Osorio da Silva, 2014)).

A coanálise permite aceder aos recursos genéricos da atividade, mas também a processos de singularização que falam de outros possíveis. Esse caminho metodológico permite provocar o desenvolvimento da atividade e a transformação torna-se um instrumento de conhecimento da situação real e da atividade ordinária. A ação coletiva dos profissionais viabiliza o transformar para compreender e não somente o compreender para transformar (Clot, 2008a, p. 32). Transformar e conhecer os vetores dessa atividade e criar estratégias para a construção de uma metodologia de análise do trabalho. Um pesquisar que visa a investigar processos e não estados de coisas.

Sendo o trabalho um processo, e o interesse da pesquisa conhecê-lo em sua dimensão processual, os métodos devem produzir uma transformação. Nesse movimento intensificado, poderemos, então, conhecer seus modos e possibilidades de desenvolvimento, bem como os impedimentos da atividade e estratégias para ultrapassá-los. O desenvolvimento das atividades e ofícios em análise é tanto um objetivo ético quanto um objeto científico para a psicologia do trabalho proposta.

A proposição de métodos que se realizam em diferentes etapas tem sido considerada uma forma de intensificar o desenvolvimento da atividade de análise, propiciando o diálogo direto entre os diferentes participantes da análise, mas também reposicionamento subjetivo dos participantes. Sendo a análise do trabalho uma atividade sobre a atividade (em análise) é uma atividade dirigida, ferramenta conceitual importante na clínica da atividade.

Esses métodos devem produzir registros do trabalho, de modo a facilitar o deslocamento do trabalhador e sua participação numa análise que não dicotomize os movimentos ou escolhas individuais e os recursos coletivos da ação.

No método da autoconfrontação cruzada, são feitas filmagens em vídeo de dois trabalhadores que desenvolvem uma mesma atividade, escolhida de forma coletiva em discussões entre os analistas/pesquisadores e o grupo de referência que acompanha a pesquisa. Em um primeiro momento, faz-se uma autoconfrontação simples, em que cada trabalhador comenta as sequências filmadas em vídeo de sua própria atividade. Esse comentário é dirigido ao analista. No segundo momento, configurando a autoconfrontação cruzada, cada trabalhador produz um novo comentário, das mesmas sequências filmadas, dirigido agora não apenas ao analista, mas também ao colega (o outro trabalhador filmado). Os comentários dirigidos ao analista do trabalho e ao par, colega da mesma profissão, não serão os mesmos.

Nesse processo há uma atividade de análise, feita sobre a atividade filmada. Essa análise é voltada para seu objeto – os registros em vídeo –, mas também para o analista e para o colega. Ele procura, em cada um desses dois interlocutores, pistas de como agir sobre eles. Como falar de seu trabalho ao analista? E como fazê-lo ao dirigir-se ao colega? Ele não procura de imediato em si, nos seus próprios conhecimentos, mas nos outros. Deste modo, ele verá sua própria atividade pelos olhos de outros.

Então, ao percorrer os atalhos construídos pelos trabalhadores, inquire-se: como o trabalho se efetiva como uma forma de enfrentamento, de resistência, de criação? Como, ao trabalhar, o trabalhador inventa outros modos de existência? Como se atualizam mil arranjos não antevistos? Como, ao trabalhar, o trabalhador aumenta poder de agir?

Não se busca conhecer a verdade sobre o trabalho, um conhecimento ao alcance do esforço de um pesquisador atento e dedicado, debruçado sobre um mundo já dado ou já constituído. É preciso insistir, somos inventados na e pela história, assim como nossos problemas e métodos. Assim, ao renunciar à Verdade sobre os mundos do trabalho, reafirmamos a necessidade de gestar ferramentas, de produzir modos de análise que nos auxiliem a intervir no real.

Essa clínica do trabalho compromete-se, desfaz-se em seus "objetos", tornando urgente fabricar um modo de pesquisa. Como afirma Foucault (2003, p. 229): "eu tateio, fabrico, como posso, instrumentos que são destinados a fazer aparecer objetos. Os objetos são um pouquinho determinados pelos instrumentos, bons ou maus, fabricados por mim.

Um caminho ou um atalho de pesquisa vai se constituindo no processo de pesquisar, na fabricação dos instrumentos e dos objetos, o que implica um modo de colocar problemas, de pensar o trabalho. Mas produzir problemas não nos coloca em um lugar de uma crítica paralisante, ao contrário, marca um posicionamento de instigar o vivo à ação. Ao lado de Canguilhem (2002), a clínica da atividade toma o ser normal como ser criador de normas e não como ser adaptado à situação. Ser normal não é ser conformado. Tomamos, então, a vida como um jorro ininterrupto de criação. Diversos modos de pesquisar o trabalho ao se ater ao trabalho morto empurram o vivo para dentro de quadros artificialmente produzidos.

Para não cair nessa armadilha é preciso criar a si e a pesquisa, gerir modos de operar e misturar-se com trabalhadores, num jogo de análise dessas composições. Trata-se de uma insistência, uma teimosia, em tomar o trabalho como necessariamente da ordem do vivo, nesse entremeio de criação, afirmando uma direção de pesquisa que seja um construtivismo radical.

Esse modo de pesquisar, ao qual a clínica da atividade nos convoca, nos coloca na ação, nos faz artesãos, fabricando passos, regras, apostando na conexão passado, presente, futuro.

Para seguir tais propósitos não é essencial usar os mesmos dispositivos, os mesmos métodos já usados anteriormente em clínica da atividade. Ao contrário, novas situações de análise irão exigir novos caminhos, novos métodos.

PERCURSOS DA CLÍNICA DA ATIVIDADE NO BRASIL

No Brasil, temos operado com os conceitos e metodologias da Clínica da Atividade em múltiplas composições entre as ferramentas propostas por Clot e colaboradores e outros modos de produzir interferências/conhecimentos que já estavam aqui mais ou menos sedimentados, ou que nos afetam mais recentemente.

A análise do trabalho como campo de pesquisa encontra novos rumos principalmente a partir dos anos 90 no Brasil. Alavancada pelas conquistas no campo da saúde coletiva e da saúde do trabalhador, a análise dos processos de trabalho vem ganhando destaque. Desde então, vêm se constituindo grupos de pesquisas que têm como temática a potência coletiva (portanto, política) dos processos de gestão acionados pelas/nas atividades cotidianas dos trabalhadores brasileiros: grupos de pesquisadores brasileiros (associados a núcleos de pesquisa) que primam por metodologias e conceitos que possam dar passagem às experiências de trabalhadores.

Diferentes metodologias e conceitos por vezes coabitam esses grupos de pesquisa. Como pode ser percebido pelas publicações na área (aqui referenciadas e outras), não é incomum encontrar a aproximação de conceitos e metodologias advindos de disciplinas diferentes, por vezes divergentes, como a ergologia, a ergonomia e a psicodinâmica do trabalho. As aproximações realizadas por esses grupos de pesquisas, mais do que ressaltar as divergências disciplinares, buscam ressaltar a potência de criação acionadas pelos fazeres humanos, tornando-os instrumentos de intervenção no real.

A valorização de uma construção em que se compõem conceitos de diferentes disciplinas é uma característica também da clínica da atividade francesa. Esses conceitos são muitas vezes desenvolvidos, ampliados, ganhando, neste novo "plano de coerências", novas possibilidades como ferramenta teórica. Mas, enquanto a clínica da atividade na França afirma sua condição disciplinar, de uma psicologia do trabalho, os grupos brasileiros[41] frequentemente buscam desenvolver-se na transdisciplinaridade.

Tais trabalhos tomam uma direção, apontada pelo próprio Clot (2006a), que propõe que a clínica da atividade seja pensada como uma psicologia do estilo, que se expressa na distância que os trabalhadores podem traçar entre si e seu trabalho, não pela negação, mas pela via de uma autonomia, transformando-o em recursos coletivos singulares. Tomam a indicação de Clot (2008a) na sua radicalidade ao afirmar, a partir de uma afirmação deleuziana, que: Se as opressões são tão terríveis é porque elas impedem movimentos e não porque elas ofendem o eterno (Deleuze apud Clot, 2008a, p. 11)[42].

Em um dos caminhos que podemos identificar, os conceitos da clínica da atividade se articulam, em novos planos de coerência, com conceitos da análise institucional francesa (Osório da Silva, Zamboni, & Barros, 2016) e da vigilância em saúde do trabalhador (Osorio, Machado, & Minayo-Gomez, 2005; Osorio & Clot, 2010). Ou articulam clínica da atividade, saúde do trabalhador e ergologia (Santorum, 2006; Barker, 2005). Nestes trabalhos, os conceitos de atividade dirigida, gênero profissional e outros são centrais, mas os dispositivos de análise do trabalho são desenvolvidos gerando novas práticas de pesquisa-intervenção.

Como exemplos, temos a Análise Coletiva de Acidentes de Trabalho (Osorio, 2008) e a Oficina de Fotos (Osorio da Silva, 2014), desenvolvidos na análise do trabalho no hospital. Estes dispositivos mantêm as exigências metodológicas de produção de registros que desloquem o trabalhador, tornando-o analista de seu próprio trabalho. A oficina de fotos em particular tem como característica mais original dirigir-se em todas as suas etapas a um grupo de trabalhadores, sem reproduzir a proposta de iniciar pela autoconfrontação de um único trabalhador com seu trabalho passando em seguida ao debate entre pares.

---

41 Como indicamos, a Clínica da Atividade surge na França nos anos 90, com os trabalhos de Yves Clot e Daniel Faïta. Nessa mesma década diversos pesquisadores brasileiros vivem experiências de formação na França. Outros se incluem desde então nesta rede por caminhos singulares que não podem aqui ser descritos, sob pena de nos alongarmos demais.

42 Tradução nossa da expressão: "Si les oppressions sont si terribles c'est parce qu'elles empêchent des mouvements et non parce qu'elles offensent l'eternel" (Deleuze apud Clot, 2008, p. 11).

Encontramos, também explorando as relações entre clínica da atividade e saúde do trabalhador, variações de métodos desenvolvidos na França, como a autoconfrontação cruzada (Santorum, 2006), no estudo do trabalho de vigilância em saúde do trabalhador; ou das instruções ao sósia (Barker, 2005), sobre o trabalho de jovens adolescentes que são mães.

Outros, no campo da análise do trabalho, sobretudo em saúde e educação, privilegiam articulações com a filosofia, embarcando em inspirações espinosistas que encontramos em textos da clínica da atividade (Maia, 2006), por vezes fazendo articulações com conceitos da ergologia (Amador, 2009; Teixeira & Barros, 2009; Barker, 2005) e com os trabalhos de Bergson e Deleuze (Barros & Louzada, 2008, 2009,Louzada, 2009). Esses estudos operam um tensionamento conceitual que visa abrir veredas no que se refere à construção de possibilidades para uma clínica do trabalho, valendo-se das ferramentas analíticas da filosofia da diferença, da ergologia e da clínica da atividade. Ousam fazer algumas conexões conceituais-metodológicas que forçam os limites da abordagem da clínica da atividade, pois consideram que os conceitos são vivos e é preciso reinventá-los.

Abordam, ainda, temas como imagem e subjetivação (Amador, 2009), que se desdobram em outros de forma transversa, como, por exemplo, a questão da clínica, pensada por entre as formulações da clínica da atividade e dos procedimentos de Crítica e Clínica, como formulada em trabalhos de G. Deleuze (1997) e em seus potenciais de estetização de si e do trabalho.

Algumas experiências realizadas na Grande Vitória/ES no campo da educação pública, a partir de um Programa de Formação e Investigação em Saúde e Trabalho (PFIST) estuda processos formativos a partir dos instrumentais da Clínica da Atividade e da Ergologia (Barros, Brito, Freitas, Gotardo, & Araújo, 2016). Tais pesquisas têm como objetivo a implantação de Comissões de Saúde do Trabalhador, de forma a constituir comunidades ampliadas de pesquisa para o exercício coletivo de análise da atividade docente e construir instrumentos e ferramentas de análise do trabalho a partir da formação de docentes para intervir nas condições adversas de trabalho nas escolas.

Localizando-se no campo da clínica do trabalho, e no estudo da temática trabalho e saúde mental, encontramos pesquisadores que desenvolvem o tema pela via da psicopatologia do trabalho, principalmente dos estudos de Louis Le Guillant (Lima, 2006).

Os trabalhos de pesquisadores do grupo Atividade (Moraes, 2008, Borges, 2006; França, 2006) têm como operador transversal o ponto de vista da atividade de trabalho, desenvolvendo estudos em que, desde a perspectiva ergológica, lançam mão das abordagens da Ergonomia da Atividade, da Psicodinâmica do Trabalho e da Clínica da Atividade, assim como da Sociologia das Relações de Gênero, entre outras. Desenvolvem estreita cooperação com o grupo Pistas (Brito, 2004; Rezende, 2007; Oliveira, 2007), para o qual a questão da divisão sexual do trabalho é central[43].

Mas as buscas de trabalhos no Brasil em base de dados bibliográficos, além de outros instrumentos disponíveis na internet, apresentam algumas surpresas. A expressão "autoconfrontação cruzada" leva o pesquisador a uma quantidade consideravelmente maior de trabalhos que a expressão "clínica da atividade". Numa avaliação que merece ser discutida, esse fato parece indicar que há uma supervalorização dos dispositivos em detrimento da sua fundamentação teórico-epistemológica. De todo modo, cabe salientar que o que caracteriza a clínica da atividade como uma corrente de pensamento no âmbito da psicologia do trabalho não é a adoção frequente de dispositivos como o da autoconfrontação cruzada ou aquele das instruções ao sósia. Se eles são usados com frequência é porque essa estratégia se revelou profícua para o desenvolvimento dos conceitos apresentados, estes sim muito importantes para a clínica da atividade.

Tampouco a clínica da atividade pode ser definida como um método. Consideramos mais adequado defini-la como uma corrente teórica da psicologia do trabalho.

Precisamos ainda mencionar estudos que não se inscrevem no campo da Psicologia. E outros que, dentro da Psicologia, pouco frequentam as cooperações no que é correntemente considerado como psicologia do trabalho.

No campo dos estudos da linguística e trabalho, o grupo Ateliê pode ser apontado como um importante difusor da proposta teórica da clínica da atividade no Brasil, tendo promovido a vinda de Yves Clot ao Brasil no ano de 2005 (Machado, 2005; França, 2006).

Têm-se ampliado no Brasil os estudos de Vygotsky, buscando suas contribuições para o debate acerca das condições e possibilidades do desenvolvimento humano e a constituição dos sujeitos (Zanella, 2004), proble-

---

43 Vários desses pesquisadores se reúnem em um grupo da Associação Nacional de Pesquisa e Pós Graduação em Psicologia – ANPEPP, intitulado inicialmente Modos de Vida, Saúde e Trabalho e, a partir de 2008, Modos de Vida e Trabalho.

matizando questões relacionadas à experiência, ao discurso e à memória (Smolka, 2006). Esses estudos não se apresentam como sendo do campo da clínica da atividade, nem da clínica do trabalho, mas dada a proximidade teórica, tornam-se parte dos diálogos que constroem esses campos no Brasil.

CONSIDERAÇÕES FINAIS

Ao longo desse texto, buscamos dar visibilidade a alguns dos sentidos atribuídos às nossas ferramentas conceituais quando pesquisamos os mundos do trabalho no Brasil. Dentro dos limites próprios a um texto acadêmico, destacamos a multiplicidade de modos de pesquisar que se atualizam nos diferentes grupos que têm como foco de análise o trabalho do ponto de vista da atividade.

Os trabalhos desenvolvidos pelos pesquisadores brasileiros reafirmam a direção que nos aponta Clot (2008b, p. 66), quando diz que um "coletivo não se compõe e não se cria sobre a união, mas sobre a desunião". As pesquisas desenvolvidas sustentam o paradoxo desunião-cooperação e compõem um coletivo que pensa seu modo de produção passando pelos conflitos que estão em jogo nas relações que, frequentemente, marcam os modos de trabalhar na academia. Aqui nos lembramos de Deleuze: "Uma disjunção que permanece disjuntiva, e que, entretanto, afirma os termos disjungidos, afirma-os através de toda a sua distância, sem limitar um pelo outro, nem excluir o outro de um, é talvez o maior paradoxo. 'Ou... ou', em vez de 'ou então'" (Deleuze & Guattari, 2004, p. 102).

Um coletivo de pesquisadores como disjunção inclusiva, produção de diferenças puras, afirmação das diferenças, não derivadas de comparações entre o que se tem pesquisado, mas invenção de lutas, batalhas, construindo pesquisadores e grupos abertos e inacabados, logo, inventivos. Grupo não como uma coleção de indivíduos, mas como uma comunidade inacabada (Clot, 2006a, p. 38).

Entretanto, no nosso entendimento, as pesquisas parecem insistir num aspecto: o de que a formulação representacional é insuficiente para dar conta da questão metodológica envolvida na investigação da experiência do trabalho, uma vez que em tal direção investigativa pode acontecer, em parte, uma sobrecodificação perigosa da atividade estudada. Por outro lado, indicam, ainda, que sua simples inversão não é suficiente. Na investigação do labor, o protagonismo da investigação depende do protagonismo conjunto do pesquisador, com o quê, e com quem está sendo efetivada a investigação.

Em clínica da atividade, quando se persegue um criacionismo radical, priorizamos a expressão dos sentidos que a própria atividade cria e recria incessantemente, quando ela não se submete em demasia a um ponto de vista heterônomo. Assim, a investigação é tão inventada por seu objeto quanto ela o inventa e nos coloca diante da invenção, quando coemergem ou são coinventadas atividade de investigação e atividade estudada.

Aqui, apenas anunciamos algumas questões que podem nos levar à mudanças importantes nos modos de pesquisar o trabalho, cuja transformação enuncia-se por meio das tendências que observamos hoje nesse campo.

REFERÊNCIAS

Amador, F. S. (2009) Entre prisões da imagem, imagens da prisão: um dispositivo tecno-poético para uma clínica do trabalho. Tese (Doutorado em Informática da Educação) – Universidade Federal do Rio Grande do Sul, URGS, Porto Alegre.

Barros, M. E. B., & Louzada, A. P. F. (2009). Afirmando a potência de cirandar: cartografia dos processos de produção de saúde na docência. In M. E. B. Barros, S. R. Carvalho, & S. Ferigato, S. (Orgs.). *Conexões: Saúde Coletiva e políticas de subjetividade*. São Paulo: Hucitec.

Barros, M. E. B., & Louzada, A. P. F. (2014). Pode a docência constituir como um fazer ético? *Cadernos de Pesquisa em educação do PPGE/UFES*, 39, 103-122.

Barros, M. E. B., Louzada, A. P. F., & Vasconcellos, D. (2008). Clínica da atividade em uma via deleuziana: por uma psicologia do trabalho. *Informática na Educação: teoria & prática*, 11(1).

Barros, M. E. B., Brito, H., Freitas, M. C., Gotardo, S., & Araújo, V. (2016). O processo de formação de comissões de saúde do trabalho em educação: experiência e política. *Revista Ciências Humanas*, 50, 213-232.

Barker, S. (2005). As Dramáticas do uso de si de jovens mães trabalhadoras: cartografias do trabalho em insuspeitáveis territórios. Tese (Doutorado em Saúde Pública). Fundação Oswaldo Cruz. Escola Nacional de Saúde Pública Sergio Arouca, ENSP/Fiocruz, Rio de Janeiro.

Bakhtin, M. (1988). *Marxismo e filosofia da linguagem: problemas fundamentais do método sociológico na ciência da linguagem*. (Tradução do francês por Michel Lahud e Yara F. Vieira). 4. ed. São Paulo: Hucitec.

Borges, M. E. S. (2006) O RH Está Nu: Tramas e Urdiduras por uma Gestão Coletiva do Trabalho. Tese (Doutorado em Psicologia Social) Universidade Estadual do Rio de Janeiro, UERJ, Rio de Janeiro.

Brito, J. (2004). Saúde do trabalhador: reflexões a partir da abordagem ergológica. In M. Figueiredo, M. Athayde, J. Brito, & D. Alvarez (Orgs.). *Labirintos do Trabalho: interrogações e olhares sobre o trabalho vivo*. Rio de Janeiro: DP&A Editora.

Canguilhem, G., (2002). *O Normal e o Patológico*. Rio de Janeiro: Forense Editora

Clot, Y. (1999). *La fonction psychologique du travail*. Paris: PUF.

Clot, Y. (2006a). *A função psicológica do trabalho*. Petrópolis: Vozes.

Clot, Y. (2006b). Vygotsky: para além da Psicologia Cognitiva1. *Proposições, 17*(2), 19-30. Clot, Y. (2007) A Psicologia do Trabalho na França e a perspectiva da Clínica da Atividade. Conferência proferida pelo Prof. Yves Clot, no dia 18 de setembro de 2007, durante o evento realizado na Universidade Federal Fluminense, no Instituto de Ciências Humanas e Filosofia. A ser publicada na Revista Fractal.

Clot, Y. (2008). *Le travail sans l'homme? Pour une psychologie des milieux de travail et de vie*. Paris: La Découverte.

Clot, Y. (2008a). *Travail et pouvoir d'agir*. Paris: PUF.

Clot, Y. (2008b). Entrevista: Yves Clot. Mosaico: estudos em psicologia. Belo Horizonte, v. II, p. 65-70. Acesso em: 02/12/2009. Recuperado de: http://www.fafich.ufmg.br/mosaico/index.php/mosaico/article/viewFile/22/18

Clot, Y. (2010). *Trabalho e poder de agir.* Belo Horizonte: Fabrefactum.

Deleuze, G. (1997). *Crítica e Clínica.* São Paulo: Editora 34.

Deleuze, G., & Guattari, F. (2004) *O Anti-édipo: capitalismo e esquizofrenia 1*. Lisboa: Assírio & Alvim.

Faïta, D. (2002). Análise das práticas linguageiras e situações de trabalho: uma renovação metodológica imposta pelo objeto. In M. C. P. Souza-e-Silva, & D. Faïta (Orgs.). *Linguagem e Trabalho: construção de objetos de análise no Brasil e na França.* Rio de Janeiro: Cortez Editora.

Faïta, D. (1995). Dialogue entre expert et opérateur: contribution à la connaissance de l'activité par l'analyse des pratiques langagières. *Connexions*, *65*(1), 77-99. FRANÇA, Maristela, 2006. O trabalho de recepcionista de guichê de hospital público universitário: o ponto de vista teórico-metodológico de uma Comunidade Dialógica de Pesquisa. Laboreal, II (1) pp. 06-17.

França, M. (2004). No princípio dialógico da linguagem, o reencontro do Homo loquens com o ser humano industrioso. In M. Figueiredo, M. Athayde, J. Brito, & D. Alvarez (Orgs.). *Labirintos do Trabalho: interrogações e olhares sobre o trabalho vivo*. Rio de Janeiro: DP&A Editora.

França, M. B. (2006). Linguagem Trabalho e formação: construindo dispositivos metodológicos de falas sobre o trabalho (Relatório de Pesquisa).

Foucault, M. (2003). Poder e Saber. In M. Foucault. *Ditos & Escritos IV*. (Tradução de V. L. A. Ribeiro). 223-240.

Lima, M. E. A. (Org.). (2006). *Escritos de Louis Le Guillant*. Petrópolis: Vozes.

Machado, A. R. (2005). Entrevista com Yves Clot. *Psicologia da Educação*, 20, p. 155-160.

Louzada, A. P. Um trabalho docente: a invenção como imanente à vida. Tese (Doutorado em Educação) Programa de Pós-Graduação em Educação da Universidade Federal do Espírito Santo , UFES, Vitória, ES.

Maia, M. O corpo invisível do trabalho: Cartografia dos Processos de Trabalho em Saúde. Dissertação (Mestrado em Psicologia). Programa de Pós-Graduação em Psicologia, Universidade Federal Fluminense, UFF, Niterói, RJ.

Moraes, T. D. (2008). Coletivo de Trabalho e Atividade dos "Motoboys": Gênero profissional, Saberes Operatórios e Riscos da Atividade de trabalho. Tese (Doutorado em Psicologia Social). Universidade Estadual do Rio de Janeiro, UERJ, Rio de Janeiro.

Oddone, I. (1989). Ambiente de trabalho: a luta dos trabalhadores pela saúde, Trad. *Salvador Obiol de Freitas. São Paulo: Hucitec.*

Oddone, I., RE, A., & Briante, G. (2007). *Redécouvrir l'expérience ouvrière: vers une autre psychologie du travail?* Paris: Messidor.

Oliveira, S. S. S. (2007). Um olhar sobre a Saúde a partir da dimensão gestionária do trabalho: contradições e ambiguidades no telemarketing. Tese (Doutorado em Saúde Pública). Fundação Oswaldo Cruz. Escola Nacional de Saúde Pública Sergio Arouca, ENSP/Fiocruz, Rio de Janeiro.

Osorio, C. (2008). ACAT: o trabalhador como protagonista da análise de acidentes de trabalho. *Cadernos de Psicologia Social do Trabalho*, *11*(1), 111-120.

Osorio, C. (2010). Experimentando a fotografia como ferramenta de análise da atividade de trabalho. *Informática na Educação: teoria & prática*, *13*(1).

Osorio, C., & Clot, Y. (2010). L'analyse collective des accidents du travail. Une méthode d'analyse pour intégrer la dimension subjective et développer le genre professionnel. *Revue Electronique Activités*, 7(7-1).

Osório, C., Machado, J. M. H., & Minayo-Gomez, C. (2005). Proposição de um método de análise coletiva dos acidentes de trabalho no hospital. *Cadernos de saúde pública*, *21*(2), 517-524.

Osorio da Silva, C. (2014) Pesquisa e intervenção em clínica da atividade: a análise do trabalho em movimento. In P. Bendassolli, & L. Soboll (Orgs.). *Métodos de pesquisa e intervenção em psicologia do trabalho: clínicas do trabalho.* São Paulo: Atlas.

Osorio da Silva, C., Zamboni, J., & Barros, M. E. B. (2016). *Clínicas do trabalho e análise institucional.* Rio de Janeiro: Nova Aliança Editora e Papéis.

Prot, B. (2006) La fonction du clinicien dans les méthodes de clinique de l'activité. In Y. CLOT, & D. LHUILIER, D. (Org.). *Nouvelle Revue de Psychosociologie*. Paris: Editions ERES.

Rezende, M. S. (2007). Atividade de Trabalho em Call Center a mobilização das teleatendentes para compatibilizar saúde, produtividade e qualidade. Tese (Doutorado em Saúde Pública). Fundação Oswaldo Cruz. Escola Nacional de Saúde Pública Sergio Arouca, ENSP/Fiocruz, Rio de Janeiro.

Santorum, K. M. T. (2006). Pelas Fendas do Trabalho Vivo: textos, contextos e efeitos na atividade de vigilância em saúde do trabalhador. Tese (Doutorado em Saúde Pública). Fundação Oswaldo Cruz. Escola Nacional de Saúde Pública Sergio Arouca, ENSP/Fiocruz, Rio de Janeiro.

Schwartz, Y., & Durrive, L. (2000). Travail et gestion: niveaux, critéres, instances. *Rev. Perform. Techn.(Paris) n. hors-série*, 10-20.

Spinoza, B. (2007). *Ética*. Belo Horizonte: Autêntica.

Sato, L. Entrevista: Yves Clot. *Cadernos de Psicologia Social do Trabalho*. 9(2), 99-107, 2006.

Smolka, A. L. B. (2006). Experiência e discurso como lugares de memória: a escola e a produção de lugares comuns. *Pro-posições*, *17*(2), 99-118.

Teixeira, D. V., & Barros, M. E. B. D. (2009). Clínica da atividade e cartografia: construindo metodologias de análise do trabalho. *Psicologia & Sociedade*, *21*(1), 81-90.

Vygotsky, L. (2003). *Conscience, inconscient, émotions*. Paris: La Dispute.

Zanella, A. V. (2004). Atividade, significação e constituição do sujeito: considerações à luz da psicologia histórico-cultural. *Psicologia em estudo*, *9*(1), 127-135.

CAPÍTULO 11

CONTRIBUIÇÕES DA PSICOSSOCIOLOGIA NO BRASIL

Teresa Cristina O.Carreteiro
Vanessa Andrade De Barros

Historicamente, é sob a denominação de Psicossociologia que se desenvolveu na França, nos anos 1930, um conjunto de práticas de intervenção, de formação e de pesquisa em diferentes contextos sociais, realizadas por profissionais que posteriormente se afirmaram no meio acadêmico. (Barus-Michel, Enriquez, &. Levy, 2005). Dentre estes profissionais, podemos citar Max Pages, Eugene Enriquez, Andre Levy, Guy Palmade, Jean Dubost e Jean Rouchy. Sua primeira forma institucional se deu com a criação da ARIP (Association de Recherche et Intervention Psychosociologique), fundada em 1959 como a instituição gestora do pensamento psicossociológico. Em sua maioria, seus criadores possuíam formação acadêmica muito ampla, sólida e diversa (Psicanálise, Psicologia, História, Sociologia, Direito, Etnologia, Antropologia, Filosofia) o que lhes permitiu, ao longo do desenvolvimento da psicossociologia, articular diferentes saberes e práticas.

No ano de 1993, conflitos internos relacionados às formas de gestão da associação causaram a separação de grande parte do grupo fundador da ARIP, que cria, por sua vez, o Centre Internacional de Recherche et Intervention Psychosociologique (CIRFIP). Do grupo original, permanece na ARIP unicamente Jean Claude Rouchy. A nova associação (CIRFIP) é bastante atuante e integra novas gerações de psicossociólogos, dentre os quais muitos brasileiros. Possui atualmente um grande número de associados em vários países, realiza formações e publica uma revista bem conceituada nacional e internacionalmente – Nouvelle Revue de Psychosociologie. A ARIP continua em funcionamento e edita uma revista, Connexion, igualmente bem-conceituada.

O CAMPO DISCIPLINAR DA PSICOSSOCIOLOGIA

O campo disciplinar da Psicossociologia, constituído pela articulação entre campo social, condutas humanas e vida psíquica, é muito dinâmico e vem sofrendo transformações desde a sua formação, tanto em suas influências teóricas, quanto nas análises de seus objetos de estudo. No início, Lewin (1952,1973), Moreno (1934,1984) e Rogers (1961,1987) trazem grandes contribuições. Progressivamente, a Psicanálise freudiana passa a ter destaque, assim como as obras de Bion (1965, 1966). A participação de outras disciplinas, como a história, a sociologia, a filosofia e a política, tornam-se também mais evidentes. Os objetos tratados foram, inicialmente, o pequeno grupo e, posteriormente, as organizações e as instituições. Atualmente, observa-se uma ampliação de suas lentes nas análises e nos trabalhos desenvolvidos: os elementos anteriores não são abandonados, mas são relacionados com aspectos sociopolíticos e históricos, com a sociedade de forma mais global.

Volta-se para pesquisas e intervenções, buscando compreender as condutas concretas dos indivíduos, grupos organizações, instituições, comunidades (Mata Machado, Moura Castro, Araújo, & Roedel, 1994) nas várias dimensões da vida cotidiana, no meio rural e urbano, tanto no mundo empresarial e de gestão das organizações quanto em associações de classe, em ONGs, em instituições educacionais, de formação, de segurança pública, culturais etc. (Barus-Michel; J. Enriquez; E. Levy, 2005). Neste sentido, o campo disciplinar estudado é bastante variado, podendo o profissional psicossociólogo atender demandas vindas de diversos horizontes sociais, no mundo formal e informal de trabalho e das relações sociais. O conceito de demanda é de fundamental importância na medida em que todo trabalho efetuado atende a uma demanda, a um desejo de mudança que pode se traduzir de várias maneiras: projetos, crises, planejamentos, reestruturações diversas.

Nesse contexto, podemos dizer que a psicossociologia não tem um objeto próprio. Trabalha com as demandas que lhe são endereçadas, buscando transformações sociais, priorizando a relação entre indivíduo e sociedade e convocando permanentemente a conexão entre diversas disciplinas.

Ressalta importantes questões epistemológicas, aproximando os termos pesquisa e intervenção. Recusa a ruptura entre saber profano e saber científico, afirmando que o saber pode ser produzido pela experiência direta dos diversos atores que participam da intervenção, tanto os profissionais quanto os demais atores, em uma perspectiva de igualdade hierárquica de saberes, reconhecendo a diferença de competências de cada um. Em síntese enfatiza que não se deve minimizar o saber dos indivíduos e coletivos que vivem as situações concretas (Dubost & Levy, 2005).

Considera que todo objeto de trabalho, tanto na formação e pesquisa quanto na intervenção, é dinâmico e multifacetado e é sempre tributário dos atores envolvidos, do campo pulsional, dos grupos, das instituições, do momento sócio histórico e político. O conjunto destas dimensões tem impacto sobre o objeto que só pode ser compreendido se considerado em sua complexidade, em sua construção sócio-histórica e na multiplicidade de dimensões que participam de sua composição em um determinado momento.

Postular a complexidade requer, também, entrar em contato com a implicação do profissional psicossociólogo, com o seu desejo de saber e sua impossibilidade de tudo poder saber. Nesse sentido, estar atento ao desejo de controle e reconhecer que todo saber é inacabado (Morin, 1990) é um dos aspectos que acompanha qualquer trabalho psicossociológico. Para Enriquez (1999), implicação se traduz por "simpatia e distância".

Aposta que todo trabalho só pode ser efetivado se os que dele participam forem vistos como sujeitos ativos, capazes de produzir sentidos e ações para as situações nas quais estão envolvidos. Tais ideias não representam uma visão simplista e fácil das situações e dos objetos de trabalho, pelo contrário, significa entender que a complexidade não minimiza os conflitos, as contradições, as violências, mas também não deprecia a potência de vida (Spinoza, 1983).

Convém sempre associar psicossociologia e olhar clínico e plural. A perspectiva clínica desenvolve uma atenção constante aos sentidos que vão se coproduzindo junto aos atores com os quais se trabalha (sujeitos individuais, em suas singularidades, e sociais). A clínica, concebida de modo amplo, estabelece vínculos entre aspectos globais e particulares. Ela postula que toda situação é singular, pois é única, mas é perpassada por aspectos transversais, comuns às outras situações e dimensões da vida social. O desafio do profissional é manter uma dupla atenção: ao micro e macro, ao singular e ao contexto mais amplo em suas coconstruções, interfaces e reciprocidades e propiciar que todos os envolvidos possam ampliar seu olhar, levando à produção de novos sentidos, conceituações e ações. Aspectos psíquicos dos sujeitos sociais e coletivos participam dessa produção de sentido. O campo pulsional é considerado (Enriquez, 1995), devendo sempre estar articulado aos demais. A perspectiva plural evidencia, então, diferentes lentes disciplinares que podem ser solicitadas nas análises e estudos, uma vez que todo objeto de trabalho se constrói em suas interfaces.

O conceito de situação é aqui de grande relevância. Todo objeto é situado, inscrito no mundo. Buscar apreendê-lo, analisando as conexões que o atravessam, as influências recebidas, não negligenciando as dimensões sociais e psíquicas, é o trabalho da psicossociologia.

INSCRIÇÃO DA PSICOSSOCIOLOGIA NO BRASIL

Nos anos 1970, vários autores do grupo da ARIP foram convidados por pesquisadores e professores brasileiros (Célio Garcia, Marília Mata Machado) de Belo Horizonte para aqui realizarem trabalhos, cursos e conferencias. André Levy e Max Pages estão entre os primeiros convidados. O estreitamento destes vínculos institucionais consolidou o início da Psicossociologia no Brasil, que vem se fortalecendo em algumas regiões, tais como Minas Gerais, por meio da liderança e pesquisa de alguns professores (Jose Newton Garcia de Araújo, Marília Matta Machado, Vanessa Andrade de Barros), Rio de Janeiro (Teresa Cristina Carreteiro, Jacyara R. Nasciutti, Creuza Azevedo, Marilene Castilho), Rio Grande do Norte (Norma Takeutti), Brasília (Maria de Fátima Sudbrack, Maria Aparecida Penso), São Paulo (Maria Inês Assumpção Fernandes, Maria Ester Freitas), Alagoas (Ruth Vasconcelos), Bahia (Marcelo Dantas), Pernambuco (Ivonita Trindade, Carmen Cardoso), Amazonas (Nilson Gomes) e Rio Grande do Sul (Rosinha Carrion). A Universidade Federal de Minas Gerais tem tido papel importante na expansão da Psicossociologia no Brasil, realizando, desde o ano 2000, colóquios internacionais sobre as mais diferentes temáticas, contando com a presença maciça de professores, pesquisadores, profissionais e estudantes brasileiros e estrangeiros. A temática trabalho tem apresentado especial atenção e relevância nesses eventos, contribuindo para a construção do campo da Psicossociologia do Trabalho.

PSICOSSOCIOLOGIA E TRABALHO

A emergência do trabalho, como categoria social fundamental, surge a partir do século XVIII, passando a adquirir progressivamente lugar de destaque na produção subjetiva. A primeira revolução industrial e o advento do individualismo começam a modelar o cenário que permite ao trabalho tornar-se, na afirmação de Yves Barel (1985), o "grande integrador" social, passando a ser o princípio ordenador na organização concreta da vida dos indivíduos. Possibilita que a sociedade permaneça unida, seja conferindo um sentido ao trabalho, seja criando sentidos em outros lugares – junto à família, à vizinhança, ao grupo de pares. Torna-se também um operador simbólico, participando na produção social de sentido como um sistema de representação social implícito, mas compartilhado, ancorado nas subjetividades das pessoas e transmitido de geração a geração.

O trabalho na contemporaneidade se apresenta de modo bastante polimorfo, englobando muitos paradoxos e contradições, o que levou alguns autores a referirem-se à crise da civilização centrada no trabalho. (Sennet, 2004; Antunes,1995).

O que ocorre, no entanto, é o enfraquecimento da ideologia produtiva do capitalismo industrial, com nítida vinculação entre produção e enriquecimento – suplantada pelo capitalismo financeiro, central no mundo contemporâneo –, que cria a distinção entre produção e ganho, pois se produz cada vez mais com menos trabalho. Nesse sentido, encontramos concepções que, ao assimilarem trabalho a emprego, anunciam seu fim e o esfacelamento de seu valor na sociedade contemporânea (Gorz, 1988; Méda,1995).

De fato, essa conjuntura, sob o domínio do chamado "capitalismo flexível", concorre para que nas últimas décadas os mercados de trabalho venham passando por grandes transformações, acarretando graves consequências, dentre as quais a precarização do trabalho e do emprego. As intensas e velozes inovações tecnológicas, o incremento da globalização, o aumento da competitividade no comércio interno e externo, a reestruturação produtiva e organizacional e as novas formas de gestão empresarial compõem tal cenário. Esse complexo contexto tem trazido mudanças tanto nas concepções das atividades realizadas, quanto nas novas demandas dirigidas aos trabalhadores. Exige-se flexibilidade, alto desempenho, novas formações e adaptações rápidas ao forte movimento do mercado, acompanhado por uma crescente atenção à qualidade e produtividade. Deve-se ser o mais eficaz possível em um tempo cada vez menor, cumprir metas quase inatingíveis. Tais exigências, associadas à precarização das condições de trabalho e do vínculo contratual, são causadoras de grande sofrimento físico e mental, comprometendo seriamente a saúde dos trabalhadores. o que, na lógica da gestão, está relacionado às incapacidades do sujeito e não à organização do trabalho, reduzindo assim o campo social ao individual. Como alerta Lhuilier (2007): "A ideia de que é no indivíduo que se encontra a chave de seus sucessos como de seus fracassos, a propensão de deslocar os acontecimentos ou situações sociais a determinações psicológicas tem um custo: a ameaça da insuficiência e o "cansaço de ser" (Ehrenberg, 2000)

É significativa e sistemática a redução dos postos de trabalho (desemprego estrutural) e a ampliação da desqualificação e precarização (terceirização, *part-time*, informalidade), que gera um contingente enorme de desempregados, subempregados, trabalhadores temporários e até mesmo de "inempregáveis", atestando a inexorabilidade da construção de um cenário de fragilização decorrente das transformações no mundo do trabalho.

A extensão globalizada dos mercados e a extrema concorrência entre eles, por sua vez, exigem que as qualificações sejam cada vez mais intensas e diversificadas pelo conjunto dos trabalhadores. Os mercados de trabalho demandam hoje profissionais que tenham competências precisas, mas que sejam também maleáveis, sabendo se adaptar a novas situações e podendo adquirir sempre novas competências. Criam-se regularmente formações técnicas e universitárias e o mercado passa a demandá-las, o que impulsiona a cultura empresarial a visar à renovação constante e a elaborar novos meios de controle do processo de trabalho, exigindo constantemente crescentes conhecimentos apoiados em tecnologias de ponta. Esse quadro descarta com facilidade os trabalhadores e demanda novos profissionais, preparados para a inovação, um dos pilares da competitividade.

No mundo do trabalho atual existem características que perpassam todas as atividades profissionais e que, entretanto, atingem diferentemente os sujeitos, pois variam de acordo com as competências, com o nível de formação e a condição social. Se todos são confrontados com situações de intensificação, densificação, flexibilização e alongamento do tempo de trabalho (Abecassis & Roche, 2001) – características que não deixam ninguém incólume, pois têm incidência nos coletivos de trabalho e na vivência da subjetividade –, elas atingem, no entanto, de modo bastante diferenciado os trabalhadores; há os que têm mais recursos e possibilidades de criar estratégias para fazer face às constantes mudanças – adquirindo competências adaptáveis ao mercado – e há os que não têm esses recursos. Robert Castel (1998) os denomina "sujeitos da falta". Eles são impossibilitados de desenvolverem estratégias que sejam suficientemente potentes para criar uma inflexão em suas trajetórias profissionais e se veem mais vulneráveis à precarização e à desqualificação laboral. Jovens e pessoas mais velhas compõem este quadro. Observa-se que muitos "estão vivendo *part-time*, a terceirização, emprego temporário e parcial ou, então, o desemprego estrutural" (Antunes, 1995, p. 184), o que favorece o crescimento dos trabalhos informais, das pequenas ocupações, "bicos", situações desprovidas de direitos e marcadas pela insegurança e instabilidade assim como o envolvimento em atividades ilícitas (Sato, 2013, 2014; Amaral & Barros, 2017; Faria & Barros, 2011), além de contribuir para a construção de cenários de exclusão, de vulnerabilidade e de fragilização da existência humana, sob o efeito de determinadas condições de atividade ou de existência social.

Nesse universo laboral complexo, a Psicossociologia encontra um campo por excelência de pesquisa e intervenção, que a inclui como uma das modalidades clínicas do trabalho.

PSICOSSOCIOLOGIA E CLÍNICAS DO TRABALHO

A Psicossociologia se constitui em uma das clínicas do trabalho, tanto por seu caráter clínico e plural quanto por suas orientações epistemológicas, teóricas e metodológicas. Entende o trabalho como fundamentalmente encontro e troca com os outros. É o que permite "sair de si", o que requer a capacidade de realizar uma obra útil, de construir e manter engajamentos, de planejar com os outros e para outros. Oferece fora de si uma eventual realização de si na medida em que permite ao sujeito inscrever-se em uma história coletiva (Lhuilier, 2013)

Ao entender assim o trabalho, apresenta um aspecto essencial, aquele da relação entre o individual e o coletivo, o psíquico e o social, o particular e o geral. É nesse sentido que a relação sujeito-sociedade se encontra na base da compreensão do mundo do trabalho e do sujeito trabalhador. Sujeito ativo, cujo modo de vida e experiência são gerados na vida material e em que o trabalho, entendido em seu sentido genérico, ao mesmo tempo em que altera a natureza, autotransforma o ser que trabalha por meio da relação com a cultura, da identificação com o grupo, da autorrealização e do sentimento de autoestima que dele decorre.

Apresenta-se aqui a importância da experiência dos trabalhadores na compreensão do desenvolvimento do sujeito e dos processos de sua participação social, tal como propõe Oddone (1980), Clot (2006) e Schwartz e Durrive (2007), importantes referências nas clínicas do trabalho.

De fato, para Schwartz (1996), a elaboração de conhecimentos sobre o trabalho será sempre incompleta e mutilante se não incorporar, no próprio processo de sua produção, a experiência dos trabalhadores, o conhecimento dos saberes produzidos no e pelo trabalho, além de sua confrontação com os saberes produzidos nos diversos campos científicos.

A Psicossociologia corrobora tal premissa, na medida em que sua ação convoca diversos campos disciplinares na tentativa de compreender os objetos complexos dos quais o trabalho é central. Avança ao incluir aí o campo pulsional e "(...) o registro do libidinal em funcionamento nas relações sociais, nas unidades sociais e nas situações sociais (Lhuilier, 2005, p. 27).

A busca pela compreensão dos sentidos do trabalho é outro aspecto clínico na Psicossociologia: por que e para que trabalhamos e suas repercussões na vida cotidiana são questões importantes que guiam a pesquisa e a intervenção psicossociólogica como uma clinica do trabalho. Trata-se de articular uma atividade de pesquisa, que é ao mesmo tempo uma atividade de intervenção, a uma perspectiva teórico/metodológica que favoreça a descoberta e a coprodução de sentidos do trabalho pelos sujeitos envolvidos. Nesse caso, a utilização de metodologias qualitativas participativas, dentre as quais as narrativas e o recolhimento de histórias de vida, é bem indicada, sobretudo por constitur uma modalidade importante de acesso não só a um conhecimento objetivo do trabalho real – as condições materiais e organizacionais – mas, principalmente, por proporcionar acesso ao entendimento do que os sujeitos põem deles mesmos na atividade de trabalho, ao sentido que lhe atribuem e às transformações advindas de suas experiências singulares e sociais.

Finalmente, é importante notar a dimensão da participação dos sujeitos envolvidos na pesquisa/intervenção psicossociológica. Pesquisadores e sujeitos participantes possuem o mesmo status de conhecimento: estão em situação, possuem cada qual saberes específicos que, embora diferentes (saber da experiência e saber teórico), são colocados em pé de igualdade, não existindo uma hierarquia que os distinga. O pesquisador rompe com a posição de expert e se engaja em uma relação de cooperação com os sujeitos em torno de um projeto comum, no qual a análise e sua implicação passam igualmente a serem objetos de pesquisa (Amado, 2005). Trata-se de fazer emergir um conhecimento que pertence a todos. Nesse sentido, a Psicossociologia se aproxima da Comunidade Científica Ampliada, de Ivar Odone (1980), especialmente em sua dimensão ético política, que tem por princípio o reconhecimento, a valorização e a troca de saberes práticos e acadêmicos.

TEMÁTICAS ATUAIS DA ANÁLISE PSICOSSOCIOLÓGICA

PSICOSSOCIOLOGIA, TRABALHO E ADOECIMENTO

As profundas transformações ocorridas no mundo do trabalho, levando à sua precarização, à redução acentuada do efetivo de trabalhadores no mercado formal e à terceirização, geram um contexto de extrema insegurança para os trabalhadores que se veem à mercê de uma situação sobre a qual não possuem controle. As responsabilizações das quais são alvo, para preservação de seus lugares, implicam se adequar a qualquer preço às exigências da organização do trabalho, comprometendo projetos pessoais, familiares, carreira, enfim, trazendo reflexos, muitas vezes negativos, à vida cotidiana.

Como observam Lhuilier (2005) e Sennett (2004), as exigências de flexibilidade criam trajetórias profissionais descontinuas, marcadas por rupturas, mudanças e pela multiplicação de situações de transição.

Nesses casos, o sentimento de participar de um grupo, de uma classe, de um sindicato, ou mesmo a possibilidade de constituir família ficam comprometidos, contaminados pela insegurança cotidiana que fragiliza o trabalhador. Da mesma forma, são fragilizados pela ameaça do desemprego, pelo medo de suas competências não serem mais compatíveis com exigências da empresa, pela superexposição aos riscos e à intensificação do trabalho.

De fato, a partir da década de 1980, as exigências do mundo do trabalho tornaram-se cada vez maiores e ao mesmo tempo os meios necessários para atendê-las foram reduzidos. Esse duplo processo de fortalecimento das coerções e de fragilização dos sujeitos gera grande mal-estar no trabalho e marginalização progressiva de inúmeros trabalhadores (Lhuilier, 2005).

Todas essas situações são potencialmente geradoras de processos de adoecimento no trabalho, como também o são as exigências de competitividade colocadas como responsabilidade do trabalhador, que deve cumprir metas cada vez mais exigentes de produtividade e o desenvolvimento de uma cultura do alto desempenho, da competitividade generalizada (Gaulejac, 2014).

Vale notar que as "modernas" formas de adoecimento no trabalho convivem cotidianamente com as mais clássicas, como a exposição a insalubridades, sobrecarga física, psíquica, intensificação do ritmo. (Lima *et al.*, 1997; Lima, 2004; Dorigo & Lima, 2007; Ramalho, Arruda, Sato, & Hamilton, 2008; Sato, Lacaz e Bernardo,2008).

Por outro lado, o grande desenvolvimento do setor de serviços tornou visíveis outras formas de adoecimento no trabalho, sobretudo relacionadas ao acolhimento e cuidado de pessoas em sofrimento – trabalhadores da saúde, de abrigos, de atendimento à vítimas de violência e à pessoas em privação de liberdade (Castilho, 2005; Costa, 2005; Barros, Oliveira, & Neves, 2009;) –, assim como as chamadas profissões de risco –policiais, vigilantes, agentes penitenciários (Vieira, 2014).

Um aspecto importante a ser observado em tais trabalhos é a vivência frequente da necessidade de fazer escolhas na falta de meios materiais e subjetivos para gerir o cotidiano de trabalho, como por exemplo aponta Marilene Castilho (2005, p. 10): "...o trabalho na porta de entrada da emergência representa muitas fontes de sofrimento psíquico para os trabalhadores, como o dilema entre atender as urgências, em caráter estrito, e aliviar outros sofrimentos da população".

Outro aspecto recorrente nas pesquisas é a observação de que as demandas a esses trabalhadores extrapolam os limites estritos de suas possibilidades e responsabilidades. São, sobretudo, demandas por amparo e atenção oriundas de um quadro de intensa fragilização social. Como afirma Castilho (2005), a "carência" é utilizada pelos profissionais como uma categoria encobridora da diversidade da demanda, num processo de múltiplas reduções, que vai da negação do sofrimento social à negação da condição de humanidade dos pacientes.

Nesse breve apanhado de questões sobre o adoecimento no trabalho, encontramos um campo privilegiado para a pesquisa e intervenção psicossociológica, tanto junto aos coletivos de trabalho quanto nas organizações/instituições.

TRABALHO E URGÊNCIA

Nos diferentes contextos de trabalho, a urgência tem ocupado um lugar de relevo; as exigências de produção demandam mais trabalho em um tempo cada vez menor. Tempo e espaço devem se comprimir. Os indivíduos, impulsionados pelas lógicas de gestão que primam pela eficácia máxima, pensam poder dominar o tempo e ultrapassar constantemente limites (Ehrengerg, 2000). Essas exigências são causadoras de stress (Aubert & Pagès 1989), fadigas e depressões (Ehrenberg, 2000). Quando o trabalhador não é bem-sucedido a lógica de gestão não o relaciona à organização do trabalho, mas à incapacidades dos trabalhadores. Tudo é reduzido a uma leitura individual quando aos resultados não são alcançados. Em grande parte das vezes as impossibilidades relacionadas ao contexto são interpretadas como fragilidades e deficiências pessoais.

Aubert (2018; 2017; 2003), estudando a urgência, faz referência ao trabalhador impulsionado pelo tempo real. Ele é aprisionado no momento imediato e se abstrai do passado e futuro. As novas tecnologias como o celular e a internet tornaram-se indispensáveis na vida dos trabalhadores atuais; possuem simultaneamente um aspecto liberador, facilitando a execução de muitas funções e um aspecto escravizante, visto que o trabalho acompanha as pessoas em qualquer lugar que estejam, exigindo-lhes dedicação ininterrupta (Burda & Carreteiro,2009).

O modelo da urgência tem por pano de fundo um contexto de "guerra", de grande competição, em que se deve buscar fortificar os recursos e as estratégias para fazer face às situações. O paradoxo é que se deve criar estratégias e ao mesmo tempo gastar o minimo de tempo na planificação das ações.

As diversas formas de mídia e o mercado de capitais são fundamentais na produção e na alimentação da urgência. Dois pesquisadores, realizando trabalhos independentes, um com operadores do mercado de capitais (Moreira de Mello, 2007), outro na mídia jornalística (Burda, 2009), apontaram conclusões bastante próximas. A urgência nesses contextos é um elemento primordial, o profissional deve ser altamente atento e preciso nas tarefas que executa. Os da mídia econômica sentem que qualquer minuto é fundamental, o mesmo ocorre com os operadores do mercado de capitais. Perder ou ganhar um minuto pode se refletir em grandes perdas ou ganhos financeiros.

A urgência coloca em destaque o imperativo da ação. Ela requer respostas imediatas às demandas que surgem. Os trabalhadores devem ser eficazes e responder à totalidade de demandas que a ele são endereçadas. Exige-se eficiência no menor tempo possível e tolera-se pouco qualquer tipo de limite. As atividades podem ser iniciadas a qualquer hora, durante a noite, após um dia tenso de trabalho, em um domingo pela manhã.

As análises pautadas na urgência também foram feitas por Azevedo (2005) em hospitais públicos do Rio de Janeiro. Analisou-se a narrativa de diretores das instituiçoes de saúde e os modelos de gestão utilizados. Apesar dos gestores apresentarem projetos diversos, no cotidiano, a urgência se apresenta como um imaginário motor, visto que nos hospitais a grande precariedade tem implicações de vida ou morte dos pacientes.

Nos três contextos citados acima, a urgência se faz presente, reforçando o que a literatura tem assinalado quanto à presença desse vetor na vida laboral. Se nos dois primeiros (mercado de capitais e jornalismo) a vivência de situações limite é forte, é realmente no contexto hospitalar que isso se apresnta de forma crua, sem meandros. Mas, qualquer que seja o campo onde a urgência se manifesta, pesquisas têm demonstrado o efeito nocivo dessa urgência à saúde dos trabalhadores, o intenso sofrimento que provoca (Aubert, 2003), o que constitui um amplo campo de intervenção psicossociológica.

JUVENTUDES E TRABALHO

Grande número de estudos e pesquisas têm se referido às concepções de trabalho juvenil (Leão & Nonato, 2014; Gonzalez, 2012; Dayrell, Leão, & Reis, 2011; Tolfo & Piccinini, 2007; Carreteiro, 2009).

Um de nossos estudos (Carreteiro, 2009) teve por propósito investigar as significações sobre o trabalho e estratégias que pais e filhos têm em dois estratos sociais distintos (médios/altos). Tratava se de dois grupos de jovens que estavam concluindo o ensino médio. Um, em uma escola particular, reputada pela qualidade do ensino, outro em uma escola pública. A idade dos componentes do grupo situava-se em torno de 18 anos. Algumas conclusões avançadas pelo estudo mostram que a maioridade e o término dos estudos tem grande impacto sobre ambos os grupos. Os que têm melhores condições sociais recebem a influência de todo o contexto (escola, professores, familiares, amigos) para continuarem seus estudos e empenharem esforços no vestibular, preferencialmente escolhendo uma formação acadêmica que possibilite que sejam bem-sucedidos no futuro. O impacto dos 18 anos para o segundo grupo é completamente diferente. Há uma pressão para iniciar atividades laborais, tornarem-se independentes financeiramente e poderem contribuir nas despesas familiares. Os acenos para o futuro, em ambos os contextos, são pontuados diversamente. Os dois grupos são muito exigidos por pressões de realizações, de eficácia, de qualificação, de qualidade. Vivem formas diferentes de desamparo, pois sentem que têm que satisfazer às muitas expectativas, situações concretas, sem que muitas vezes se sintam aptos para enfrentar tantas transformações. Sabem que estão vivendo um ano de grandes mudanças, que se declinam sobre vários patamares, do direito (a maioridade os torna responsáveis pelos seus atos), do investimento no futuro profissional.

O momento de passagem concerne não só os jovens, mas o seu contexto. A transição não é unicamente vivida pelos adolescentes, pais e instituição escolar também são mobilizados. Os pais, de modo geral, preocupam-se muito com o trabalho dos filhos em um futuro próximo, são muito atentos às difíceis variáveis de contexto, à precariedade dos empregos e ao forte desemprego. Os que têm situação financeira favorável tentam criar condições para qualificar os filhos com estudos e cursos extracurriculares, buscando torná-los mais capacitados para que, no futuro, possam fazer face ao mercado de trabalho. Os demais, apesar de ficarem contentes com o término dos estudos médios dos filhos, sabem que isso não significa uma qualificação e os incentivam a terem um trabalho. Percebe-se nos grupos dois processos indenitários: há os pré-universitários e os pré-trabalhadores.

Há ainda outras situações de trabalho juvenil, em estratos sociais baixos, que têm sido estudadas pela Psicossociologia. Trata-se do que é considerado como atividade ilícita, o trabalho no tráfico de drogas. Apesar das condições econômicas dos jovens participantes desse comércio serem precárias, um ponto que tem sido salientado em diversos estudos: a experiência vivencial de desqualificação, invalidação do lugar social e de relegação (Vieira & Barros, 2017; Faria & Barros, 2011; Carreteiro e Ude, 2007; Takeuti, 2002,). Essa experiência parece representar uma grande fratura psíquica, ou seja, algo que produz sofrimento. Muitas vezes, os atos ditos "ilícitos" ou "violentos" são formas de buscar um lugar de respeito no meio social no qual vivem, mesmo que o respeito possa ser considerado forçado, visto ser operado pelo exercício da violência.

Vários autores têm realizado pesquisas-ação sobre as diversas juventudes – a diversidade de situações sócio-existenciais juvenis é muito grande, razão para utilizarmos a denominação juventudes. Muitos destes estudos não têm como foco específico a questão do trabalho, mas ele é muito referenciado, pois as formas de sobrevivência juvenil são constantemente evocadas. As metodologias são muito variadas, primando pela conjugação entre entrevistas individuais e de grupos (Alves & Carreteiro, 2016; Carreteiro, 2014; Carreteiro & Ude: 2007, Takeuti, 2002, Castro, 2007, 2008). A história de vida também tem sido um método bastante utilizado (Andrade & Barros, 2018; Faria, 2009; Villar, 2009), auxiliando na obtenção de uma apreensão do dinamismo social e da participação dos indivíduos, tanto nas produções sociais quanto em suas vidas. Essa abordagem da pesquisa-ação e de metodologias participativas constituem-se, podemos dizer, no coração da intervenção psicossociológica.

TRABALHO, EXCLUSÃO E VULNERABILIDADES

Temas caros à Psicossociologia, como exclusão social e precarização do trabalho, embora tratados separadamente, segundo Roche e Abecassis (2001), não são distintos. Para estes autores, ao separarmos de um lado os estudos da exclusão e de outro os da precarização, corremos o risco de desconectar a exclusão do que a produz e ainda de concebê-la como uma disfunção social, enquanto ela é a condição mesma do funcionamento do sistema econômico e social neoliberal.

De fato, o sistema de funcionamento global contemporâneo abandona à própria sorte grande parcela da população que não encontra lugar nessa nova configuração mundial. Segundo Castel (1998), esses são os "desafiliados", pessoas que se encontram em situação quase irreversível de precariedade de condições materiais e sociais de vida. Marcadas pela desqualificação, parecem sofrer uma interdição permanente de participar do jogo das relações sociais e das sociabilidades advindas do trabalho e são levadas a buscar outras formas de sobrevivência, muitas vezes marginais. Participam de um conjunto de relações sociais particulares, mais ou menos distendidas e que o atual modelo socioeconômico, baseado na monetarização e no consumo, contribui fortemente para agravar.

São trabalhadores que se tornaram desempregados de modo duradouro, jovens que não encontram emprego, moradores de periferias, sem-teto, mendigos, sem-terra, meninos de rua, prostitutas, egressos do sistema prisional etc., segmentos sociais que sofrem irreversivelmente as consequências das novas configurações do mundo do trabalho.

Desamparados pelo poder público, sem um projeto político ou políticas públicas capazes de transformar a realidade precária em que vivem, sem condições e recursos para responder às imposições da nova ordem, são obrigados a buscar alternativas, formas de se virar, de reinventar seus lugares de vida e criar possibilidades de resistir e construir outras maneiras de existir que permitam escapar da miséria cotidiana, negociando condições sociais que são "particulares" e muitas vezes "fora da ordem" instituída por eles mesmos O Estado os deixa à deriva e se mostra impotente diante dessa realidade

Tal contexto miserável, construído e conformado pela precariedade de condições de vida e ausência de políticas públicas de educação, cultura, saúde, moradia, trabalho e formação profissional, cria um contexto de alta vulnerabilidade, tanto pessoal quanto social, na medida em que aí se conjugam a carência de meios materiais de sobrevivência e a fragilização dos vínculos societários, afetivos e de solidariedade.

Decorrente de tal contexto e associado à falta de garantia de direitos, entram em cena outras vias de sobrevivência, que podem não estar circunscritas aos limites da lei. A falta de recursos materiais e a fragilização pessoal, gerada pela impossibilidade de transformar as condições de vida, abrem caminho às promessas de dinheiro "fácil" e de poder (ter uma arma, por exemplo) do narcotráfico (Faria, 2009).

Assim, representam o caráter extremo de ruptura com a norma global e com o valor sagrado do trabalho e do dinheiro. Recusados pelo capital, sobrevivem de bicos, pequenas ocupações informais e, por vezes, ilícitas. Esses indivíduos – sem emprego, sem recursos, sem moradia – rejeitados, passam a residir em uma vida avessa à nova ordem mundial e são transformados em seres indesejáveis, perigosos, devendo ser controlados, segregados, o que demarca e aprofunda a vulnerabilidade em suas existências.

Buscando compreender o lugar e os sentidos do trabalho na vida de sujeitos estigmatizados, marginalizados, em situação de vulnerabilidade social e entender uma possível relação com a criminalidade, desenvolvemos pesquisas orientadas pela Psicossociologia, referência fundamental para essa compreensão (Barros & Silva, 2017). Os resultados apontam claramente para a importância do trabalho como fator de reconhecimento social, de fortalecimento da autoestima, de possibilidade de desenvolvimento pessoal e material; além disso, denunciam o equívoco cometido nas políticas governamentais que prescrevem, genericamente, o uso do trabalho como panaceia para todos os males, como o abre-te sésamo que transformaria as "classes perigosas" (Guimarães, 1982) em classe trabalhadora, preservando a justificativa histórica e ilusória da ressocialização pelo trabalho.

Como podemos notar, discutir a tríade trabalho, exclusão e vulnerabilidades exige incluir sua relação com o Estado e as políticas públicas, campo importante e atual para a pesquisa e a intervenção psicossociológica.

CONSIDERAÇÕES FINAIS

Podemos dizer que o trabalho do psicossociólogo se faz simultaneamente no registro de duas dimensões: a das transformações sociais e dos remanejamentos psíquicos. Nesse sentido, sua contribuição para as clínicas do trabalho se encontra especialmente no estudo das reciprocidades e tensões entre o psíquico e o social, o individual e o coletivo em funcionamento no mundo laboral.

A interdisciplinaridade é condição obrigatória nessa perspectiva, assim. a Psicanálise, a Psicologia Social, a História, a Antropologia, a Sociologia e a Política são campos disciplinares que ocupam importante lugar nas pesquisas e intervenções psicossociológicas.

No campo do trabalho, embora se encontrem ausentes da Psicossociologia referências à atividade, ao mundo do trabalho concreto, o diálogo com a Ergonomia e a Ergologia tem ampliado e tornado mais complexas as análises, colocando o trabalho real e a experiência dos trabalhadores como categorias importantes na compreensão da subjetividade, do desenvolvimento do sujeito e dos processos de sua participação social.

No Brasil, a Psicossociologia tem se desenvolvido bastante nos últimos anos, como foi apresentado nesse capitulo, nos eixos temáticos dos quais citamos algumas contribuições. Não tivemos a pretensão de abarcar a totalidade dos estudos na perspectiva aqui abordada, ainda porque uma grande parte nos escapa. Cabe, para finalizar, apontar as constantes pontes interinstitucionais – UFF, UFMG, PUC Minas – que têm se desenvolvido entre autores brasileiros, assim como com pesquisadores estrangeiros. Nesse último aspecto, cabe salientar as relações entre estas três universidades com os Laboratoire de Changement Social da Universidade de Paris 7 e o Laboratoire de Psychologie du Travail, do CNAM.

REFERÊNCIAS

Abecassis, F., & Roche, P. (2001). *Précarisation du travail et lien social*. Paris: L'Harmattan.

Alves, C. R., & Carreteiro, T. C. O. C. (2016). Narrativas de Vida e o seu uso pela Psicossociologia. *Clínica & Cultura*, 5, 1-14.

Amado, G. (2005) Implication. In J. Barus-Michel, E, Enriquez, A. Levy, & J. M. Huguet (2005). *Dicionário de psicossociologia*. Lisboa: Climepsi Editores.

Amaral, T. F., & Barros, V. A. (2017). O acerto de contas no trabalho do tráfico de drogas varejista. *Gerais: Revista Interinstitucional de Psicologia*, 1, 34-48.

Andrade, M. S., & Barros, V. A. (no prelo). O jovem egresso da medida socioeducativa de internação: repercussões psicossociais. *Arquivos Brasileiros de Psicologia*.

Antunes, R. (1995). *Adeus ao trabalho?* São Paulo: Cortez.

Aubert, N. (2003). *Le culte de l'urgence. La société malade du temps*. Paris: Flammarion.

Aubert, N. (2017). *L'individu hypermoderne*. Toulouse: Eres.

Aubert, N. (2018). *La recherche du temps*. Toulouse: Eres.

Aubert, N., & Pagès, M. (1989). *Le stress professionnel*. Paris: Klincksieck.

Azevedo, C. D. S. (2005). *Sob o domínio da urgência: o trabalho de diretores de hospitais públicos do Rio de Janeiro*. Tese (Doutorado em Psicologia). Instituto de Psicologia, Universidade de São Paulo, USP.

Barel, Y. (1985). O que está em jogo no trabalho social? *Intervenção social*. 2/3. Lisboa.

Barus-Michel, J. Enriquez, E. Levy, A. (2005). *Vocabulaire de psychosociologie*. Paris: Ed. Eres.

Barus-Michel, J., Enriquez, E., Levy, A., & Huguet, J. M. (2005) *Dicionário de psicossociologia*. Lisboa: Climepsi Editores.

Barros, V. A., Oliveira, M. Q., & Neves, C. V. (2009). Dimensões psicopolíticas da prostituição: a relação prostituta e trabalho. In D. M. Cunha, & J. B. Laudares (Orgs.). *Trabalho Diálogos multidisciplinares*. Belo Horizonte: Editora UFMG.

Barros, V. A., & Silva, M. S. (2017). La créativité nécessaire dans les activités marginales. In G. Amado, J. P. Bouilloud, D. Lhuilier, & A. L. Ulman. (Orgs.). *La créativité au travail*. Toulouse: Érès.

Bion, W. R. (1965). *Recherche sur les petits groupes*. Paris: PUF

Bion, W. R. (1966). *O aprender com a experiência*. Tradução de J.Salomão e P.D. Corrêa. Rio de Janeiro: Zahar.

Burda, R. (2009). Jornalistas na marca do cronômetro. Dissertação (Mestrado em Psicologia) Instituto de Ciências Humanas E Filosofia. Departamento De Psicologia, Universidade Federal Fluminense, UFF.

Burda, R., & Carreteiro, T. (2009). Jornalistas de olho no cronômetro. *Pulsional–Revista de Psicanálise, São Paulo*, 22(4), 73-83.

Carreteiro, T. C., & UDE, W. (2007). Juventude e Virilidade: a construção social de um etos guerreiro. *Pulsional-revista de Psicanálise.*, 63-73.

Carreteiro, T. C. (2009). Pais e filhos adolescentes, construindo sentidos, ideais de trabalho e projetos profissionais, In T. Feres-Carneiro, (Org.). *Casal e família; permanências e rupturas*. São Paulo: Casa do Psicólogo.

Carreteiro, T. C. (2014). A escolha da função pública como campo de emprego para jovens adultos. *Cadernos de Psicologia Social do Trabalho* (USP), 17, p. 85-94.

Castel, R. (1998). *As metamorfoses da questão Social – uma crônica do salário*. Petrópolis: EditoraVozes.

Castilho, M. (2005). Em busca de uma porta de saída: os destinos da solidariedade, da cooperação e do cuidado com a vida na porta de entrada de um hospital de emergência. Tese (Doutorado em Psicologia). Instituto de Psicologia, Universidade de São Paulo, USP.

Castro, L. R. (2008). Participação política e juventude: do mal estar à responsabilização frente ao destino comum. *Revista de sociologia e Política*, 30, p. 253-269.

Clot, Y. (2006). *A função psicológica do trabalho*. Tradução de Adail Sobral. São Paulo: Editora Vozes.

Costa, A. L. R. (2005). As múltiplas formas de violência no trabalho de enfermagem: o cotidiano de trabalho no setor de emergência e urgência clínica em um hospital público. Tese (Doutorado em Enfermagem Fundamental) – Escola de Enfermagem de Ribeirão Preto, Universidade de São Paulo, USP.

Dayrell, J., Leão, G., & Reis, J. B. dos. (2011). Juventude, projetos de vida e ensino médio. *Educação & Sociedade* (Impresso), 32, 1-10.

Dorigo, J. N., & Lima, M. E. A. (2007) O transtorno de estresse pós-traumático nos contextos de trabalho: reflexões em torno de um caso clínico. *Caderno de Psicologia Social do Trabalho*, 10(1), 55-73.

Dubost, J, & Levy, A. (2005). Pesquisa ação e intervenção" In J. Barus-Michel, E,

Enriquez, E. (1995). *Organização em análise*. Rio de Janeiro: Vozes.

Enriquez, E. (1999). Implication et distance. *Les Cahiers de l'implication: revue d'analyse institutionnelle*, 3.

Enriquez, A. Levy, & J. M. Huguet (2005). *Dicionário de psicossociologia*. Lisboa: Climepsi Editores.

Ehrenberg, A. (2000). *La fadiga de ser uno mismo. Depression y Sociedad*. Buenos Aires: Ediciones Nueva Vision.

Spinoza, B. (1983). Ética Tradução e notas de Joaquim de Carvalho, Joaquim Ferreira Gomes, Antônio Simões. *Coleção Os Pensadores*. São Paulo: Abril Cultural.

Faria, A. A. C. (2009). Tráfico de drogas: uma opção entre escolhas escassas. Dissertação (Mestrado em Psicologia). Universidade Federal de Minas Gerais, UFMG.

Faria, A. A. C., & Barros, V. A. (2011). Tráfico de drogas: uma opção entre escolhas escassas. *Psicologia e Sociedade* (Impresso), 23, 534-542.

Gaulejac, V. (2014). *De. Gestão como doença social ideologia, poder gerencialista e fragmentação social*. São Paulo: Idéias & letras.

Gonzalez, J. L. C. (2012). Das flores e dos grilhões: trabalho educativo e formação humana. *Estudos do Trabalho*, 11, 1-16.

Gorz, A. (1988). *Adeus ao proletariado: para além do socialismo*. Rio de Janeiro: Forense Universitária.

Guimarães, A.P. (1982). *As classes perigosas: banditismo urbano e rural*. Rio de Janeiro: Graal.

Leão, G., & Nonato, S. (2014). *Juventude e Trabalho*. Belo Horizonte: Editora UFMG.

Lewin, K. (1952). *Field theory in socialscience*. Londres: Tavistok Publications.

Lewin, K. (1973). *Principios de Psicologia topológica*. São Paulo: Cultrix.

Lhuilier, D. (2005). Travail In J. Barus-Michel, E, Enriquez, A. Levy, & J. M. Huguet (2005). *Dicionário de psicossociologia*. Lisboa: Climepsi Editores.

Lhuilier, D. *Cliniques du Travail*. Toulouse: Eres. 2007.

Lhuilier, D. (2013) Introduction à la Psychosocilogie du travail. *Nouvelle Revue de Psychosociologie*, 15.

Lima, M. E. A. (2004). Os Paradoxos da "Excelência" no Mundo do Trabalho. In M. de F. Bianco, G. S. Junquilho, & C. Waiandt. (Orgs.). *Tecnologias de Gestão: por uma abordagem multidisciplinar*. Vitória, ES: Flor & Cultura Editores.

Lima, F. H. B., Araújo, J. P. C., Lima, M. E. L., Lima, M. E. A., Lima, F., Lima, M., ... & Lima, F. P. A. (1997). LER: dimensões ergonômicas e psicossociais.Belo Horizonte: HEALTH.

Mata Machado, M. N., Moura Castro, E., Araújo, J. N. G. de, & Roedel, S. (Orgs.). (1994). *Psicossociologia, Análise Social e intervenção*. Petropolis: Editora Vozes.

Méda, D. (1995) *Le travail – une valeur en voie de disparition*. Paris: Éd. Alto/Aubier.

Mello, A. (2007). Trabalho e produção de subjetividade no mercado de capitais, Dissertação (Mestrado em Psicologia). Instituto de Ciências Humanas e Filosofia Universidade Federal Fluminense, UFF.

Moreno, J. L. (1934). *Who shall survive? A new approch to the problem of human interrelations*. Washington, DC: Nervous and mental Disease Publishing Co.

Moreno, J. L. (1984). *O teatro da espontaneidade*. São Paulo: Summus. (Originalmente publicado em 1923)

Morin, E. (1990). *Introduction à la pensée complexe*. Paris: ESF.

Oddone, I. (1980). *Redécouvrir l'expérience ouvrière – vers une autre psychologie du travail*. Paris: Ères.

Ramalho, C. C., Arruda, F. A. D. A. M., Sato, L., & Hamilton, L. F. T. (2008). Viver na baia: dimensões psicossociais da saúde e do controle no trabalho de teleatendimento. *Cadernos de Psicologia Social do Trabalho*, 11(1), 19-39.

Rogers, C. (1961). *On becoming a person*. Boston: Houghton Mifflin.

Rogers, C. (1987). *Tornar-se Pessoa*. São Paulo: Martins Fontes.

Sato, L. (2003). Recuperando o tempo perdido: a psicologia e o trabalho não regulado. *Cadernos de Psicologia Social do Trabalho (USP)*, 16, 99-110.

Sato, L. (2014). Trabalho informal, ou reconhecendo as "profissões ignoradas". Contribuições da psicologia social do trabalho. In J. Estevão, & I. Évora. (Orgs.). *Trabalho, sociabilidade e geração de rendimento no espaço lusófono*. Lisboa: Edições Almedina.

Sato, L., Lacaz, F. A. C., & Bernardo, M. H. (2008). Psicologia e Saúde do Trabalhador: práticas e investigações na Saúde Pública de São Paulo. In W. C. R. Campos, & E. B. da Silva. (Orgs.). *Trabalho e Saúde: tópicos para reflexão e debate*. São Paulo: DIESAT.

Schwartz, Y. (1996). Trabalho e valor. *Revista Tempo Social*, 8(2), 147-158.

Schwartz , Y., & Durrive, L. (2007). *Trabalho & Ergologia conversas sobre a atividade humana*. Niterói: EdUFF.

Sennett, R. (2004). *A corrosão do caráter. Consequências pessoais do trabalho no novo capitalismo*. Rio de Janeiro: Editora Record.

Takeuti, N. M. T. (2002). *No outro lado do espelho*. Rio de Janeiro: Ed. Relumé Dumará.

Tolfo, S. R., & Piccinini, V. C. (2007). Sentidos e significados do trabalho. *Psicologia e sociedade*, 19, 38-46.

Vieira, C. E. C. (2008). *Assédio: do moral ao psicossocial – desvendando os enigmas da organização do trabalho*. Curitiba: Juruá.

Vieira, C. E. C.(2014). *Traumas no trabalho: uma nova leitura do Transtorno de Estresse Pós-traumático*. Curitiba: Juruá.

Vieira, A. K., & Barros, V. A. (2017). Criminalização de adolescentes aliciados para o trabalho infantil no trafico de drogas. In C. M. D. de Brito, L. Z. Cordeiro, L. N. Afonso, & R. A. de Souza. (Orgs.). *Entrelaçando Redes: Reflexões sobre atenção a usuários de álcool, crack e outras drogas*. São Paulo: Paco Editorial.

Villar de Carvalho, M. (2009). A pena alternativa nas trajetórias de vida: processos de (re)construção de identidades Dissertação (Mestrado em Psicologia). Universidade Federal Fluminense, UFF.

CAPÍTULO 12

ERGOLOGIA, PRODUÇÃO DE SABERES↔TRANSFORMAÇÕES NO TRABALHO E NAS ORGANIZAÇÕES: UMA PERSPECTIVA CLÍNICA A PARTIR DO PONTO DE VISTA DA ATIVIDADE

Milton Athayde

Jussara Brito

O leitor encontra neste livro o texto "Manifesto para um ergoengajamento", de autoria de Yves Schwartz, a maior referência na *démarche* ergológica. No atual capítulo, buscamos apresentar mais elementos que permitam esboçar o modo como a Ergologia colabora para compreender↔transformar positivamente o trabalho e as organizações, nas sociedades contemporâneas. Apresentamos o contexto de sua emergência, suas principais influências, seus atores, seus conceitos, sua relação com as abordagens clínicas das situações de trabalho. Ao final, apresentamos sumariamente o quadro de sua presença no Brasil e registramos as obras de referência (não só as de Schwartz), especialmente textos que já foram publicados em língua portuguesa, seja em livros ou revistas especializadas.

A Ergologia emergiu na França, na conjuntura particular do final da década de 1970/início da década de 1980, e é fruto das experimentações e debates sinérgicos entre profissionais do conceito e protagonistas das atividades de trabalho (Schwartz & Faïta, 1985; Schwartz, Sève, Doray, Terrail, Clot, Bertrand, Casanova, & Hurstel, 1987). Naquele momento denominava-se "Análise Pluridisciplinar das Situações de Trabalho" (APST). Já no início década de 1990 passou a apresentar-se como "Ergologia" (Schwartz, 1994, 2004a), um paradigma que se configurava na forma de um regime de produção de saberes e transformações chamado "dispositivo dinâmico de três polos" (DD3P).

Trata-se de uma postura, não só epistemológica. Tem a perspectiva de passar ao largo da "exterritorialidade" (Schwartz, 2004a), típica de uma certa valorização de neutralidade com pretensões de cientificidade. Ou seja, pretende-se abrir ao máximo o ângulo sobre todas as dimensões da atividade humana (que é a matriz do viver), ao mesmo tempo analisando-a à lupa, mobilizando diferentes saberes e disciplinas científicas, buscando colocá-los em confrontação, em diálogo sinérgico frente a problemas concretos.

Assim, como vai ser visto adiante, a Ergologia não se configura em uma nova disciplina (talvez seja uma indisciplina...). Nem mesmo, em nosso entendimento, deve ser considerada como mais uma abordagem no campo das clínicas do trabalho.

Dentre suas fontes inspiradoras temos toda uma linhagem em que se coloca em diálogo Canguilhem (2001, 2003, 2002, 1988), Leroi-Gourhan (1984, 1990, 2002)[44] e Wisner (1993, 1996, 2004)[45]. No caso da Ergonomia da Atividade, Schwartz (2004a, p. 142) chega mesmo a indagar "em que medida a Ergonomia seja hoje, talvez, uma propedêutica à epistemologia", destacando, outrossim, a forma como se produziu a distinção entre trabalho prescrito e real (Schwartz, 1988, 2000, 2004c, 2006). Na mesma medida em que a maior referência da Ergologia nutre por esta Ergonomia um grande respeito e valorização, sobre ela, ao mesmo tempo, intervém, buscando colaborar para o seu movimento e desenvolvimento. Por exemplo, extrapolando a noção de trabalho prescrito[46], distinguindo-a de "normas antecedentes", colocando em cena elementos antes não contemplados (Schwartz, 2000, 2009; Telles & Alvarez, 2004; Nouroudine, 2009).

Esse misto de respeito, inspiração e crítica tem sido bem compreendido por grandes ergonomistas, como Wisner, Teiger, Daniellou, Hubault, alguns dos quais chegam a designar-se ergonomistas-ergólogos, como é o caso de Duraffourg.

---

44 Destacamos a universalidade e singularidade das técnicas, considerando uma ruptura radical do humano enquanto animal na escala zoológica (embora as técnicas já estejam aí presentes.

45 Assim como sua proposta de uma Antropotecnologia (conforme Wisner, 1985.

46 Faz-se aqui referência à descoberta efetuada pelos ergonomistas de língua francesa já na segunda metade dos anos 60 (Daniellou, Laville & Teiger, 1989), ao refletir sobre os processos tayloristas, distinguindo "trabalho prescrito" e "trabalho real" (Brito, 2006.

UM COLETIVO DE PARCEIROS NA FRANÇA, NA EUROPA E EM OUTROS CONTINENTES

Temos a produção de Schwartz publicada desde o final dos anos 1970. Em seguida, atuando na Aix-Marseille Université, em parceria com o linguista Faïta, o ergonomista Duraffourg e outros, ousaram a primeira experimentação de "encontros sobre o trabalho" (1983-1984), envolvendo trabalhadores militantes sindicais da região de Provence-Côte d'Azur. Os materiais que a registram estão na obra coletiva publicada em 1985 – *O homem produtor* –, presentes parceiros de longa duração, seja no campo do saber científico, do conceito, seja no campo do saber da prática (como Trinquet, Espósito etc.). Em 1987, outra obra coletiva foi publicada: *Eu, sobre a individualidade*, na qual encontramos um texto de Schwartz – *Trabalho e uso de si* – que persiste se destacando no campo psi.

A primeira obra sua de grande fôlego – *Experiência e conhecimento do trabalho* – foi publicada em 1988, explorando criticamente todo um imenso patrimônio ligado ao tema. Destaca-se aí o desenvolvimento das propostas experimentadas na Itália com a liderança intelectual de Oddone (Oddone, Re, & Brianti, 1981), constituindo o chamado "Modelo Operário Italiano" de produção de conhecimento e luta pela saúde – o MOI (Muniz, Brito, Souza, Athayde, & Lacomblez,2013). Em 1990, Schwartz publica (com Clot e Rochex) Os caprichos do fluxo: as mutações tecnológicas do ponto de vista daqueles que as vivem, a partir de pesquisa desenvolvida na montadora francesa Peugeot. Em 1992, publica outro livro, Trabalho e Filosofia: mútuas convocações, uma coletânea de textos seus, produzidos entre 1987 e 1991. Em seguida, outro significativo número de artigos foi publicado em revistas e livros, dentre os quais chamamos atenção para o texto *Ergonomia, Filosofia e exterritorialidade* (publicado em 1996, 2004 no Brasil, quando é apresentada ao debate com ergonomistas, pela primeira vez, a proposição de uma *démarche* que denomina Ergologia. Trata-se de um paradigma que opera um "dispositivo dinâmico de três polos" (DD3P), reiterando, agora de forma ainda mais clara, o quanto a produção/experimentação de conhecimentos científicos nao pode ser confiada apenas aos cientistas.

Configurada a perspectiva ergológica, em 1997, Schwartz organiza o livro *Reconhecimentos do trabalho: por uma perspectiva ergológica*, reunindo os principais parceiros desta empreitada (Faïta, Duraffourg, Trinquet[47]), agregando Duc (2002), Jean (2003), Efros (2002; Schwartz

47 Pierre Trinquet, naquele momento trabalhador na Construção Civil, tornou-se doutor em Sociologia, publicando dois livros (1996, 2009).

& Efros, 2009), Orban (2004, 2006), entre outros. Em 1999, é criado, na estrutura acadêmica da Université Aix-Marseille (naquele momento designada Université de Provence), o Departamento de Ergologia (ver site ergologie.com). Em 2000, encontramos outra obra de grande fôlego de Schwartz – *O paradigma ergológico ou um ofício de filósofo* –, apresentando a Ergologia de forma ainda mais consistente.

Desde então, especialmente na companhia de Durrive (1999, 2002, 2006), companheiro inicialmente de fora do circuito universitário, hoje docente-pesquisador na Université Louis Pasteur de Strasbourg, Schwartz e seus demais parceiros passaram a desenvolver uma ferramenta de formação para uso com o DD3P, a chamada "maleta educativa", um conjunto multimídia comportando cinco vídeos, acompanhados de dois CD-rooms, com enfoques diferentes sobre o conceito de atividade, no sentido que lhe confere a Ergologia.

Concluída a elaboração inicial da "maleta", ela foi publicada em uma versão escrita das conversas filmadas, passando do oral ao escrito: trata-se do livro *Trabalho & Ergologia: conversas sobre a atividade humana* (2003). No Brasil, foi inicialmente publicado em 2007, teve sua edição rapidamente esgotada, com uma segunda edição revista e ampliada (2010), a caminho de uma terceira edição também ampliada. Em 2009, publicam uma segunda rodada de conversas sobre a atividade, no livro *Atividade em diálogos.*

De conversa em conversa (I e II) esses dois livros apresentam ao leitor importantes parceiros na construção e desenvolvimento da Ergologia. No primeiro, encontram-se Nouroudine (2001, 2002a, 2002b, 2003, 2004, 2008, 2009), Noel (2005), di Ruzza (2003), Trémolières (2007). No segundo, outros parceiros entram em cena nas conversas, destacando-se Venner (2006), profissional do campo da saúde e segurança no trabalho, no organismo francês responsável pela assitência social, além de jovens colaboradores (recém-doutores), como Prévot-Carpentier e Roth.

Além destes, viceja pela França um coletivo polifônico de atores cotidianos, seja aqueles organizados na APRIT[48], na ORT[49], seja de pós-graduandos em Ergologia da Aix-Marseille Université, em seus diferentes níveis e outras modalidades de formação, pesquisa e intervenção. Toda uma rede que vem se constituindo, no diálogo com outras redes na França e no exterior.

---

48 *Association pour la Promotion des Recherches Interdisciplinaires sur le Travail*, criada em 1987.

49 *Observatório de Encontros sobre o Trabalho.*

A nível internacional, em 2012 foi criada a Sociedade Internacional de Ergologia (SIE). Seu IV Congresso[50] ocorreu no Brasil em 2018 (Universidade de Brasília), contando com 90 participantes oriundos de 9 países e 12 estados brasileiros, sendo que o V Congresso da SIE ocorrerá em Portugal, na Universidade do Porto. Registremos também que, em 2017, desenvolveu-se, na França, o Colóquio Internacional de Ergologia, tendo como foco "Pensar e realizar a transformação do trabalho com o aporte da démarche ergológica e da obra de Yves Schwartz".

Na Itália, além de Oddone, Re e parceiros do MOI, o maior contato tem sido com a equipe do sociólogo Maggi (Universidade de Bolonha). Em Portugal, a psicóloga e ergonomista belga Lacomblez, que dirigia o Departamento de Psicologia do Trabalho da Universidade do Porto, à frente da revista bilíngue Laboreal, é o mais importante "pino de ligação" e desenvolvimento no país. Esse intercâmbio gerou, por exemplo, a proposição conjunta de um Mestrado nível 2 sobre "Trabalho, Desenvolvimento e Ergologia", que contou com participação de profissionais do Brasil.

Em outro intercâmbio, envolvendo também o continente africano, diversas relações têm se constituído (Schwartz, 2016), seja na Tunísia, Argélia, Costa do Marfim, Comores, além de países lusófonos, especialmente Moçambique. Em 2007, foi criada a Rede de Cooperação Franco-Lusófona Ergologia, Trabalho e Desenvolvimento (Schwartz, Adriano, & Abderrahmane, 2008), com a presença de brasileiros, iniciando-se um conjunto sistemático de Jornadas sobre a temática, desde aquele evento fundador em Moçambique. Em 2009, as II Jornadas aconteceram no Brasil (Minas Gerais – UFMG), em 2012, as III Jornadas ocorreram em Portugal (Universidade do Porto) e, em 2013, as IV Jornadas tiveram curso na Argélia. Lacomblez e Santos (duas das pesquisadoras da Universidade do Porto), junto com di Ruzza (parceiro de Schwartz no desenvolvimento da Ergologia no Centro de Epistemologia e Ergologia Comparativas, na França), publicaram no Brasil (2018) o livro *Ergologia, trabalho e desenvolvimentos*, fruto dos trabalhos das II Jornadas.

No continente americano, além do Brasil (assunto de tópico à frente), desde 1993, iniciaram-se parceria no Canadá, seja nas Universidades de Québec, de Sherbrooko e de Laval, seja através do Centre de Recherches Interdisciplinaires sur les Sciences et les Techniques – CIRST/ UQAM.

50 Os 3 Congressos anteriores a 2018 ocorreram em 2012 (França), 2014 (Suíça), 2016 (França).

Em 2008, fundou-se a revista bilíngüe (francês-português) Ergologia, situada no então Departamento de Ergologia da então chamada Université de Provence. Ela pretende ser mais um espaço de circulação da produção desta perspectiva.

ATIVIDADE, DEBATES DE NORMAS, VALORES E (RE)NORMATIZAÇÕES

O vocábulo Ergo vem do grego e remete a atividade (Schwartz, 2012, 2007, 2005a, 2004c, 2000, 1988). Na linhagem que passa por Canguilhem, busca-se com o conceito de atividade dar conta da vitalidade, da energia do vivente, na luta contra a inércia e a indiferença.

Entende-se que, para além da capacidade de re-agir, o viver diz respeito a uma tentativa de esboçar um meio que esteja mais de acordo com as normas de vida de um vivente singular, recentrando aquele meio como seu meio. Assim, frente a todas as variabilidades emergentes, aquele meio é desneutralizado, desanonimizado, recontextualizado. Ao fazê-lo, correm-se todos os riscos que esse esforço de arbitragem contempla, pois, neste processo, temos cada um de nós (cada "corpo-si") colocando-se à prova (por si, por outrem), em permanentes debates de normas, tendo como fundo um mundo de valores, ao operar as necessárias escolhas situadas no aqui e agora.

Assim, o viver se caracteriza pela presença de normas já dadas ("normas antecedentes") em um meio. Mas, acima de tudo, o viver humano se define pelas "infidelidades" crônicas desse meio, pois, que submetido a mudanças permanentes, sejam elas pela presença de diferentes variabilidades (como nos informa a Ergonomia, quanto ao trabalho), sejam pelo acaso e indeterminação, até mesmo por tarefas heteroprescritas muitas vezes equivocadas[51].

Tudo isso exige do vivente não só ser capaz de aprender as regras vigentes, como também de apreender a emergência das variabilidades (parcialmente previsíveis), o que demanda regulações (Leplat, 2006), e até mesmo ser capaz de detectar a presença do acaso (extrapolando qualquer determinação), o que solicita regulagens (um grau mais radical de invenção, que gera desvio e escapa ao patrimônio, conforme Athayde, 2006). Assim, para que exista enquanto ser singular, frente a este cenário que lhe é imposto/proposto – pois reproduzir ao idêntico seria "invivível" – a vida exige do humano que também ele seja infiel às normas em vigência (fazendo crescer a variabilidade). Tem-se aí um esforço do vivente por re-

51 Tanto pela natural ignorância acerca do meio, da situação concreta, quanto pela soberba que muitas vezes está colada à exploração-dominação em nossas sociedades.

configurar este meio[52] como seu próprio meio, exercitando sua capacidade normativa, em um processo que a Ergologia entende como o coração da atividade, denominando-o "(re)normatização".

Schwartz (2012, 2007, 2006, 2005) propõe que a atividade humana pode ser analisável – enquanto processo ergológico – considerando um duplo movimento, o jogo dialético permanente entre dois registros[53]. O registro I (R1, antecipação) remete às normas antecedentes, à dimensão conceitual, protocolar (regras a observar, como nas ciências experimentais). O outro (R2, confrontação) remete à dimensão experiencial, à (re)normatização, quando se tem um "encontro[54] de encontros". Configura-se então uma "dupla antecipação", produtora da história humana, um vai-e-vem constitutivo da vida, como um acordeão.

O que se conceitua por atividade se caracteriza, portanto, como "debates de normas", ancorados e orientados por um universo instável de valores, no fluxo de situações concretas. A vida é, então, entendida como o encadeamento de debates[55] entre normas antecedentes, frente à situações de vida em que o vivente humano exercita sua capacidade normativa – sua tendência/obrigação enquanto espécie.

Temos aí – postulado ergológico – a atividade como matriz da história humana, em uma dinâmica que remete à estreita articulação entre a "impossível e invivível" reprodução idêntica da atividade (Schwartz & Efros, 2009). Trata-se de uma dupla condição do viver. Uma, a impossibilidade de inteira modelização do mundo em que se vive (ele é apenas tendencialmente antecipável, pois sempre instável); outra condição é de que se torna invivível um mundo em que o humano não possa tentar recentrar (mesmo que parcialmente, no infinitesimal) o meio como seu meio, ou seja, em torno de suas próprias normas de saúde. Exige-se que cada um, além de aplicar regras, faça "uso de si" (por/para outrem, dadas as normas antecedentes; por/para si, dadas as necessárias renormatizações), fazendo a gestão da (sua) vida, em uma tensão, uma "dramática"[56] relação consigo e com os outros.

---

52 Mesmo que parcialmente, no ínfimo, no infinitesimal.

53 Como se fossem polos, ímas.

54 Um cruzamento de eventos concernentes a um objeto material, organizacional, humano.

55 Arbitrando, fazendo escolhas, quase sempre no minúsculo, em parte não consciente e não verbalizada.

56 Etimologicamente, uma história que se passa, não prevista de antemão, levando inescapavelmente a debates. Não se trata de querer dramatizar as coisas, não há necessariamente uma tragédia em curso, mas um "destino a viver" (Schwartz, 2009).

Por um lado, face às normas antecedentes em alguma medida inadaptadas à situação, ou à sua rigidez, ou aos inúmeros equívocos em sua elaboração, para dar conta da situação, é necessário que cada protagonista da atividade exercite uma astúcia em alguma medida transgressora, principalmente para contornar o já-dado. Noutra situação, face às lacunas, até mesmo um "buraco de normas"[57], é preciso, acima de tudo, operar uma inventividade criadora, renormatizando. Neste caso Schwartz (2009) indica um sofisticado processo de "punção" de cada um sobre si mesmo – em que se faz "uso de si por si", um esforço em geral não reconhecido nem remunerado.

Ao trabalhar, é necessário fazer escolhas, no menor detalhe do cotidiano. Assim, estamos sempre, em um dado meio, em negociação de normas. Sim, pois trabalhar nunca é apenas aplicar o prescrito, a vida infiltra-se nesse meio, ela habita toda situação de trabalho, exigindo reposicionar-se frente ao que precede. Daí a expressão "debate", dado que ninguém pode dar a última palavra acerca do que está em jogo ao trabalhar.

Nela, em alguma medida, sempre se faz de outra forma o que foi previsto, estando, então, presente uma dimensão transformativa. Nesse sentido, na atividade encontramos potencialmente uma "reserva de alternativas".

Na verdade, na atividade, no infinitamente pequeno do trabalho, encontramos os maiores problemas do político, pois em cada situação de trabalho estão contidas as questões societárias, que podem, então, ser lidas nas situações concretas de trabalho. Ao mesmo tempo, na maneira como cada um trabalha, revela-se um posicionamento nos debates societários. Assim, ao largo de uma visão dicotômica, macro e micro encontram-se em uma dialética permanente, podendo-se apreendê-la a partir da atividade, daí dialogando com os outros pontos de vista já instituídos e hegemônicos, daí interpelando a governança do trabalho. É preciso, portanto, agir como se toca acordeão, em um permanente vai-e-vem entre essas duas dimensões.

No quadro das sociedades de mercado e de direito, podemos situar os debates de normas no interior do que Schwartz denomina "espaço tripolar", composto pelo polo da politeia, o do mercado e o das gestões humanas.

57 Com frequência a tradução para o nosso idioma tem sido "vazio de normas". Não obstante, em tradução literal do francês, Schwartz denomina "buraco de normas". Consideramos que seria muito fértil desenvolver sua relação com o conceito de "buraco negro", oriundo da Teoria da Relatividade.

O polo do mercado está em relação com a produção e a circulação do que é considerado necessidade humana, no contexto em que os valores mercantis se constituem. O polo da politeia reúne a política e a cidadania, e deveria ser orientado pelos valores do bem comum. Já o polo das gestões é o dos encontros entre a normatividade que advém dos dois outros polos e a singularidade da vida individual e coletiva. Tem-se aí as renormatizações, quando os indivíduos singulares – considerando seus próprios antecedentes e suas relações com este universo de normas antecedentes – se assumem enquanto seres ativos (Schwartz & Durrive, 2010).

ATIVIDADE DE TRABALHO, DRAMÁTICAS DE USO DE SI, ENTIDADES COLETIVAS RELATIVAMENTE PERTINENTES

A Ergonomia da Atividade também propunha que "a atividade de trabalho é o elemento central que organiza e estrutura os componentes da situação de trabalho" (Guérin, Laville, Daniellou, Duraffourg, & Kerguelen, 2001, p. 26). Nesta linhagem, buscando seu desenvolvimento, a *démarche* ergológica colabora, a seu modo, para a operacionalidade do ponto de vista da atividade[58], considerando sua absoluta relevância e sua frequente ausência nos debates nos mundos do trabalho[59].

A Ergologia assinala a densidade que está contida no conceito de atividade, passando ao largo de certa obviedade acerca dela, de sua naturalização, escapando de sua subordinação ao mercado, por exemplo (Nouroudine, 2002). Enquanto questão ela tem toda uma herança no pensamento filosófico, como nos esclarece Schwartz (2015a, 2012, 2009, 2007, 2005a). Ele destaca, por exemplo, que, embora diferentes, no pensamento de Spinoza, Kant, Fichte, William James e outros, a atividade está sempre ligada às provas emergentes no curso do viver, aos desafios colocados pelos obstáculos, pelas contraintes, pelos entraves e estorvos que vão surgindo, por tudo aquilo que contraria ou mesmo impede o que se pretende. Eles são ingredientes da vida constitutivos da atividade, exigindo que se tenha cuidado ao falar negativamente de obstáculos, contrariedades. Pode-se configurar quase uma tautologia considerar a atividade sem conflitos, correndo-se o risco de se operar com uma causalidade simples, mecânica (se há contrariedades, temos adoecimentos). Pior, pode-se encontrar um culpado pelo estorvo detectado, muitas vezes diabolizan-

58 Diverso do ponto de vista dos trabalhadores, também ele devendo passar por um processo de formação no compreender↔transformar.

59 Subordinado aos pontos de vista dos resultados da empresa e das condições de produção, entre outros, ou até por eles mesmos invisibilizado.

do-o, no mesmo movimento em que se vitimiza o "sujeito" da atividade (tão frequentemente visto como ente passivo, ponto de impacto de novas tecnologias, das reestruturações produtivas etc.).

A Ergologia, considerando a atividade enquanto "debates de normas" que se orientam por um mundo de valores, percebe-a como síntese operatória de todas as diferentes dimensões (inseparáveis) da vida a serem enfrentadas (negociadas, geridas) nas situações concretas. O ponto de partida ergológico para compreender↔transformar positivamente a vida e o trabalho são as "dramáticas de uso de si", exigindo-se todo cuidado para resistir às seduções e não colocá-las de imediato no campo do sofrimento patogênico, malgrado seu apelo e facilidades.

A atividade de trabalho é uma atividade entre outras, não obstante suas características específicas. Uma delas, o seu "peso", pois, sempre fortemente enquadrada por regras, antes, durante e depois do trabalhar, mas estratégica para as sociedades moderna e contemporânea.

Na perspectiva ergológica, ao delimitar o trabalho – visto que lugar de problematização – tem-se a preocupação de buscar escapar de categorias cuja história facilita objetivações muito fáceis, simplificações, presentes inclusive em conceitos que se pretendem sem ambiguidades (como o de trabalho). Em um movimento diverso ao hegemônico (em que se tenta neutralizar tudo aquilo que coloca problema), correndo riscos (como o de não ser bem entendido ou considerado pouco rigoroso), vai-se encontrar no vocabulário ergológico a presença de palavras menos usuais, expressões meio "bárbaras"[60], a geração intencional de conceitos com alguma obscuridade, então pertinentes e coerentes com os objetos e questões em pauta, enigmáticos (mas não misteriosos), não facilmente descritíveis e identificáveis, só parcialmente acessíveis ao conhecimento.

Reitera-se também que não se pode viver as coisas no lugar dos outros[61] (Schwartz, 2005c), afastando-se assim de uma postura muito frequente entre nós e que leva, por exemplo, a uma péssima avaliação (muitas vezes perversa) do que é atividade (e do que é trabalhar), enfim, leva à uma cegueira sobre o que cada um (re)cria em situação concreta.

Bem, se viver – e trabalhar – é "fazer uso de si", deve-se indagar quem faz uso, do que se trata quando se remete ao si? Ora, os casos de pesquisa-intervenção fundadores da Ergonomia da Atividade, quando se

---

60 Como a de "entidades coletivas relativamente pertinentes", ao invés de grupo, equipe, ou coletivo de trabalho.

61 O que exige um outro tipo de trabalho sobre o trabalho, incorporando os protagonistas do trabalho em análise, com o "dispositivo dinâmico de três pólos.

apresenta rigorosamente a distância entre o que, então, se designou por "trabalho prescrito" e "trabalho real", o processamento tão enigmático aí presente faz emergir um conjunto de "entidades coletivas relativamente pertinentes" (ECRP) àquele trabalho situado. Em primeiro lugar o sujeito, ou o "corpo(si)"[62].

Trata-se então de um corpo como cadinho das dramáticas de uso de si, o que extrapola qualquer fechamento entre o biológico, o psicológico e o cultural. Este conceito sinaliza a pessoa em atividade, em sua inteireza, vista como centro de arbitragens que incorporam o biológico, o psicológico, o social, o institucional, os valores em jogo, a relação com o tempo e com os diferentes níveis de racionalidade. Um corpo na história, em sua singularidade, um corpo-si, com toda sua objetividade e obscuridade constitutivas. Parte consciente e inconsciente, linguageiro, verbal e não-verbal.

O trabalhar - enquanto debates de normas em meio a um mundo de valores – remete às dramáticas de uso de si. O que exige constituir entidades relativamente pertinentes (ECRP), em sua necessária plasticidade.

ERGOLOGIA – UMA *DÉMARCHE*

A *démarche* (a perspectiva) ergológica se enraíza na troca sinérgica entre diferentes saberes. Seja os "da prática", "investidos", "em aderência" – temporal e local, no aqui e agora – com as situações concretas, tendo como operadores os protagonistas do trabalho em análise; seja os do conceito, como ferramenta de pensamento, "desinvestido", codificado, "em desaderência", operados pelos profissionais da ciência (Schwartz, 2007b).

Ela se funda em uma posição de "desconforto intelectual", na medida em que a atividade nos projeta em uma história inesgotável, exigindo colocar perpetuamente em debate experiências (de vida/trabalho) e conceitos (sempre imperfeitos, provisórios, mas indispensáveis para compreender↔transformar).

No campo dos saberes conceituais sobre o trabalho temos diferentes disciplinas (Filosofia, Psicologia, Sociologia, Antropologia, Etnologia, Linguística, Economia Política e outras) que precisam exercitar o diálogo crítico. E no interior delas, também o diálogo entre suas diferentes abordagens - no caso da Psicologia, por exemplo, temos a Psicodinâmica do

62 Como Schwartz (2009) acha preferível conceituar, buscando escapar das heranças disciplinares já instituídas, com suas armadilhas. Não obstante, elas devem ser chamadas ao debate, pois buscar delas escapar não corresponde a delas ter medo.

Trabalho e a Clínica da Atividade, a Sociopsicanálise e a Psicossociologia Clínica do Trabalho, a abordagem do workstress etc.

Em todos estes níveis – entre os saberes, as disciplinas e suas diferentes abordagens internas – é preciso construir e exercitar dispositivos sinérgicos de debate. É para este exercício de diálogo mutuamente crítico, exigente de humildade epistêmica, que a Ergologia pretende contribuir, propondo o que denomina "dispositivo dinâmico de três polos" (DD3P). Não se circunscrevendo a um exclusivo perímetro disciplinar e profissional, o ergológico remete a um dado modo de exercer um ofício, de encaminhar uma disciplina; seu projeto não é o de substituir qualquer uma delas, nem se colocar como mais uma disciplina ou abordagem.

Assim, podemos ter uma postura ergológica de orientação em diferentes profissões, disciplinas e abordagens. Nestes "encontros sobre o trabalho" envolvendo diferentes saberes, disciplinas e abordagens, a *démarche* ergológica acaba incidindo heurísticos movimentos críticos, colocando em análise conceitos e descobertas, modificando-os ou os ampliando. Ao largo de qualquer populismo ou basismo, entende-se que os saberes da prática precisam do debate com os conceitos científicos para mútuo desenvolvimento. Tem-se aí um postulado não só epistêmico como metodológico.

Uma das bases dessa perspectiva é a constatação de que, considerando a vida – e a vida no trabalho – somos sempre apanhados pela retaguarda, de surpresa, daí a exigência de atitude investigativa de humildade epistêmica. Trata-se de uma prudência e da vivência de um desconforto intelectual permanente que exige toda atividade humana. Um olhar à lupa estrategicamente dirigido a tudo que está em jogo e se considera infinitamente pequeno no trabalho, com *locus* de um permanente debate de normas, orientados por valores que renovam indefinidamente a atividade.

Postula-se que o conceito e o ponto de vista da atividade são estratégicos e transversais a todos os saberes, disciplinas e abordagens sobre o trabalho, colaborando para seu desenvolvimento conjunto. Trata-se, então, de partir da atividade, mas ao largo de reduzir o protagonista da atividade a um fiel informante, portador da verdade sobre o que faz. Este olhar exige dar conta da opacidade inerente a toda experiência (como a do trabalho), de tal modo que o colocar em palavras o ponto de vista de cada um sobre seu próprio trabalho nunca está totalmente pronto para ser comunicado. É preciso um longo, paciente e rigoroso caminho de construção, inclusive no plano metodológico e técnico. Temos aí toda uma discussão sobre o linguageiro no trabalho, encaminhado por Schwartz e Faïta (1985), desde o início dos anos1980.

A partir de toda a importante conquista metodológica da Ergonomia da Atividade (autoconfrontação) e do Modelo Operário Italiano de produção de conhecimento e luta pela saúde (seja a modalidade de confrontação, com as "instruções ao sósia", seja a cartografia de riscos), Schwartz propôs o "dispositivo dinâmico de três polos" (DD3P)[63], em que vicejam diferentes configurações. Faïta (2007), por exemplo, ao final dos anos 1980 concebeu o que denomina MAC – Método da AutoConfrontação. Nesta mesma direção, temos entre as abordagens clínicas do trabalho de algum modo nesta linhagem, a Clínica da Atividade (Clot, 2016, 1999), em que se destaca na sua construção e desenvolvimento. Clot participou por um período do movimento gerador da Ergologia, que teve como polo a então Université d'Aix en Provence, onde fez seu doutoramento com orientação de Yves Schwartz (Clot, 1992)[64]. Desde então Faïta e Clot vêm experimentando o que designam por "autoconfrontação cruzada" (Faïta & Vieira, 2003; Clot, Faïta, Fernandez & Scheller, 2000; Pèlegrin, 2011).

Pretende-se pôr em trabalho os saberes presentes na experiência e nos conceitos, intercambiando-os em sinergia, em uma dinâmica heurística ascendente. Sim, pois temos necessidade de ambos, mas, sistematicamente buscando (re)validá-los. Os conceitos podem operar como alimento para os protagonistas da atividade que vivem a experiência concreta de trabalho, permitindo-lhes avançar em conhecimento. Foi o que se pôde observar quando da clássica pesquisa-intervenção desenvolvida por três anos, no início dos anos 1970 (Daniellou, Laville, & Teiger, 1989; Schwartz, 2010), por ergonomistas da equipe de Wisner no Cnam-Paris, em uma indústria de montagem de televisores, fruto de uma demanda conjunta de trabalhadores, sindicato e gerência. A construção dos dois esquemas – configurando o "trabalho prescrito" e o "trabalho real" – só pôde ser efetuado com a mediação instruída pelo olhar ergonômico. Uma visita ingênua ao chão de fábrica reiteraria o que se costuma chamar de "turismo industrial", que não leva a nada. Deste clássico estudo ergonômico, quando se desvela a presença da atividade humana, Schwartz ousa quatro proposições gerais.

A distância entre o "prescrito" e o "real" – ponto de partida da Ergonomia da Atividade – é universal. Ela é ancestral (na linhagem de Leroi-Gourhan, com sua história das técnicas e ferramentas) e define a vida do vivente em sua singularidade, frente aos desafios cotidianos;

63 Tendo aí presente um terceiro polo, ético-epistêmico, que visa tornar possível uma formação em que aprendizagem e "imprendizagem" (aprendizagem por "impregnação") se cruzam e interagem (Schwartz, 2007d, pp. 266-275.

64 Deslocando-se em seguida para o Laboratório de Psicologia do Trabalho dirigido por Dejours, no CNAM de Paris.

Esta defasagem é sempre parcialmente ressingularizada. Paradoxalmente, embora tenhamos como pressuposto sua presença, não podemos satisfatoriamente prevê-la e inteiramente nos antecipar;

Este hiato remete à atividade do "corpo-si". A atividade remete à presença de uma outra racionalidade, diversa daquela que levou à tarefa prescrita;

Uma distância que remete a um debate sobre os valores em jogo na atividade. Além das razões dos profissionais de prescrição e de organização do trabalho, outras razões emergem neste encontro e a realidade exige fazer escolhas, conscientes e inconscientes, orientadas por critérios. Configuram-se então debates de normas e valores, debates consigo (operando-se uma economia "psicossomática", em relação ao coletivo) e com os outros (com os valores do "bem comum"), em "dramáticas de uso de si".

ERGOLOGIA – UMA ORIENTAÇÃO PARA AS CLÍNICAS DO TRABALHO

Comecemos por trazer para análise algumas considerações presentes em texto de Schwartz (1985. p. 405) a propósito da Medicina, do início dos anos 1980[65]: "A clínica é esta insubstituível confrontação entre individualidade biológica sempre singular e os conceitos elaborados a partir de situações estandartizadas", permitindo escapar a um positivismo elementar. Evitar, por exemplo, um uso dogmático do conceito mecânico de 'causa'". Na linhagem de Canguilhem (se "o meio é sempre 'infiel' ao vivente, pois que é devir e história", assim também se apresenta o meio de trabalho), Schwartz (1985. p. 405) assinala: "(...) como o impõe a existência de uma clínica, as noções de saúde e doença restam em parte assuntos singulares, dados fundamentalmente subjetivos". Enfim, o que Canguilhem dizia a respeito da relação da experiência com o conceito, para Schwartz revelava-se ainda mais pertinente quanto ao meio de trabalho.

Schwartz, ao mesmo tempo que reconhece a necessidade de uma clínica individual, considera necessário admitir uma clínica das situações de trabalho, extrapolando a díade médico-paciente para agregar coletivos mais ou menos formalizáveis e meios de trabalho relativamente homogêneos. No início dos anos 1980, sob forte influência não só da obra de Canguilhem, como do patrimônio da Ergonomia Situada e do Modelo Operário Italiano de produção de conhecimento e luta pela saúde (MOI),

---

65 Publicado em seguida na revista francesa *Prévenir* (1985, 11, 81-89), posteriormente presente no livro *Le paradigme ergologique ou un métier de Philosophe* (2000).

ele dizia que "a primeira tarefa dessa clínica seria precisamente buscar definir com os homens de campo unidades pertinentes coletivas/meios que o clínico sozinho não poderia antecipar" (Schwartz, 1985, p. 407).

No mesmo território da Aix-Marseille Université (em que já trabalhava naquele momento Schwartz), sul da França[66], desenvolveu-se desde o início dos anos 1980 um rico e fértil programa de intervenção e pesquisa sobre a relação trabalho-saúde, à frente o médico Igonet e o estatístico Andeol (1984), tendo Oddone (MOI) como consultor (Muniz, Brito, Souza, Athayde, & Lacomblez, 2013). Ou seja, ali criaram, com médicos e militantes de fábrica, a APCME (Associação pela gestão das doenças elimináveis), um inédito dispositivo de pesquisa↔intervenção, tendo como foco as doenças profissionais (com frequência não reconhecidas como tais), protagonizadas pelo que Oddone, Re, & Brianti (1981) denominaram "comunidades científicas ampliadas" e que Schwartz (2000a) preferiu designar por "comunidades ampliadas de pesquisa".

Assim constituiu-se um meio desenvolvimental extraordinário, fazendo a sinergia das experimentações do MOI com a tradição operária mutualista francesa. Visava-se estabelecer em um certo número de empresas uma cartografia dos riscos profissionais, inspirando-se em métodos já experimentados pelo MOI, na Itália, desde os anos 1960, para em seguida construir sistemas integrados de prevenção em saúde no interior das cidades da região, onde esta tradição mutualista nas empresas era muito ativa. Foi no fluxo destes "bons encontros" que em 1981 publica-se, na França, partes do livro de Oddone, Re, & Brianti, com posfácio de Clot (e anexo escrito por Igonet, médico que liderava aquele processo).

A ênfase no trabalho concreto, no singular, na experiência humana, é desenvolvida na tese de Schwartz, publicada em livro, em 1988. Já no título encontra-se o registro preciso: *Experiência e conhecimento do trabalho*. Passando ao largo da noção de práxis, Schwartz (1988) vai operar com a noção de experiência das forças produtivas ("conceito vaporoso, ambíguo, mas insubstituível", assumido em uma dupla herança) na relação com o conceitual, explorando a dialética – entre o que denomina Registro I e o Registro II, o normalizado e o normativo – que se reproduz ao infinito.

Ele diz: "toda nossa tese repousa sobre a idéia de que é preciso considerar seriamente o trabalho como experiência, experiência da humanidade" (Schwartz, 1988, p. 526). Colabora para o resgate da importância do tra-

66 Ao redor da lagoa costeira de Berre e no quadro da união solidária dos trabalhadores [Mutuelle] da região de Bouches-du-Rhône, entre o mar e a montanha, envolvendo diversas cidades ligadas à indústria, como Port de Bouc, Martigues, La Ciotat etc.

balho concreto, para seu desenvolvimento, pois, anulado pela hegemonia do trabalho abstrato. Considerando concluído o estabelecimento da subordinação real do trabalho (para além da formal), com o Taylorismo, todo um largo setor intelectual "pessimista ou mesmo derrotista" que se pretende na tradição marxista, fechava a questão e se dava a "deserção da análise à lupa do trabalho concreto, na medida em que, parecia-lhes, já não haveria mais nada a ser visto" (Schwartz, 1988, p. 805).

Paradoxalmente, foi o próprio Taylor quem contribuiu, a seu modo, para a nobreza do exercício de análise da atividade de trabalho, no esforço de busca de ganhos de produção e capital. Foi neste contexto industrial taylorizado que a Ergonomia da Atividade fez suas descobertas quanto à distância entre trabalho "prescrito" e "real", no diálogo sistemático e de longa duração com os protagonistas da atividade em análise. Neste mesmo período, na Itália, Oddone, Re e Brianti (1981) e seus companheiros do MOI vão na mesma direção e fazem uma dura crítica à crença enraizada no poder que teria o taylorismo em anular a pessoa do trabalhador, alienando-o.

Para ele, situar-se ao nível do infinitesimal (que o Taylorismo pretendia apropriar) revela-se paradoxalmente uma situação privilegiada para compreender a dimensão de horizonte das forças produtivas, tendo os trabalhadores na pesquisa partilhada. Emerge daí o debate de normas, tendo ao fundo um mundo de valores, macro e micro em relação.

O conceito de vida, por exemplo, não pode fazer as vezes da experiência, deve, sim, com ela aprender, permanentemente. Neste encaminhamento epistemológico da relação conceito-experiência, com seu núcleo de ambivalência e potencialidades, a abordagem "muito profundamente" clínica é posta como insubstituível para dar conta de compreender↔-transformar conjunturas sempre singulares dos mundos do trabalho ("o trabalho vivo é/está vivo").

A dinâmica deste processo de compreensão↔transformação das situações de trabalho tem na "confrontação", nas sinérgicas controvérsias (seja na França, com a Ergonomia da Atividade, seja na Itália, com o MOI), uma estratégia decisiva. Como registramos, Oddone e seus parceiros do MOI haviam proposto um "modelo", um dispositivo de compreensão↔transformação que designaram "comunidade científica ampliada". Foi desvelando este dispositivo, efetuando críticas que consideramos pertinentes, que Schwartz (1994) propõe um certo regime de produção de saberes denominado "dispositivos dinâmicos de três polos" (DD3P). Regime que, frente ao risco que as intervenções podem ter de subestimação das dinâmicas da atividade (com toda uma panóplia de diagnósticos, interpretações e preconizações), invadindo no final das contas a "vida dos outros", considera como encaminhamentos mais pertinentes aqueles gerados no seio do dispositivo, no diálogo sinérgico entre os diferentes protagonistas.

ERGOLOGIA – SUA PRESENÇA NO BRASIL

Como disse Cornu (1997), outro antigo parceiro de Schwartz, "o vizinho também sabe das coisas". Ele assim destaca, na construção da *démarche* ergológica, dentre outras, a influência de Paulo Freire (1987, 2003). E, no caso da Ergologia no Brasil, temos algo ainda por decifrar, pois se trata do país que vem se constituindo como o de maior presença desta *démarche*.

Desde o início dos anos 1990, profissionais daqui oriundos passaram a ter contato com o que estava em curso na França, tendo como centro universitário agregador a então denominada Université de Provence, com a liderança de Yves Schwartz (Athayde, & Brito, 2010).

A partir da relação que foi sendo estabelecida com Schwartz e este amplo coletivo, desde 1996, ele, Faïta e outros passaram a vir ao Brasil em diversas missões científicas para atividades junto a universidades e organismos que se dedicam à questão do trabalho. Em 1997, firmou-se um acordo universitário entre a Capes-Cofecub[67], tendo como objetivos a discussão acerca da relação linguagem-trabalho, a publicação de duas obras coletivas[68], dando início à estratégia de estágios de doutorandos e pós-doutorandos na França.

Já a partir de 1998, a relação do então Departamento de Ergologia com os grupos que viriam a dar origem a uma rede de âmbito nacional aprofundou-se com a realização de intercâmbios pontuais com um já grande número de profissionais oriundos do Brasil (de diversas formações acadêmicas, diversos organismos[69], de todas as regiões) em cursos de especialização, doutorado pleno e estágio de doutorado na França. Da França os franceses vieram à diversas regiões do Brasil para conferências, cursos,

67 Tendo pelo lado brasileiro a PUC-SP, a PUC-Rio e a COPPE/UFRJ, e do lado francês as Universidades de Provence e Rouen (grupo Dyalang).

68 Na França: Richard Zappella, J. (Org.). *Espaces de travail, espaces de parole*. Rouen, Ed. Universitaire, 1999. No Brasil: Souza-e-Silva, M. C. P. & Faïta, D. (orgs.) *Linguagem e trabalho*: construção de objetos de análise no Brasil e na França. São Paulo, Cortez, 2002.

69 Envolvendo hoje mais de vinte Universidades (públicas e algumas particulares, com as PUC), Centros de Pesquisa, o Ministério da Saúde e empresas públicas.

orientação de doutorado, participando de bancas de tese, colaborando em pesquisas conjuntas. Foram organizados diversos eventos, tanto no Rio de janeiro, São Paulo e Minas Gerais. Em seguida foi elaborado o projeto de uma pesquisa intercontinental sobre a questão do trabalho e desenvolvimento.

Tem ocorrido também cooperação com organismos intersindicais, como Dieese/SP, a Escola Sindical Sete de Outubro/MG e o Cesat/BA, sendo que com o Dieese se desenvolveu uma cooperação de maior porte, envolvendo trabalhadores da França e da América Latina.

Os frutos desta rede de intercâmbio vêm sendo mapeados de diversas formas. Podemos observar que, inspirados na Ergologia ou por ela influenciados, é significativo o crescimento do número de trabalhos acadêmicos vinculados a distintos programas de pós-graduação e cursos de graduação brasileiros.

Predominam as investigações vinculando o trabalho à Linguística, Psicologia Social, Ergonomia, Engenharia de Produção, Educação, Saúde Pública, Comunicação, Administração. Mas trata-se, sobretudo, de pesquisas e intervenções interdisciplinares, com foco em alguma problemática específica dos mundos do trabalho.

Enfim, diversas experimentações no campo da pesquisa-intervenção têm sido desenvolvidas. Para dar um exemplo, os autores deste capítulo e parceiros desenvolveram por vários anos, em diferentes regiões do Brasil, uma configuração de DD3P que denominaram "Comunidade Ampliada de Pesquisa↔Intervenção" – CAPI (Athayde, & Brito, 2003; Athayde, Zambroni-de-Souza, & Brito, 2014), dispositivo que tem encontrado expansão no Brasil.

CONSIDERAÇÕES FINAIS

Ao contrário de buscar respostas gerais sobre o que ocorre com o trabalho, através de fórmulas exaustivamente utilizadas, a Ergologia propõe uma análise "situada", apostando na potência humana de compreender↔transformar o que está em jogo, (re)inventando, criando no interior do próprio movimento do real novas condições e um novo meio pertinente – a si e às situações.

Uma análise que opera com o ponto de vista da atividade, atraindo e permitindo um diálogo sinérgico entre profissionais oriundos de diferentes disciplinas (em suas diferentes abordagens) e profissionais protagonistas do trabalho em análise, que alimentam os saberes da prática.

A riqueza que essa perspectiva agrega está, por exemplo, no entendimento de que a atividade de trabalho pode ser um operador transversal, um objeto não só pluri, quiçá transdisciplinar, mas necesariamente transaberes. Ou seja, o entendimento de que para compreender↔transformar o trabalhar, o viver, é necessário sim o rigor epistemológico, a metódica disciplina de usinagem conceitual, neutralizando a dimensão histórica dos fenômenos.

Algo necessário, mas não suficiente. É preciso também um movimento inverso, ergológico, operando outro rigor, entrando em diálogo sinérgico com os saberes da prática, quando os conceitos são abordados o mais próximo possível de sua "aderência local", para dar conta da situação.

Pesquisas, ações, nas mais variadas áreas têm se beneficiado da perspectiva ergológica porque, ao considerar o ponto de vista da atividade, ousam ir além de uma visão hipotética (tantas vezes tornada ficção, dogma) acerca de como o trabalho deve se desenvolver. Sim, pois compreender↔intervir no conjunto dos problemas gerados no curso do processo de produção – acidentes e adoecimentos, dificuldades de comunicação e de desenvolvimento das competências, produtividade e qualidade aquém do esperado – implica, necessariamente, confrontar os diferentes olhares e saberes.

Possivelmente nosso "desconforto intelectual" frente à complexidade dos problemas encontrados nas situações de trabalho de nosso país é o que nos atrai nessa *démarche*. Arriscamos dizer que os conceitos ergológicos mostram-se úteis para desvendarmos os "enigmas" do trabalho no Brasil e os contornos dos problemas que atingem os processos produtivos e os trabalhadores. Podemos mesmo dizer que o ponto de vista da atividade torna-se uma exigência se desejarmos ter alguma influência proativa, crítica dos modos preconceituosos e autoritários – traços do escravismo e do coronelismo? –, como se lida com os mundos do trabalho capitalista no Brasil, frequentemente ao largo da busca de sinergia entre produtivida dde, qualidade e saúde, segurança...

REFERÊNCIAS

Athayde, M. (2006). Uma proposta de orientação epistemológica e teórico-metodológica para a pesquisa-intervenção no campo do trabalho humano do ponto de vista da atividade e da dialogia. Texto para discussão. Programa de Pós-Graduação em Psicologia Social/UERJ, Rio de Janeiro.

Athayde, M., & Brito, J. (2003). Trabalho, educação e saúde: O ponto de vista enigmático da atividade. *Trabalho, Educação e Saúde*, 1(2), 239-265.

Athayde, M., & Brito, J. (2007). Apresentação: Um Livro-ferramenta e seu uso na perspectiva ergológica tecida entre nós. In Y. Schwartz, & L. Durrive, L. (Eds.). *Trabalho e Ergologia*. 2ª ed. revista e ampliada. Niterói: EDUFF.

Athayde, M., Zambroni-de-Souza, & Brito, J. (2014). Intervenção e pesquisa em psicologia: uma postura ergológica. In: P. F. Bendassolli, & L. A. P. Soboll, (Orgs.). *Métodos de pesquisa e intervenção em Psicologia do Trabalho: Clínicas do Trabalho*. São Paulo: Atlas.

Brito, J. (2004). Saúde do trabalhador: reflexões a partir da abordagem ergológica. In M. Figueiredo M., Athayde, M., Brito, J., & Alvarez, D. (Eds.) *Labirintos do trabalho*. Rio de Janeiro: DP&A.

Brito, J. (2006). Trabalho prescrito. Trabalho real. In Escola Politécnica de Saúde Joaquim Venâncio (Ed.). *Dicionário da Educação Profissional em Saúde*. Rio de Janeiro: Fiocruz.

Brito, J., & Athayde, M. (2003). Trabalho, educação e saúde: O ponto de vista enigmático da atividade. *Trabalho, Educação e Saúde*, 1(2), 239-265.

Canguilhem, G. (1988) Présentation. In: Y. Schwartz. *Expérience et connaissance du travail*. Paris: Messidor / Éditions Sociales.

Canguilhem, G. (2001). Meio e normas do homem no trabalho. *Proposições*, 12(2-3), 109-121 (Originalmente publicado em 1947).

Canguilhem, G. (2002). *O normal e o patológico*. 5ª edição. Rio de Janeiro: Forense Universitária. (Originalmente publicado em 1966).

Canguilhem, G. (2003). *La connaissance de la vie*. 2ª ed. revista e ampliada. Paris: Vrin. (Originalmente publicado em 1965).

Canguilhem, G. (2005). *Escritos sobre a Medicina*. Rio de Janeiro: Forense Universitária.

Clot, Y. (1981). *Une autre regard sur les usines. Postfácio a Oddone, Re, & Brianti. Redécouvrir l'experience ouvrière*. Paris: Messidor/Éditions sociales.

Clot, Y. (1992). Le travail entre activité et subjectivité. Tese de doutorado. Université de Provence, Aix-en-Provence, França.

Clot, Y. (1999). *A função psicológica do trabalho*. Petrópolis: Vozes.

Clot, Y. (2016). *Trabalho e poder de agir*. Belo Horizonte: Fabrefactum.

Clot, Y., Rochex, J-Y. & Schwartz, Y. (1990). *Les caprices du flux*. Schwartz, Y. (Ed.). Vigneux: Matrice.

Clot, Y., Faïta, D., Fernandez, G., & Scheller, L. (2000). Les entretiens en autoconfrontation croisée: Une méthode en clinique de l'activité. *Pistes*, 2(3), 1-7.

Cornu, R. (1997). Le voisin sait bien des choses. In Y. Schwartz (Ed.) *Reconnaissances du travail: por une approche ergologique* . Paris: PUF.

Cornu, R. (2003). *Educação, saber e produção*. Lisboa:Instituto Piaget.

Daniellou, F., Laville, A. & Teiger, C. (1989.) Ficção e realidade do trabalho operário. *Revista Brasileira de Saúde Ocupacional*, 68(17), 7-13.

Duc, M. (2002). *Le travail en chantier*. Toulouse: Octarès.

Duraffourg, J. (2008). Santé au travail, Santé du travail. *Ergologia*, 0,155-176.

Duraffourg, J., & Vuillon, B. (Eds.).(2004). *Alain Wisner et les tâches du présent*. Toulouse: Octarès.

Durrive, L. (2008). *L'expérience de normes. Tese de doutorado.* Strasbourg, França. Université Louis Pasteur.

Durrive, L. (1999). *Le travail sur la scène. Refléxions sur la face cachée de l'alternance*. Strasbourg: CRAPT-CARRLI.

Durrive, L. (2002). Formação, ensino, trabalho: uma abordagem ergológica. *Pro-posições*, 13(3), 19-30.

Durrive, L. (2006). L'expérience de normes: formation, éducation et activité humaine. Tese de doutorado. Université Louis Pasteur, Strasbourg.

Efros D. (2002). Travail, guerre et relations sociales. La participation salariée à une entreprise, Tese de doutorado. Université Paris X.

Faïta, D. (1985). Langage. Idéologies. Éxpériences. *Prevenir*, 11.

Faïta, D. (2002). Análise das práticas linguageiras e situações de trabalho: Uma renovação metodológica imposta pelo objeto. In M. C. Souza-e-Silva, & D. Faïta (Eds.). *Linguagem e Trabalho: construção de objetos de análise no Brasil e na França.* São Paulo: Cortez.

Faïta, D. (2005). *Análise dialógica da atividade profissional.* Rio de Janeiro: Imprinta Express.

Faïta, D. (2007). Sur la Méthode d'Auto-Confrontation (MAC). In D. Faïta, & B. Maggi *Un débat en analyse du travail*. Toulouse, Octarès.

Faïta, D., & VIEIRA, M. (2003). Reflexões metodológicas sobre a autoconfrontação cruzada. *Delta*, 19, 123-154.

Freire, P. (1987). *Pedagogia do oprimido.* 17ª edição. Rio de Janeiro: Paz e Terra.

Guérin, F., Laville, A., Daniellou, F., Duraffourg, J., & Kerguelen, A. (2001). *Compreender o trabalho para transformá-lo – A prática da ergonomia.* São Paulo: Edgar Blücher.

Jean, R. (2003). Sur l'agir ergologique. In J. Duraffourg (Ed.). *Alain Wisner et les tâches du present: La bataille du travail réel*. Toulouse: Octarès.

Igonet, G., & Andeol, M. (1984). *Santé et Travail.* Societé Française, 10.

Leplat, J. (2006). La notion de régulation dans l'analyse de l'activité. *Pistes*, 8(1). Recuperado de: http://www.pistes.uqam.ca/v8n1/pdf/v8n1a7.pdf

Leroi-Gourhan, A. (1983). *Libération de la main. Anexo de Mécanique vivante.* Paris: Fayard.

Leroi-Gourhan, A. (1984). *Evolução e técnicas: I – O homem e a matéria.* Lisboa: Edições 70. (Original published in 1947)

Leroi-Gourhan, A. (1990). *O gesto e a palavra: técnica e linguagem, v. 1*. Lisboa: Ed, 70. (originalmente publicado em 1964).

Leroi-Gourhan, A. (2002). *O gesto e a palavra: técnica e linguagem, v. 2*. Lisboa: Ed, 70. (originalmente publicado em 1965).

Mencacci, N. (2003). Pour une intelligibilité des situations de confrontation à un preoblème dans l'ensseignement et la formation universitaire professionnalisée. Tese de doutorado. Université de Provence. Aix-en-Provence, França.

Muniz, H., Brito, J., Souza, K. R., Athayde, M., & Lacomblez, M. (2013). Ivar Oddone e sua contribuição para o campo da Saúde do Trabalhador no Brasil. *Revista Brasileita de Saúde Ocupacional*, 38 (128), 280-291,

Noel, C. (2005). *L'Homme produteur et le manager: L'Ergologie doit-elle avoir sa place dans la formation du futur manager?* Atas da Tâches du Présent. Aix-en-Provence. Université de Provence.

Nouroudine, A. (2001). *Techniques et cultures: Comment s'approprie-t-on des technologies transferées?* Toulouse: Octarès.

Nouroudine, A. (2002a). A linguagem: Dispositivo revelador da complexidade do trabalho. In M. C. Souza-e-Silva, & D. Faïta (Eds.). *Linguagem e trabalho: Construção de objetos de análise no Brasil e na França*. São Paulo: Cortez.

Nouroudine, A. (2002b). *Activité et situation de travail en Ergonomie, en anthropotechnologie et en ergologie*. Université de Provence, Aix-en-Provence.

Nouroudine, A. (2003). Travail et mobilisation de la main d'oeuvre, éléments d'analyse épistémologique. In M. Sandrine, & O. Xavier (Eds.) *La mobilisation de la main d'oeuvre*. Paris: L'Harmattan.

Nouroudine, A. (2004). Risco e atividades humanas: Acerca da possível positividade aí presente. In M. Figueiredo M., Athayde, M., Brito, J., & Alvarez, D. (Eds.) *Labirintos do trabalho*. Rio de Janeiro: DP&A.

Nouroudine, A. (2008). O trabalho: componente esquecida no documento de estratégia de crescimento e de redução da pobreza nos Comores. Laboreal. 4(1), 29-38.

Nouroudine, A. (2009). Norma. Laboreal, 5(1), 125-126.

Oddone, I., Re, A., & Brianti, G. (1981). *Redécouvrir l'experience ouvrière: Vers une autre psychologie du travail?* Paris: Messidor/Éditions sociales.

Oddone, I., Marri, G., Gloria, S., Briante, G., Chiattella, M., & Re, A. (1986). *Ambiente de trabalho: A luta dos trabalhadores pela saúde*. São Paulo: Hucitec.

Orban, E. (2004). *Service public! Individu, marché et intérêt public*. Paris: Syllepse.

Orban, E. (2005). Uma abordagem ergológica da carga e da intensidade de trabalho: notas conceituais a partir do estudo de caso da empresa La Poste. In *Trabalho e abordagem pluridisciplinar- Estudos Brasil, França e Argentina*, DIEESE- CESIT.

Orban, E. (2006). *L'individu, le marché, le politique*. Psicologia Politica.

Pèlegrin, B. (2011). Sur l'autoconfrontation: vous avez dit «croisée» ?, Ergologia,5, pp. 107-145

di Ruzza, R., & Schwartz, S. (2003). De l'activité militante à l'élaboration de savoirs. *Education Permanente*, 153(1), 67-91.

di Ruzza R., & Halevi J. (2003). *De l'économie politique à l'ergologie*. Paris: L'Harmattan.

di Ruzza R., Lacomblez, M. ; & Santos, M. (Orgs.). (2018). *Ergologia, trabalho e desenvolvimentos*. Porto/Belo Horizonte: FCT/Fabrefactum.

Schwartz, Y. (1978). L'enseignement de la Thermodynamique en France: quelques repères. In Obra coletiva ERA 650, Systèmes Symboliques, Science et Philosophie. Editions du CNRS.

Schwartz, Y. (1979). Pratiques paternalistes et travail industriel à Mulhouse au XIXème siècle. Technologies, Idéologies, *Pratiques*, 1(4).

Schwartz, Y. (1983a). La Connaissance de l'individualité humaine, quelle approche épistémologique? *Société Française*, 7.

Schwartz, Y. (1983b). La formation professionel: L'affaire de qui ? *Societé française*, 9-10.

Schwartz, Y. (1985). Prévenir, Soigner: le langage à l'ouvrage. *Prévenir,* 11, 81-85.

Schwartz, Y. (1988). *Expérience et connaissance du travail*. Paris: Messidor.

Schwartz, Y. (1989). L'énigme du changement. *Performances*, 43.

Schwartz, Y. (1990a). Concept, Expérience, Travail, Langage. *La Pensée*, 275.

Schwartz, Y. (1990b). Philosophie du travail, philosophie en travail, *Dialogue*, 71.

Schwartz, Y. (1992). *Travail et Philosophie: convocations mutuelles*. Toulouse: Octarès.

Schwartz, Y. (1993). Une remontée en trois temps. In G. Canguilhem. *Philosophe, historien des sciences*. Paris: A.Michel.

Schwartz, Y. (1994). Conferência inaugural. *Atas do Congresso de Ergonomia de Língua Francesa – SELF.*

Schwartz, Y. (1995). De la qualification à la compétence. *Education Permanente*, 123(2),125-137.

Schwartz, Y. (1995). La technique. In D. Kambouchner (Ed.). *Notions de Philosophie II*. Paris: Gallimard.

Schwartz, Y. (1996a). Trabalho e valor. *Tempo Social*, 8 (2), 147-158.

Schwartz, Y. (1996b). Pensar o trabalho e seu valor. *Idéias*, 3(2), 109-121.

Schwartz, Y. (1996c). Le travail requestionne les modes d'élaborations des savoirs. *Education Permanente*, 129(4), 85-110.

Schwartz, Y. (1998). Os ingredientes da competência: um exercício necessário para uma questão insolúvel. *Educação e Sociedade*, 65, 101-139.

Schwartz, Y. (2000a). A comunidade científica ampliada e o regime de produção de saberes. *Trabalho & Educação*, 7, 38-46.

Schwartz, Y. (2000b). Trabalho e uso de si. *Pro-posições*, 5 (32), 34-50.

Schwartz, Y. (2000c) *Le paradigme ergologique ou un métier de philosophe*. Toulouse: Octarès.

Schwartz, Y. (2001a). Trabalho e política. In M. I. Rosa (Ed.). *Transformações no trabalho, conhecimento e política.* São Paulo: Letras e Letras.

Schwartz, Y. (2001b). Trabalho e educação: Entrevista. *Presença Pedagógica*, 7(38), 5-17.

Schwartz, Y. (2001c). Théories de l'action ou Rencontres de l'activité? (pp. 67-91). In Théories de l'action et éducation, *Raisons éducatives*. Bruxeles:Université De Boeck.

Schwartz, Y. (2002a) Disciplina epistêmica, disciplina ergológica – Paideia e politeia. *Pro-posições*, 13, 1(37), 126-149.

Schwartz, Y. (2002b). A abordagem do trabalho reconfigura nossa relação com os saberes acadêmicos: As antecipações do trabalho. In M. C. Souza-e-Silva, & D. Faïta, (Eds.). *Linguagem e Trabalho: Construção de objetos de análise no Brasil e na França*. São Paulo: Cortez.

Schwartz, Y. (2003). Trabalho e saber. *Trabalho e Educação*, 12(1).

Schwartz, Y. (2004a). Ergonomia, filosofia e exterritorialidade. In F. Daniellou (Ed.). *A ergonomia em busca de seus princípios*. São Paulo: Edgard Blücher.

Schwartz, Y. (2004b). L'expérience est-elle formatrice ? *Education permanente*, 158, 11-23.

Schwartz, Y. (2004c). La conceptualisation du travail: Le visible et l'invisible. *L'homme et la société*, 152-153, 47-77.

Schwartz, Y. (2004d). Raison Pratique et débats de normes. In M. Bienenstock, & A. Tosel, (Eds.). *La Raison pratique au XXème siècle*. Paris: L'Harmattan,.

Schwartz, Y. (2004e). Trabalho e gestão: níveis, critérios, instâncias. In M. Figueiredo M., Athayde, M., Brito, J., & Alvarez, D. (Eds.) *Labirintos do trabalho*. Rio de Janeiro: DP&A.

Schwartz, Y. (2004f). Circulações, dramáticas, eficácias da atividade industriosa. Trabalho, *Educação e Saúde*, 2(1), 33-55.

Schwartz, Y. (2005a). Actividade. *Laboreal*, 1(1), 63-64.

Schwartz, Y. (2005b). La radicalité de Georges Canguilhem. *La Quinzaine Littéraire*, 891, 17-18.

Schwartz, Y. (2005c) Intervenir dans la vie des autres. *Caleidoscopie*, 3(2), 88-96.

Schwartz, Y. (2005d). Trabalho e saúde: Construindo outros modos de gestão. *Mesa redonda no Congresso da ABRASCO*, Florianópolis.

Schwartz, Y. (2005e). Trabalho e ensino: Do mecânico ao pedagógico. *Pro-posições*, 16, 3 (48), 229-244.

Schwartz, Y. (2007a). Un bref aperçu de l'histoire culturelle du concept d'activité. *&ctivités*, 4(2),122-133.

Schwartz, Y. (2007b). Produire des savoirs entre adhérence et desadhérence. In M. Cerf, & P. Béguin. (Eds.). *Dynamique des savoirs, dynamique des changements*. Toulouse: Octarès.

Schwartz, Y. (2007c). De l'injonction au détour théorique à l'activité, puissance de convocation des savoirs. *Education Permanent*, 170,13-23.

Schwartz, Y. (2007d). O homem, o mercado e a cidade. In Y. Schwartz, & L. Durrive (Eds.). *Trabalho e Ergologia*. Niterói: Eduff.

Schwartz, Y. (2008a). O Trabalho numa perspectiva filosófica. In I. Nozaki, (Ed.). *Educação e Trabalho, Trabalhar, Aprender, Saber.* Ciuabá: EDUFMT.

Schwartz, Y. (2008b). Les deux paradoxes d'Alain Wisner, anthropologie et ergologie. In P. Geslin (Ed.). *Réflexions sur l'anthropotechnologie*. Toulouse: Octarès.

Schwartz, Y. (2008c). Um passeio pelo bosque da filosofia: Yves Schwartz, um pensador da atividade humana, sempre inédita e regida por valores. Entrevista. *Comunicaçao & Educaçao*, 13(2), 93-102.

Schwartz, Y. (2009). Pour une approche ergologique du travail. *Nouveaux Regards*, 46, 65-67.

Schwartz, Y. (2010). Reflexão em torno de um exemplo de trabalho operário. In: Y. Schwartz, & L. Durrive (Org.). *Trabalho e Ergologia: Conversas sobre a atividade humana.* 2ª ed. revista e a ampliada. Niterói: Eduff.

Schwartz, Y. (2012). Une histoire philosophique du concept d'activité: quelques repères (1ère partie), *Ergologia*, 6, 115-179.

Schwartz, Y. (2015a). Vigotsky/Spinoza. *Revue philosophique de la France et de l'étranger*, 140, 561-566.

Schwartz, Y. (2015b). Travail et Ergologie: la démarche ergologique. *Les Cahiers du Laris*, 2, 14-24.

Schwartz, Y. (2016). Comment l'universel et la singularité humaine s'articulent: une entrée par l'activité industrieuse? In P. Poucouta, G. Ogui, & P. Diarra (Orgs.). *Les défis du vivre-ensemble au XXIème siècle.* Paris: Karthala.

Schwartz, Y., Duraffourg, & Davezies, P. (1991). Ergonomy: practice of activity knowledge in actual working situation". *Atas do X Congresso Designing For Everyone*, New York: Taylor et Francis Ltd.

Schwartz Y., Efros D., Fouilleul F. (1998). Des activités marchandes aux activités militaires. Analyse de l'activité de travail d'unités de combat en Bosnie dans le cadre de la FORPRONU, *rapport DGA/DSFP*.

Schwartz, Y., & Alvarez, D. (2001c). Concordance et discordance des temps: le travail, le marché,le politique et les temps du travail scientifique. *Revue de philosophie économique*, 3, 37-68.

Schwartz, Y., Durrive, L., DURRIVE, L., SCHWARTZ, Y., DURRIVE, L., Faïta, D., ... & Athayde, M. L. S. (2007). Trabalho e ergologia: conversas sobre a atividade humana.

Schwartz, Y. Adriano, R., & Abderrahmane, F. (2008). Revisitar a actividade humana para colocar as questões do desenvolvimento: projecto de uma sinergia franco-lusófona. *Laboreal*, 4, (1), 10-22.

Schwartz, Y., & Durrive, L. (Eds.). (2010). *Trabalho e Ergologia: Conversas sobre a atividade humana.* 2ª ed. revista e a ampliada. Niterói: Eduff.

Schwartz, Y., & Durrive, L. (Eds.). (2009). *L'activité en dialogues: Entretiens sur l'activité humaine II.* Toulouse: Octarès.

Schwartz, Y., & Durrive, L. (2008). Glossário da Ergologia. *Laboreal*, 4(1),23-28.

Schwartz, Y., Durrive, L., & Faita, D. (Eds.). (1985) *L'Homme producteur: Autour des mutations du travail et des savoirs*. Paris: Messidor/Eds. Sociales.

Schwartz, Y., Sève, L., Doray, B., Terrail, J.P., Clot,Y., Bertrand, M., Casanova, A., & Hurstel, F. (1987). *Je: Sur l'individualité*. Paris: Messidor/Eds. Sociales.

Schwartz, Y., & Efros, D. (2009). Résistances, transgressions et transformations: L'impossible invivable dans les situations de travail. *Nouvelle Revue de Psychosociologie*, 7, 33-48.

Schwartz, Y., & Schérer, M., & Pires, D. (2009). Trabalho coletivo: um desafio para a gestão em saúde. *Saúde Pública*, 43(4),721-725

Telles, A. L., & Alvarez, D. (2004). Interfaces ergonomia-ergologia: uma discussão sobre trabalho prescrito e normas antecedentes. In M. Figueiredo M., Athayde, M., Brito, J., & Alvarez, D. (Eds.) *Labirintos do trabalho*. Rio de Janeiro: DP&A.

Trémolières, C. R. (2007). O trabalho e o sujeito. In Y. Schwartz, & L. Durrive (Orgs.) (Tradução de Jussara Brito e Milton Athayde et al.). *Trabalho & Ergologia: Conversas sobre a atividade humana*. Niterói: EdUFF, 229-230

Trinquet, P. (2009). *Prévenir les dégâts du travail: L' Ergoprévention*. Paris: PUF.

Trinquet, P. (1996). *Maîtriser les risques du travail: Le cas du bâtiment et de l'industrie française*. Paris:PUF.

Venner, B. (2006) Des groupes de Rencontre du Travail pour l'usage de soi. *Actes de la première journée de l'Arp-Angers*.

Wisner, A. (1993). *A inteligência no trabalho*. São Paulo: Fundacentro.

Wisner, A. (1996). Questions épistémologiques en ergonomie et en analyse du travail. In F. Daniellou (Org.). *L'ergonomie en quête de ses principes - Débats épistémologiques*. Toulouse: Octarès Editions.

Wisner, A. (2004). *Antropotecnologia*. Rio de Janeiro: Virtual Científica.

PARTE 4

TEMÁTICAS

CAPÍTULO 13

ABORDAGENS CLÍNICAS E SAÚDE MENTAL NO TRABALHO

Maria Elizabeth Antunes Lima

Embora a clínica tenha se originado na prática médica tradicional, pouco a pouco ela se generalizou para o campo da saúde mental, inicialmente, por meio da atividade dos primeiros psiquiatras e, posteriormente, através dos psicólogos clínicos.[70] Essa origem médica do termo, explicaria, segundo Clot & Leplat (2005, p. 291), o fato de a psicologia clínica ser "mais ou menos confundida com a psicologia médica e com a psicopatologia". Tal confusão, no entanto, dizem os autores, tem sido combatida por diversos psicólogos que propõem uma ampliação do seu campo de aplicação para "todo ser humano vivendo em uma situação determinada à qual se proponha a observar e compreender" (Favez-Boutonier, 1986, citado por Clot & Leplat, 2005, p. 291).[71]

Dessa forma, sob o ponto de vista estritamente metodológico, a psicologia clínica pode ser vista como uma forma de descrição detalhada de uma

---

70 A origem etimológica do termo clínica (*kliné* – o leito, *klinicos* - o médico, *klinique* - cuidados médicos ao doente no leito) "remete à situação na qual o médico, no leito do doente, e armado por sua única presença, se debruça sobre o paciente" (Lhuilier, 2007, p. 21). Foucault, (2008) situa o "nascimento da clínica" no momento em que a medicina modifica seus instrumentos, mas, sobretudo, transforma seus métodos, conceitos e suas práticas em âmbito institucional. Ele cita Pinel como o "médico da velha escola" que se mostrou "mais receptivo às formas novas da experiência médica" (Foucault, 2008, p. 194), ao oferecer às "doenças do espírito e dos nervos" "um estatuto bastante particular" (Foucault, 2008, p. 196). É desse contexto que a psicologia clínica irá emergir, tornando-se pouco a pouco uma disciplina autônoma.

71 Os autores reproduzem a definição de psicologia clínica oferecida por Piéron no seu Vocabulário da Psicologia: "Ciência da conduta humana, fundada principalmente sobre a observação e a análise aprofundada de casos individuais, tanto normais quanto patológicos, e podendo se estender aos grupos. Concreta na sua base, e completando os métodos experimentais de investigação, ela é suscetível de produzir generalizações válidas". (Clot & Leplat, 2005, p. 291).

conduta (Gréco, citado por Clot & Leplat, 2005) ou como um "estudo aprofundado de casos individuais" (Lagache, 1949, p 13), geralmente tomando por base a experiência ou a observação direta.[72]

Observando a evolução da Psicologia e sua consolidação enquanto um campo específico do conhecimento, é inevitável constatar a diversificação crescente das correntes que o compõem. Tal diversidade não poderia deixar de se reapresentar no campo que se convencionou chamar de "clínicas do trabalho"[73], impondo mais uma dificuldade aos que se propõem a penetrá-lo e a compreender suas múltiplas perspectivas. Assim, nossa intenção é a de fazer um percurso em torno dessas práticas, abordando suas possibilidades e limites, bem como a forma pela qual vêm contribuindo para o desenvolvimento desse campo.[74]

ABORDAGENS CLÍNICAS DO TRABALHO

Estamos considerando como "clínicas do trabalho" o conjunto de disciplinas que abordam as questões relativas à subjetividade nos contextos laborais, ou em termos mais precisos, às tentativas de compreender a relação entre fatores subjetivos e atividade. Entendemos, portanto, que, apesar de sua inegável diversidade, todas as abordagens que se colocam sob essa rubrica tentam sempre decifrar a forma pela qual subjetividade e atividade se articulam. Para isso, muda-se o lócus da prática e da pro-

---

72 Apesar da diversidade de perspectivas no campo da psicologia, Clot & Leplat (2005) percebem alguns traços comuns entre elas e que são encontrados, em graus diversos, em todos os estudos qualificados de clínicos: a consideração do objeto na sua globalidade; o caráter de profundidade ao examinar o objeto em toda sua complexidade; a importância particular atribuída ao papel do(s) sujeito(s). Além disso, sempre implicam em uma interação com o objeto estudado, ou seja, "O psicólogo tenta não se esquecer de que faz parte do dispositivo experimental" (Nahoun, citado por Clot & Leplat, 2005, p. 290). Eles próprios consideram, no entanto, que o termo "clínico", "empregado ao mesmo tempo como adjetivo e como substantivo, tem um caráter fortemente polissêmico" (Clot & Leplat, 2005, pp. 290-291).

73 Conferir Llhuilier (2007), Clot, & Leplat (2005)

74 Diante da complexidade do tema e da necessidade de tratá-lo em um espaço reduzido, decidimos delimitar o escopo da análise, optando por não abordar o uso do método clínico por outras áreas, tais como a medicina do trabalho (conferir Fernandez, 2009) e a ergonomia (conferir Clot & Leplat, 2005). Ademais, mesmo no âmbito das chamadas "clínicas do trabalho", privilegiamos as duas abordagens que vêm apresentando um papel mais relevante no desenvolvimento desse campo e que parecem refletir melhor suas possibilidades e limites.

dução do conhecimento para os espaços de trabalho considerados na sua relação com a dinâmica social mais ampla.[75]

Assim, pode-se dizer que esse campo nasceu de uma interrogação: "como encontrar a relação entre atividade e subjetividade?" (Clot, 2009; Curso de Clínica da Atividade, CNAM). E foi em decorrência do desejo de oferecer uma resposta a ela que surgiram as diversas correntes que o compõem, sendo que cada uma apresenta concepções próprias a respeito de subjetividade e atividade, além de perspectivas teórico-metodológicas específicas. Ou seja, embora todas tentem responder à mesma questão, os caminhos escolhidos para obter essa resposta são diversos, o que torna o tema bem mais complexo, devido à profusão de controvérsias que contém.

ORIGENS E DESENVOLVIMENTOS DO CAMPO DA CLÍNICA DO TRABALHO NA FRANÇA

Sem pretender expor um histórico minucioso desse campo de conhecimento, uma vez que tal propósito escapa aos objetivos centrais deste ensaio, gostaríamos apenas de delimitar a forma pela qual ele surgiu e se desenvolveu, na França, desde as primeiras décadas do século XX até a atualidade.[76]

75 De acordo com Clot & Leplat (2005, p. 292), "A psicologia do trabalho vai especificar o método clínico, dando-lhe por objeto de estudo a situação de trabalho, ou seja, o par formado pelo sujeito, de um lado, sua tarefa e seu meio, de outro lado. A situação considerada poderá ter uma extensão mais ou menos ampla segundo a unidade de trabalho considerada: tarefa elementar, acontecimento ocorrido no curso da atividade, posto de trabalho, jornada de trabalho, segmento da vida profissional etc". Já Huguet (citado por Lhuilier, 2007, p. 26) afirma que "o leito do doente" é o contexto social e "os trabalhos em clínica do trabalho" devem tentar dar conta da "dinâmica social consubstancial às atividades produtivas. Dinâmica social que é ligada também à realidade das situações de trabalho, às representações das quais é objeto. Realidade encontrada, mas também produzida por essas relações e a práxis que ela permite".

76 Alguns poderiam questionar essa atribuição de uma origem francesa às clínicas do trabalho, considerando, por exemplo, as práticas de Hermann Simon, na Alemanha, em torno das "terapêuticas pelo trabalho". No entanto, sem desconsiderar o caráter pioneiro dessa experiência e a abertura que ela proporcionou a outros psiquiatras europeus, inclusive, os franceses, não se pode negar a superioridade teórica e metodológica alcançada pela França nesse campo, sobretudo, no período posterior à II Guerra Mundial. Billiard (2001) reconhece essa e outras influências sobre os pioneiros franceses – tal como a teorização anglo-saxônica em torno da Psicologia e dos conflitos grupais –, mas ressalta a renovação importante das terapêuticas ativas no contexto francês, vistas como baseadas em princípios inovadores e não apenas como "decalques de experiências estrangeiras" (Billiard, 2001, p 106).

Para melhor estabelecer as etapas desse desenvolvimento nos pareceu adequada a classificação proposta por Clot, Y. (1996) ao expor a trajetória da psicologia do trabalho, na França, situando o primeiro período entre a Primeira Guerra Mundial e o fim da Segunda; o segundo, entre os anos 1950 e o fim dos anos 1980; e o terceiro, iniciando nos anos 1980 e alcançando os dias atuais.

A ANÁLISE PSICOTÉCNICA DO TRABALHO – OS PRIMÓRDIOS DAS "CLÍNICAS DO TRABALHO"

Tudo indica que o período nos qual se originou esse campo do conhecimento foi aquele em que Lahy & Pacaud desenvolveram suas pesquisas em torno da análise do trabalho em situação, o que incluía o aprendizado de certos ofícios. Isto ocorreu, por exemplo, no famoso estudo de Pacaud a respeito do trabalho da telefonista (Le Guillant, 1985, 2006, Clot, 1996). Nesse contexto, Pacaud (citado por Clot & Leplat, 2005, p. 302) designava a análise do trabalho como um "exercício de introspecção profissional". Ou seja, na sua perspectiva, o psicólogo não deveria "se contentar com a descrição do trabalho", mas aprender o ofício "sendo que a análise mobiliza a auto-observação e a introspecção no curso da aprendizagem do ofício confrontada com os testemunhos dos executores e as opiniões dos técnicos" (Clot & Leplat, 2005, p. 302).[77]

Assim, ao tentar realizar uma atividade aparentemente simples, Pacaud (citado por Clot, 1996, p. 19) descobriu que "o trabalho normal da telefonista consiste em vencer uma série de dificuldades". Da mesma forma, ao publicar juntamente com Lahy os resultados de um estudo sobre os trabalhos dos mecânicos e dos condutores de locomotivas, insistiu sobre "as funções mentais e intelectuais" dessas duas atividades chegando a comparar o "trabalho mental do mecânico ao raciocínio de um 'intelectual' que agiria em um lapso de tempo limitado, recorrendo não ao escrito, mas à linguagem dos gestos" (Clot, 1996, p. 19). Ou seja, em uma época bastante anterior aos melhores desenvolvimentos da ergonomia francesa, já percebiam que "mesmo quando parece que o mecânico deve apenas colocar em prática instruções precisas, deve julgar e para isso apelar para

77 Clot & Leplat (2005, p. 302) apontam que "a observação visa aqui a aprendizagem do ofício pelo pesquisador graças à auto-observação confrontada com a experiência do outro". Mas eles vão ainda mais longe – mesmo cientes de que esse aspecto foi muito pouco considerado por Pacaud –, ao concluírem que "para além dos efeitos dessa observação sobre o pesquisador", é essencial constatá-los sobre os próprios trabalhadores. Ou seja, "toda observação do trabalho do outro é uma ação sobre o outro".

sua memória e sua inteligência. As instruções não podem ditar os detalhes de sua conduta". (Clot, 1996, p. 19).

Além disso, do ponto de vista estritamente metodológico, Lahy (citado por Clot & Leplat, 2005, p. 293) escreveu: "A análise do trabalho é a coisa mais longa e mais difícil, pois é ela que coloca com precisão o problema científico. Pretender resolver um problema dessa ordem sem análise prévia do trabalho seria o mesmo que prescrever medicamentos para um paciente sem tê-lo examinado ou ainda querer aperfeiçoar uma máquina sem conhecer sua construção, nem seu funcionamento".

No entanto, embora pareça inegável que o método clínico esteja inscrito nas análises do trabalho apresentadas por esses dois autores, não se pode negar que eles eram praticadas "em um quadro da teoria das aptidões", resultando em uma análise psicotécnica do trabalho (Clot & Leplat, 2005, p. 294). Ou seja, essa prática acabou derrapando "em direção a uma 'aplicação de receitas'", chegando a tornar-se, um "instrumento de adaptação do homem à racionalização industrial que se desenvolveu entre as duas guerras". (Clot, 1996, 2005, p. 20) Dessa forma, o método clínico adotado por eles era "orientado para a tarefa" e, a partir de certo momento, *não se interessaram mais "pelas particularidades do sujeito, mas por aquelas do trabalho, pelas condições de execução da tarefa e pelo que estas requeriam dos operadores"* (Clot & Leplat, 2005, p. 294).

Esses problemas não escaparam aos próprios autores que se perguntavam sobre as razões de tal deriva. Clot (1996) tentou oferecer uma resposta a essa questão dizendo que entre as fraquezas originárias do "estilo psicotécnico adotado por Lahy", estaria o "paradigma da profilaxia social" que este compartilhava com muitos dos seus contemporâneos. E um agravante disso, completa ele, estava na sua concepção de progresso que passava "(...) pela utilização racional das aptidões de cada um, cientificamente diagnosticadas", sendo abstraídos "os meios sociais aos quais pertencia" (Clot, 1996, p. 20).

Tal deriva, no entanto, não elimina a importância das observações realizadas pelos autores, pois estas preservam sua atualidade, servindo ainda de referência para aqueles que se interessam pela análise clínica do trabalho. Assim, ao observador atento não escapou o fato de que, apesar de suas evidentes ambiguidades, Lahy e Pacaud se encontravam "não apenas em contato íntimo com os fatos verdadeiros", mas tinham também se desvinculado "dos problemas e ocupações tradicionais da psicologia clássica" (Politzer, 1929/1969 p. 249). Mesmo Clot (1996), que não deixou de apontar para as contradições dos autores, percebendo nestas uma limitação para a "(...) autonomia heurística da análise do trabalho concreto", admitiu que o método proposto por eles preserva sua atualidade e oferece ainda "(...) indicações muito preciosas para uma análise clínica dos contextos de trabalho" (Clot, 1996, p. 19).

OS PIONEIROS DA CLÍNICA DO TRABALHO NA FRANÇA

No início dos anos 1950 do século XX, foi Faverge quem se destacou na crítica à proposta de Lahy & Pacaud e, ao mesmo tempo, na proposição de "uma análise cuidadosa do trabalho" com "caráter clínico". Ou seja, além de criticar "a análise do trabalho conduzida no quadro de uma teoria das aptidões" e "a decomposição arbitrária da atividade" à qual está conduzia, ele propunha que a "*démarche* clínica" passasse a ocupar um lugar central na psicologia industrial (Clot & Leplat, 2005, p. 296). Tal *démarche* estaria presente, segundo ele, do início ao fim de cada estudo, permitindo inicialmente a definição de uma perspectiva de pesquisa pertinente à questão posta e, ao final, a interpretação dos resultados. Esta última fase abriria as portas para a ação, uma vez que a interpretação é considerada por ele como "um discurso de explicação e de desencadeamento da ação", exprimindo ao mesmo tempo, "uma gênese e uma possibilidade eventual de modificar ulteriormente os termos dessa gênese" (Faverge citado por Clot & Leplat, 2005, p. 296).

Dessa forma, concluem Clot & Leplat (2005, p. 296), Faverge percebeu bem "a primeira via pela qual o método clínico (...) poderia conduzir à ação", ao ilustrar com sua *démarche* "uma fase do processo dialético 'compreender para transformar, transformar para compreender'". Além disso, ele via "o interesse do método clínico na análise do modo de aquisição da experiência e na análise das competências tácitas incorporadas" (Clot & Leplat, 2005, p. 296).

Mas o período imediatamente posterior ao fim da Segunda Guerra Mundial trouxe igualmente grandes novidades para o campo da saúde mental na França[78], sendo que a saúde mental no trabalho não ficou alheia a isso. O movimento da Psiquiatria Social que teve sua origem nos acontecimentos dramáticos da guerra permitiu um avanço considerável

78 Conferir Colóquio de Bonneval de 1946, no qual se estabeleceu uma rica discussão a respeito da gênese das neuroses e psicoses (Bonnafé, Ey, Follin, Lacan, & Rouart, 1950).

das reflexões em torno do que hoje chamamos de "clínicas do trabalho", sendo Le Guillant e F. Tosquelles seus representantes mais proeminentes.[79]

LOUIS LE GUILLANT E A PSICOPATOLOGIA SOCIAL

Nos seus escritos mais importantes, Le Guillant (1985, 2006) sempre deixou clara sua preocupação em compreender os processos da alienação social, sobretudo, entre aqueles que pertenciam a categorias profissionais socialmente desvalorizadas. Embora admitisse que a subjetividade não pode ser apreendida sem sua articulação com as relações sociais, tal articulação nunca foi posta sob a forma simplista de uma subordinação. Ou seja, para ele, a vida mental não é produzida pelo social, já que este é sempre uma "fonte de conflitos" e a atividade subjetiva reage a eles de acordo com suas possibilidades (Clot, 2008a).[80]

Como um dos fundadores da psicopatologia do trabalho, Le Guillant estabeleceu as bases para uma clínica dos distúrbios mentais produzidos na relação do sujeito com sua atividade.[81] No seu estudo sobre as empregadas domésticas, desenvolveu o que poderia ser denominado "abordagem clínica do ressentimento",[82] sendo este percebido como a saída "dramática" (no sentido politzeriano do termo) encontrada por essas trabalhadoras aos conflitos com os quais se deparam no seu cotidiano laboral. A ele não escapou, no entanto, o fato de que, embora a condição da doméstica seja repleta de contradições, ambiguidades e conflitos, não são todas as que estão expostas a essa condição que desenvolvem transtornos mentais, o que sugere a existência de uma atividade do sujeito. Em outros termos,

---

79 Já tivemos oportunidade em outras ocasiões de caracterizar esse movimento, expondo suas origens e desdobramentos no contexto francês, além de abordar as obras de outros teóricos também de grande importância, tais como P. Sivadon e C. Veil, que não serão considerados aqui. Ao leitor interessado em aprofundar essa questão sugerimos também a leitura de Lima (1998, 2002 e 2014) e Billiard (2001).

80 É a incompreensão a respeito dessa nuance presente na reflexão proposta por Le Guillant que tem levado alguns a concluírem apressadamente sobre a existência de uma "sociogênese da vida mental" na sua obra, no sentido de uma relação de "causalidade mecânica" na qual o social funcionaria como um "molde". Ou seja, na teorização proposta pelo psiquiatra francês, a condição social não é uma "massa amorfa" ou uniforme e sim uma fonte simultânea de provações e de possibilidades (Clot, Curso de Clínica da Atividade no CNAM, 2009).

81 Ainda que a disciplina tenha sido nomeada por P. Sivadon no seu artigo de 1954, este negligenciou em grande medida a análise do trabalho na compreensão dos transtornos mentais (conferir Lima, 1998 e 2001, Lhuilier, 2007).

82 Y. Clot – Curso de Clínica da Atividade, CNAM, 2009.

este nunca deve ser percebido como um "inocente acometido por uma doença" e nem esta ser configurada como "uma agressão vinda do exterior".[83] Entre as agressões externas e o desenvolvimento da patologia existe sempre uma atividade subjetiva, sendo que a clínica proposta por Le Guillant consiste em "arriscar com o sujeito na descoberta dos conflitos, a partir de suas fontes e, assim, cuidar dele".[84] O que ele procura, em suma, é compreender as relações entre o social - como fonte de conflitos - e o conflito psíquico (conferir, Lima, 2002 e 2004).

FRANÇOIS TOSQUELLES E A PSICOTERAPIA INSTITUCIONAL

F. Tosquelles (1967/2009), psiquiatra catalão, radicado na França, atuou em St. Alban com pacientes psiquiátricos, contribuindo significativamente para o desenvolvimento das "terapêuticas pelo trabalho" e, consequentemente, para as clínicas do trabalho.[85]

Assim, enquanto o essencial da contribuição de Le Guillant consistiu na compreensão e abordagem clínica dos transtornos mentais desenvolvidos na relação do homem com o trabalho, F. Tosquelles interessou-se, sobretudo, pela Ergoterapia, ou seja, pelo potencial terapêutico da atividade laboral, através do que chamava de "psicoterapia institucional". Esta consistia em "cuidar da instituição" para poder cuidar dos pacientes sendo que, ao atuar sobre a "criação mórbida" por meio da oferta de atividades aos pacientes, propondo uma psiquiatria "o mais ativa possível", ele se viu obrigado a refletir sobre o sentido da ação (Tosquelles, 1967/2009, p. 22).[86]

---

83 Y. Clot – Curso de Clínica da Atividade, CNAM, 2009.

84 É nessa perspectiva que Clot irá se apoiar para desenvolver sua própria abordagem na clínica da atividade. Assim, em consonância com Le Guillant, ele vai tentar alcançar as fontes dos conflitos, entendendo sempre a doença mental como uma "criação mórbida" e a clínica "como uma ação com essa criação mórbida, contra essa criação mórbida para dar aos conflitos outras saídas" (Clot – Curso de Clínica da Atividade, CNAM, 2009).

85 Conferir posfácio escrito por Clot (2009) para a última edição do livro de Tosquelles *Le travail thérapeutique en psychiatrie* (O trabalho terapeutico na psiquiatria), no qual deixa patente a importância de sua obra para o desenvolvimento posterior da clínica da atividade.

86 É exatamente aí que se encontra, segundo Clot (2008, 2009), a maior lacuna da obra de Le Guillant que, embora seja "o grande iniciador desse campo de estudos e de ação" e tenha se deparado com problemas difíceis "cuja solução teria conduzido a um caminho bastante diferente para a psicopatologia do trabalho", deixou de abordar as questões relativas à relação entre trabalho e atividade, sendo esta a contribuição maior de Tosquelles para a análise do trabalho (Clot, 2009, p. 144). Sobre esse ponto, diz ele,

Dessa forma, para Tosquelles, agir, ao contrário do que se pensa comumente, não consiste simplesmente em se colocar em movimento, mas em desenvolver uma "atividade própria", isto é, que tenha sua fonte e sua raiz no próprio sujeito. Para ele, é pelo trabalho que se distingue o homem do animal, sendo que jamais trabalhamos sozinhos, uma vez que tudo o que fazemos é sempre "para os outros e com os outros". Assim, a solidariedade "que todos os verdadeiros trabalhadores descobrem" ao realizarem suas tarefas, pode ser "facilmente descrita em termos ideológicos", mas trata-se, acima de tudo, "de um produto intrínseco ao trabalho, tendo efeitos retroativos sobre sua própria fonte" (Tosquelles, 1967/2009, p. 26)[87]

Tosquelles (1967/2009) propõe sua concepção a respeito do trabalho terapêutico, sem dúvida, bastante fecunda para o tema aqui tratado. Para isso, tenta ultrapassar o que chama de "mistificação da ergoterapia", a fim de propor atividades que sejam resultantes de um "conhecimento científico", ou seja, "de um conhecimento sistemático e analítico da estrutura do seu objeto (da estrutura do trabalho), dos mecanismos que tais atividades colocam em jogo, dos efeitos produzidos e mesmo das condições necessárias para esses efeitos (...)" (Tosquelles, 1967/2009, p. 35). E mais do que isso: "(...) as atividades 'terapêuticas' não podem ser concebidas como uma simples 'ocupação' para passar o tempo ou para se distrair enquanto se espera a hora da 'saída' ou a 'cura'". *Não se trata também "de um trabalho para 'ganhar a vida'", uma vez que este possui uma "estrutura interna diferente daquela da ergoterapia"* (Tosquelles, 1967/2009, p. 36).

Suas reflexões representam uma contribuição original para o campo das clínicas do trabalho ao combater as "concepções míopes" a respeito do trabalho "enquanto exercício muscular", ao mesmo tempo em que propõe a "virtude terapêutica da recuperação e da transformação de qualquer coisa em algo útil" (Tosquelles, 1967/2009, p. 147). É por essa razão que Clot (2009, p. 147) situa essas reflexões entre aquelas "tentativas propriamente humanas de escapar ao dilema do 'adaptar-se ou perecer'". Ou seja, "longe de ser consentimento à norma", a atividade na obra de

---

encontraremos "em Daumezon e Tosquelles, mais do que em Le Guillant, as indicações estratégicas que teriam conduzido a um desenvolvimento bastante diferente da psicopatologia do trabalho" (Clot, 2009, p. 66).

87 É essa visão que explica, segundo Clot (2009), a adesão de Tosquelles à proposta do seu colega e contemporâneo Daumezon de "substituir à pesquisa clínica tradicional dos sinais da alienação, uma 'clínica das atividades', a fim de se aproximar de maneira dinâmica, no curso das condutas que possuem um dinamismo curativo, do comportamento dos sujeitos confiados aos cuidados da psiquiatria". (Daumezon, 1948, citado por Clot, 2009, p. 146)

Tosquelles consiste na "construção (...) de um mundo onde o sujeito pode fazer a experiência do real naquilo que ele possui de desconhecido e de inesperado".

Nesse sentido, conclui Clot (2009), o termo atividade em Tosquelles torna-se um conceito e "(...) adquire um estatuto psicológico", deixando de ser "objeto de interpretação" para tornar-se "um instrumento clínico preciso", uma vez que, para ele, ergoterapia "não consiste em fazer os pacientes trabalharem para reduzir este ou aquele sintoma". "Trata-se de fazer trabalhar os pacientes e os profissionais, para cuidar da instituição: para que a instituição e os profissionais compreendam que os pacientes são seres humanos, sempre responsáveis pelo que fazem o que só pode ser posto em evidência com a condição de fazerem alguma coisa" (Clot, 2009, p. 148). Assim, ressalta ele, "não se atribui aqui qualquer 'poder narcótico' ao trabalho para esquecer as contrariedades ou desviar os delírios" (Clot, 2009, p. 149). Além disso, nessa perspectiva, a clínica não é uma atividade de coleta de sinais de alienação: "é ação e não apenas inventário", o que representa, segundo Clot (2009), a primeira contribuição de Tosquelles ao que se convencionou chamar agora clínicas do trabalho: "vejo aí, mais precisamente ainda, o centro de gravidade da clínica da atividade que praticamos: (...) fazer trabalhar nossos interlocutores para cuidar do 'trabalho' a fim que a empresa compreenda na prática que eles são seres humanos sempre responsáveis pelo que fazem, o que só pode ser posto em evidência com a condição de fazer com eles algo que não fazem habitualmente; com a condição de tornar passível de transformação aquilo que fazem habitualmente – inclusive a organização do trabalho – por uma atividade dialógica sobre o trabalho" (Clot & Kotulski, citados por Clot, 2009, p. 149).

Outra contribuição essencial de Tosquelles para as clínicas do trabalho, destacada por Clot (2009, p. 150), concerne à postura que adotava com os pacientes. Segundo ele, tal postura tem representado um suporte no combate que empreende, atualmente, contra o que chama de "vitimologia higienista", uma prática que tem prevalecido nos contextos profissionais na França. Em outras palavras, a ideia é a de que é necessário sofrer para ser reconhecido, o que leva a clínica do trabalho a hesitar "entre o testemunho compassional e a ação transformadora". Nesse aspecto, diz Clot (2009, p. 150), "a prática de Tosquelles é uma fonte de pensamento e de energia", uma vez que se baseia em uma postura clínica sem indulgência para com a doença e os doentes: "suas queixas não são jamais entendidas ao pé da letra e sua atividade responsável é sempre solicitada" (Clot,

2009, p. 151). Trata-se, aqui, diz ele, de uma "clínica de extrema civilidade e, no entanto, sem indulgência", já que "é completamente voltada contra a propensão do paciente em colocar seu contexto de vida a serviço da doença" (Clot, 2009, p. 151). Esta é percebida como uma espécie de "refúgio incerto e fascinante" e, por isso, o objeto da clínica, é "a atividade confiscada pela doença com a qual é preciso justamente disputar essa atividade" (Clot, 2009, p. 152). Faz-se, assim, "um apelo organizado à atividade própria do sujeito a fim de que ele se dê a pena de viver". (Clot, 2009, p. 152)[88]

Finalmente, a terceira contribuição de Tosquelles para a clínica do trabalho, destacada por Clot (2009, p.152), consiste na sua forma de solicitar a "atividade humana", que "supõe outras coisas além das invocações mágicas da iniciativa". Ou seja, a ergoterapia é para ele, "uma ferramenta de modificação do campo operacional de todo o hospital, o qual é também para os pacientes um artifício salvador" (Clot, 2009, p. 153). É por essa razão que concluiu que "a atividade terapêutica só assume seu valor de figura pela sua participação no fundo constituída pelo conjunto das atividades da instituição" (Clot, 2009, p. 153). Assim, existiria para ele, uma "transcendência da instituição" cujos "efeitos terapêuticos estão confirmados" (Tosquelles, 1984, citado por Clot, 2009, p. 153). Em outras palavras, é necessário "ver o dinamismo do hospital como um órgão institucional no qual o paciente pode investir os conflitos de sua própria atividade" (Clot, 2009, p. 154) Ou nos termos do próprio Tosquelles: "O hospital é um rim artificial. Ele deve ser para os pacientes uma ocasião de retomar a confiança nas instituições vividas" (Clot, 2009, p. 154). Isto significa que os conflitos vivenciados e assimilados pelo hospital, permitem a cada paciente "investir nos próprios conflitos que tem evitado e, assim, resolvê-los" (Tosquelles, 1984, citado por Clot, 2009, p. 154).[89]

Cabe ressaltar, no entanto, que esse último aspecto da proposta de Tosquelles – sua visão da instituição hospitalar como o espaço por ex-

---

88 Ao transpor tal postura para o campo da intervenção no trabalho, Clot (2009, p. 152) alerta para o risco de ficarmos aquém desse nível, propondo que "a clínica da atividade em psicologia do trabalho" seja "também um apelo sem indulgência à atividade própria dos trabalhadores, para além da queixa que confisca com demasiada frequência sua atividade individual e coletiva".

89 Para Clot (2009), tais reflexões podem ser transpostas para além do hospital, uma vez que sinalizam que "é a qualidade da conflitualidade social cultivada na instituição que regula a conflitualidade interna do paciente". Segundo ele, "pode-se tirar daí a ideia mais geral de que uma vida social que não oferece uma conflitualidade externa suficiente dissipa a energia psíquica do sujeito" (Clot, 2009, p. 154).

celência para se promover o desenvolvimento do paciente – foi o ponto crucial de sua controvérsia com L. Le Guillant. Ou seja, embora fizessem parte do mesmo movimento, os dois teóricos tinham discordâncias importantes, sendo a maior delas em torno desse papel atribuído por Tosquelles à instituição hospitalar na sua prática. A polêmica a esse respeito foi claramente explicitada no Colóquio de Bonneval, de 1951, quando Le Guillant (1952, p. 556) qualificou como um "mito" a ideia de uma "terapêutica" em uma estrutura típica de internação psiquiátrica, dizendo que "sejam quais forem as reformas que possam ser levadas até ela", continuará sendo "fundamentalmente estranha e inadequada às necessidades de uma assistência psiquiátrica racional".[90]

A RETOMADA DA CLÍNICA DO TRABALHO

Durante cerca de 20 anos, em um período que vai do final dos anos 1960 até o início dos anos 1980 do século passado, instalou-se um verdadeiro vazio na produção teórica francesa em torno da clínica do trabalho.[91] A retomada só se deu em 1980, quando C. Dejours publicou seu livro *Travail: usure mentale: essai de psychopathologie du travail*.[92] A partir dessa primeira publicação, o autor passou a se dedicar ao desenvolvimento da disciplina por ele renomeada alguns anos depois, quando passa

90 Essa polêmica foi publicada na íntegra sob o título *Symposium sur la psychothérapie collective* (Simpósio sobre a psicoterapia coletiva) na Revista *"L'évolution psychiatrique"*, 3, 1952.

91 Tal vazio não foi fruto do acaso, segundo Clot, uma vez que ele se deu exatamente em um período de grande crescimento econômico do país, ou seja, numa época em que prevalecia a ideia de que os problemas de saúde no mundo do trabalho poderiam ser sanados pela via econômica (Curso de Clínica da Atividade, CNAM, 2009). Billiard, (1996, 2001), no entanto, atribui essa lacuna a outras causas, tais como: o afastamento de alguns dos principais teóricos do campo da saúde mental no trabalho (Paul Sivadon, Claude Veil e Louis Le Guillant); as importantes inovações introduzidas nos hospitais psiquiátricos franceses, levando os cuidados aos pacientes até aos seus espaços normais de vida; os movimentos mais amplos que atravessaram e recompuseram o conjunto das ciências sociais e humanas, colocando em xeque toda a psiquiatria dos anos 50, a sociologia empírica e o marxismo do pós-guerra, por meio de um paradigma dominante baseado na linguística e na antropologia estrutural; a prevalência da psicanálise no campo da psiquiatria, tornando cada vez mais numerosos os psiquiatras psicanalistas; finalmente, a publicação de duas obras de Foucault – *A história da loucura na idade clássica* – que, ao questionarem o saber psiquiátrico lançaram as bases para a difusão posterior na França dos movimentos inglês e italiano da anti-psiquiatria.

92 Publicado no Brasil em 1987, sob o título "A loucura do trabalho - estudo de psicopatologia do trabalho", pela Editora Oboré (SP).

a chamá-la "psicodinâmica do trabalho" (Dejours, 2000). Pouco a pouco, outros teóricos foram emergindo, levando a uma maior consolidação desse campo de estudos que aparece hoje como um cenário bem mais complexo, em que teorias se confrontam e propõem aos interessados pelo tema uma rica controvérsia, cujos elementos mais importantes serão expostos a seguir.[93]

CHRISTOPHE. DEJOURS E A PSICODINÂMICA DO TRABALHO

Na sua vasta obra, C. Dejours, fundador e representante maior da psicodinâmica do trabalho, tem deixado claro em muitas ocasiões seu propósito de fazer avançar o problema central do qual se ocupa a clínica do trabalho: o de compreender a relação entre subjetividade e atividade. Talvez o momento em que explicitou melhor tal propósito tenha sido em um ensaio publicado, em 1996. Nesse ensaio, intitulado *Psychologie clinique du travail et tradition compréhensive*[94], ele não apenas reivindica um lugar para sua disciplina entre aquelas que compõem o campo da clínica do trabalho, como expõe minuciosamente as bases teóricas sobre as quais tem sido edificada.

O autor se interroga, inicialmente, sobre o que é a "psicologia clínica do trabalho", questionando se se trata de um campo, de um método ou de uma disciplina e concluindo que a "polissemia e a ambiguidade são inevitáveis" (Dejours, 1996, p. 158) na comunidade científica e tratá-las seria um esforço vão. Apesar disso, considera legítimo reivindicar um lugar para sua disciplina nesse campo, uma vez que esta "(...) se inscreve na perspectiva clínica, por analogia com o que significa rigorosamente esse termo: 'o que concerne ao paciente no leito'; 'o que se faz na cabeceira do doente'" (Dejours, 1996, p. 158). A analogia, completa ele, explica-se pelo fato de que "a psicologia do trabalho concerne às investigações e, eventualmente, às ações que se fazem no campo, em situação real de trabalho" (Dejours, 1996, p.158). Portanto, ela diz respeito "à topografia dos locais da pesquisa. Assim, não se trata de doentes, mas essencialmente de homens e de mulheres em situação de trabalho, que estes ou estas sejam 'normais' ou 'doentes'" (Dejours, 1996, p.158). E finaliza sua argumentação, colocando-se na perspectiva politzeriana: "Reterei, portanto, do

---

93 Apesar da diversidade das teorias que compõem, atualmente, esse campo, em função dos limites deste ensaio, decidimos expor aqui apenas duas delas - a psicodinâmica do trabalho e a clinica da atividade -, não apenas pela sua ampla divulgação no Brasil, mas por ilustrarem com perfeição a riqueza dessa controvérsia.

94 Psicologia clínica do trabalho e tradição compreensiva.

termo clínica, o que caracteriza uma *démarche* partindo do campo, se desenvolvendo no campo e retornando constantemente para o campo. (...) Poderíamos falar aqui de 'psicologia concreta', no sentido que Politzer deu a esse termo" (Dejours, 1996, p. 158).[95]

De início, Dejours (1996a, p.159) coloca a psicopatologia do trabalho como a "pré-história da psicodinâmica do trabalho", dizendo que esta surgiu a partir da "confrontação de três disciplinas: a psicanálise, a psiquiatria e a ergonomia", tendo no seu centro a discussão em torno de "três questões essenciais: o sujeito, a saúde, o trabalho". Ele descarta, no entanto, as concepções dessas disciplinas a respeito do trabalho, dizendo que para a psiquiatria este é apenas uma peça decorativa, sendo visto como fruto de obrigações que, mesmo sendo sociais, são "fluidas e submissas a uma redução psicológica que consiste a reter apenas a dimensão 'relacional' e 'afetiva'" (Dejours, 1996a, p. 159). Quanto à psicanálise, prossegue ele, "só percebia o trabalho de forma parcelar, através do conceito de sublimação" e a ergonomia, por sua vez, propunha a respeito do trabalho "uma análise muito mais precisa, mas também fortemente desconcertante" (Dejours, 1996a, p. 159). No que concerne à saúde, ele considera que a ergonomia, assim como a psiquiatria se preocupam com sua compreensão, mas deixam muitas questões em aberto, dentre elas, "o que é a saúde mental" e o "que é a normalidade". Finalmente, qualifica como reducionista o modelo de homem proposto pela ergonomia, já que este se limita "ao de operador, cujas características vinham essencialmente dos conhecimentos em biologia humana" e deixa sem respostas questões referentes ao que é o "funcionamento psíquico". (Dejours, 1996a, p. 160)[96]

Dejours (1996a, p. 160) aborda, em seguida, o que chama de uma "nova etapa na elaboração teórica da psicopatologia do trabalho", na qual, "ao mesmo tempo em que a orientação clínica se confirma (...), o centro de gravidade da investigação se desloca da patologia para a normalidade". Assim, "é a normalidade que se torna enigmática e que será doravante concebida como um compromisso entre o sofrimento, resultante da relação com o trabalho, e as defesas construídas (individualmente e coletivamente) para controlar o sofrimento" (Dejours, 1996a, p. 160).

---

95 Embora Dejours assegure aqui sua adesão a perspectiva politzeriana, é impossível concordar que tal adesão se efetive na prática. Já fizemos uma longa reflexão a este respeito, em outro momento, a qual remetemos o leitor interessado. (conferir Lima, 2002)

96 Apesar de admitir os progressos alcançados nesse campo pelas pesquisas posteriores a 1975, especialmente pela "curiosidade e tolerância de Alain Wisner", Dejours (1996a, 160) considera que as respostas a tais questões "são ainda fragmentadas".

Mas segundo ele, as consequências dessa mudança só serão plenamente constatadas em 1992, com a mudança da denominação da disciplina para psicodinâmica do trabalho. Nesse novo quadro, a psicopatologia do trabalho continua a existir, mas muito "mais como um capítulo da disciplina do que como um domínio específico no seio de uma clínica ampliada: aquele das doenças mentais surgindo quando as estratégias defensivas são ultrapassadas por um sofrimento que não pode, ou não pode mais, ser convenientemente contido" (Dejours 1996a p. 160).

Ao situar melhor as bases sobre as quais fundamenta a psicodinâmica do trabalho, Dejours (1996a, p. 160) explica que "a necessidade de pensar a normalidade veio das relações científicas estabelecidas com a ergonomia", enquanto a possibilidade de pensar a seu respeito veio da "teoria psicanalítica do sujeito", que coloca totalmente em xeque, "a separação entre normalidade e patologia e propõe uma série conceitual coerente em torno das defesas, que se tornam o centro da gravidade da investigação e da cura, ao contrário da psiquiatria clássica" (Dejours, 1996a, pp. 160-161). Mas a psicodinâmica do trabalho teria ido além ao descobrir "estratégias de defesa desconhecidas pela psicanálise: as estratégias coletivas de defesa" (Dejours, 1996a, p. 161). Estas teriam "um papel teórico maior na fundação de uma metapsicologia das articulações entre ordem singular e ordem coletiva, no seio da qual o trabalho ocupa um lugar decisivo de mediador" (Dejours, 1996a, p. 161). Nessa perspectiva, continua ele, "a psicologia do trabalho não pode mais ser considerada como uma 'psicologia aplicada', nem como uma 'psicanálise aplicada'", uma vez que "o trabalho se torna um operador de inteligibilidade essencial, para analisar as condutas humanas em geral e os processos implicados tanto na saúde mental quanto na doença." É isto, diz ele, que visa "com a expressão centralidade do trabalho na psicologia". Ou seja, "o trabalho não é um objeto particular entre outros possíveis como a família, o lazer, a vestimenta, o esporte etc. Ele é colocado no próprio centro da psicologia, da mesma forma que a sexualidade" (Dejours, 1996a, p. 161).[97]

97 O grifo da expressão "centralidade do trabalho" é do próprio autor. É impossível não se surpreender com essa defesa apaixonada que faz a respeito da centralidade do trabalho na Psicologia. Em primeiro lugar, pela sua declarada filiação teórica a certas correntes filosóficas que propõem, ao contrário, a perda de centralidade do trabalho "no funcionamento econômico, social e político contemporâneo" (Dejours, 1996a, p. 176), como ele mesmo reconhece algumas páginas adiante. Em segundo lugar, pelo fato de ter afirmado exatamente o oposto na apresentação ao número da *Revue Internationale de Psychosociologie* dedicado à Psicodinâmica do Trabalho, em 1996, ou seja, no mesmo ano em que foi publicado o ensaio aqui analisado: "(...) a psicodinâmica do trabalho

Assim, segundo Dejours (1996a, p. 161), a psicodinâmica do trabalho que se situava até então mais no campo da medicina e da psiquiatria, passou a ocupar inteiramente um lugar no campo da psicologia, "graças à metapsicologia que ela propõe" E isso, acrescenta ele, reafirmando mais uma vez sua filiação a Politzer, não se dá dentro do "paradigma das ciências aplicadas", mas dentro daquele das "ciências de campo" ou das "ciências situadas", ou seja, das ciências que analisam as situações e constroem seus conceitos a partir de situações concretas. "Psicologia concreta, portanto, remetendo a uma epistemologia das ciências de campo" (Dejours, 1996a, p. 161).[98]

O estabelecimento da relação entre a psicodinâmica do trabalho e a Sociologia ocorreu, de acordo com Dejours (1996a) quando mudaram os rumos da psicopatologia do trabalho. Ou seja, ao privilegiar "o campo da normalidade, a psicodinâmica do trabalho" passou a propor essa normalidade "como um compromisso", isto é, "como uma formação, jamais definitivamente estável, entre sofrimento e defesa". Mas, continua ele, essa compreensão da normalidade como um compromisso, "implica que este último seja uma construção humana e não o resultado de um mecanismo ou de um automatismo psicológico". Em outros termos, "as construções defensivas" são percebidas como "diversificadas e especificamente ajustadas aos contextos econômico, social e histórico", sendo que "a questão da normalidade se desloca (...) em direção àquela da racionalidade que organiza essas condutas defensivas". Além disso, "colocar o enigma da normalidade, é admitir, ao mesmo tempo, a primazia da questão do sentido da situação, para aqueles que trabalham e, portanto, introduzir a dimensão da intencionalidade assim como o recurso à *démarche* compreensiva" (Dejours, 1996a, p. 161).

---

não é uma psicologia de objeto. O trabalho não figura aqui da mesma forma que os objetos específicos aos outros campos da psicologia: psicologia do esporte, psicologia do lazer, psicologia da aprendizagem, psicologia da educação, psicologia da leitura. Existe, da mesma forma que essas psicologias, uma psicologia do trabalho convencional, onde o trabalho figura como atividade-objeto, da mesma forma que outras atividades citadas (esportes, lazer, educação, leitura etc). Mas, precisamente, a psicodinâmica do trabalho *não é uma psicologia do trabalho* (grifo nosso), mas uma psicologia do sujeito" (Dejours, 1996b, pp. 7-8).

98 Essa adesão ao pensamento potizeriano por meio de uma metapsicologia também surpreende, uma vez que o autor parece desconsiderar a contundente crítica dirigida por Politzer à psicanálise, dentre outras razões, por ter se transformado em uma metapsicologia. (conferir Politzer, G., 1928/1969)

Ficaria, assim, segundo ele, justificado o vínculo entre sua disciplina e o campo da Sociologia da qual tomaria emprestada "não apenas sua dimensão metodológica, mas também e, sobretudo, sua dimensão epistemológica" (Dejours, 1996a, p. 162). É também a partir desse encontro com a Sociologia e, sobretudo, com a "*démarche* compreensiva", que adere à teoria da ação e desenvolve seu interesse pelas "ciências histórico-hermenêuticas", com ênfase especial no "(...) estatuto da interpretação e do sentido na teoria do conhecimento" (Dejours, 1996a, p. 162).[99]

Quanto à posição ocupada pela psicodinâmica do trabalho no conjunto das "correntes disciplinares que atuam no campo da relação entre subjetividade e trabalho", Dejours (1996a, p. 163) enumera as mais próximas: "a abordagem do estresse e entre outros os estudos sobre *burn out*"; "a abordagem fenomenológica em clínica, ilustrada pela obra de Adolfo Fernandez-Zoïla"; "a abordagem *sócio*-psicanalítica, inaugurada por Gérard Mendel"; "a psicossociologia das organizações, de Elliot Jaques e de Menziès a Vincent de Gaulejac, passando por Max Pagès, Eugène Enriquez, Jacqueline Palmade, Jean Dubost"; "a abordagem histórico-cultural de Yves Clot".[100]

Finalmente, ele se propõe a "reabilitar a subjetividade" por meio do que chama da "repatriação" para o "campo da psicologia do trabalho e da ergonomia, do debate sobre a crítica da racionalidade que se desenvolve no seio da teoria sociológica da ação" proposta por Habermas (Dejours, 1996a, p. 166). Isto se traduziria no plano teórico "pela introdução da noção de racionalidade subjetiva da ação". Nesse sentido, transfere a crítica habermasiana da racionalidade para sua disciplina e propõe para a psicodinâmica do trabalho uma "(...) análise das expectativas do mundo subjetivo, como referência prévia ao exame das racionalidades das condutas e da ação em situação de trabalho" (p. 176). Sua proposta é, em suma, a de que toda "justificativa" de uma "conduta insólita em situação de trabalho"

99 Dejours (1996a, p. 162) esclarece ainda que a psicanálise continua sendo uma referência privilegiada, uma vez que "assegura, mais do que qualquer outra, uma *démarche* compreensiva, na medida em que é inteiramente voltada para a pesquisa do sentido, da inteligibilidade de suas condutas, pelo sujeito, e em direção a um trabalho de interpretação e de construção".

100 Sobre a evidente diversidade dessas abordagens, para não falar das divergências bastante conhecidas entre elas, Dejours (1996a, p. 163) limitou-se a dizer que seria muito extensa (e não muito simples) uma análise sobre suas diferenças, mas que "esteve pessoalmente em estreita relação com todas as correntes citadas e notoriamente influenciado por vários autores nomeados".

seja remetida ao "conteúdo do sofrimento subjetivo e das estratégias de defesa contra o sofrimento" (Dejours, 1996a, p. 176).

Cabe acrescentar ainda que, para Dejours (1996a, p. 177), a psicodinâmica do trabalho "não é uma disciplina unicamente voltada para a produção de conhecimento sobre as relações entre sofrimento, prazer e trabalho". Ela consiste igualmente na ação, uma vez que "a investigação é também uma prática". Nesse sentido, ele coloca o interesse da psicodinâmica do trabalho pela transformação da relação sujeito/organização do trabalho como "homóloga àquela do pesquisador em ergonomia". E conclui que "a teoria e a prática da psicodinâmica do trabalho implicam, não apenas em produzir uma análise da racionalidade, em relação à autorrealização (e à autoconservação), das condutas humanas no trabalho", mas também "das condições de possibilidade de uma ação de transformação, regulada, da relação subjetiva ao trabalho" (Dejours, 1996a,p. 177).

YVES CLOT E A CLÍNICA DA ATIVIDADE

Foi somente a partir dos anos 1990 do século passado que Yves Clot surgiu de forma efetiva nesse cenário, ao começar a desenvolver a clínica da atividade, disciplina que ele próprio situa no campo das clínicas do trabalho.[101] No posfácio que escreveu para terceira edição de sua obra *Le travail sans l'homme? Pour une psychologie des millieux de travail et de vie*[102], Clot (2008b) relembra que, em 1995, ocasião em que o livro foi editado pela primeira vez, não havia ainda uma organização da pesquisa em clínica da atividade, sendo que a própria nomeação da disciplina só ocorreria em 1998. Assim, será em suas obras maiores (*La fonction psychologique du travail* e *Travail et pouvoir* d'agir publicadas respectivamente, na França, em 1999 e 2008)[103] que irá expor os fundamentos da clínica da atividade, bem como suas diferenças (e divergências) em relação às outras disciplinas que compõem o campo da psicologia do trabalho, em especial, a psicologia ergonômica, a psicologia social do trabalho e a psicodinâmica do trabalho.[104]

101 Conferir Clot (1995, 1999, 2008) e Clot & Leplat (2005)

102 O trabalho sem o homem? Por uma psicologia dos meios de trabalho e de vida.

103 A função psicológica do trabalho e Trabalho e poder de agir. A primeira foi publicada no Brasil, em 2006, pela Editora Vozes e a segunda, em 2010, pela FabreFactum.

104 Sobre as fontes teóricas que têm servido de base para essa construção ele se refere, principalmente, àquelas que vêm de Vygotsky, Leontiev, Bakhtin, Canguilhem, I. Oddone, mas sem deixar de enfatizar a importância de L. Le Guillant, F. Tosquelles, H.

No que diz respeito às especificidades do lugar ocupado pela clínica da atividade no campo das clínicas do trabalho, um dos aspectos principais concerne à forma pela qual ela concebe a atividade em sua relação com a subjetividade. Afinal, como o próprio Clot afirmou, esse é o grande problema que está posto aos que pretendem contribuir para o desenvolvimento desse campo de estudos. Para avançar na sua compreensão, inspira-se nos trabalhos de Vygotsky e Leontiev, mas também nas conclusões extraídas por Tosquelles de sua experiência com a ergoterapia.

Assim, em consonância com as reflexões de Vygotsky – que percebia o homem, a cada momento, como pleno de possibilidades não realizadas –, Clot (2008b) distingue o real daquilo que foi realizado, uma vez que agir é, acima de tudo, selecionar uma dentre várias atividades possíveis. Além disso, as emoções não possuem um estatuto independente da atividade, sendo que, à sua maneira elas contribuem para sua realização. A cognição, por sua vez, também não independe da atividade, uma vez que, de acordo com o modo pelo qual está é organizada, o sujeito pode perder a capacidade de dispor dos seus recursos cognitivos. Portanto, o sentido da atividade é o seu verdadeiro regulador, afetando as emoções e as cognições, devendo ser transformado se quisermos mudar a relação entre o emocional e o cognitivo (Clot, 2008b)[105]. Mas, segundo ele, "a atividade só é cognitiva ou emotiva, em um segundo grau", uma vez que, de início, ela é, "através e para além da realização da tarefa, movimento de apropriação de um meio de vida pelo sujeito, livre jogo desse movimento ou amputação do mesmo" (Clot, 2008b, p. 6).[106]

Outro aspecto importante para o tema aqui tratado concerne à aproximação feita pela disciplina entre atividade e saúde (Clot, 2008b). Para

---

Wallon e A. Wisner. Quanto às disciplinas com as quais dialoga, desde sua origem, cita, notadamente, a ergonomia e a psicopatologia do trabalho.

105 É por essa razão que Clot (2008b) interroga sobre a pertinência de "se isolar na atividade um 'trabalho emocional' específico", como tem sido feito por alguns pesquisadores no Canadá e nos EUA, com repercussões na França. Nos seus próprios termos, tratar da emoção "não consiste seguramente em acrescentar um capítulo suplementar à psicologia cognitiva para torná-la menos 'desencarnada'" (Clot, 2008b, p. 5). Ou seja, é o próprio objeto de pesquisa que é preciso reconsiderar.

106 Além disso, a atividade possui uma "estrutura dinâmica", sendo ao mesmo tempo "pessoal, interpessoal, transpessoal e impessoal" (Clot & Leplat, 2005). Ou seja, ela é pessoal "de maneira irredutível"; é interpessoal "em cada situação singular, pois sem destinatário, perde seu sentido"; é transpessoal porque "é atravessada por uma história coletiva"; e, finalmente, é impessoal "pelo ângulo da tarefa prescrita" (Clot & Leplat, 2005, p. 310).

isso, ela se apoia nas reflexões de Canguilhem (1966, 2002) a respeito das concepções da saúde/doença ou normalidade/patologia, incorporando a concepção de saúde desenvolvida por Canguilhem como a capacidade apresentada pelo sujeito de assumir responsabilidade pelos seus atos ou de criar relações entre as coisas que não ocorreriam sem a sua ação sobre elas. Isso significa que, nessa perspectiva, a saúde se relaciona com certo domínio sobre o mundo, com o fato de estar na origem de alguns fenômenos e, mais do que isso, ser instigador ou produtor de normas. Em outras palavras, é quando não somente se vive em um meio, mas se produz um meio para viver, deixando, de certa maneira, em torno de si, um mundo transformado (Clot, 2008a e 2009).

Nesse sentido, afirma Clot (2008a, p. 7), atividade é a "produção de um meio de objetos materiais ou simbólicos e de relações humanas ou mais exatamente de recriação de um meio de vida". Portanto, para a clínica da atividade, uma especificidade da espécie humana consiste em fazer de "toda coisa, não apenas um objeto social, mas simultaneamente um objeto psicológico". Nos contextos de trabalho isso exige do sujeito uma capacidade para enfrentar os objetos e as relações com o outro "que lhe resistem e que lhe afetam". Por isso, "viver no trabalho é poder desenvolver sua atividade, seus objetos, seus instrumentos, seus destinatários", afetando sua organização pela iniciativa (Clot, 2008b, p. 7). Mas essa atividade pode se encontrar destituída de afeto "quando as coisas, no meio profissional, se põem a ter relações entre elas", independentemente dessa iniciativa possível. Nessa circunstância, podemos, "paradoxalmente", agir "sem nos sentirmos ativos" . Além disso, "o círculo dos processos psíquicos" pode fechar-se sobre si mesmo, tornando impossível sua transformação, sendo que "as emoções sentidas, que vão do ressentimento para com o outro até à perda da autoestima", perdem seu dinamismo e "não desenvolvem mais a energia individual e coletiva" (Clot, 2008b, p.7), que fica, ao contrário, enclausurada e estéril.

Para Clot (2008a, p. 8) esse tipo de circunstância está cada vez mais comum nas formas dominantes do trabalho contemporâneo, levando ao "desenvolvimento da psicopatologia do trabalho ordinário" e evidenciando, acima de tudo, "a amputação do poder de agir e o sentimento de impotência" que esta acarreta (Clot, 2008b, pp. 8-9). Nesse caso, ocorre o que chama de "perda do sentido da atividade", isto é, "uma espécie de desvinculação entre as preocupações reais dos trabalhadores" e suas ocupações imediatas. Desaparece do seu trabalho "a relação entre os fins aos quais é necessário se submeter, os resultados aos quais é necessário aspirar e o que conta realmente para eles" (Clot, 2008b, p. 8). Assim, "os conflitos de critérios entre velocidade e qualidade, entre velocidade e segurança, entre produção e manutenção ou ainda as antinomias entre rentabilidade de curto prazo e eficácia no trabalho, minam atualmente muitas atividades profissionais" (Clot, 2008b, p. 9).[107]

Tudo isso serve de base para a proposta de intervenção que vem sendo desenvolvida no âmbito da clínica da atividade, sendo uma de suas principais premissas a ultrapassagem da mera prática da expertise. Ou seja, trata-se de criar condições que permitam restaurar o "poder de agir" dos sujeitos nos seus contextos de trabalho, ao invés de simplesmente fazer um "inventário de queixas" ou propor um diagnóstico dos problemas, apresentando, em seguida, sugestões de mudanças. Ao contrário de preconizar, como o fazem os positivistas, "saber para prever e agir", o que a clínica da atividade propõe é "agir sem poder prever a fim de conhecer". Dessa forma, a ideia é a de que se passe de uma posição "higienista positivista" para uma posição voltada para a ação (Clot, 2008a, 2008b).

Mas, para isso, são estabelecidas algumas distinções essenciais: em primeiro lugar, não se trata de uma clínica voltada para as vivências individuais, negando o social; em segundo lugar, não consiste em uma "psicologia clínica do trabalho", mas sim uma "clínica do trabalho";[108] finalmente,

---

107 Sobre os impactos subjetivos de tudo isso, Clot (2008a, p. 9) ressalta que, apesar de muitas vezes a tarefa ser cumprida e a competência do sujeito ser reconhecida, ele não se reconhece no que fez, ocorrendo "uma perda da função psicológica de sua ação". Assim, "a finalidade do trabalho exigido torna-se psicologicamente estranha à atividade dos sujeitos cujo objeto encontra-se fora deles" e "as ações realizadas rivalizam na sua atividade com aquelas que deveriam e, sobretudo, poderiam ser realizadas" (Clot, 2008a, p. 9). Ele conclui que "a realidade psicológica desses conflitos presentes no próprio objeto do trabalho é fonte de poderosos afetos que nem sempre encontram destinos favoráveis" (Clot, 2008a, p. 9). Assim, "muitos dramas humanos do trabalho encontram aí sua origem", sendo que atividade excessiva conjugada com um sentimento de insignificância formam aí "uma mistura explosiva" (Clot, 2008a, p. 9). Diante disso, o mínimo que se pode concluir é que "a atividade se encontra atingida no seu desenvolvimento possível", sendo necessário se confrontar com esses processos, dando-lhes outro destino (Clot, 2008a, pp. 9-10).

108 A opção, nesse caso, é "pelo substantivo contra o adjetivo", distanciando-se da psicodinâmica do trabalho, que prefere o adjetivo ao se colocar dentro do campo da "psicologia clínica do trabalho" (conferir Dejours,1996): enquanto o primeiro privilegia a ação (a clínica) visando transformar o trabalho, o segundo prioriza o conhecimento (conferir Clot & Leplat, 2005; Clot, 2008a).

sua pretensão é a de "aproximar subjetividade e trabalho" de uma forma diversa daquela que tem sido adotada até então.[109]

Em resumo, por meio dos recursos metodológicos que vêm sendo desenvolvidos no contexto da clínica da atividade, Clot e sua equipe têm proposto ações nos contextos de trabalho onde "a atividade do sujeito se vê amputada do seu poder agir" (Clot, 2008a, p. 13). Ou seja, para eles, esse poder de agir pode se desenvolver sempre que "a ação ultrapassando os resultados esperados pelo sujeito (...) culmina em uma situação inesperada: a descoberta de um novo fim possível e ignorado até o momento, o reconhecimento de outra coisa que seria realizável através e para além do que acaba de ser realizado, a identificação no real de possibilidades insuspeitas das quais a atividade pode se apropriar" (Clot, 2008a, p.14). Nesse caso, ressalta Clot (2008a, p. 13-14), estamos diante "de uma renovação do sentido da ação, eventualmente do renascimento da atividade pela emergência de novas preocupações do sujeito, graças ao recuo do seu horizonte subjetivo, sob o efeito de uma remobilização".[110]

Não se pode esquecer, no entanto, que uma clínica da atividade "não é apenas um método de ação e de transformação", sendo também "um método de produção de conhecimento" (Clot & Leplat, 2005, p. 311). Para isso, tenta "deslocar o plano da observação" de modo a observar menos a "estrutura da atividade enquanto tal do que a estrutura do seu desenvolvimento possível". Em outras, palavras, "o objeto do conhecimento é simultaneamente a atividade e o desenvolvimento da atividade, bem como seus impedimentos" (Clot & Leplat, 2005, p. 311). São, portanto, "os mecanismos desse desenvolvimento que estão no centro das atenções" e, uma vez que "é somente em movimento que um corpo se revela" (Vygotsky, citado por Clot & Leplat, p. 311) é também através de "uma

109 Clot (2008a) conclui essas considerações dizendo que "a prática de uma clínica da atividade" foi "o único meio" que encontrou para "fazer a psicologia do trabalho" (Clot, 2008a, p. 10), evitando assim, a opção que considera "demasiadamente cômoda" entre uma psicologia ergonômica, isto é, "uma ciência unificada dos sistemas homens-máquinas" e uma "psicologia das organizações", ou seja, "uma psicologia social sem trabalho real". Segundo ele, essa dicotomia entre a técnica e o social tem causado apenas embaraços e a psicologia do trabalho pode seguir uma terceira via: "a de uma psicologia do desenvolvimento dos sujeitos no trabalho, incluindo ferramentas, coletivos e organizações" (Clot, 2008a, pp. 10-11).

110 Para isso, as técnicas principais que vêm sendo desenvolvidas e utilizadas são a autoconfrontação cruzada e a instrução ao sósia, cujas descrições mais pormenorizadas o leitor interessado poderá encontrar em algumas publicações do autor (Clot & Faïta 2000, Clot, Faita, Fernandez, & Scheller, 2001; Clot, 2006, 2008a).

experiência transformadora que a atividade de trabalho pode revelar seus segredos". Sendo assim, "o desenvolvimento é ao mesmo tempo o objeto e um método privilegiado dessa psicologia do trabalho" (Clot & Leplat, 2005, p. 311).

ABORDAGENS CLÍNICAS E A SAÚDE MENTAL NO TRABALHO

Ao buscar compreender relação entre subjetividade e atividade, cada uma das abordagens expostas acima pode ser percebida como uma contribuição – direta ou indireta – para o desenvolvimento do campo da saúde mental no trabalho (SM&T). É importante refletir, no entanto, a respeito da qualidade dessa contribuição, ou seja, até que ponto os resultados por elas alcançados permitem avanços efetivos na compreensão e na intervenção sobre os processos saúde/doença mental na sua relação com o trabalho.

A análise psicotécnica do trabalho, proposta por J.M. Lahy e S. Pacaud, conforme já sinalizamos, embora tenha culminado em uma "aplicação de receitas" e em um "instrumento de adaptação do homem à racionalização industrial", além de representar um "ideal de profilaxia social", deixou indicações importantes para uma análise clínica dos contextos de trabalho (Clot, 1996). Foi provavelmente essa mesma constatação que levou Le Guillant (2006) a retomar os resultados do estudo de S. Pacaud com as telefonistas, ao pesquisar a mesma categoria profissional. Além disso, não se pode descartar a utilidade do seu método de análise do trabalho nos estudos atuais no campo da SM&T, conforme já foi sinalizado.

Já a importância da abordagem de L. Le Guillant (1985, 2006) aparece de forma mais imediata. O clínico e psiquiatra francês foi um dos fundadores desse campo de estudos, na França, proporcionando através de diversas pesquisas – hoje transformadas em referências obrigatórias para aqueles que pretendem atuar na área – uma compreensão inédita a respeito dos impactos da vida social sobre a vida psíquica. Ao propor o que chamava de "psicopatologia social", Le Guillant (1985, 2006) permitiu um avanço na compreensão do modo pelo qual indivíduos expostos a processos de alienação no seu trabalho cotidiano podem desenvolver sintomas graves, constituindo-se, muitas vezes, em verdadeiras patologias mentais. Assim, as telefonistas apresentavam algo semelhante a uma "intoxicação" provocada pela intensificação do seu trabalho e pelos meios despóticos de controle. O nervosismo daí resultante não era apenas uma forma de desgaste, mas tornava-se uma condição necessária para assegurar a produtividade. Ou seja, sem ele, a realização do trabalho ficava impossível e as telefonistas mais nervosas eram também as que apresentavam o melhor rendimento.[111]

Do ponto de vista metodológico, as contribuições do autor não são menos importantes ao trazerem elementos essenciais para se pensar as relações entre processos sociais e psicológicos, entre objetividade e subjetividade, propondo o que se poderia chamar de uma "psicopatologia da condição social" (Clot, 2009).[112] Embora, nunca tenha realizado observações diretas do trabalho, Le Guillant conseguiu – graças à sua perfeita compreensão a respeito da psicologia concreta politzeriana –, propor um método bastante eficaz na apreensão dos impactos das condições de trabalho sobre a saúde mental.[113]

Quanto a F. Tosquelles, sua principal contribuição consiste no valor terapêutico que conseguiu identificar em certas formas de organização do trabalho. Ao fazê-lo, ele trouxe elementos essenciais para se pensar a clínica do trabalho, especialmente, por meio dos processos de desconstrução das formas de alienação presentes nos contextos laborais. Vimos também que ele propôs, através das terapêuticas ativas, uma ação que ultrapassa o mero diagnóstico ou inventário dos sinais dessa alienação (Clot, 2009). Ou seja, o trabalho, nessa perspectiva, não é uma espécie de "narcótico" que ajuda a esquecer os problemas ou a reduzir os sintomas, mas uma forma de agir no mundo e de estabelecer entre as coisas relações que não ocorreriam espontaneamente. Por meio da ergoterapia, se propõe uma ação responsável, envolvendo um real engajamento do sujeito, de modo

---

111 Além da relevância e atualidade dos resultados alcançados por Le Guillant nesse estudo – uma vez que o desenvolvimento acelerado do setor de telecomunicações, no decorrer das últimas décadas, tem também gerado um agravamento do quadro identificado por ele nessa categoria profissional –, outras pesquisas do autor merecem ser citadas aqui, como aquelas realizadas em torno das atividades das empregadas domésticas e dos condutores de trem. Ambas constituem contribuições relevantes a respeito das psicopatologias geradas por situações extremas de dominação (empregadas domésticas) ou de rigidez do trabalho (condutores) (conferir Le Guillant, 1985, 2006)

112 Curso de Clínica da Atividade, CNAM, 2009.

113 Além da "abordagem pluridimensional", que propõe a análise dos contextos de trabalho nas suas múltiplas dimensões e por meio dos mais diversos recursos metodológicos, ele propôs o método biográfico, considerado por alguns dos estudiosos de sua obra, como o ponto culminante de sua trajetória.(conferir Doray, 1996). Já discorremos em outras ocasiões a respeito da importância das contribuições teórico-metodológicas de Le Guillant para o campo da SM&T, sendo desnecessário retomar aqui essa questão (conferir Lima, 2002, 2004).

a lhe permitir sair da condição de "doente" ou de "paciente".[114] Assim, ao ultrapassar a prática baseada na "mera escuta" dos pacientes ou no inventário de suas queixas, encorajando-os, ao contrário, a serem ativos e responsáveis pelas suas ações (e pelo seu próprio desenvolvimento), por meio de uma "clínica sem indulgência" (Clot, 2009), Tosquelles contribuiu de forma decisiva para o avanço do campo da SM&T, uma vez que essa clínica pode ser transposta para os contextos de trabalho.

No que diz respeito às abordagens contemporâneas aqui privilegiadas – a psicodinâmica do trabalho e a clínica da atividade –, vimos que existem diferenças importantes entre elas, o que evidentemente afeta o tipo de contribuição que cada uma é capaz de oferecer para o campo da SM&T. A psicodinâmica do trabalho embora tenha se colocado, inicialmente, dentro da perspectiva de uma psicopatologia do trabalho, posteriormente, transformou-a em "um capítulo da disciplina" (Dejours, 1996). Ou seja, a partir de 1992, ela passou a considerar a normalidade como o verdadeiro enigma, deslocando para essa dimensão o "centro de gravidade da investigação" (Dejours, 1996, p. 160). Desde então, a doença mental no trabalho só é admitida na medida em que "as estratégias defensivas" se tornem incapazes de "conter um sofrimento" que não pode mais ser "convenientemente contido" (Dejours, 1996, p. 160).[115]

Do ponto de vista metodológico, a proposta da psicodinâmica do trabalho supõe uma "ação em favor da saúde mental no trabalho", de modo a transformar as exigências organizacionais, o que "supõe a constituição de uma vontade coletiva de ação" (Dejours,1996). Tal constituição passa "pela construção de uma comunidade fundada sobre a intercompreensão (...) em torno das relações subjetivas de sofrimento e prazer no trabalho". Ou seja, trata-se da "formação de uma comunidade de sensibilidade ao sofrimento", baseada em uma "interpretação comum" ou "uma signifi-

---

114 Uma excelente ilustração disso pode ser encontrada em uma recente publicação voltada para a Ergoterapia. (conferir Couto, 2008)

115 A visão, já bastante problemática do autor, em torno das doenças mentais no trabalho (conferir Lima 2002, 2004), tornou-se ainda mais complicada ao eleger a normalidade como o verdadeiro enigma para o campo da SM&T. Além de conceber a normalidade como uma espécie de equilíbrio dinâmico entre sofrimento e defesas – o que já é passível de crítica – o autor passa a entender o adoecimento apenas como a perda ocasional desse equilíbrio. Dessa forma, o trabalho alienado como a base e fonte por excelência para se compreender os processos de adoecimento perde sua primazia e o sujeito – no seu maior ou menor potencial defensivo para lidar com as pressões advindas do seu contexto laboral – passa a ser o foco principal das atenções. O risco de se cair no subjetivismo ou no psicologismo não pode ser negligenciado.

cação compartilhada" (Dejours, 1996, p. 177). Em suma, para Dejours (1996), "a psicodinâmica do trabalho é não apenas uma teoria entre outras, no campo da psicologia do trabalho, mas também, e fundamentalmente, uma psicologia da mobilização subjetiva e da formação da vontade de agir, no campo do trabalho, em princípio, mas também no mundo em geral" (Dejours, 1996, p.178). Portanto, ela se inscreve "em um projeto visando constituir-se como psicologia (ou psicodinâmica) do trabalho e da ação", ao tentar alcançar a "mobilização individual e coletiva" (Dejours, 1996, p. 179).

No entanto, é essencial refletir aqui sobre o significado dessa mobilização, sobretudo, no que concerne ao seu potencial de transformação efetiva das situações de trabalho. Embora já tenhamos tratado dessa questão em outra publicação (Lima, 2002), achamos necessário retomá-la pelo menos em um aspecto que julgamos central: o caráter eminentemente especulativo dessa perspectiva, comprometendo seu poder de apreensão e de ação sobre a realidade, que se evidencia, em especial, na "primazia do pensamento sobre a ação" admitida pela psicodinâmica do trabalho.[116]

É exatamente essa eficácia que é posta em questão por Clot & Leplat (2005) ao abordarem o problema. De início, eles constatam as restrições feitas pela psicodinâmica do trabalho à intervenção ergonômica, posta por ela como da ordem da "racionalidade instrumental" (Molinier, 2001, citado por Clot & Leplat, 2005, p. 305). Ou seja, ao contrário da ergonomia, a psicodinâmica do trabalho "não visa transformar o trabalho, mas apenas modificar a relação subjetiva ao trabalho". E, mais do que isso, as modificações desejadas "não concernem ao mundo das coisas" (Clot & Leplat, 2005, p. 305). Dessa forma, dizem Clot & Leplat (2005, p. 305) "tenta-se desencadear o pensamento diretamente pelo pensamento e compreender o psíquico diretamente pelo psíquico". No entanto, acrescentam eles, essa primazia do pensamento sobre a ação deve ser questionada, uma vez que o pensamento não nasce de outro pensamento, "mas dos dilemas do real que a atividade deve enfrentar" (Clot & Leplat, 2005, p.305). Mas vão além ao afirmarem que, "mesmo coletivo, o pensamento não engendra diretamente a ação", sendo que na clínica da atividade é o contrário disso que ocorre (Clot & Leplat, 2005, pp. 305-306).

116 Isso foi ilustrado, por exemplo, em uma intervenção em torno do suicídio no trabalho (Dejours, & Bègue, 2009), na qual os autores se propõem a transformar a organização do trabalho por meio da "palavra" e da "escuta", ou seja, pela criação de um espaço de "discussão" e de "deliberação", orientado para o entendimento e para o estabelecimento de bases para a cooperação. A conclusão é a de que a eficácia dessa *démarche* se deve ao "estatuto do pensamento para a ação" (Dejours, & Bègue, p. 126).

O que foi exposto até agora já é suficiente para evidenciar que a clínica da atividade se coloca em uma posição bastante diferente e, em certos aspectos, inversa àquela adotada pela psicodinâmica do trabalho, sendo que o último ponto tratado ilustra bem essa distância entre ambas. Ou seja, a ação na clínica da atividade também se volta "para o engajamento subjetivo dos operadores, mas apenas em um primeiro nível". Em um "segundo nível, ela visa à transformação das atividades reais" (Clot & Leplat, 2005, p. 306). Isso por si só já conduz a uma distância considerável entre as duas perspectivas, tanto do ponto de vista teórico quanto metodológico.

Em primeiro lugar, ao tentar alcançar as atividades reais com a finalidade de transformá-las, a clínica da atividade coloca no seu centro certas dimensões que estão ausentes na psicodinâmica do trabalho, sendo uma delas, a observação. De início, é importante ressaltar que a clínica da atividade procura estabelecer um contraste "entre as atividades exteriores realizadas e as atividades psíquicas (interiores) sem temer a discordância" (Clot & Leplat, 2005, p.306), uma vez que, para ela, "entre a atividade e o pensamento é preciso necessariamente que intervenha uma dissociação que separe as qualidades e a existência dessa atividade dos contextos onde ela está inicialmente implicada, atribuindo-lhe um caráter essencial de exterioridade". O que se acredita, nesse caso, é que "o pensamento só existe ao preço dessa transposição" e é aí que pode se encontrar a própria fonte do seu desenvolvimento (Clot & Leplat, 2005, p. 306).

Assim, o que conta realmente "é que os sujeitos observados no seu trabalho possam se tornar os observadores e intérpretes de sua própria atividade transformando a atividade ordinária não apenas em um fim, mas em um meio para o pensamento coletivo" (Clot & Leplat, 2005, p. 306). E como o objetivo maior é "o desenvolvimento de suas próprias interpretações e observações, a análise do trabalho pelo pesquisador não é mais a fonte da ação, mas um recurso para apoiar (...) uma experiência de modificação do trabalho por aqueles que o fazem e aqueles que o analisam" (Clot & Leplat, 2005, p.306). Em suma, "(...) a observação do psicólogo do trabalho, assim concebida, revela-se como uma incitação para o trabalhador agir sobre sua própria atividade" (Clot & Leplat, 2005, p. 306).[117]

---

117 Este é um ponto central na proposta metodológica da clínica da atividade: a "observação do trabalho do outro como "uma ação sobre o outro". Ou seja, a observação do trabalho possui dois efeitos: ela produz resultados para o observador "em termos de conhecimento" e "produz também atividade no sujeito observado" (Clot & Leplat, 2005, p. 302). A observação com o objetivo de conhecer o trabalho do outro, termina por produzir "o desenvolvimento da observação no próprio observado". "Observado no seu trabalho, ele se observa trabalhando" (Clot & Leplat, 2005, p.302), sendo que

É nesse sentido que, para a clínica da atividade, a observação do trabalho torna-se essencial, uma vez que é por meio dela que se interpõe "a atividade do outro entre o sujeito e sua própria atividade", tornando o observador "um instrumento psicológico" que irá permitir a auto-observação (Clot & Leplat, 2005, p. 303). Ou seja, "sem deixar de ser externo o observador se torna igualmente interno" e a ação se "desdobra em atividade psíquica ao mesmo tempo na atividade prática e sobre a atividade prática" (Clot & Leplat, 2005, p.303). Assim, a função de observação aparece duas vezes: "de início, entre o observador e o observado e, em seguida, no próprio observado". Ou nos termos vygotskianos, inicialmente no nível social, enquanto categoria interpsicológica e, em seguida, no nível psicológico, enquanto categoria intrapsicológica. Isso porque o trabalhador observado "começa a empregar em relação a si próprio as mesmas formas de conduta que os outros empregaram em relação a ele.". Ele mobiliza, então, toda experiência vivida da qual consegue dispor, como "instrumento dessa nova experiência", o que leva à produção do conhecimento sobre a atividade do outro, mas também dos próprios sujeitos observados (Clot & Leplat, 2005, p. 303). Em suma, a observação baseada na "demanda real dos trabalhadores envolvidos" produz "um diálogo interno a partir do diálogo externo com o observador". A clínica da atividade faz desse diálogo interno um ponto de partida da ação, oferecendo-lhe um novo destino e evitando que ele se "degrade em um "solilóquio" (Clot & Leplat, 2005, p. 304).[118]

---

essa auto-observação produz resultados sobre o próprio sujeito. "O desenvolvimento dessa nova atividade de observação no sujeito observado, ultrapassa a situação de observação inicial superpondo nesta um novo contexto" (Clot & Leplat, 2005, p. 302). Assim, "sob esse ponto de vista, observar a atividade do outro para compreendê-la é, imediatamente, transformá-la, incitando o(s) sujeito(s) envolvido(s) a desenvolver uma atividade interior específica no próprio curso da atividade exterior" (Clot & Leplat, 2005,pp. 302-303).

118 Para isso, a autoconfrontação simples pode se revelar um instrumento adequado, na medida em que propõe um novo contexto no qual o sujeito se torna um observador externo de sua atividade com a presença de outra pessoa. Por meio dos comentários e interpretações feitos em torno de traços de gravações realizadas no contexto de trabalho, a atividade de auto-observação que era intra-psicológica, se torna inter-psicológica: "o vivido, revivido em uma situação transformada, muda de lugar na atividade do sujeito. De objeto, ele se torna meio. Nesse deslocamento, não se reencontra o vivido interior. Descobre-se que ele está ainda vivo, que ele não é apenas o que se passou ou o que se fez, mas o que não se passou ou o que não se fez ou o que poderia ter sido feito" (Clot & Leplat, 2005, pp. 307-308).

Portanto, ao contrário da perspectiva da psicodinâmica do trabalho, que se volta fundamentalmente para o pensamento dos trabalhadores de modo a restaurar a dinâmica psíquica em torno da organização do trabalho (Dejours, 2000, Molinier, 2001 citado por Clot & Leplat, p. 305), a clínica da atividade se propõe a criar as condições para que eles ajam diretamente sobre a atividade, seja individual ou coletivamente. Neste caso, ela visa proporcionar uma "reorganização do trabalho pelo coletivo" de modo que este se torne um "recurso psicológico maior" para os operadores.[119]

Em suma, enquanto a psicodinâmica do trabalho focaliza a subjetividade e a intersubjetividade, a clínica da atividade, sem deixar de tratar dos processos subjetivos (ou mesmo intersubjetivos), tem por foco maior as atividades reais; enquanto a psicodinâmica do trabalho descarta a observação, esta é posta como central na clínica da atividade; se para a psicodinâmica do trabalho o importante é a intercompreensão e o consenso, para a clínica da atividade é a controvérsia que deve ser procurada; finalmente, enquanto a psicodinâmica do trabalho privilegia a normalidade, a clínica da atividade tem como foco o desenvolvimento da saúde.[120]

---

119 Para isso, o instrumento por excelência adotado pela clínica da atividade é a autoconfrontação cruzada, uma vez que esta consiste em solicitar a um colega de mesmo nível que comente traços de gravações da atividade de outro. O surgimento de controvérsias é quase inevitável, pois, ao comparar suas maneiras de trabalhar, os profissionais encontram frequentemente diferenças importantes. Nesse momento, interessa muito mais aquilo que os profissionais não compartilham do que o que é objeto de consenso entre eles. Ou nos termos de Clot & Leplat (2005, p. 309), "a busca da controvérsia está no princípio da autoconfrontação cruzada".

120 A visão de Clot (2008b) a respeito desse foco privilegiado sobre a normalidade é bastante esclarecedora. Ele se apoia em Canguilhem para dizer que a saúde, longe de ser um dado natural, "é um poder de ação sobre si e sobre o mundo"(Clot, 2008b, p. 96). Ou seja, "ela se vincula à atividade vital de um sujeito, ao que ele consegue ou não mobilizar de sua atividade no universo das atividades do outro e, inversamente, ao que ele consegue ou não introduzir das atividades do outro no seu próprio mundo" (Clot, 2008b, p. 96). Assim, "se a saúde encontra sua fonte na preservação daquilo em que o sujeito se tornou, ela descobre seus recursos no que ele poderia se tornar" (Clot, 2008b, p. 96). Ou nos termos de Canguilhem (1984, citado por Clot, 2008b), "existe em nós, a cada instante, muito mais possibilidades do que nos informa a fisiologia"; e ainda: "a vida é habitualmente aquém de suas possibilidades, mas se for necessário, ela se mostra superior à sua capacidade esperada". Portanto, Clot concorda com Canguilhem quando este afirma que a vida é "antes de tudo uma insatisfação", mas completa dizendo que a saúde também o é, sendo por esse motivo que a privilegia em relação à normalidade. Como Canguilhem, ele acredita que a saúde se caracteriza pela "possibilidade de ultrapassar a norma que define o normal momentâneo", isto é, pela "possibilidade de tolerar

Assim, ao estabelecer um paralelo entre essas duas disciplinas, concluímos que, embora ainda esteja em construção – tanto no que diz respeito aos seus instrumentos de ação, quanto aos seus fundamentos teóricos –, a clínica da atividade apresenta um maior potencial de desenvolvimento, sendo, portanto, mais capaz de contribuir para o avanço do conhecimento no campo da SM&T (e da psicologia do trabalho em geral). Ou seja, no nosso entender, ao inverter a máxima positivista – "saber, para prever e agir" – propondo "agir sem poder prever a fim de conhecer", ela coloca em evidência a superioridade do caminho que escolheu para trilhar.[121]

À GUISA DE CONCLUSÃO

Entre seus primórdios, quando contava apenas com a análise psicotécnica do trabalho, e o contexto atual, no qual já se consolida como um campo do conhecimento, as chamadas "clínicas do trabalho" percorreram um longo caminho. Vimos que as disciplinas que contribuíram para a construção desse campo são bastante heterogêneas, divergindo, muitas vezes, em aspectos fundamentais. Tal heterogeneidade, no entanto, fica ainda mais patente na sua atual conformação, uma vez que o espectro de

---

infrações à norma habitual e instaurar novas normas em novas situações" (Clot, 2008b, p. 95). Sendo assim, "a estrita conservação de si se opõe à saúde", já que esta consiste em ser mais do que normal. E "as construções defensivas que permitem a numerosos trabalhadores permanecerem 'normais', diminuem-nos simultaneamente, lá onde as réplicas construídas podem lhes engrandecer" (Clot, 2008b, p. 96). Em suma, se as estratégias coletivas de defesa estudadas por Dejours nos contextos de trabalho podem dar conta da "normalidade preservada, ou de um estado de equilíbrio, não permitem o acesso à saúde enquanto tal", pois "a normalidade é a admissão de uma norma, a adaptação a um meio e às suas exigências, enquanto se sentir com boa saúde, (...) é se 'sentir mais do que normal', capaz de seguir novas normas de vida, instigador de normas, sujeito vivo de uma normatividade" (Clot, 2008b, p. 95).

121 Em primeiro lugar, tal premissa permite entrever uma *intentio recta* na apreensão do seu objeto, baseada no respeito à sua integridade e à sua lógica específica (Chasin, 2009). Em outras palavras, sem um "caminho cognitivo previamente estabelecido", "o ponto de partida do conhecimento só pode ser o próprio objeto" (Chasin, p. 24), criando as condições necessárias para se construir um "pensamento de rigor", na medida em que não se baseia "na mera reorganização da subjetividade do pesquisador" (Chasin, p. 58), mas na "captura imanente da entificação examinada" (Chasin, p. 25). Assim, a *démarche* proposta pela clínica da atividade torna-se potencialmente capaz de alcançar um patamar bem mais elevado de cientificidade, na medida em que seu alvo é "a captura" do seu objeto em sua lógica específica por meio da identificação de sua gênese, necessidades e desenvolvimentos (Chasin, 2009). Isso já se evidencia nos seus resultados. (conferir Fernandez, Gatounes, & Herbain, 2003; Roger, ,2007; Fernandez, 2009)

teorias e práticas que a compõe é ainda mais complexo e, portanto, mais difícil de ser desvendado.[122]

Assim, a escolha da psicodinâmica do trabalho e da clínica da atividade para ilustrar esse cenário não foi casual. Ela se deveu, sobretudo, à nossa percepção de que, nesse espectro, essas duas disciplinas ocupam posições extremas. Ou seja, as diferenças entre elas são de tal forma importantes que nos arriscamos a dizer que possuem em comum apenas o fato de se debruçarem sobre o mesmo objeto.[123] Diante disso, um posicionamento a respeito das possibilidades e limites de cada uma delas torna-se inevitável.

Ao se tentar evitar essa tomada de posição, um dos riscos mais frequentes é o de ignorar as diferenças e igualar as "contribuições". Parte-se, então, para um esforço de conciliação, que só pode conduzir a algo semelhante ao "pacto de não-agressão" (Clot, 2009)[124] proposto por Lagache (1949) quando preconizou a unificação das "psicologias" de sua época, mascarando suas diferenças mais fundamentais. Talvez seja desnecessário dizer que os efeitos disso são sempre desastrosos para o desenvolvimento de qualquer disciplina.[125]

Ao criticar duramente a psicologia clássica – mas também a psicanálise e outras correntes psicológicas de sua época –, G. Politzer (1928/1994)

---

122 Uma publicação francesa recente, traz elementos importantes para se compreender essas diferentes perspectivas. A partir de uma reflexão em torno da questão "Em que a atividade é útil na compreensão do trabalho contemporâneo?", 9 estudiosos do trabalho trazem suas respostas. Nesta obra encontra-se uma síntese do pensamento desses especialistas, dentre eles, C. Dejours e Y. Clot, a respeito das teorias que vêm desenvolvendo em torno da atividade e do trabalho, abordando seus conceitos mais importantes e expondo aspectos metodológicos essenciais para se entender seus impactos na realidade (conferir Dujarier, Gaudart, Gillet, Lénel, 2016).

123 Tais diferenças concernem aos aspectos mais fundamentais que as compõem, ou seja, suas concepções de homem, de trabalho, de atividade, de subjetividade, de objetividade, bem como de saúde, doença ou normalidade. Isso não é surpreendente se levarmos em conta que, enquanto a psicodinâmica do trabalho vai buscar em autores como A. Arendt, J. Habermas, H. Gadamer, P. Ricoeur e F. Sigaut a inspiração para desenvolver tais concepções, a clínica da atividade irá se inspirar em L. Vygotsky, A. Leontiev, M. Bakhtin, G. Canguilhem, H. Wallon, L. Le Guillant, F. Tosquelles.

124 Curso de Clínica da Atividade, CNAM.

125 Quem tratou disso com muita pertinência foi J. Chasin (2009), ao deplorar essa "época devastada pelo arbítrio e pela equivalência das 'leituras'" (Chasin, 2009, p. 25) ou do "pluralismo das ideias" (Chasin, 2001) como "princípio de convivência e coabitação acadêmica ou política, mas jamais (como) critério de verdade ou meio de produção teórica da verdade – a não ser como verdade instrumental, pragmaticamente concebida" (Chasin, 2001, pp 14-15).

ponderou, no seu estilo sempre honesto e corajoso: "para ser eficaz, a crítica da Psicologia deve ser feita sem reservas, e ela só deverá respeitar o que for verdadeiramente respeitável: falsas deferências, o receio de errar, externando todo o pensamento ou tudo o que o pensamento implica, só encompridam o caminho, sem outro ganho além da confusão" (Politzer, 1928/1994, pp 18-19).

Foi com esse espírito que propusemos as reflexões anteriores, sendo o nosso maior desejo o de contribuir para o avanço da psicologia do trabalho. É por isso que não vemos melhor maneira de finalizá-las do que pela reprodução de um trecho de uma entrevista concedida por Yves Clot na ocasião de um ciclo de palestras que proferiu na Universidade Federal de Minas Gerais, em 2006. Ao abordar o enfraquecimento do debate nos meios acadêmicos, ele disse:

O pior no desenvolvimento das disciplinas é contornar os conflitos e tamponar as situações. Cada um respeita tanto a diferença do outro que as diferenças se tornam indiferentes aos outros. Cada um trabalha sozinho, desenvolvendo sem controvérsias e discussões o seu próprio trabalho, sem criticar o trabalho dos outros. (...) Fala-se que a controvérsia é o meio de desenvolvimento, mas se no mundo universitário não for cultivada essa orientação, teremos uma psicologia do trabalho subdesenvolvida. (...) No fundo, devemos considerar que a controvérsia entre nós é a fonte de desenvolvimento da disciplina. Nossa disciplina é mais importante do que nós. Eu sou o portador do futuro dessa disciplina e é por isso que corro o risco de me expor à crítica dos outros. Pois se fazemos prevalecer a proteção pessoal também no âmbito acadêmico, é frequentemente a estratégia pessoal – que supõe não criticar o outro –, que prevalece contra o futuro da profissão. De certa maneira, fazemos o contrário de tudo o que tentamos explicar no âmbito teórico e clínico. (...) Como não há conflito profissional e como há controvérsias insuficientes entre psicólogos do trabalho, então, temos o aumento das brigas pessoais. Quanto menos controvérsias profissionais, mais animosidades pessoais e brigas institucionais. Temos de combater todos esses processos em público e é por isso que, em público, sempre faço o esforço para colocar minha posição. (...) Nossa disciplina é muito mais valiosa do que nossas pequenas pessoas. (...) Quando não estivermos mais vivos o que ficará é a capacidade da disciplina de poder agir, independentemente de nossas pequenas pessoas. Precisamos nos sentir responsáveis pela disciplina e (para isso) é necessário nos expor às controvérsias. Não há outra solução, pois, não fazendo isso, fazemos o contrário do que falamos. (Clot, 2008)

REFERÊNCIAS

Billiard, I. (1996). Les conditions historiques et sociales d´apparition de la psychopathologie du travail en France (1920-1952). In Y. Clot (Org.). *Les histoires de la psychologie du travail – approche pluri-disciplinaire.* Paris: Octarès.

Billiard, I. (2001). Santé mentale et travail – l´émergence de La psychopathologie du travail. *La dispute/SNÉDIT*.

Bonnafé, L., Ey, H., Follin, S., Lacan, J., & Rouart, J. (1950) *Le problème de la psychogenèse des névroses et des psychoses.* Paris: ***Désclée de Brouwer.***

Canguilhem, G. (1966). *Le normal et le pathologique*. Paris: PUF

Canguilhem, G. (2002). **Écrits sur la médecine.** Paris: Éd. Seuil.

Chasin, J. (2001). Rota e prospectiva de um projeto marxista. In E. Vaisman. *Dossiê Marx: itinerário de um grupo de pesquisa.* Ensaios Ad Hominem, 1, Tomo IV.

Chasin, J. (2009). *Marx – estatuto ontológico e resolução metodológica*. S***ão*** Paulo: Boitempo.

Clot, Y (1996) Psychologies du travail: une histoire possible. In Y. Clot (Org). *Les histoires de la psychologie du travail – approche pluri-disciplinaire.* Paris: Octarès.

Clot, Y. (2008). Entrevista. Revista Mosaico – estudos em psicologia. *Revista do Centro Acadêmico de Psicologia da FAFICH/UFMG*, 2(1).

Clot, Y., & Faïta, D. (2000). Genres et styles en analyse du travail. Concepts et méthodes. *Revue Travailler*, 4

Clot, Y., Faita, D., Fernandez, G., & Scheller, L. (2001). *Les entretiens en auto confrontation croise e: une me thode en clinique de l'activite.* **Éducation Permanente**, 146.

Clot, Y., & Leplat, J. (2005). La méthode clinique en ergonomie et en psychologie du travail. Le travail humain, 68*(4), 289-316.*

Clot, Y., & Leplat, J. (2006). *A função psicológica do trabalho.* Petrópolis: Vozes

Clot, Y., & Leplat, J. (2008a). *Travail et pouvoir d´agir*. Paris: PUF.

Clot, Y., & Leplat, J. (2008b). *Le travail sans l´homme? Pour une psychologie des millieux de travail et de vie*. Paris: La découverte.

Clot, Y., & Leplat, J. (2009) ***L´apport de François Tosquelles à la clinique du travail. Posfácio*** da 2a edição In: F. Tosquelles. *.Le travail thérapeutique em psychiatrie.* Toulouse: Érès

Couto, C. M. (2008). *O trabalho na comunidade terapêutica: fonte de recuperação do dependente químico.* Belo Horizonte: Terra da Sobriedade.

Doray, B. (1996). Un regard sur l´oeuvre de Louis Le Guillant dans le domaine de la psychologie du travail. In Y. Clot (Org.). *Les histoires de la psychologie du travail – approche pluri-disciplinaire*. Paris: Octarès.

Dejours, C. (1980). *Travail – usure mentale* Paris: Éd. du Centurion.

Dejours, C. (1987). *A loucura do trabalho – estudo de psicopatologia do trabalho*. S***ão*** Paulo: Oboré.

Dejours, C. (1995). *Le facteur humain*. Paris: PUF.

Dejours, C. (1996a). *Psychologie clinique du travail et tradition compréhensive. In Clot, Y Les histoires de la psychologie du travail – approche pluri-disciplinaire.* Paris: Octarès.

Dejours, C. (1996b). Revue Internationale de Psychosociologie. *Psychodynamique du Travail*, 5(3)

Dejours, C. (2000). *Travail, usure mentale (nouvelle edition augmentée).* Paris: Bayard Éditions.

Dejours, C & Bègue F. (2009). *Suicide et travail: quoi faire?* Paris: PUF

Dujarier M-A, Gaudart C, Gillet A, Lénel P (Orgs.). (2016). *L'activité en théories – regards croisés sur le travail.* Paris: Octarès.

Fernandez, G. (2009). *Soigner le travail. Itinéraires d'un médecin du travail.* Toulouse: Érès.

Fernandez, G., Gatounes, F., & Herbain, P. (2003). *Nous, les conducteurs de trains.* Paris, La Dispute/SNÉDIT.

Foucault, Michel. (1978). *História da loucura na Idade Clássica.* São Paulo: Editora Perspectiva.

Foucault, M. (2008). *O nascimento da clínica.* Rio de Janeiro: Forense Universitária.

Lagache, D. (1949). **L'unité de la psychologie**. Paris. PUF.

Lhuilier, D. (2007). *Cliniques du travail.* Ramonville-St. Agne: Éditions Érès

Le Guillant, L. (1952). Symposium sur la psychothérapie collective. *Évolution Psychiatrique*, 3.

Le Guillant, L. (1985). *Quelle psychiatrie pour notre temps?* Toulouse: Érès

Le Guillant, L. (2006). *Escritos de Louis Le Guillant.* Petrópolis: Vozes

Lima, M. E. A. (1998). *A psicopatologia do trabalho.* Psicologia: ciência e profissão, 18(2), *10-15.*

Lima, M. E. A. (2002). *Esboço de uma crítica à especulação no campo da saúde mental e trabalho.* Saúde mental & trabalho: Leituras, 50-81.

Lima, M. E. A. (2004) A relação entre distúrbio mental e trabalho: evidências epidemiológicas recentes. In W. Codo (Org.). *O trabalho enlouquece? Um encontro entre a clínica e o trabalho.* Petrópolis: Vozes.

Lima, M. E. A. (2014) As questões metodológicas em Saúde Mental e Trabalho – avanços, retrocessos, perspectivas. In P. F. Bendassoli, & L. A. Soboll. *Métodos de pesquisa e intervenção em psicologia do trabalho: clínicas do trabalho.* São Paulo: Editora Atlas

Politzer, G. (1928/1968). *Critique des fondements de la psychologie.* Paris: PUF.

Politzer, G. (1929/1969) La psychologie générale et la psychotechnique. In G. Politzer. *Ecrits 2. Les fondements de la psychologie.* Paris: Éd Sociales.

Roger, J. L. (2007). *Refaire son métier. Essai de Clinique de l'Activité.* Ramonville-St.Agne: Éd. Érès.

Sivadon, P (1993). Psychopathologie du travail. In P. Sivadon. *Psychiatrie et socialités: récit autobiographique et réflexions théoriques d'un psychiatre français.* Toulouse: Éd. Érès.

Tosquelles, F (2009). *Le travail thérapeutique en psychiatrie.* Toulouse: Éd. Érès.

CAPÍTULO 14

TRABALHO PRECÁRIO, SUBJETIVIDADE PRECÁRIA? REFLETINDO SOBRE A FUNÇÃO PSICOLÓGICA DO TRABALHO E A ATUAÇÃO DA PSICOLOGIA NO DRAMA DA PRECARIZAÇÃO

Pedro F. Bendassolli

Laura Kyvia de Almeida Soares

É corrente a visão de que as mutações observadas no mundo do trabalho nas últimas décadas são características da nova lógica econômica das sociedades contemporâneas, neoliberais e globalizadas, e se manifestam diretamente no fenômeno de flexibilização do trabalho pela via da precarização (Machado, Giongo & Mendes, 2016). A redução das políticas de proteção social e alterações de leis trabalhistas observadas nesse contexto se refletem nos números da terceirização, informalidade e desemprego, em uma espécie de "institucionalização da instabilidade" (Machado, Giongo & Mendes, 2016, p. 229). Entre suas diversas características, a precarização traz em si a constatação de que trabalhar é uma tarefa que ocorre em condições cada vez mais adversas, em situação de rarefação de marcadores institucionais, com poucas garantias jurídicas que se traduzem em direitos trabalhistas; ou, sobretudo, em atividades sem perspectiva de continuidade, realizadas em regime flexível, temporário. Além disso, o trabalho precário está associado aos riscos psicossociais para aqueles que o realizam, como acidentes, adoecimento físico e psíquico e, de interesse neste capítulo, à dimensão de precariedade subjetiva.

O conceito de precariedade subjetiva foi primeiramente empregado na sociologia francesa por Linhart (2009), apresentado como um sentimento de insegurança e desproteção vivenciado por trabalhadores diante de novos arranjos de gestão. A precariedade subjetiva, e o sofrimento a ela vinculado, relacionam-se com a desagregação de respostas coletivas e com a instrumentalização da subjetividade dos trabalhadores como estratégias decorrentes daqueles arranjos. A gestão contemporânea é marcada pela hiperpersonalização e individualização sistemática do trabalhador para que a necessidade de mobilização individual diante da flexibilização mascare as reais condições de trabalho. Ademais, Linhart (2009) observa que o trabalho moderno é regido por uma política sistemática de mudanças que exige posturas profissionais mais fluidas: os serviços são constantemente reestruturados, os ofícios redefinidos e as atividades terceirizadas. A mudança permanente dificulta o estabelecimento de vínculos com colegas, funções e chefes, e a rotina instável obriga o sujeito a trabalhar sempre no limite das suas possibilidades, contando apenas com ele mesmo e sendo avaliado constantemente por administradores que não conhecem seu verdadeiro trabalho.

Por seu turno, ao analisar as relações de trabalho pós-Revolução Industrial, Alves (2007) diferencia a precariedade como condição e a precarização como processo. A precariedade seria uma condição ontológica fundamental do trabalho desde os primórdios do modo de produção capitalista, ao passo que os processos de precarização são vias manifestas dessa precariedade mesma, e mudam de acordo com o contexto histórico-cultural. Nessa perspectiva, as leis trabalhistas e sindicatos seriam instrumentos defensivos para mascarar a precariedade e ocultar a condição proletária, numa espécie de *fetichismo da precarização*. O diferencial deste ponto de vista, ao colocar a precariedade como condição fundamental do trabalho, é argumentar que a crise das instâncias defensivas, a exemplo da flexibilização de leis trabalhistas e o fenômeno da institucionalização da terceirização, não representam a precariedade em si, apesar de promoverem sua ampliação e exposição. Ele complementa sua argumentação defendendo que "sob a modernidade-máquina, todos nós somos proletários no sentido lato do termo, ou seja, somos despossuídos (ou alienados) das condições objetivas e subjetivas de produção e reprodução da vida sociomaterial" (Alves, p. 122).

Em ambas leituras, talvez mais na primeira do que na segunda, podemos depreender uma relação, quase um "nexo causal", em que cada trabalho precário (decorrente, entre outros fatores, de estratégias de gestão ou da proletarização) corresponderia a um processo igualmente precário de constituição subjetiva do trabalhador, seja do ponto de vista de seu próprio desenvolvimento psicológico, como também no plano social, na forma de desmonte da solidariedade coletiva diante da hiperflexibilização, na competição, rarefação de salvaguardas jurídico-institucionais e fragilidade das condições de trabalho concretas. Em termos práticos, dizer ou assumir a existência de subjetividades precárias implica admitir que um contingente importante de trabalhadores estaria privado de se desenvolver plenamente na realização de seus ofícios, em particular em trabalhos precários ou flexíveis. Significa, ainda, uma convocatória para uma psicologia que tenha o trabalho como uma categoria central, simultaneamente nos processos de subjetivação e de construção da realidade social, de nossa cultura material, nosso próprio modo de vida.

Neste capítulo, nosso objetivo é sugerir uma variante na compreensão do trabalho precário. Especificamente, a proposta é explorar um drama decisivo na relação sujeito-trabalho em contexto de precarização: de um lado, se aceitarmos o argumento de que um trabalho precário corresponderá, sob certa medida, a uma subjetividade precarizada, teremos de refletir se este trabalho poderá, ainda que em condições de privação de sentido intrínseco, hiper-exploração e precarização, ocupar um lugar de centralidade para a experiência humana em seu processo de construção subjetiva. Começamos nossa reflexão delineando interpretações possíveis sobre a precariedade e articulando-as sob a perspectiva do drama, no qual o investimento no trabalho versus o desligamento do trabalho estão em constante tensão. No tópico seguinte, ampliamos o debate ao propor uma leitura alternativa do conceito de trabalho precário, leitura baseada na distinção entre atividade realizada e real do trabalho (ou real da atividade). Então, fechamos o capítulo discutindo e problematizando a função psicológica do trabalho diante do drama colocado pela precarização assim definida, trazendo algumas reflexões sobre a prática em psicologia do trabalho.

PRECARIZAÇÃO COMO DRAMA

Em um livro que traz uma perspectiva filosófica sobre o florescimento pessoal em um trabalho com sentido, Veltman (2016) entende por tal florescimento a possibilidade de sustentar virtudes tais como autorrespeito, honra, integridade, dignidade e orgulho, fomentar valores pessoais e conduzir atividades que permitam o bem dos outros. Em outras palavras, o trabalho deve ser capaz de permitir a integração entre o sujeito e seu contexto social mais amplo, construindo um senso de si perante o outro, a sociedade e a própria existência. Em contextos altamente rotinizados, perigosos, desprazerosos, isolados, massacrantes, de acordo com a autora, não haveria possibilidades de se verificar aquele florescimento, posto que não é possível encontrar os ingredientes necessários para esse fim.

Estas posições abrem margem para uma reflexão: é o trabalho precarizado meio de exploração e expropriação e, consequentemente, de impedimento ao desenvolvimento psicológico? Veltman (2016) parte de uma premissa filosófica para julgar situações concretas de trabalho. Entre o que o trabalho deveria ser ou ter e aquilo que ele é na prática, estabelece-se um hiato. A crítica da autora é direcionada para a análise das implicações de tal hiato em termos do florescimento humano e também do desenvolvimento de uma sociedade mais equitativa. Contudo, ao mesmo tempo em que críticas como essa nos despertam para a realidade de um contexto laboral heterogêneo, e para forças sociais que esvaziam a atividade de sentido intrínseco, elas também podem nos induzir a uma compreensão limitada da função psicológica do trabalho. Isso porque "entrar em atividade" implica em mais do que encontrar já postas as condições socialmente desejáveis para que elas fomentem o desenvolvimento humano.

O ser humano, apesar de encontrar um mundo aparentemente pronto quando nasce, tem de conquistá-lo a cada dia de sua existência – e mais do que isso, tem o compromisso de construir novas versões do mundo, contribuindo com o esforço transpessoal de manutenção de nossa cultura material. Ademais, independentemente de as condições ditas objetivas não serem compatíveis com os requisitos tidos como aceitáveis para a realização de um trabalho "decente", o trabalhador terá de se haver, sempre, com a mobilização de si mesmo no trabalho, física e mentalmente, pois, em atividade, ele será sempre convocado a colocar algo de si em seu fazer, e a construir sentido sobre o que ele colocou ou deixou de colocar no processo.

De um lado, temos até este ponto uma análise crítica (Veltman, 2016), que compara um ideal sobre o que deveria ser o trabalho para permitir o florescimento/desenvolvimento humano e suas formas concretas. De outro lado, temos a concepção de que trabalhar, no sentido de se engajar em atividade, implica em justamente fazer face às limitações e à "precariedade" do real. Nossa posição é de que, diante de uma atividade dita precária, o sujeito tem ao menos duas possibilidades inter-relacionadas de ação: primeira, investir psiquicamente nessa atividade, a despeito do modo como suas condições materiais e sociais estão postas para ele, buscando com isso realizar um *trabalho bem-feito* (Clot, 1999, 2008) ou *criativo* (Dejours, 2013); segunda, inversa da anterior, ele pode desligar-se voluntária ou involuntariamente de sua atividade, apenas a realizando com o mínimo de investimento psíquico necessário.

No primeiro caso, podemos cair na tentação de pensar que o sujeito é o principal responsável por dotar seu trabalho de sentido e fazer as coisas acontecerem, não obstante as condições que enfrenta na realidade. Entretanto, se uma pessoa realiza seu trabalho de modo engajado e bem-feito, vencendo as restrições impostas pelo contexto (precário), o resultado desse engajamento, para além do desenvolvimento subjetivo ou do pleno exercício da função psicológica do trabalho (desenvolvimento de funções mentais superiores, por exemplo), pode ser também, ou sobretudo, a apropriação, pela empresa ou outro agente, dos frutos desse trabalho. Como vimos, isso é proposto por Linhart (2009), enfatizando que a "canalização da subjetividade" é um dispositivo empregado pelos dirigentes para demandar que o próprio trabalhador busque soluções que resolvam a tensão entre qualidade e produtividade, ou seja, para colocar na conta do sujeito os limites ou insuficiências da própria organização do trabalho ou dos "projetos societários" fracassados. Ademais, ao propor um ideal de trabalho inatingível por meio de metas impossíveis, a gestão estaria explorando a energia que o sujeito psiquicamente empenha, pelo fato mesmo de trabalhar ou entrar em atividade, na busca de reconhecimento, sentido e superação. Portanto, a gestão se apropria da própria função psicológica do trabalho, moldando-a em benefício de seus interesses, além de contribuir para a emergência de uma subjetividade autônoma, flexível, orientada por ideais de performance e excelência, compatível com a hiperexploração e com contextos incertos/precários (Ehrenberg, 1995).

Se, porém, nos ativermos à segunda possibilidade indicada acima, de que o sujeito pode ser levado (ou o fazer deliberadamente) a desinvestir de sua atividade, seremos então confrontados com a questão da "subjetividade precarizada", desta vez pelo esvaziamento, alienação e impedimento que fazem o sujeito se desligar psiquicamente e se distanciar da atividade como modo de proteção contra ela, fenômeno ilustrado pela realidade do *burnout*, por exemplo. Como resultado, o poder de agir (Clot, 1999) do trabalhador é amputado ao ser levado a se desconectar do elo vital entre si mesmo, suas faculdades, aspirações e projetos e o real do trabalho – e, mais dramaticamente, de seus resultados. De fato, uma atividade esvaziada é aquela em que as pessoas, não obstante sejam observadas fazendo algo, dali não extraem um "surplus" de sentido capaz de mobilizá-las de maneira contundente no confronto com esse mesmo real e no processo de construção de um gênero profissional, isto é, uma cultura de ofício, um trabalho bem-feito, estilizado ou "sublime" (de sublimação).

Para pensar sobre essas duas possibilidades extremas, nos parece frutífero tomar de empréstimo o conceito de *drama* para Vigotsky (1929/2000). Entre algumas definições encontradas em sua obra, e são diversas (como as presentes em Delari, 2011), uma em particular nos salta à vista: o drama é o ato que depende de um comprometimento por parte do sujeito com respeito a um determinado curso de ação, no qual ele seja capaz de decidir por si próprio, na premissa da liberdade, e que, uma vez decidido, deixe para trás tudo o que se abdicou de fazer diferentemente. Diante do trabalho precário o sujeito se vê, então, imerso em um drama: aceitar abrir mão da potência de ação que produziria sentido para si e o outro (ao custo de engajar-se psiquicamente com seu trabalho), ou deixar-se levar no fluxo que, sem questionamentos, pode colocá-lo à sombra da precariedade, material e subjetiva? A tonalidade do drama emerge, pois, qualquer que seja a decisão, ela abarcará as duas possibilidades concomitantemente.

Evitar esse drama é o equivalente a oscilar em posições antagônicas ou assumir um nexo causal por demais linear. Por conseguinte, quando se dá a entender que a condição de precário leva a uma subjetividade precária, assume-se que o sujeito é inerte ou impotente para fazer algo. Obviamente, pode-se argumentar que, para agir como sujeito, é preciso ter "condições", como parece ter feito Veltman (2016), e que um trabalho precário privaria as pessoas de qualquer margem de resistência ou de superação. Por outro lado, afirmar que o sujeito deve, sempre, a despeito de toda forma de script, impor-se por si diante do trabalho, aponta, como já alertamos, para o processo oposto, aquele que desloca para a subjetividade todas as limitações deliberadamente provocadas no trabalho precário.

O drama acima aludido pode ser pensado do ponto de vista de uma distinção fundamental na natureza da atividade de trabalho, a saber, entre o real da atividade e a atividade realizada. A posição que assumimos é que, mesmo levando-se em conta os atravessamentos sociais, econômicos, políticos que cercam a realização concreta de uma atividade, e que podem precarizá-la objetivamente (privando-a das características de sentido), ainda assim uma situação dita precária não implica, forçosamente, na projeção de sua negatividade sobre a atividade e o sujeito. Primeiro, pois como veremos, até mesmo uma atividade objetivamente "não precária" pode, sob determinada perspectiva, conter vestígios de precarização; segundo, pois a precariedade é uma marca do humano, nalguma medida. O drama de que tratamos aqui busca respeitar essa natureza tensa entre trabalho real e ideal.

PRECARIZAÇÃO, REAL DA ATIVIDADE E ATIVIDADE REALIZADA

O *real do trabalho* diz respeito às *exigências* que o fato de se engajar em uma atividade com vistas à produção de algo implica para o sujeito e os coletivos (Bendassolli & Gondim, 2016). Exigências na forma de apelos, de convocação, de enigma a ser decifrado. Clot (1999) apresenta o real da atividade como tudo aquilo que gostaríamos de fazer e não fazemos, ou que fazemos no lugar de outra coisa, ou que não pudemos fazer, etc. Porém, se não faço algo porque outro algo me impediu, a força que o originou, por assim dizer, não cessa, não desaparece. Ela continua operando em segundo plano, lembrando ao sujeito de que ele age na premissa de infinitas possibilidades (Bendassolli & Gondim, 2016). Nesse sentido, o real é o que "trai" nossos projetos; e, paradoxalmente ao fazê-lo, cria as possibilidades para a invenção, a criatividade, o desafio psíquico. Esse conceito aparece em diversas das clínicas do trabalho, para além da clínica da atividade.

Por exemplo, se considerarmos algumas contribuições de Dejours (2013), a subjetivação, por exemplo, o constituir-se do sujeito, ocorre no hiato entre o real e a tarefa. Ao passo que esta última contém os ingredientes do prescrito, de um suposto saber que teria o domínio sobre uma parcela do real; o real constitui a fuga, a frustração, o desencaixe com esse suposto saber. É ao colocar-se nesse hiato que o processo de subjetivação acontece para o indivíduo, pois é ele que faz a ponte, com seu corpo e mente, entre essas duas dimensões, a condição para sua própria existência. Tal processo de subjetivação não é, pois, imaterial, mas construído a partir de ações, de conexões, de ligações (*enactments*). O sujeito surge no processo de dar conta dos limites da tarefa prescrita diante do real. Por conseguinte, na medida em que é convocado a se subjetivar por meio de suas próprias ações, com ou sobre o real, esse movimento produz efeitos na realidade, na forma de um produto ou serviço, os quais serão capturados e utilizados pelos agentes econômicos em seu proveito, assim como o será (ou deveria) pelo próprio sujeito. Mas essa apropriação, que obviamente é a razão mesma do processo de produção capitalista, não deveria nos furtar do fato de entender que o real sempre estará lá e sempre convocará o sujeito a se posicionar em ato e a gerar algo na realidade. Qual ato, a que custo, e para quem, seriam as questões essenciais nesse contexto.

Por sua vez, a *atividade realizada* corresponde às ações já efetivamente feitas (Clot, 1999, 2008), sendo, conforme hipótese que gostaríamos de desenvolver, uma dimensão do fazer mais aparente no contexto objetivo de organização da atividade e, talvez, a primeira passagem para se entender a precarização. A atividade realizada seria o estágio final de uma série de microdecisões tomadas pelo sujeito quanto a qual curso de ação seguir diante das possibilidades concretas de se fazer algo e, sobretudo, quanto à materialização dessas decisões na realidade. Como no caso do drama, ao seguir determinado curso de ação – ainda que previamente planejado ou prescrito, não será forçosamente o que se materializa quando da sua execução no real – o trabalhador abandona outras possibilidades concorrentes. Clot (1999), como já aludido, observa que todas as possibilidades concorrentes não desaparecem, simplesmente; pelo contrário, elas voltam, se imiscuem na atividade, estimulando a mobilização de energias vitais. Esse retorno provém do domínio do real do trabalho. O drama da atividade realizada é o drama de fazer o possível, sabendo que isso não esgota a totalidade dos possíveis. Como podemos pensar a precarização, levando em conta esses dois registros da atividade de trabalho?

Do ponto de vista do real do trabalho, este será precário no sentido de que o real escapa, não é inteiramente capturável. Precário, aqui, significa o inverso de uma postura de onipotência, armada com um saber que a tudo supostamente capturaria. Em certo sentido, é essa mitologia que reside na base de certos discursos gerenciais, que tendem a hipervalorizar o prescrito, a racionalidade, o cálculo de tempos e movimentos, como ficou célebre na história da administração científica. Ainda como mitologia, embora ela possa (e muitas vezes é) ser funcional e revelar sinais de maestria sobre o real, seu verdadeiro alcance esbarra nas recusas do real – aparecendo aqui e ali na forma de acidentes de trabalho, baixa produtividade, absenteísmos, falhas, retrabalhos etc. Precariedade, no âmbito do real, diz respeito à nossa condição como humanos, à contingência. Não basta, nesse sentido, idealizar ou sacralizar o prescrito, pois mesmo ele irá falhar. A história o testemunha. Não adianta fetichizar a técnica, reabilitar o higienismo das melhores práticas e das situações de trabalho ideais, do ponto de vista do real, são versões provisórias que agora podem dar certo, daqui a pouco podem cair por terra, exigindo novos esforços, novas decisões, novas posturas e encaminhamentos.

É devido a essa dinâmica do real, presente na base da atividade, que o trabalho pode ser precário mesmo no coração mais abastado do capitalismo – por exemplo, trabalhos altamente complexos, com elevadas remuneraçoes, garantias e status no setor público, no judiciário, nas grandes corporações, nas artes e cultura, entre outros. Tais trabalhos, na linguagem corrente, mesmo na psicologia, dificilmente seriam apresentados como precários. E essa precariedade ocultada é, em parte, responsável por sofrimento, adoecimentos, desgastes, conjuntamente às condições objetivas. Negar a precariedade nesses contextos é desprezar dimensão fundante da atividade laboral. Precário como condição, como "estado atual" e não definitivo, e também como campo de possibilidades, como espaço para contínua reinvenção de si e dos coletivos. Quando, porém, migramos para uma análise do nível institucional, a ocultação do real surge como *modus operandi*, pois as instituições, empresas e organizações operam na base da ilusão de continuidade, linearidade e previsibilidade.

Do ponto de vista da atividade realizada, uma das facetas do precário está relacionada à impossibilidade de se variar a atividade, ou seja, de permitir a livre experimentação do sujeito em seu esforço de responder ao real, junto com outros. A atividade realizada torna-se o principal mecanismo de troca entre o sujeito e o outro, afinal, é o que se faz materialmente (por vezes confundida com desempenho), sendo avaliado e gerando impactos na realidade, e é nesse sentido que ela pode ser precária mesmo nos contextos não convencionalmente entendidos como tal. Além disso, a atividade realizada é precária quando "suspensa" no tempo, como se ela devesse permanecer em um estado de quase inação, sendo-lhe meramente autorizada reproduzir-se em condição similar ao trabalho de Sísifo. O que está em jogo no ponto de inflexão entre, de um lado, manter-se no invariável e repetitivo da atividade realizada ou, de outro, mergulhar no campo das possibilidades e reapresentar o fazer do real da atividade para instituir o novo?

A precariedade, no nível da atividade realizada, reflete os impedimentos dos processos, instrumentos e ferramentas que permitem a mediação entre o real e o sujeito. Ela se coloca nesse hiato, permitindo a contínua transformação do real e o desenvolvimento da função psicológica do trabalho, que essencialmente envolve a mobilização de recursos internos e externos e a afirmação de si perante o real (por meio de uma obra, um serviço, um produto etc.). Contudo, esse hiato não necessariamente seria apagado se houvesse condições de trabalho inversas às da precarização objetiva (proletarização, hiperindividualização, perda de direitos, riscos psicossociais relacionados à realização insegura de atividades etc.). Isso porque continuaria a haver o drama de tentar responder ao real com os recursos à mão, incluindo a própria atividade prescrita, e nesse drama, a resolução poderá ficar aquém da previamente imaginada ou da virtualmente possível.

Ora, se tanto no nível da atividade real como no da atividade realizada podemos identificar sinais de precarização, como então abarcar o drama que sugerimos nesta última? Há várias possibilidades de enfrentá-lo e a principal é sua ocultação. Na próxima seção vamos nos ater a algumas estratégias de ocultação ou negação dessa natureza precária do trabalho, em seu duplo sentido como drama. Essa natureza dramática é negada quando se enfatiza um ou o outro polo da atividade, ou seja, precarização ao nível do real da atividade e da atividade realizada. Na seção seguinte listamos algumas dessas estratégias e, na última, fazemos algumas pontuações, tendo em vista o conjunto das ideias aqui desenvolvidas.

AS ESTRATÉGIAS PARA LIDAR COM A PRECARIZAÇÃO DO TRABALHO E SEUS LIMITES

A primeira estratégia é adotada em contextos organizacionais e consiste em medidas de enriquecimento de cargos (Hackman & Oldham, 2005), uma prática comum na gestão de recursos humanos, embora, hoje em dia, talvez com outros nomes. A ideia é realizar melhorias ou benfeitorias no contexto de trabalho ou no trabalho propriamente dito para incrementar a experiência laboral, influenciando parâmetros de saúde/bem-estar e produtividade. Buscam-se implementar tanto melhorias em condições ditas "higiênicas" de trabalho (clima, rotinas, salários etc.), como também em aspectos de seu conteúdo intrínseco (variedade de tarefas, finalidade social da atividade, sentido do trabalho).

Outra estratégia no plano gerencial consiste em tratar o trabalho de uma perspectiva funcionalista, visando ajustar o sujeito às práticas geradoras de resultados de interesse e, quando muito, não provoquem o adoecimento dos trabalhadores, pois seria contraproducente. Uma frente de ação é investir em treinamento e desenvolvimento, sob a premissa de que resultados não satisfatórios podem ser resolvidos com conhecimento formal sobre como fazer. O mecanismo por detrás dessa supervalorização do indivíduo e de suas qualificações, segundo Linhart (2009), tem o intuito de levar o trabalhador a provar constantemente competência individual mostrando, por lógica comparativa em relação aos colegas, que é flexível, polivalente e capaz de vencer todos os desafios de sua atividade.

Outra frente de ação são as investidas voltadas a animar os trabalhadores que, de outra forma, estariam mergulhados em trabalhos altamente padronizados, tediosos, repetitivos, com pequena margem de autonomia para a criação. Quanto maior o tédio na rotina de trabalho, com atividades intrinsecamente esvaziadas, mais comum é esse tipo de estratégia, ainda que em iniciativas tênues e temporárias. Caso as ações de "reforma subjetiva", com as campanhas de motivação, por exemplo, não funcionarem, há ainda outro dispositivo à disposição da gestão: o manejo das taxas de *turnover*. Em vez de adaptar o trabalho ao homem, faz-se o inverso, simplesmente mudando as pessoas. Assim, não se coloca em pauta a necessidade de revisões nos processos de trabalho, mas a contratação de novos "colaboradores", de preferência já imersos em ideais de produtividade, desempenho e expectativas de mercado almejados pela empresa (Alves, 2007).

No plano social, uma das estratégias sugeridas na literatura sobre trabalho é a de que o indivíduo responda ao drama da precariedade por meio da mobilização de sindicatos e movimentos sociais. Não por acaso, alguns pesquisadores acreditam que a causa mesma do processo de precarização da subjetividade dos trabalhadores seria a desagregação deliberada dos coletivos (Linhart, 2009), ou, ainda, que o enfraquecimento dessas instâncias defensivas explicitam e ampliam os modos de alienação (Alves, 2007). Há uma visão subjacente de que a precarização social do trabalho, o constante medo de demissão e o desgaste dos laços de solidariedade entre os trabalhadores (Bernardo, Nogueira & Büll, 2011), incidam diretamente sobre a subjetividade, gerando um desgaste simbólico que empobrece a vida afetiva e o sentido do trabalho (Franco, Druck & Seligmann-Silva, 2010). Os adoecimentos decorrentes desse processo seriam evitáveis a partir de atos como mudanças de leis trabalhistas, geração de novos empregos e o fortalecimento de coletivos e sindicatos (Franco, Druck & Seligmann-Silva, 2010, p. 244).

No plano individual, talvez o mais recorrente e acessível, inclusive em termos de justificativas e racionalizações, as estratégias se ramificam em diversas frentes. Numa delas, abarcada pelas diversas possibilidades de escuta clínica, podemos encontrar trabalhadores recorrendo a terapia individual, aconselhamento, *coaches* e à ampla literatura de autoajuda. Também é possível observar formas de compensação psicológica, em que problemas gerados na realidade de trabalho são enfrentados pelo uso de substâncias psicoativas, incluindo álcool e drogas. A manifestação, no plano individual, de problemáticas da atividade precária (os impedimentos para se enfrentar o real) é também abarcada no domínio das psicopatologias mentais, como depressão (que pode ser entendida, neste contexto, como um esvaziamento psíquico, a desafetação máxima que impede a pessoa de se desafiar pelos apelos do real), o *burnout* (cujas dimensões incluem uma despersonalização e distanciamento psicológico) e, em casos extremos, o suicídio. Os trabalhadores também lançam mão, como estratégia de defesa, de dispositivos institucionais que os autorizam a se afastar do contexto laboral e da atividade, levando ao absenteísmo (resguardados por atestados médicos), e ao presenteísmo (quando se está presente de corpo, mas vazio por dentro) – novamente, um sujeito circunstancialmente desafetado, desinvestido da atividade, onde não consegue mais pôr de si junto com os outros.

Quando um trabalhador produz um discurso de que "neste trabalho nada muda, por mais que eu tente; e ele [a gestão] não me valoriza, não me reconhece nem me dá os recursos para poder realizar meu trabalho de um modo bem-feito", ele está se atendo, eventualmente sem perceber, ao nível da precarização da atividade realizada, do fazer já concretizado, real ou imaginariamente se privando como agente com algum grau de liberdade para inovar, criar, transgredir. Como diz Linhart (2009), o fracasso torna-se catastrófico e o medo de enfrentá-lo causa uma angústia real. Os desafios inerentes ao enfrentamento do real são vivenciados como algo que "transborda", que ultrapassa as capacidades e recursos disponíveis pelo sujeito e pelos coletivos. Contudo, há o risco de se fetichizar tais recursos, como se fossem algo *prêt-à-porter* na própria subjetividade. Primeiro, o sujeito acredita precisar possuir recursos, só então ele se sentirá confortável ou equipado para agir diante do real, sendo que entrar em atividade é justamente produzir recursos. É nessa direção que surge, a nosso ver, as abordagens dos riscos psicossociais quando se procede um inventário do ambiente de trabalho, e de seu contexto sócio-profissional, com o objetivo de mapear os possíveis fatores de adoecimento ou de problemas à realização da atividade, que é então tratada como algo externo (os fatores de risco impactam a atividade, em vez de serem elementos intrínsecos a ela).

Essas estratégias apontam para três formas de ocultação do drama proposto como leitura da precarização neste capítulo. Primeira, a *via do indivíduo*; nela, sobretudo na perspectiva gerencial, assume-se que cabe ao sujeito preencher a lacuna entre o real e o prescrito, e pouco ou nada se discute sobre as condições sócio políticas e econômicas que impedem o trabalho de ser realizado. A atividade realizada é tomada como ponto de partida e de chegada, sendo traduzida em termos de *desempenho individual* (conjunto de ações para se alcançar determinados resultados). Buscam-se identificar as variáveis psicossociais preditoras desse desempenho. A segunda forma é a *via da organização* propriamente dita, e destacamos as estratégias de reforma do contexto de trabalho, ocultando o fato de que, diante do real, todos estão, em alguma medida, experimentando. Não haveria, sob essa perspectiva, drama, mas apenas "problemas", cujas soluções ainda não foram encontradas, mas que se acreditam existir no plano dos conhecimentos técnicos formais, na habilidade da gestão em redesenhar processos, contratar ou demitir pessoas, no papel dos líderes etc. Negar o trabalho real, neste caso, também tem a vantagem de criar dúvida sobre como interpretar as "falhas" no trabalho, normalmente atribuindo essas falhasàs pessoas.

Por fim, a terceira via, não explorada neste capítulo, mas presente neste livro, é a *via do trabalho*, algo sugerido em clínica da atividade. A ideia aqui é fortalecer os ofícios e desenvolver o gênero profissional, e não oferecer uma clínica da escuta individual ou um portfólio de ações a serem executadas no nível organizacional, em que tem lugar a atividade. O objetivo é o de "cuidar do trabalho" (Clot, 1999, 2008). Não se discute, não explicitamente, quais poderiam ser as modalidades de apropriação pela organização de um gênero e ofício fortalecidos. Seria, então, a clínica da atividade de fato capaz de agir sobre o drama do trabalho precário? Tomemos, por exemplo, o conceito de trabalho bem-feito (Clot, 2008). Qualquer trabalho, por mais privado de sentido ou conteúdo, é capaz de levar o trabalhador a desenvolver seu senso de maestria e de contribuição? Poder-se-ia argumentar que sim; contudo, fazer um trabalho bem-feito implica, minimamente, no reconhecimento pelo sujeito, no interior de um coletivo, de que sua atividade contribui com algo, e que esse algo o transcende, inscrevendo-o numa transpessoalidade anônima num ofício: o trabalhador tem a consciência de estar deixando sua marca em algo. Porém, que marca alguém pode deixar em um trabalho hiperprecário, isto é, no qual sua possibilidade de desafiar o real é impedida pela hipervalorização da atividade realizada? Como encontrar sentido intrínseco em uma atividade que muitas vezes é criada apenas para a geração de lucro para terceiros, ou então atividades que, desde sua própria concepção, já nascem "vazias"?

AS POTENCIALIDADES DE UMA CLÍNICA REVISITADA

A questão clínica a se colocar a partir da trajetória que fizemos neste capítulo, e preservando a noção de drama, é sobre quais mecanismos transformam os apelos e resistências do real em fracasso, em angústia, ou em desinteresse e indiferença, em outras palavras, em "precarização subjetiva". Seria o fato de saber que, independentemente do esforço, é incomensurável dar conta, sozinho, das falhas do prescrito, das insuficiências deliberadamente produzidas pela organização do trabalho? É perceber que, por mais que se faça e se coloque de si, haverá uma apropriação implacável por parte da gestão, sem reverberação para o sujeito e os coletivos? Ou é também efeito de um processo de simulacro social, em que as atividades propostas são, intrinsecamente, privadas de sentido, como sugeriu Veltman (2016), e que, por essa razão, investir-se nelas é, paradoxalmente, nelas se perder? Esse drama, aqui superficialmente ilustrado, muito mais por interrogações que por respostas, é uma chave potencialmente decisiva no enfrentamento das questões de fundo que estão em sua própria base, questões que envolvem o sentido mesmo dessas atividades, o porquê de se enfrentar o real e para quem. Para contribuir com o gênero? Com os ofícios? Com os processos sublimatórios? Mas quais ofícios se, em muitas atividades precárias, o que vemos é a mecanização da atividade realizada, a sua reprodução com o único objetivo de explorar? Todavia, como estamos alertando no decorrer de todo este capítulo, ali há um sujeito, ali há coletivos, ali há o real e algo *precisa* ser feito.

Acompanhar os movimentos do sujeito em relação ao real do trabalho, seja se desviando dele, seja comprando cegamente o discurso sedutor da organização e suas ideologias correspondentes, pode ser uma importante unidade de análise para a psicologia. Postura clínica, decerto, mas ao mesmo tempo capaz de capturar a dramaticidade de uma situação concreta: uma postura que reconhece que, diante do real, o sujeito é precário, no sentido de que sua condição é insuficiente para conseguir capturar o real em sua totalidade. Por exemplo, por mais, que as condições de trabalho fossem asseguradas, construídas com base em valores morais sobre o que uma determinada sociedade entende por um trabalho digno e capaz de promover o florescimento humano (Veltman, 2016), ainda assim não poderíamos garantir que o real não "escaparia". O trabalho real, como diz Dejours (1999), é um enigma. Se assim não o fosse, como nos adverte Clot e Gollac (2014), teríamos de nos dobrar diante de novas formas de higienismo social, ou, então, de pensamentos mágicos. Portanto, neste plano de precarização, nenhuma atividade estaria totalmente imune a seus efeitos, ao passo de que as limitações de uma atividade precarizada não impedem, obrigatoriamente, que o sujeito se conecte criativamente com os limites do real.

Não se trata de culpabilizar o sujeito pela sua relutância ou impossibilidade de assumir-se como ator perante o real de seu trabalho. Isso seria optar por um dos lados do drama, a saber, o de que compete a cada indivíduo dar conta dos limites impostos pela precarização de seu fazer ou mesmo de seu "ser" diante do real. O discurso da culpabilização não deveria nos confundir, porém. Levado a certo extremo, por mais bem intencionado que possa ser, tal discurso corre o risco de desconfigurar a dimensão singular da existência: cada pessoa está inserida concretamente em um drama, e ninguém ou nada poderá agir em seu nome, tampouco movê-la a fazer algo de fora para dentro. Por mais que se possa falar que esse trabalhador precisa engajar-se na luta coletiva pela melhoria de sua condição, o fato é que ele é uma pessoa singular, de carne e osso, que está por vezes estagnada diante daquele drama, tentando enfrentá-lo conforme seus recursos. Evidentemente, isso não é subterfúgio nem justificativa para se manter as condições objetivas da atividade em situação de penúria, tendo em vista a importância do trabalho como categoria na construção do senso de identidade, dignidade, virtudes e valores pessoais do sujeito.

Por fim, o risco de ocultar o drama do trabalho precário também pode ocorrer nas práticas do psicólogo. Devido à força e influência de uma formação ainda predominantemente clínica (no sentido estrito), o psicólogo pode tender a reduzir o drama a seu polo subjetivo. Por exemplo, se um trabalhador "encontra" sentido em seu trabalho, então, logo se conclui que tal trabalho "tem sentido". Muitos métodos de intervenção propostos nessa orientação tendem a privilegiar vivências e formas subjetivas de se lidar com as situações impostas pelo trabalho real. Embora não se negue o valor da escuta e da fala, tais intervenções tendem a fetichizar o discurso, os ressentimentos, as falas vazias que, não obstante, circulam nos ambientes de trabalho em que a ação está impedida ou em suspensão. Não se nega a importância central da fala do trabalhador e sua legitimidade; contudo, essa fala, da perspectiva do enfrentamento do drama, pode estar no lugar de outra coisa que deveria estar sendo *feita*. O psicólogo, ao insistir em intervenções de *compreensão* (sofrimento, angústias, impasses, lamúrias, denúncias), não deveria perder de vista que nem sempre é preciso compreender para agir, nessa ordem. Porém, o psicólogo muitas vezes acredita que os trabalhadores primeiro precisam ser cuidados e ouvidos para, só então, poderem agir. Minimizam o fato de que trabalhar é, antes de mais nada, agir, operar sobre o real, arriscar-se e, então, refletir.

O psicólogo pode igualmente cair refém do prescrito e da atividade realizada, em particular ao dar mais ênfase a esta última em detrimento da primeira (ocultação do real). Ele próprio às vezes não consegue, possivelmente porque seu próprio trabalho é também precário, atuar com os trabalhadores para que eles e todos pensem a partir do reservatório de infinitas possibilidades contidas no real e nas formas de enfrentá-lo. Ou, então, sobre os limites impostos pela organização do trabalho no sentido de tolher ou simplesmente impedir a necessária inventividade. O psicólogo se torna refém do prescrito e das soluções pragmáticas e unilaterais.

Contudo, esse profissional possui recursos valiosos à sua disposição, considerando a natureza mesma de sua atividade. Um desses recursos é a competência para ajudar o sujeito e os coletivos a *reconhecer* e *dar sentido* ao drama concreto que vivenciam. O psicólogo é, essencialmente, um mobilizador de sentidos, um construtor de mapas significativos provisórios, mas que ajudam a capturar a ubiquidade do real. Como insistimos diversas vezes neste capítulo, há um *sujeito* no trabalho, independentemente das condições e precarização objetiva por ele vivenciadas. Embora o desenvolvimento dos coletivos seja fundamental, especialmente para construção de sentido e propósito social para a atividade, haverá em última instância um agente concreto e singular tentando fazer algo com a convocação que lhe faz, a todo o tempo, e a despeito de quaisquer outras variáveis, o real de sua atividade.

REFERÊNCIAS

Alves, G. (2007). Precariedade e precarização do trabalho. *Dimensões da reestruturação produtiva: ensaios de sociologia do trabalho.* Londrina: Praxis, 111-155.

Bendassolli, P. F. (2016). Work and culture: approaching cultural and work psychology. *Culture & Psychology,* 23(3), 372–390.

Bendassolli, P. F., & Gondim, S. M. (2016). Cliniques du travail et réalisme critique: dialogues et implications. *Nouvelle revue de psychosociologie,* 21(1), 131-142.

Bernardo, M. H., Nogueira, F. R. C., & Büll, S. (2011). Trabalho e saúde mental: repercussões das formas de precariedade objetiva e subjetiva. *Arquivos Brasileiros de Psicologia*, 63, 83-93.

Clot, Y. (1999). *La fonction psychologique du travail*. Paris: Puf

Clot, Y. (2008). *Travail et pouvoir d'agir.* Paris: Puf.

Clot, Y., & Gollac, M. (2014). *Le travail peut-il devenir supportable?* Paris: Armand Colin.

Dejours, C. (1999). Psychologie clinique du travail et tradition comprehensive. Em Y. Clot (Org.), *Les histoires de la psychologie du travail*. Toulouse: Octarès, 195-219.

Dejours, C. (2013). *Travail vivant*. Paris: Bayard.

Delari, A. (2011). Sentidos do "drama" na perspectiva de Vigotsky: um diálogo no limiar entre arte e psicologia. *Psicologia em Estudo,* 16(2), 181-197.

Ehrenberg, A. (1995). *Le culte de la performance*. Paris: Calmann-Levy.

Franco, T., Druck, G., & Seligmann Silva, E. (2010). As novas relações de trabalho, o desgaste mental do trabalhador e os transtornos mentais no trabalho precarizado. *Revista Brasileira de Saúde Ocupacional*, 35(122), 229-248.

Hackman, J. R., & Oldham, G. R. (2005). How job characteristics theory happened. In Adrian Wilkinson, Steven J. Armstrong, & Michael Lounsbury (Eds.). *The Oxford handbook of management theory*.Oxford: OUP, 151-170.

Linhart, D. (2009). Modernisation et précarisation de la vie au travail. *Papeles del CEIC. International Journal on Collective Identity Research,* (1), 1-19.

Machado, F. K. S., Giongo, C. R., & Mendes, J. M. R. (2016). Terceirização e Precarização do Trabalho: uma questão de sofrimento social. *Revista Psicologia Política*, 16(36), 227-240.

Veltman, A. (2016). *Meaningful work*. Oxford: OUP.

Vigotsky, L. S. (1929/2000). Manuscrito de 1929 (Psicologia concreta do homem). *Educação e Sociedade*, 71, 21-44.

ORGANIZADORES

PEDRO F. BENDASSOLLI

Psicólogo (UNESP, 1995-1999, bolsista de IC da FAPESP). Doutor em Psicologia Social (USP, 2000-2006, bolsista FAPESP). Realizou estágios pós-doutorais na Université Paris IX (Centre de Recherche Management & Organisation, 2008-2009, bolsista da Fondation Maison des Sciences de l'Homme/Paris), no Instituto de Psicologia da UNB (PSTO, 2009-2012, bolsista de pós-doutorado Júnior/CNPQ), e no Centre for Cultural Psychology (Aalborg University, Dinamarca, 2016-2017, Bolsista Estágio Sênior/CAPES). Atua na área da Psicologia do Trabalho e das Organizações, com experiência na investigação de constructos psicossociais relacionados ao trabalho, especificamente processos de significação, seus determinantes, dimensões e consequentes. Site pessoal: http://www.pedrobendassolli.com

LIS ANDRÉA PEREIRA SOBOLL

Professora e pesquisadora no Departamento de Psicologia da UFPR. Assessora no Gabinete da Reitoria da UFPR, desde junho de 2017. Desenvolveu e coordena o Programa Institucional UFPR ConVida. Líder do grupo de pesquisa Trabalho e Processo de Subjetivação, registrado no CNPq e certificado pela UFPR. Psicóloga pela UFPR, doutora em Medicina Preventiva pela USP e mestre em Administração pela UFPR. Palestrante, autora de livros e textos sobre vínculos, assédio moral e processo saúde-doença relacionado ao trabalho, entre outros temas. Empolgada com a vida e com as pessoas. Mãe e esposa.

AUTORES

DOMINIQUE LHUILIER

Professora emérita de Psicologia do Trabalho no Centre de *Recherche sur le Travail et le Développement no Conservatoire National des Arts et Métiers*, França. Coordenadora, junto com Yves Clot, da coleção *Clinique du Travail*, junto com Yves Clot, na editora Ères.

ISABELLE GERNET

Psicóloga clínica. Professora Associada de Psicologia Clínica na Universidade Paris-Descartes, França, e codiretora da área de pesquisa *Sociétés, violence, travail* do laboratório *Psychologie clinique, psychopathologie, psychanalyse* (PCPP).

CHRISTOPHE DEJOURS

Professor catedrático da cadeira de *Psychanalye-Santé-Travail* do *Conservatoire National des Arts et Métiers*, França. Diretor da equipe *Psychodynamique du travail et de l'action.*

YVES CLOT

Professor emérito de Psicologia do Trabalho no *Centre de Recherche sur le Travail et le Développement no Conservatoire National des Arts et Métiers*, França. Titular da cátedra de Psicologia do Trabalho na mesma instituição. Coordenador, junto com Dominique Lhuilier, da coleção *Clinique du Travail*, na editora Ères.

VINCENT DE GAULEJAC

Professor emérito na Université Paris-Diderot, França. Dirigiu o *Laboratoire de changement social* de 1981 a 2014. Doutor *honoris causa* da Université de Mons (Bélgica), membro fundador da *Réseau international de sociologie clinique*.

GILLES AMADO

Professor emérito de psicossociologia no grupo HEC e membro do laboratório GREGHEC-CNRS. É um dos membros fundadores do *Centre International pour la Recherche, la Formation et l'Intervention Psychosociologiques* (CIRFIP) e editor da Nouvelle Revue de Psychosociologie.

EUGÈNE ENRIQUEZ

Professor emérito de ciências sociais da Université de Paris VII, França. Cofundador de diversas associações de pesquisa e de formação em psicossociologia. Coeditor de diversas revistas da área (*Connexions, Nouvelle Revue de Psychosociologie*).

JEAN-FRANÇOIS CHANLAT

Professor emérito em Ciências das Organizações na Université Paris-Dauphine, França. Especialista em gestão intercultural. Corresponsável pelo Master em Management Intercultural da referida universidade e da cadeira *Management, diversités et cohésion sociale.*

YVES SCHWARTZ

Professor emérito de filosofia na Université de Provence, França. Criou o Departamento de Ergologia na mesma universidade nos anos de 1990.

ALVARO ROBERTO CRESPO MERLO

Médico do Trabalho, Especialista em Saúde Pública pela Université Paris I (Panthéon-Sorbonne), em 1979. Doutor em Sociologia pela Université Paris VII (Denis Diderot), em 1996. Atualmente, é Professor Titular da Universidade Federal do Rio Grande do Sul, atua na Faculdade de Medicina, no Programa de Pós-Graduação em Psicologia Social e Institucional da UFRGS e é Professor Médico-Assistente do Hospital de Clínicas de Porto

Alegre, no Serviço de Medicina Ocupacional/Ambulatório de Doenças do Trabalho e na Residência em Medicina do Trabalho. Publicou 68 artigos em periódicos especializados, 66 capítulos de livros e 10 livros. Orientou 32 dissertações de mestrado, 7 de doutorado e 1 de pós-doutorado. Atualmente orienta 1 estudantes de doutorado e 1 de mestrado. Atua na área de Psicologia, com ênfase em Psicodinâmica e Clínica do Trabalho e na área da Medicina, com ênfase em Medicina do Trabalho. Líder do Grupo de Pesquisa Laboratório de Psicodinâmica do Trabalho da UFRGS.

ANA MAGNÓLIA BEZERRA MENDES

Professora do Departamento de Psicologia Social e do Trabalho e do Programa de Pós-Graduação em Psicologia Social, do Trabalho e das Organizações da Universidade de Brasília (UnB). Coordenadora do Núcleo Trabalho, Psicanálise e Crítica Social e do Projeto "Clínica Psicanalítica com Trabalhadores em Adoecimento" na UnB. Líder do Grupo de Pesquisa Psicanálise e Trabalho no CNPq. Pós-Doutorado na Université Côte d?Azur, Nice, no Freudian-Lacanian Institute Après-Coup Psychoanalytic Association em parceria com a School of Visual Arts, New York. e no Conservatoire National des Arts et Métiers, Paris. Doutorado e mestrado em Psicologia pela UnB, sanduíche na Universidade de Bath, Inglaterra, graduação em Psicologia na UFPE. Sites www.psto.com.br; www.nucleotrabalho.com.br

FERNANDA SOUSA DUARTE

Doutora em Psicologia Social, do Trabalho e das Organizações pela Universidade de Brasília (PPG-PSTO/UnB), com estágio sanduíche durante o doutorado no grupo de Sociologia Política da Universidade de Amsterdam (UvA). Minha tese, "Trabalhadores no Divã: Contribuições da Psicopatologia Clínica do Trabalho", foi orientada pela prof. dra. Ana Magnólia Mendes (UnB) e pelo prof. dr. Patrick Brown (UvA) e propõe contribuições da Psicopatologia Clínica do Trabalho para atuação profissional de psicólogos em casos de adoecimento mental relacionado ao trabalho a partir de um modelo de (des)confiança de psicólogos clínicos. Sou mestre também pelo PPG-PSTO, em 2014, obtive os títulos de psicóloga, em 2012, e bacharel em Psicologia, em 2011 pela mesma universidade. Pesquisadora convidada do Laboratório de Psicodinâmica e Clínica do Trabalho - LPCT/UnB, desde 2010, também presto serviços de consultoria como pesquisadora e psicóloga do trabalho e tenho participado e coordenado pesquisas em empresas privadas, públicas e sindicatos a partir dos referenciais teóricos da Psicodinâmica, Psicopatologia e Clínica do Trabalho, utilizando métodos quantitativos e qualitativos. Meus interesses de pesquisa também incluem História da Psicologia, Sociologia da Saúde e da Doença e Sociologia Médica

LUCIANE KOZICZ REIS ARAUJO

Mestre em Avaliação de Saúde - ENSP/ Fiocruz (2017); Especialista em Grupanálise e Psicoterapia Analítica de Grupos pelo Instituto de Pesquisa em Psicopatologia e Psicanálise de Brasília, IPePP-DF, em 2018. Graduação em Psicologia pela UnB – Universidade de Brasília, em 2008. Psicóloga Clínica. Pesquisadora convidada do Laboratório de Psicodinâmica e Clínica do Trabalho da Universidade de Brasília – UnB. Pesquisadora do CNPq. Coordena a Artemisa – Estudos e Pesquisas em Saúde e Trabalho desde 2018. Coordenou o Grupo de Estudos e Pesquisas em Saúde e Trabalho no período de 2008 - 2011. Experiências em Clínica do Trabalho em órgãos do Governo Federal, sindicatos e empresas privadas. Foi Subsecretária de Segurança e Saúde no Trabalho no Governo do Distrito Federal, de 2011-2016. Coordenou nacionalmente a pesquisa sobre adoecimento-absenteísmo no Conselho Nacional de Secretários de Estado de Administração Pública. Publicou diversos capítulos de livros, artigos científicos, coordenou a elaboração dos Manuais Oficiais do Governo do Distrito Federal em Segurança e Saúde e Perícia Médica Oficial. É coautora do livro *Clínica Psicodinâmica do Trabalho: O Sujeito em Ação.*

ANA PAULA FIGUEIREDO LOUZADA

Graduada em Psicologia pela Universidade Federal do Espírito Santo, em 1997. Mestre em Psicologia Social, Universidade do Estado do Rio de Janeiro no ano de 2001. Doutora em Educação pelo Programa de Pós-Graduação em Educação, em 2009, pela Universidade Federal do Espírito Santo. Professora do Curso de Psicologia e do Programa de Pós-Graduação em Psicologia Institucional, UFES. Tem experiência na área de Psicologia, com ênfase nas propostas grupalistas e processos educacionais e formativos.

CLAUDIA OSORIO

Graduação em Psicologia pela Pontifícia Universidade Católica do Rio de Janeiro, em 1977; mestrado em Saúde Pública pela Fundação Oswaldo Cruz, em 1994; doutorado em Saúde Pública pela Fundação

Oswaldo Cruz, em 2002; e pós-doutorado em Linguagem e Trabalho na Universidade Estadual do Rio de Janeiro, em 2009/2010. Atualmente, é professora titular do Departamento de Psicologia da Universidade Federal Fluminense, lecionando disciplinas da área de psicologia do trabalho. Tem experiência na área de Psicologia, com ênfase em saúde do trabalhador, atuando principalmente nos seguintes temas: saúde pública, formação de trabalhadores da saúde, vigilância em saúde do trabalhador, processo de trabalho em saúde, subjetividade e trabalho.

MARIA ELIZABETH BARROS DE BARROS

Possui graduação em Psicologia pela Universidade Federal do Rio de Janeiro, em 1975; mestrado em Psicologia Escolar pela Universidade Gama Filho, em 1980; doutorado em Educação pela Universidade Federal do Rio de Janeiro, em 1995; e pós doutorado em saúde pública pela ENSP/ Fiocruz (2001). Atualmente, é professora titular da Universidade Federal do Espírito Santo. Tem experiência na área de Psicologia, Educação e Saúde Coletiva com ênfase em Política Educacional, atuando principalmente nos seguintes temas: educação, escola, análise institucional, saúde coletiva, saúde do trabalhador, subjetividade e micropolítica.

TERESA CRISTINA O. CARRETEIRO

Graduada em Psicologia pela Pontifícia Universidade Católica do Rio de Janeiro, em 1975; mestrado em Psicologia Desenvolvimento e Personalidade pela Fundação Getúlio Vargas, Rio de Janeiro, em 1981; doutorado em Psicologia Social Clínica – Université de Paris VII, Paris, em 1991; pós-doutorado em Sociologia Clínica, Université de Paris VII, Paris (1999). Professora titular do Programa de pós graduação de Psicologia da Universidade Federal Fluminense, UFF. Foi membro do CA de psicologia, CNPq. Foi editora da revista Fractal, UFF. Membro fundadora do Centre Internacional de Psychosociologie, Paris. Membro fundadora do Institut Internacional de Sociologie Clinique, Paris. Atualmente é membro do conselho de administração do Centre Internacional de Psychosociologie. Faz parte do corpo editorial de diversas revistas nacionais e internacionais. Tem experiencia em Psicologia Social Clinica, Psicossociologia, Psicanálise e Sociologia Clinica. Tem realizado pesquisas principalmente sobre as seguintes temáticas: exclusão social, subjetividade, história de vida e trabalho.

VANESSA ANDRADE DE BARROS

Professora visitante na Universidade Federal da Paraíba, Programa de Pós-Graduação em Psicologia Social; Professora aposentada e voluntária na Universidade Federal de Minas Gerais, Programa de Pós graduação em Psicologia. Graduada em Psicologia pela Pontifícia Universidade Católica de Minas Gerais, em 1979; mestrado em Administração pela Universidade Federal de Minas Gerais, 1992; doutorado em Sociologia - Université de Paris VII, em 1998; e pós-doutorado no *Conservatoire National des Arts et Métiers*-Paris, em 2011, onde participa como pesquisadora convidada no grupo de pesquisa Psichosociologie du traval et de la formation. Anthropologie des pratiques. Membro titular do CIRFIP (Centre International de Recherche, de Formation et dIntervention en Psychosociologie), professora convidada na Universidad Nacional de Córdoba e membro fundadora do Instituto DH: Promoção, Pesquisa e Intervenção em Direitos Humanos e Cidadania. Lider do Grupo de pesquisa Laboratório de Estudos sobre Trabalho, Cárcere e Direitos Humanos do diretório de grupos de pesquisa do CNPq e pesquisadora produtividade 2 CNPq. Realiza pesquisas na área de Psicologia Social do Trabalho na perspectiva das Clínicas do Trabalho, com ênfase nos enfoques teórico-metodológicos da Psicossociologia do Trabalho e Ergologia em interface com abordagens de Direitos Humanos. Interesse de pesquisa: temas relativos à sistema prisional e sócioeducativo, trabalhos marginalizados e saúde no trabalho. Áreas de atuação: psicologia social do trabalho, psicossociologia, ergologia, direitos humanos e sociologia clínica.

MILTON ATHAYDE

Graduado em Psicologia. Pós-doutorado em Ergologia (Université d'Aix-Marseille - França, com Yves Schwartz) e em Psicologia do Trabalho (Universidade do Porto - Portugal, com Marianne Lacomblez). Doutor em Engenharia de Produção / Gerência da Produção / Ergonomia (Coppe/UFRJ, com Mario Vidal, estágio-sanduíche na França). Mestre em Educação de Adultos (UFPB, com Francisco Foot Hardman /Unicamp). Atualmente é docente-pesquisador no Instituto de Psicologia da UERJ, onde atuou na Pós-Graduação em Psicologia Social, orientando dissertações e teses. Co-lidera o Grupo de Pesquisa Actividade / UERJ/CNPq. Desde sua fundação é membro do Comitê Científico Internacional da revista eletrônica bilíngue Laboreal. Coordenou na ANPEPP o GT "Modos de Vida e Trabalho. Desenvolve pesquisas e consultorias pertinentes aos mundos do trabalho, com vistas a desenvolver as possibilidades de sinergia positiva entre as exigências de Produtividade&Qualidade e as garantias de Saúde&Segurança. Participa do Programa Prociência (UERJ/FAPERJ), tendo sido pesquisador do CNPq.

JUSSARA BRITO

Pós-doutorado em Ergologia (Université de Provence, em 2004), doutora em Saúde Pública pela Fundação Oswaldo Cruz (1996) e mestre em Engenharia de Produção pela Universidade Federal do Rio de Janeiro (1985). Pesquisadora Titular na Escola Nacional de Saúde Pública Sergio Arouca (ENSP/FIOCRUZ) vinculada ao Centro de Estudos da Saúde do Trabalhador e Ecologia Humana (CESTEH), criou e é uma das líderes do Grupo de Pesquisa e Intervenção em Atividade de Trabalho, Saúde e Relações de Gênero (PISTAS). Atualmente, é membro do Comitê Editorial da revista eletrônica Laboreal, do GT Modos de Vida e Trabalho da Associação Nacional de Pós-Graduação e Pesquisa em Psicologia, do GT Saúde do Trabalhador da Associação Brasileira de Pós-Graduação em Saúde Coletiva e Comitê Técnico Gênero e Trabalho da International Ergonomics Association. Foi docente do Programa de Pós-graduação em Saúde Pública da ENSP/FIOCRUZ e Pesquisadora do CNPq. Atua na área de Saúde Coletiva, com ênfase em Saúde do Trabalhador, focando, principalmente, nos seguintes temas: saúde e trabalho no setor de serviços (educação, saúde, telemarketing); gênero, saúde e trabalho; metodologias de produção de conhecimento e formação para ação.

MARIA ELIZABETH ANTUNES LIMA

Possui graduação em Psicologia pela Universidade Federal de Minas Gerais, em 1977; mestrado em Administração pela Universidade Federal de Minas Gerais, em 1986; doutorado em Sociologia do Trabalho pela Universidade de Paris IX (Paris-Dauphine), em 1992; e pós-doutorado em Clínica da Atividade pelo Conservatoire National des Arts et Métiers - CNAM (Paris-França). É Professora Titular aposentada pela Universidade Federal de Minas Gerais, onde atuou na área de Psicologia do Trabalho, com ênfase em Saúde Mental no Trabalho, pesquisando, principalmente, os seguintes temas: ergoterapia, psicopatologia do trabalho e segurança no trabalho. Atualmente, é professora do quadro permanente do Mestrado do Centro Universitário Novos Horizontes, em Belo Horizonte (MG), onde se dedica, sobretudo, ao tema da inovação social.

PEDRO F. BENDASSOLLI

Psicólogo (UNESP, 1995-1999, bolsista de IC da FAPESP). Doutor em Psicologia Social (USP, 2000-2006, bolsista FAPESP). Realizou estágios pós-doutorais na Université Paris IX (*Centre de Recherche Management & Organisation*, 2008-2009, bolsista da *Fondation Maison des Sciences de l'Homme*/Paris), no Instituto de Psicologia da UNB (PSTO, 2009-2012, bolsista de pós-doutorado Júnior/CNPQ), e no *Centre for Cultural Psychology* (Aalborg University, Dinamarca, 2016-2017, Bolsista Estágio Sênior/CAPES). Atua na área da Psicologia do Trabalho e das Organizações, com experiência na investigação de constructos psicossociais relacionados ao trabalho, especificamente processos de significação, seus determinantes, dimensões e consequentes. Site pessoal: http://www.pedrobendassolli.com

LAURA KYVIA DE ALMEIDA SOARES

Psicóloga Clínica, graduada em Psicologia pela Universidade Federal do Rio Grande do Norte – UFRN (2019), com formação em Terapia Cognitivo-Comportamental (2020).

LIS ANDRÉA PEREIRA SOBOLL

Professora e pesquisadora no Departamento de Psicologia da UFPR. Assessora no Gabinete da Reitoria da UFPR, desde junho de 2017. Desenvolveu e coordena o Programa Institucional UFPR ConVida. Líder do grupo de pesquisa Trabalho e Processo de Subjetivação, registrado no CNPq e certificado pela UFPR. Psicóloga pela UFPR, doutora em Medicina Preventiva pela USP e mestre em Administração pela UFPR. Palestrante, autora de livros e textos sobre vínculos, assédio moral e processo saúde-doença relacionado ao trabalho, entre outros temas. Empolgada com a vida e com as pessoas. Mãe e esposa.

Construindo ideias
e conectando mentes

Este livro foi composto com tipografia ITC Berkeley Oldstyle Std e impresso
em polen natural 80g. em junho de 2023.